플리바게닝

Plea Bargaining

박종순

정독
DEEP READING

머리말

이 글은 제가 고려대학교에 제출한 박사학위논문과 우리나라 법률잡지에 제출한 논문 등을 모아 엮은 것입니다.

그리고 이 글의 전체를 아우르는 주제는 우리 형사절차에 미국·영국·독일·프랑스, 이탈리아·대만의 플리바게닝(Plea Bargaining)이나 미국·영국·일본의 사법협조자 소추면제·형벌감면제도(또는 불기소합의제도)와 같은 당사자 사이의 협상제도를 도입할 필요성이 있는지의 여부입니다.

여기에서 플리바게닝이라 함은, 간단히 말하면, 형사사건에서 피고인과 검사가 법원의 동의 하에 그 사건의 서로 만족할 만한 처분을 마련하는 절차를 말합니다. 가장 대표적인 사례가 피고인이 유죄를 인정하면 그 대가로 검사가 피고인에 대한 형량을 감경하기로 합의를 하는 경우입니다.

그리고 사법협조자(king's evidence 또는 crown witness)라 함은 소추면제나 형의 감면을 조건으로 범인의 검거나 범죄 규명을 위해 수사나 재판절차에서 진술 또는 증언을 하는 자를 말합니다. 즉 여러 사람이 하나의 범죄에 관련되어 있을 때 그중 한 사람이 소추면제의 약속을 받고 다른 공범에게 불리한 증거를 제시한 경우, 그중 한 사람을 사법협조자라고 말합니다. 영국에서는 "왕의 증거"라고 말하고 미국에서는 "검찰측 증거"라고 말합니다.

먼저 플리바게닝에 대하여 말씀드리면, 저는 2015년 박사학위논문인 "답변협상제도의 도입에 관한 연구 – 미국 Plea Bargaining의 발전과정을 중심으로 –"에서 우리 형사절차에 제한적으로나마 미국의 플리바게닝과 같은 협상제도를 도입할 필요가 있다고 주장하였습니다.

왜냐하면 형사절차에서 경제성과 효율성은 형사사법제도가 지향하는 목적이자 사법개혁이 추구하는 이념 중 하나이기 때문입니다. 또한 동서고금을 막론하고 형사절차에서 당사자 사이의 협상은 공식적이든 비공식적이든 존속해 왔기 때문입니다.

그런데 최근 검·경 수사권 조정 합의문에 따라 형사소송법과 검찰청법의 일부가 각 개정되었습니다. 비록 그 개정은 일부이지만 그 개정 내용은 가히 대변혁(大變革)이라고 부를 만합니다.

그 이유는, 검사의 사법경찰관에 대한 수사지휘가 폐지되었고, 검사와 사법경찰관의 관계가 종전 지휘관계에서 협력관계로 되었으며, 경찰은 독자적 수사권과 제1차적 수사 종결권을 갖게 되었기 때문입니다. 또한 검사가 수사를 개시할 수 있는 범죄의 범위가 제한되었기 때문입니다.

저는, 검찰이 이러한 대변혁에 적절히 대응하고 적응하기 위해서는 어느 정도의 시간과 노력이 필요할 것이라고 생각합니다. 따라서 이러한 대변혁의 상황 하에서, 머지않은 장래에 플리바게닝과 같은 새로운 형사사법제도가 우리 형사소송법에 도입될 가능성은 거의 없을 것으로 보입니다.

더욱이 2022년 5월 이른바 '검찰 수사권 완전 박탈'이라는 개정 형사소송법 등이 공포된 상황 하에서는 더욱 그러합니다.

그래서 저는 우리 형사소송법에 미국의 플리바게닝과 같은 협상제도가 도입될 필요성이 있다는 주장 및 공감대가 법조인과 법학자 그리고 우리 국민들 사이에 점점 더 광범위하게 일기만을 소망할 뿐입니다.

다음으로, 사법협조자에 대하여 말씀드리면, 이 책에서는 '사법협조자 소추면제·형벌감면제도의 원류'와 '북아일랜드(Northern Ireland)의 사법협조자(Supergrass)에 대한 소고(小考)', 그리고 '일본에서의 수사·공판협력형 협의·합의제도와 형사면책제도 도입에 관한 소고' 등 사법협조자에 대한 세 편의 글을 실었습니다.

여기에서 사법협조자 소추면제제도는 조직범죄, 부패범죄, 구조적 범죄에서 범죄 규명을 위해 정범 또는 공범으로 하여금 형사재판절차에서 증언을 하게 하고 그 대가로 이들에 대하여 공소를 제기하지 아니하는 제도를 말합니다.

또한 사법협조자 형벌감면제도는 위와 같은 범죄의 수사나 재판절차에서 범죄 규명, 범인의 검거 등에 기여한 자에게 형을 감경 또는 면제하는 제도를 말합니다.

첫 번째 '사법협조자 소추면제·형벌감면제도의 원류'에서는 2011년 우리나라에서 입법을 추진하였으나 무산된 내부증언자 불기소처분·형벌감면제도, 즉 사법협조자 소추면제·형벌감면제도의 기원(起源)에 대하여 고찰하였습니다. 여기에서는 12세기부터 14세기 사이에 영국에서 등장한 사법협조자의 직계존속인 공범자증인(Approver) 제도의 탄생 배경과 실무 사례 그리고 이 제도의 장점과 단점을 살펴 보았습니다. 이 제도에 대한 장·단점은 지금도 여전히 유효하다고 생각합니다.

다음으로 '북아일랜드(Northern Ireland)의 사법협조자(Supergrass)에 대한 소고(小考)'에서는 1980년대 북아일랜드에서 사법협조자인 슈퍼그래스를 도입한 목적과 슈퍼그래스를 도입하여 얻은 성과 및 드러난 문제점 그리고 1980년대 후반에 이르러 슈퍼그래스가 쇠퇴한 이유 등을 살펴보았습니다. 슈퍼그래스의 도입으로 인해 얻은 성과는 이 제도의 도입을 찬성하는 사람들의 주장을 뒷받침하는 논거가 되고 있으나, 반면에 이 제도의 도입으로 인해 드러난 여러 가지 문제점은 이 제도의 도입에 반대하는 사람들의 주장을 뒷받침하는 논거가 되고 있습니다.

마지막으로 '일본에서의 수사·공판협력형 협의·합의제도와 형사면책제도 도입에 관한 소고'에서는 최근 일본에서 이 제도를 도입하게 된 배경과 도입 여부를 둘러싼 찬성 의견과 반대 의견을 살펴보았습니다. 당시 일본에서는 이 제도의 도입을 둘러싸고 격렬한 논쟁이 있었습니다. 마치 우리나라에서 2011년 앞에서 언급한 사법협조자 소추면제·형벌감면제도가 입법 예고되자 이 제도의 도입 여부에 대한 찬·반 논쟁이 있었던 것처럼 말입니다. 일본에서의 이 제도의 도입에 대한 찬·반 논쟁은 우리나라에서의 찬·반 논쟁과 거의 비슷합니다. 그래서 참고자료로 이 제도에 관한 일본 형사소송법의 규정을 실었습니다.

저는 박사학위논문을 쓰기 이전에는 우리 형사소송법 등에 사법협조자 소추면제·형벌감면제도와 같은 협상제도를 도입하는 것은 시기상조라고 주장한 바 있습니다.

그러나 그 후 저는 우리 형사소송법 등에 사법협조자 소추면제·형벌감면제도와 같은 형사사법제도를 도입할 필요성이 있다는 쪽으로 견해를 바꾸었습니다. 왜냐하면 범죄가 점점 더 지능화·복잡화·대규모화함에 따라 범죄에 대한 증거 수집이 어려워지고 있는 지금의 수사 현실에서 사법협조자 소추면제·형벌감면제도와 같은 제도는 수사기관의 증거 수집을 용이하게 하는 중요한 수사기법이 될 수 있기 때문입니다.

예컨대 우리 사회의 거대한 구조적 악(惡)을 규명하여 처벌하려고 하는데, 그에 대한 증거 수집의 확보가 어렵고 그 밖에 다른 수단이 없는 경우, 수사에 협조한 하위자(下位者)에 대하여 관대한 처벌이나 소추를 면제하고 그 구조적 악을 처벌하는 것이, 하위자만을 처벌하고 상위자(上位者) 등 구조적 악을 처벌하지 못하는 것보다는 훨씬 더 낫기 때문입니다.

그렇지만 저는 가까운 미래에 사법협조자 소추면제·형벌감면제도와 같은 제도가 우리 형사소송법 등에 도입될 가능성은 거의 없다고 생각합니다. 그 이유는 앞에서 본 것과 같이 지금 검찰이 대변혁을 맞고 있기 때문입니다. 다만 저는 사법협조자 소추면제·형벌감면제도가 우리 형사법에 도입될 필요성이 있다는 공감대가 널리 형성되기를 소망할 따름입니다.

이 책에 실린 '플리바게닝에 대한 연구'는 박사학위논문인 "답변협상제도의 도입에 관한 연구 - 미국 Plea Bargaining의 발전과정을 중심으로 -"를 약간 수정하고 보완한 것입니다. 물론 수정하거나 보완한 부분은 그리 많지 않고, 더욱이 결론에도 영향을 주지 않았습니다.

박사학위논문 이외의 논문들은 우리나라 법률잡지에 제출한 것을 거의 그대로 실었습니다. 사실 이 논문들은 연구논문이라기보다는 실무적인 글이라고 보는 것이 옳습니다. 왜냐하면 정교한 이론을 바탕으로 하여 체계적으로 쓴 것이라기보다는 실무 관점에서 외국의 사례를 소개한 것에 불과하기 때문입니다.

또한 그 내용도 모두 사법협조자와 관련한 것입니다. 그러다 보니 각각의 논문 내용 중 일부는 서로 중복된 부분이 있음을 고백하지 않을 수 없습니다.

박사학위논문을 포함하여 이 책에 실린 글은 2013년부터 2019년 사이에 쓴 것입니다. 따라서 글의 내용 중에는 지금의 우리 형사사법 현실과 다른 부분이 있을 수 있습니다. 다만 최근에 발표된 글 중에서 플리바게닝이나 사법협조자 소추면제·형벌감면제도와 관련된 글은 각주(脚註)를 통해 일부 반영이 되었습니다.

한편 여기에 실린 각각의 글은 미국과 영국, 독일, 프랑스, 이탈리아, 대만, 일본 등 외국의 제도와 사례를 많이 참고하였으므로, 오역(誤譯)이나 조잡(粗雜)한 문장이 있을 수 있습니다. 이는 오로지 저의 법률 지식과 능력이 부족한 까닭이므로, 너그럽게 읽기 바랍니다.

아무쪼록 이 글이 당장은 아니라고 해도, 앞으로 우리 형사절차에 미국 등 선진국의 플리바게닝이나 미국, 영국, 일본 등의 사법협조자 소추면제·형벌감면제도와 같은 당사자 사이의 협상제도가 도입되는 데 밑거름이 되기를 소망합니다.

차 례

제1편 플리바게닝에 관한 연구

제1장 서 설 _ 3

제2장 플리바게닝의 개념과 형사소송구조 _ 10

제1절 플리바게닝의 개념 ······ 10

Ⅰ. 서 설 ······ 10

Ⅱ. 플리바게닝의 개념 ······ 12

1. 미국의 형사절차 개요 • 12
2. 플리바게닝의 개념 • 14
3. 개념 정리 • 19

Ⅲ. 법 제도 및 양형지침과의 관계 ······ 20

1. 법 제도와의 관계 • 20
2. 양형지침과의 관계 • 21

Ⅳ. 연방 형사소송규칙 ······ 24

1. 개 요 • 24
2. 연방 형사소송규칙상 유죄답변의 자발성 • 25
3. 유죄답변 시 피고인에게 조언하고 질문할 사항 • 26

제 2 절 플리바게닝의 유형 ····· 27

Ⅰ. 개 요 ····· 27

Ⅱ. 플리바게닝의 유형과 활용 실태 ····· 28

1. 개 요 ∙ 28
2. 기소협상 ∙ 28
3. 양형권고협상 ∙ 29
4. 양형보장협상 ∙ 29
5. 관련 문제 ∙ 30
6. 협상의 활용 실태 ∙ 31
7. 플리바게닝과 판사·검사 권한의 관계 ∙ 32

Ⅲ. 특별한 플리바게닝 ····· 35

1. 개 념 ∙ 35
2. 유 형 ∙ 35
3. 평 가 ∙ 36

제 3 절 플리바게닝과 형사소송구조 ····· 37

Ⅰ. 서 설 ····· 37

Ⅱ. 당사자주의와 직권주의의 개념과 기능 ····· 37

Ⅲ. 당사자주의와 직권주의의 차이 ····· 40

1. 형사소송구조에 대한 차이 ∙ 40
2. 용어에 대한 차이 ∙ 41

Ⅳ. 형사소송구조와 플리바게닝의 관계 ····· 42

1. 당사자주의 및 직권주의 구조와의 관계 ∙ 42
2. 당사자주의 및 직권주의 이념과의 관계 ∙ 43
3. 당사자의 자율성 및 참여와의 관계 ∙ 43

Ⅴ. 현대적 의미 ····· 44

제 3 장 미국 플리바게닝의 기원과 찬반 논쟁 및 개혁 쟁점 _ 45

제 1 절 기 원 ········· 45

Ⅰ. 서 설 ········· 22

Ⅱ. 1920년대 밀러와 몰리의 주장 ········· 47

1. 밀러의 주장 • 47
2. 몰리의 주장 • 49

Ⅲ. 1970년대 호이만, 랭베인, 앨슐러, 프리드만의 주장 ········· 53

1. 호이만의 주장 • 53
2. 랭베인의 주장 • 57
3. 앨슐러의 주장 • 61
4. 프리드만의 주장 • 61

Ⅳ. 1990년대 맥콘빌과 머스키, 포겔, 필리의 주장 ········· 64

1. 맥콘빌과 머스키의 주장 • 64
2. 포겔의 주장 • 70
3. 필리의 주장 • 75

Ⅴ. 2000년대 조지 피셔의 주장 ········· 77

1. 19세기 플리바게닝의 발생 • 77
2. 플리바게닝의 발생 원인 • 79
3. 플리바게닝과 사건보류제도 • 82
4. 플리바게닝과 보호관찰제도 • 83

Ⅵ. 평 가 ········· 84

제 2 절 찬반 논쟁 ········· 86

Ⅰ. 개 요 ········· 86

Ⅱ. 찬성하는 주장 ········· 87

1. 미국 연방대법원의 판결 • 87
2. 학 설 • 92
3. 평 가 • 99

Ⅲ. 반대하는 주장 ······ 99
1. 하급심 판결 • 99
2. 학 설 • 101
3. 평 가 • 110
Ⅳ. 플리바게닝의 금지 ······ 110
1. 알래스카주 • 110
2. 텍사스주 엘파소 카운티 • 111
3. 캘리포니아주 • 112
4. 요 약 • 113
Ⅴ. 평 가 ······ 113
제3절 개혁 쟁점 ······ 114
Ⅰ. 서 설 ······ 114
Ⅱ. 효과적인 변호인의 도움을 받을 권리 ······ 115
1. 문제 상황 • 115
2. 연방대법원의 판결 • 116
3. 평 가 • 123
Ⅲ. 죄가 없는 자의 유죄답변 ······ 124
1. 문제 상황 • 124
2. 무죄 문제의 원인 • 125
3. 이른바 재판 처벌의 문제 • 126
4. 개신 빙인 • 129
5. 평 가 • 130
Ⅳ. 협조자에 대한 보상 ······ 131
1. 개 요 • 131
2. 보복에 대한 두려움, 수치와 보상 • 132
3. 문제점 • 134
4. 개선 방안 • 136

제4장 플리바게닝에 대한 비교법적 고찰 _ 138

제1절 영 국 138

Ⅰ. 19세기 후반까지 유죄답변의 실무 138
1. 부정적 견해 • 138
2. 부정적 견해의 이유 • 139

Ⅱ. 19세기 후반 이후 플리바게닝의 기원 140
1. 기 원 • 140
2. 성 장 • 141

Ⅲ. 플리바게닝 실무 142
1. 피고인의 답변과 플리바게닝 • 142
2. 유 형 • 143

Ⅳ. 판결과 법 규정 144
1. 판사의 양형 암시 • 144
2. 양형 감경의 법정화 • 145
3. 중대 사기사건과 관련한 답변 논의 절차 • 146
4. 관할법원 결정 전 답변 절차 • 146
5. 요 약 • 147

제2절 독 일 148

Ⅰ. 서 설 148

Ⅱ. 독일 형사절차의 개요와 플리바게닝 148
1. 독일 형사절차의 개요 • 148
2. 플리바게닝과 유사한 제도 • 149
3. 직권주의 원칙 및 책임원칙에 의한 한계 • 151
4. 2009년 판결 협상 도입 전 플리바게닝의 유형 • 151

Ⅲ. 플리바게닝의 기원 152
1. 복잡한 범죄의 증가 • 152
2. 사법 자원의 부족 • 153
3. 형사사법 현실의 변화 • 153
4. 요 약 • 153

Ⅳ. 플리바게닝의 도입에 대한 찬반 논쟁 ······ 154
1. 논쟁의 발단 • 154
2. 찬성하는 주장 • 155
3. 반대하는 주장 • 155

Ⅴ. 2009년 형사소송법 개정과 플리바게닝의 도입 ······ 157
1. 형사소송법 개정 이전 판결의 내용 • 157
2. 개정과 그 내용 • 158
3. 개정에 대한 평가 • 159
4. 개정 이후 실무 • 160
5. 연방헌법재판소의 결정 • 161

Ⅵ. 평 가 ······ 162

제 3 절 이탈리아 ······ 165

Ⅰ. 서 설 ······ 165

Ⅱ. 이탈리아 형사절차의 개요와 플리바게닝 ······ 166
1. 이탈리아 형사절차의 개요 • 166
2. 헌법과의 관계 • 167

Ⅲ. 1988년 형사소송법의 개정과 플리바게닝의 도입 ······ 168
1. 당사자의 청구에 따른 형의 적용 • 168
2. 단축재판 • 169

Ⅳ. 미국의 플리바게닝과의 비교 ······ 170

Ⅴ. 평 가 ······ 171

제 4 절 프랑스 ······ 171

Ⅰ. 서 설 ······ 171

Ⅱ. 프랑스 형사절차의 개요와 플리바게닝 ······ 172
1. 프랑스 형사절차 개요 • 172
2. 2004년 이전의 플리바게닝에 관한 실무 • 173

Ⅲ. 2004년 형사소송법의 개정과 플리바게닝의 도입 ······ 174

Ⅳ. 미국의 플리바게닝과의 비교 ······ 175

Ⅴ. 평 가 176

제5절 대만과 일본 176

Ⅰ. 대 만 176

1. 개 요 • 176
2. 대만의 플리바게닝의 내용 • 177
3. 대만의 플리바게닝의 특색 • 178
4. 평 가 • 178

Ⅱ. 일본의 플리바게닝 도입 추진 179

1. 개 요 • 179
2. 도입 경위 • 179
3. 플리바게닝에 관한 일본의 판결 • 180
4. 평 가 • 181

제6절 시사점 182

제5장 우리 형사소송절차에서의 플리바게닝 도입 문제 _ 184

제1절 서 설 184

제2절 도입 찬반론 187

Ⅰ. 찬성론 187

Ⅱ. 반대론 189

Ⅲ. 검 토 190

1. 실체적 진실의 발견 원칙과의 관계 • 190
2. 무죄추정의 원칙과의 관계 • 194
3. 책임원칙과의 관계 • 196

Ⅳ. 개인 의견 197

1. 플리바게닝의 기원과 관련한 주장 • 197
2. 형사소송구조와 관련한 주장 • 198
3. 형사절차의 보편성과 관련한 주장 • 199

4. 정의의 관념과 관련한 주장 • 200
5. 실체적 진실과 관련한 주장 • 200
6. 무죄추정의 원칙과 관련한 주장 • 200
7. 책임원칙과 관련한 주장 • 201
8. 유죄 인정에 대한 형의 감경 및 협조에 대한 보상과 관련한 주장 • 202
9. 결 론 • 202

제 3 절 현행법상 도입 가능성에 대한 검토 203

Ⅰ. 문제 상황 203

Ⅱ. 현행 형사소송법과의 문제 203
1. 문제의 제기 • 203
2. 미국의 플리바게닝 절차와의 차이점 • 204
3. 결 어 • 205

Ⅲ. 입법안 205
1. 전면 도입 방안 • 205
2. 제한 도입 방안 • 206
3. 검토 사항 • 208
4. 입법안 • 217

제 6 장 맺음말 _ 219

제 2 편 사법협조자 소추면제·형벌감면제도의 원류

Ⅰ. 서 론 225

Ⅱ. 본 론 226
1. 사법협조자의 직계존속인 공범자증인 • 226
2. 공범자증인의 탄생 배경 • 229
3. 반역죄나 중죄 범죄인이 공범자증인으로 전향한 동기 • 231

4. 국왕이 공범자증인을 이용한 이유 • 233
5. 공범자증인의 사소 제기 절차 • 236
6. 공범자증인제도와 관련한 몇 가지 사항 • 241
7. 공범자증인에서 '왕의 증거'로 변천 • 250
8. 오늘날의 '왕의 증거' • 252
Ⅲ. 결 론 253

제 3 편 북아일랜드의 사법협조자에 대한 소고

Ⅰ. 서 론 257
Ⅱ. 본 론 259
1. 사법협조자의 개념 • 259
2. 사법협조자의 탄생과 변천 • 262
3. 북아일랜드에 있어 사법협조자의 등장 • 264
4. 북아일랜드에 있어 슈퍼그래스 전략의 전개 과정 • 270
5. 슈퍼그래스 전략에 대한 평가 • 283
6. 슈퍼그래스 전략의 쇠퇴 • 286
Ⅲ. 결 론 287

제 4 편 일본에서의 수사·공판협력형 협의·합의제도와 형사면책제도 도입에 관한 소고

Ⅰ. 서 론 293
Ⅱ. 본 론 295
1. 2010년 일본의 형사사법제도 개혁에 대한 배경과 경위 • 295
2. 협의·합의제도 • 299
3. 형사면책제도 • 312

Ⅲ. 결 론 ··· 317

〈참고자료〉 / 319

〈일본 형사소송법 규정〉 / 321

후기 ··· 330

찾아보기 ··· 332

제 1 편

플리바게닝(Plea Bargaining)에 관한 연구

제 1 장

서 설

이 글은 미국의 플리바게닝(Plea Bargaining) 제도에 대하여 쓴 글이다.[1] 그리고 이 글의 목적은 우리 형사사법제도에 미국의 플리바게닝을 도입할 필요가 있는지 여부를 검토하는 데에 있다. 결론부터 말하면 이제는 우리 형사절차에 플리바게닝의 도입을 전향적으로 검토할 때가 되었다고 생각한다. 지난 30년 동안 선진 각국이 이미 이 제도를 도입하여 시행하고 있거나 장차 이 제도의 도입을 검토하고 있는 추세에 비추어 볼 때 그러하고, 또 신속한 형사절차의 확보와 효율적이고 경제적인 형사절차의 구현이라는 사법개혁 이념의 관점에서 볼 때 그러하다. 특히 미국과 달리 대륙법계의 직권주의를 취하고 있는 선진국에서도 이 제도를 도입하여 시행하고 있는 점을 고려할 때 더욱 그러하다.

무릇 미국의 플리바게닝이라 함은 피고인이 범죄에 대하여 유죄를 인정하거나 다른 범죄에 관한 협조를 제공하면 그에 대한 대가로 검찰과 법원이 피고인에게 관대한 처분을 하는, 피고인 또는 변호인과 검찰 사이의 협상과 명시적인 합의절차를 말한다. 그리고 우리나라에서는 이 제도를 답변협상제도라고 말한다. 이 제도의 가장 큰 장점은 법원과 검찰이 제한된 자원 속에서 많은 사건을 신속하게 처리할 수 있도록 그 능력을 제공한다는 점이다. 게다가 피고인은

---

1) 이 글은 2015. 6. 고려대학교 대학원에 제출된 박사학위논문인 "답변협상제도의 도입에 관한 연구 – 미국 Plea Bargaining의 발전과정을 중심으로 –"를 약간 수정·보완한 것이다.

양형 감경을 통해 유리한 형을 선고받을 수 있으므로 이 제도는 피고인에게도 이익을 준다.

그러나 이러한 장점과 이익에도 불구하고 미국의 플리바게닝은 오랫동안 비판을 받아왔다. 학자들은 이 제도의 공정성에 대하여 의문을 제기하였고, 또 이 제도가 실체적 진실의 발견이라는 형사절차의 목적을 약화시킬 가능성이 있다고 비판하면서 폐지를 주장하였다. 그러나 플리바게닝은 사라지지 않았고, 지금은 미국에서 가장 널리 알려진 형사사법제도 중 하나로 확립되었다. 심지어 미국 연방대법원은 이 제도를 사법 운용에 있어 없어서는 안 될 구성요소라고 선언하였다. 현재 미국에서 유죄판결을 선고받은 피고인 중 약 95%는 플리바게닝의 결과이다.[2)]

오늘날 미국에서는 플리바게닝을 폐지하자는 주장보다는 이 제도를 개혁하자는 주장이 더 많다. 특히 최근에는 개혁안으로서 이 제도의 정확성과 당사자 사이의 교환 적정성에 관한 문제점이 제기되고 있다. 즉 플리바게닝을 통해 죄 없는 자가 유죄판결을 선고받는 사례, 형벌이 범죄억제·응보·사회복귀 등의 요청에 근거한다기보다는 오히려 부분적으로는 재산·성별·나이·교육·지능 등에 근거하여 선고되고 있는 사례, 플리바게닝을 통해 변명이 될 수 없을 정도로 피고인이 너무 가벼운 형을 선고받는 사례나 플리바게닝을 거부하고 배심재판을 청구한 피고인이 너무 무거운 형을 선고받는 사례 등 이 제도가 가지고 있는 치명적 문제점에 초점을 맞추고 있다.

미국의 형사사법제도는 미국인의 삶과 분리되어 작동할 수 없다. 그런데 앞에서 본 바와 같이 미국의 형사사건 중 약 95%는 배심재판이 아닌 플리바게닝에 의해 종결된다. 따라서 미국 형사사법제도의 대부분이라고 말해도 과언이 아닌 플리바게닝 절차에서 피고인은 어떻게 취급되고 있는가, 플리바게닝은 공정한 제도인가라는 질문이 미국인들 사이에서 제기될 수 있다. 그리고 이 질문

2) Laurie L. Levenson, "Peeking Behind the Plea Bargaining Process: Missouri v. Frye & Lafler v. Cooper", *Loyola of Los Angeles Law Review*, Vol. 46, 2013, p.478; Cynthia Alkon, "The U.S. Supreme Court's Failure to Fix Plea Bargaining: The Impact of Lafler and Frye", *Hastings Constitutional Law Quarterly*, Vol. 41, 2014, p.562.

에 대한 답은 미국인들이 미국의 형사사법제도를 어떻게 보는가에 큰 영향을 준다. 그 결과 미국에서는 플리바게닝 절차에서 과연 피고인이 효과적으로 변호인의 조력을 받고 있는가, 또 검사의 광범위한 권한이 견제되고 있는가 등 플리바게닝 절차의 공정성이 새로이 논의되고 있다.

그런데 이러한 문제점과 논의에도 불구하고 이 제도는 미국을 넘어서 세계 각국으로 퍼지고 있다. 대표적인 대륙법계의 직권주의 형사소송구조를 취하고 있는 독일과 프랑스, 이탈리아는 물론 대만, 아르헨티나가 각각 미국의 플리바게닝과 같은 제도를 도입하였고, 일본은 2015년 3월 플리바게닝과 유사한 합의제도와 형사면책제도[3]를 도입하기로 하였다.

우리나라에서는 2005년 사법제도개혁추진위원회가 경죄사건의 신속처리절차에 대한 도입을 논의할 때 검찰이 플리바게닝의 도입을 언급한 적이 있으나 반대 의견이 제기되자 더는 거론되지 않았다. 그 후 2010년 법무부가 조직범죄·부패범죄를 규명하기 위해 수사절차나 재판절차에서 진술을 한 자에게 그 대가로 불기소 처분이나 형을 감면하는, 사법협조자 소추면제·형벌감면제도를 입법 예고하자, 이 제도를 일종의 플리바게닝으로 이해하고 플리바게닝의 도입 여부에 대한 찬·반 논의가 활발하게 이루어졌다. 그러나 이 제도는 입법에 이르지 못하였다.

그러면 플리바게닝에 대한 세계적인 입법 추세와 우리나라를 비롯한 각국의 입법 움직임은 무엇을 의미하는가? 범죄는 계속 증가한다. 그리고 형사절차의 이념인 적법절차의 원칙은 법원과 검찰에 더 큰 비용과 노동집약적인 형사절차를 요구한다. 그런데 법원은 쇄도하는 사건을 처리하여야 한다. 결국 과중한 사건을 처리하기 위해 입법부와 법원은 형사절차에서 경제성과 효율성의 중요성을 인식하고, 당사자 사이에 합의에 따른 단축된 형사절차를 도입한다. 이제 모든 권리가 보장된 완전한 형사절차를 더는 법원이 감당할 수 없다. 지난 수십 년 동안 플리바게닝에 대하여 신랄하게 비판한 사람들도 합의에 따른 형

3) 이에 대하여는 후술하는 "일본에서의 수사·공판협력형 협의·합의제도와 형사면책제도 도입에 관한 소고"를 참조.

사절차, 즉 플리바게닝의 승리를 인정하지 않을 수 없다. 플리바게닝에 대한 세계적인 입법 추세는 바로 이러한 형사사법의 현실을 반영한다.

그렇다면 우리 형사사법의 현실은 어떠한가. 2005년 사법개혁위원회가 발행한 『국민과 함께하는 사법개혁』은 당시 사법 현실에 대하여 다음과 같이 서술하였다. "현재 우리 형사사법이 직면하고 있는 가장 어려운 문제는 사건의 증가에 따르지 못하는 사법기관의 사건처리능력이다. 1999년 우리나라 검사 1인당 1일 사건 부담량은 7.24명으로 일본의 1.92명, 독일의 2.46명보다 현저히 높고, 2002년 우리나라 형사재판부는 연간 1,000건 이상의 사건을 처리하고 있다. 이로 인하여 충실한 심리가 이루어지지 못하거나 처리절차가 지연되고 있다."[4)]

또 법률신문은 2014년 9월 22일 3면에 판사, 검사의 업무 부담과 관련하여 다음과 같은 기사를 썼다. "전국 검사 평균 1인당 하루 사건처리 건수는 2012년 9.1건, 2013년(1월~8월) 11.4건으로 높은 수준을 유지했다. 일선 검사들은, 사건 수가 증가해 전반적인 업무에 과부하가 걸리고 있고, 평일에도 새벽 1~2시에 퇴근하며, 주말 중 하루는 출근하는데도 미제 사건이 늘고 있다고 토로했다. 한편 전국 판사의 연평균 1인당 사건처리 건수는 2012년 637.2건, 2013년 579.0건에 달한다. 서울의 한 판사는, 주말에 하루 출근하는 것은 당연하며, 동료들과 사건처리 수에서 큰 차이가 벌어지지 않도록 신경을 쓰게 된다고 말했다."

앞에서 본 바와 같이 10여 년 전이나 지금이나 판사와 검사의 업무 부담은 변함없이 과중하다. 그리고 이러한 현 실태는 판사와 검사에 대한 대폭 증원이 없는 한, 또 사건 수에 대한 획기적인 감소가 없는 한, 당분간 지속될 것으로 보인다. 그러면 지금의 모습을 그대로 내버려 둬도 괜찮은가? 그렇지 않다. 판사와

---

4) "전국 민사 1심 장기미제(접수 후 2년 6개월 초과사건) 총 7,494건 … 5년 초과도 490건", 사법부의 오늘 ① 지연된 정의, 법률신문, 2022. 6. 20, 제3면(형사사건은 구속기한 등의 사유로 민사사건보다 첫 기일이 빠르게 잡히는 편이지만, 두 달 이상이 소요됐다. 같은 기간 전국 법원 형사 공판은 사건 접수 후 첫 기일이 열리기까지 1심은 평균 79.9일, 항소심은 평균 125일이 걸렸다. (중략) 또 다른 변호사는 "형사 구속사건은 기간 제한이 있어 상대적으로 빠르게 진행되지만, 불구속 사건인 경우에는 민사사건과 마찬가지로 늘어지기 일쑤"라고 말했다. 그러면서 "'지연된 정의는 정의가 아니다'라는 법언을 법원과 판사들이 얼마나 무겁게 받아들이고 있는지 의문"이라고 했다).

검사의 과중한 업무 부담을 덜어 주어야 한다. 충실한 수사 및 재판의 구현, 신속한 재판의 확보, 국민의 사법신뢰 획득을 위해서라도 그렇게 해야 한다. 그러면 그 방안이 무엇인가?

그 방안 중 하나가 미국의 플리바게닝을 도입하는 것이다. 플리바게닝은 영국과 미국의 보통법(common law)[5]이 추구하는 능률적 규범의 경향을 반영한 제도이다. 다시 말하면 사람들이 편리하다고 이해하고 생각한 것을 제도로 만든 것이다. 그래서 이 제도는 적은 비용으로 많은 사건을 효율적으로 처리하게 해 주고, 사건 수를 대폭 줄여 준다.

플리바게닝은 법원, 검찰, 피고인에게 모두 이익을 제공한다. 법원은 이 제도를 통해 쇄도하는 사건을 신속하게 처리할 수 있다. 그 결과 자원을 절약할 수 있다. 검찰은 이 제도를 통해 유죄판결을 확보할 수 있고, 법정에서 피고인과 다투지 않아도 된다. 또 제한된 자원을 다른 곳에 사용할 수 있다. 피고인은 이 제도를 통해 신속한 재판과 관대한 형을 선고받을 수 있다. 그래서 이른 시일 안에 사회로 복귀할 수 있다.

플리바게닝은 효율적인 형사사법의 확립에 이바지하는 제도이다. 형사절차의 경제성과 효율성은 형사사법제도가 지향하는 목적이자 사법개혁이 추구하는 이념 중 하나이다. 형사사법 개혁은 무엇보다 먼저 국민으로부터 신뢰를 받는 개혁이어야 한다. 즉 적법절차의 원칙에 따라 실체적 진실의 발견과 신속한 재

5) 보통법은 영국에서 선례에 터 잡은 판례법 체계이다. 보통법은 개별 사건을 다루는 법관의 판결 축적에 의해 만들어진다. 이와 대비되는 개념이 성문법 체계이다. 성문법 체계는 모든 법체계를 명시적이고도 포괄적으로 나열하는 데 목적을 둔 성문법전에 의하여 대변되고 있다. 11세기 이후 영국에서는 지방법에 대한 반대개념으로서 보통법이라는 명칭이 사용되었다. 즉 왕립법원 판사들은 각 지방 관습법으로부터 결합하거나 변형하는 방법으로 도출된 공통적인 법을 발전시키기 시작하였는데 이것이 보통법이다. 새라 워딩턴, 임동진 옮김, 형평법, 도서출판 소화, 2009, 45~46면; 브라이언 타마나하, 이헌환 옮김, 법치주의란 무엇인가, (주)박영사, 2014, 135면; 장영진·하혜경, 미국법강의, 세창출판사, 2008, 77면; 홈즈는 1881년 『보통법』이라는 책에서 "법의 생명은 논리가 아니라 경험이다. … 일정한 시기의 법의 실질은 당시에 편리하다고 이해되는 것과 거의 상응한다. 그러나 법의 형식과 조직 그리고 바람직한 결과를 이룩할 수 있는 정도는 그것의 과거에 상당 부분 의존한다."라고 주장하였다. 앨버트 애슐러, 최봉철 역, 미국법의 사이비 영웅 홈즈 평전, 청림출판, 2008, 229면.

판 등 형사절차의 목적과 원칙을 한층 더 실현하는 개혁이어야 한다. 물론 국민으로부터 신뢰받는 재판이 되기 위해서는 적법절차에 따라 공정하게 재판을 하는 것도 중요하겠지만 그에 못지않게 저렴한 비용으로 적법절차에 따라 신속하게 재판을 하는 것도 역시 중요하다. 왜냐하면 효율적인 형사사법제도는 법치주의를 지향하고 있기 때문이다.[6)]

형사절차에 대한 경제성과 소송결과에 대한 예측 가능성은 언제나 중요한 관심의 대상이다. 그리고 이를 실현하기 위하여 세계 각국은 재판을 단순화하는 여러 가지 방안을 시도한다. 세계 각국은 완전한 판결절차를 회피하거나 적어도 완전한 판결절차의 회피를 촉진하려는 방안으로 협상절차를 비롯한 간단한 형사절차의 도입을 추진하고 있다. 플리바게닝의 도입은 신속성과 효율성 그리고 경제성을 높이기 위해 형사절차를 단순화하려는 시도이다. 그렇다면 플리바게닝의 도입은 신속한 재판을 받을 권리를 보장하고 있는 우리 헌법의 이념에 일치하고, 또 형사사법제도의 개혁과 일맥상통한다.

물론 우리에게 미국의 형사사법제도가 모든 것이 아니고 또 모든 것이 되어서도 안 된다. 더욱이 "미국화" 또는 "미국 따라 하기"라는 이름으로 우리 형사절차의 근본적인 틀을 뜯어고치거나 틀 자체를 바꿔서도 안 된다. 그러나 세계의 많은 나라, 특히 직권주의 형사소송구조를 취하고 있는 대륙법계 나라들이 사법개혁의 차원에서 미국의 플리바게닝이나 이와 유사한 제도를 도입하였거나 도입을 검토하고 있다는 사실은 우리에게 시사하는 바가 크다. 이제 우리도 미국 등 선진국의 법률을 모델로 하여 우리의 형사절차에 플리바게닝과 같

6) 손용근, 시급히 회복되어야 할 '신속한 재판', 법조신문 872호, 2023. 4. 1, 제14면(재판은 공정하면서도 신속해야 한다. 너무 늦은 재판은 아무리 공정하더라도 전혀 효용이 없는 경우도 많다. 민사소송의 모든 교과서에는 재판의 이상인 공평과 적정, 신속과 경제가 누누이 설명되어 있다. 그런데 공정과 신속은 상호 배타적인 경우가 많다. 재판은 이 두 가지가 상호 잘 조화되는 절차에 따라 이루어져야 한다. (중략) 지금 공정한 재판에 대한 시비도 많으나, 신속한 재판에 대한 논란이 더 많다. '신속한 재판'이라는 재판의 기본 원칙, 이것은 법원의 기본을 지탱하게 하는 말 그대로 기본 원칙이다. 몇 가지 더 적는다. 역시 기본적인 말들이다. "모든 국민은 신속한 재판을 받을 권리를 가진다"(헌법 제27조 제3항). "사법은 신속해야 그 향기를 잃지 않는다. 지연된 정의는 더 이상 정의가 아니다"(법 격언). "정의를 구현하는 방식은 때로 정의 자체보다도 중요하다"(George Wickersham).

은 제도를 도입할 때가 왔다고 생각한다.[7)]

다만 플리바게닝이 아직은 우리에게 생소하므로 미국의 플리바게닝을 전면적으로 도입하는 것은 아무래도 시기상조다. 특히 우리나라의 형사사법제도와 미국의 그것이 다른 점을 고려할 때 더욱 그러하다. 그래서 우리나라의 실정에 맞는 제한적 플리바게닝의 도입이 필요하다. 즉 우리가 도입하려는 플리바게닝은 헌법상 권리인 피고인의 재판을 받을 권리와 헌법상 원칙인 무죄추정의 원칙, 형법의 규범·입법목적과 책임원칙, 형사소송법상의 실체적 진실의 발견 원칙과 조화를 이루어야 한다.

그러기 위해서는 ① 플리바게닝의 시기는 공소 제기 후 제1심 변론종결 전까지로 제한하고, ② 플리바게닝의 개시 주체는 공소권의 주체인 검사로 하며, ③ 그 대상 범죄 중에서 사형, 무기 또는 단기 1년 이상의 징역 또는 금고에 해당하는 사건은 제외하고, ④ 협상은 기소협상을 제외한 양형권고협상만 허용하며, ⑤ 검사는 플리바게닝 절차에 들어가기 전 반드시 피해자와 협의하여야 하고, ⑥ 플리바게닝의 절차에 변호인의 참여를 필요적 요건으로 하여야 한다.

이 글에서 제시한 플리바게닝에 관한 입법안은 제한적 입법안으로서 하나의 시험적 시도에 불과하다. 훗날 이 입법안이 도입되고, 시행되어 우리 형사사법제도로서 어느 정도 정착되면 그때 비로소 미국의 플리바게닝을 전면적으로 확대하여 시행할지 여부를 검토할 수 있을 것이다.

---

7) "수사와 재판에 적극 협조한 자들에게 혜택을 주는 제도를 과감하게 도입할 필요가 있다. 일부 국가나 특정 범죄에 대해 시행되고 있는 유죄거래협상(plea bargaining)이나 자진신고자 감면(leniency)제도 등을 구체화시키고 확대하여 해당 범죄의 주범자가 아니라면 그 순서와 기여도에 따라 처벌까지 완전히 면해주고 제3자에게는 큰 보상금을 건네주는 획기적인 제도를 마련하면 좋겠다." 이창현, 수사와 재판의 협조자 만들기, 법률신문, 2022년 11월 10일, 14면.

제 2 장

플리바게닝의 개념과 형사소송구조

제 1 절 플리바게닝의 개념

Ⅰ. 서 설

미국의 검사는 기소하기 위한 범죄사실이 결정되면 피고인은 마땅히 처벌받아야 한다고 생각한다. 그러므로 죄가 있는 피고인은 물론 죄가 없는 피고인조차도 사건이 궁극적으로 어떻게 종결될 것인지 관심을 가질 수밖에 없다. 그래서 "내가 유죄판결을 받을 것인가, 내가 유죄판결을 받으면 과연 어떤 형을 선고받을 것인가"에 대한 의문들이 점점 중요하게 된다. 그리고 이러한 의문들에 대한 불확실성은 재판이 끝날 때까지 계속 이어진다. 그러므로 피고인은 사건의 불확실성에서 하루빨리 벗어나기 위해 검사와의 사건 처리에 관한 논의에 호의적으로 반응한다. 이때 피고인은 유죄답변에 동의함으로써 어느 정도 범죄행위에 대한 처벌을 받아들인다. 그러면 검사[1]와 법원[2]은 유죄답변에 대한 대

1) 미국의 검사는 선거로 선출되거나 임명되는 검찰청의 최고위 공무원이다. 검사의 공식적 의무는 국민을 위해 기소된 사람들에 대한 형사절차를 수행하는 것이다. 연방에는 법무부

가로 피고인에게 관대한 처분을 함으로써 피고인으로 하여금 불확실성에서 벗어나게 한다.

미국에서 플리바게닝은 이러한 상황에서 피고인과 검사 사이에 사건 처리에 대한 협상의 형태로 일어난다. 일반적으로 플리바게닝의 가장 중요한 이론적 설명은 효율성과 사건의 관리이다. 현재 미국에서는 유죄판결을 받은 피고인 중 약 95%가 배심재판이 아닌 유죄답변의 결과이고, 이러한 유죄답변은 통상 피고인과 검사의 협상 결과이다. 예컨대, 2012년의 경우 전체 형사사건의 94%에서 97%가 배심재판을 통하지 않고 유죄답변으로 처리되었다. 그래서 대부분의 판사와 검사는 실질적인 유죄답변의 감소는 형사사법제도에 상당한 혼란을 일으킬 것이라고 지적한다.3) 또 일부 학자들은 만약 모든 피고인이 배심재판을 받을 권리를 요구하고 이 요구가 계속된다면 형사사법제도는 완전히 붕괴할 것이라고 말한다.4) 이제 미국에서 플리바게닝은 재판을 운영하는 데 있어

장관과 93명의 연방검사가 있다. 연방 법무부장관은 검찰총장을 겸한다. 연방검사는 대통령에 의해 임명된다. 한편 주에는 주 검찰총장이 법률공무원의 장(chief)이다. 주 검찰총장은 주 법무부장관을 겸한다. 대부분의 형사 업무는 보통법상 중죄 사건과 경죄 사건에 대한 기소와 재판을 하는 카운티에서 수행된다. 지방검사는 그 지역 검사들의 장(chief local prosecutor)으로서 살인·강간·강도사건 등을 기소할 책임이 있다. 미국의 대부분의 주에서 검찰총장, 지방검사는 선출직 공무원이다. 존 폴 스티븐스, 김영민 옮김, 최후의 권력, 연방대법원, 반니, 2013, 49면; 채동배, 법으로 보는 미국 그리고 한국의 사법개혁, ㈜살림출판사, 2005, 73~82면.

2) 거의 모든 주(state)는 항소법원이나 일반 법원에서 근무하는 판사에게 법학과 관련한 학위를 요구한다. 그러나 시 법원이나 읍 법원의 판사들에 대하여는, 그들이 피고인을 구금할 권한을 갖고 있어도 일반적으로 법률적 기초지식을 갖고 있지 않은 것이 보기 드문 일은 아니다. 그리고 연방판사가 되기 위해서는 판사로서 능력과 자질을 갖추어야 한다. 연방판사는 상원의 인사청문회를 통해 검증 과정을 거친다. 한편 주 법원의 판사는 선거를 통해 선출되기도 하고 주지사로부터 임명되기도 하며 주 의회에서 선임되기도 하는 등 다양한 방식으로 임명된다. 존 폴 스티븐스, 위의 책, 55면, 151~152면; 채동배, 위의 책, 22~38면.

3) Stephen A. Saltzburg and Daniel J. Capra, *American Criminal Procedure Cases and Commentary*, Sixth Edition, West Group, 2000, p.959; 배심공판은 시간이 많이 걸리고 굉장히 비효율적이기 때문에 양형거래(또는 플리바게닝) 없이 모든 형사사건들이 배심공판을 통해 처리되는 것은 불가능에 가깝다. 이런 이유 때문에 양형거래(또는 플리바게닝)는 사법경제를 위해 보편적으로 일어나지만 그에 따른 문제도 많다. 이진경, 미국 검사의 형사법 이야기, 법률신문, 2019. 3. 4, 6면.

4) Larry J. Siegel, Frank Schmalleger and John L. Worrall, *Courts and Criminal Justice in America*,

없어서는 안 될 제도로 확립되었다. 이 절차는 형사사건을 처리하는 주요한 수단으로 널리 시행됨으로써 미국의 형사사법제도의 부속물이 아닌 미국의 형사사법제도가 되었다.[5)]

II. 플리바게닝의 개념

1. 미국의 형사절차 개요

미국의 플리바게닝을 이해하려면 먼저 미국의 형사절차가 어떻게 진행되는지 알고 있어야 한다. 따라서 여기에서는 미국의 형사절차에 대하여 간략히 보기로 한다. 미국의 형사절차는 크게 재판 전 절차, 재판절차, 재판 후 절차로 구성된다. 재판 전 절차는 고발장의 작성으로 시작된다. 고발장은 범죄사실이 있음을 주장하는 정식절차로서, 피해자나 목격자 또는 고소를 접수한 경찰관에 의해 작성된다. 고발장은 체포영장을 발부하는 기초가 된다. 그러나 범죄혐의자가 영장 없이 체포된 경우 체포한 경찰관은 치안판사에게 혐의자를 인치(引致)하기 전에 고발장을 작성한다. 미국의 경우 약 95%의 체포가 영장 없이 이루어진다. 범죄혐의자가 체포되면 지체 없이 치안판사 앞에 인치된다. 치안판사는 체포된 범죄혐의자에게 진술 거부권, 변호인을 선임할 수 있는 권리 등 '미란다 원칙'을 고지한다. 경죄(misdemeanor)[6)]인 경우 체포된 범죄혐의자는 기소 인부를 하고, 혐의에 대하여 답변하여야 한다. 대부분의 경죄는 이 단계에서 유죄답변으로 처리된다. 그러나 중죄(felony)[7)]인 경우 체포된 자는 예비심문을 받는다.

Prentice Hall, 2011, p.319; Timothy Lynch, "The Case Against Plea Bargaining", *Regulation*, 2003, p.24; Cynthia Alkon, "The U.S. Supreme Court's Failure to Fix Plea Bargaining: The Impact of Lafler and Frye", *Hastings Constiutional Law Quarterly*, Vol. 41, 2014, p.562.

5) Alexandra W. Reimelt, "An Unjust Bargain: Plea Bargains and Waiver of the Right to Appeal", *Boston College Law Review*, Vol. 51, 2010, p.873; Judge Rudolph J. Gerber, "On Dispensing Injustice", *Arizona Law Review*, Vol. 43, 2001, p.145.

6) 경죄는 벌금형이나 1년 이하의 구금에 처해질 수 있는 범죄를 말한다. 장영진·하혜경, 미국법강의, 세창출판사, 2008, 329면.

7) 중죄는 사형이나 1년을 초과하여 구금에 처해질 수 있는 범죄를 말한다. 위의 책, 329면.

예비심문은 재판과 거의 비슷하다. 예비심문은 통상 검찰이 어떤 증거를 가지고 있고, 그 사안이 어느 정도 중대한지를 알 수 있는 최초의 기회이다. 예비심문에서는 범죄 혐의가 합리적인 의심이 없을 정도의 증명에 이를 것을 요구하지 않으므로 검찰은 그들이 가지고 있는 모든 증거를 공개하지 않는다. 치안판사는 심리를 마친 다음 범죄 혐의에 대한 타당한 이유를 발견하면 피의자에게 답변을 요구하고, 재판을 위해 피의자를 관할 법원으로 보낸다. 이때 검사는 보통 2주 내에 그 법원에 기소장(information)을 제출한다. 또 치안판사는 범죄 혐의에 대한 타당한 이유를 발견하지 못하면 범죄 혐의를 기각하고 체포된 범죄 혐의자를 석방한다.[8)]

예비심문 이후에 검사는 기소 여부를 결정한다. 형사 기소는 대배심(grand jury)에 의한 기소(indictment)와 검사에 의한 기소(information)가 있다. 대배심에 의한 기소는 중죄 범죄에서 이용되는 시스템으로서, 대배심이 검사에 의해 제출된 기소안을 심리하여 범죄에 대한 증거가 충분하다고 믿으면 기소로 정리하는 서면 기소이고, 검사에 의한 기소는 경죄 범죄에서 이용되는 것으로서 대배심의 관여 없이 검사에 의해 이루어지는 기소이다.

기소가 되면 피고인은 기소인부절차(arraignment)를 위해 법정에 소환된다. 피고인은 경미한 범죄를 제외하고 반드시 기소인부절차에 출석하여야 한다. 연방 법정의 경우 기소인부절차에서 피고인은 대배심의 기소장 또는 검사의 기소장 사본을 가지고 있어야 하고, 기소 내용이 낭독되어야 하며, 대배심의 기소나 검사의 기소에 대한 피고인의 답변이 요청된다. 이때 피고인은 불항쟁 답변(nolo contendere plea), 무죄답변, 유죄답변 중 하나의 답변을 한다. 불항쟁 답변은 피고인이 논쟁하지 않겠다는 답변, 즉 범죄를 인정하지 않지만 처벌을 수용한다는 답변이다. 무죄답변은, 피고인이 죄가 없다고 답변하는 것으로서, 피고인이 무죄답변을 하면 2주 또는 3주 내에 재판기일이 열린다. 무죄답변과 재판

8) Rolando V. Del Carmen, *Criminal Procedure Law and Practice*, 8th Edition, Wadsworth Cengage Learning, 2010, pp.33~40; Larry J. Siegel and John L. Worrall, *Introduction to Criminal Justice*, Thirteenth Edition, Wadsworth, 2012, p.401.

개시 사이에 변호인은 법원에 여러 가지 신청을 할 수 있다. 그 중 가장 일반적인 신청이 증거가 불법적으로 압수되었다는 것을 이유로 하는 증거기각신청이다. 유죄답변은 피고인이 기소 사실을 인정한다는 답변으로서 피고인이 유죄답변을 하면 재판기록에 답변이 임의적이며 피고인이 그 결과를 완전하게 이해하였다는 사실이 기록되어야 한다.

피고인이 무죄를 주장하면 재판 절차가 시작된다. 배심재판 절차는 배심원 선정, 검사와 변호인의 모두진술(冒頭陳述), 검찰 측과 피고인의 증거 제출, 양측의 최후 진술, 판사의 배심원단에 대한 설명, 배심원단의 평의와 평결 순으로 진행된다.

재판절차가 끝나면 재판 후 절차가 진행된다. 재판 후 절차는 유죄 평결을 받은 피고인에 대한 형의 선고와 상소가 있고, 인신보호영장(writ of habeas corpus)[9]의 신청이 있다.[10]

아래에서 살펴보는 플리바게닝은 위 형사절차 중 기소인부절차에서 피고인이 어떻게 답변할 것인지를 정하는 검사와 변호인 또는 피고인 간의 협상을 말한다.

2. 플리바게닝의 개념

플리바게닝은 검찰의 양보를 피고인의 유죄답변과 교환하는 것을 말한다.[11]

---

9) 인신보호영장은 구금의 합법성을 다투는 절차이다. 유죄판결을 선고받은 피고인은 그가 구금되어 있고, 상소절차를 모두 거쳤을 때, 구금이 위헌이고 무효라고 주장하면서 인신보호영장을 신청할 수 있다. 구속적부심사절차라고도 말한다.; 보통법의 위대한 영장이라고 일컬어지는 인신보호영장은 연방 법원에서 주 법원의 판결 내용에 헌법상의 결함은 없는지 확인할 수 있는 권한을 부여한다. 유죄판결이 선고된 해당 지역의 연방 법원은 피고인이 위헌의 소지가 있는 법률 적용으로 유죄선고를 받아 수감되었거나 곧 수감될 위기에 있음을 확인할 수 있을 때 인신보호영장을 발부한다. 그러나 인신보호영장은 현실에 적용되기보다는 대부분 이론적으로 칭송되고 있다. 절박한 피고인들이 자주 신청하지만 연방 법원 판사들은 좀처럼 인신보호영장을 발부하지 않는다. 앨런 M. 더쇼비츠, 변용란 옮김, 최고의 변론, 이미지박스, 2011, 188면.

10) Rolando V. Del Carmen, 앞의 책, pp.40, 59.

11) Larry J. Siegel and John L. Worrall, 앞의 책, p.405; 그러나 검사와 피의자는 기소 전에도

여기서 검찰의 양보는 법원이 선고하는 형, 검사가 권고하는 형, 그리고 입건된 범죄와 관련된 것으로서 가벼운 형의 선고, 가벼운 구형, 다른 범죄에 대한 불기소 처분을 말하고, 유죄답변은 피고인이 스스로 유죄를 인정하는 행위를 말한다. 현재 미국에서 플리바게닝에 대한 일치된 개념은 없다. 블랙법률사전(Black's Law Dictionary)은 플리바게닝이란 형사사건에서 법원의 승인을 조건으로 하여 피고인과 검사가 서로 만족스러운 사건 처리를 만들어내는 절차로서, 일반적으로 피고인이 더 무거운 기소에 대한 가능성보다 더 가벼운 형의 선고를 대가로, 더 가벼운 범죄 또는 여러 개의 소인(訴因, count) 중 하나의 소인이나 몇 개의 소인에 대하여 유죄답변을 하는 것을 포함한다고 설명한다.[12] 아래에서는 플리바게닝의 개념에 대한 여러 가지 주장을 살펴보기로 한다.

① 플리바게닝은 형사사건에서 피고인이 범죄의 축소나 선고형의 감경에 대한 대가로 배심재판을 받을 권리를 포기하는 절차이다.[13]

② 플리바게닝은 피고인이 관대한 처분과 교환하여 자백하고 유죄답변을

플리바게닝을 할 수 있다고 한다. 백수진, 미국 검사의 기소재량 연구-예비청문절차 도입방안을 중심으로-, 국외훈련검사연구논문집 30(2), 법무연수원, 2015, 12면; 플리바게닝은 일반적으로 기소인부절차 이전에도 이루어지나(체포된 다음부터 판결이 선고되기 직전까지 가능하다), 연방 형사절차에서는 대개 기소 이후에 이루어진다. 장영진·하혜경, 앞의 책, 157면; 대배심에 의한 기소가 아닌 경우, 검사는 기록 검토를 통해 피고인에게 제안할 플리바게닝의 내용을 결정한 뒤 법정에서 진행되는 공판 전 절차에서 피고인과 변호인에게 그 내용을 고지한다. 한편 대배심에 의한 기소의 경우에는 기소 이전과 이후에 플리바게닝이 모두 가능하다. 기소 여부 결정을 위한 대배심 절차가 개시되기 전 검사는 체포되어 있는 피의자 및 변호인과 플리바게닝을 할 수 있다. 이 경우 검사는 기소 이후의 플리바게닝보다 더 큰 재량 권한을 갖는다. 기소 이후 검사가 피고인과 플리바게닝을 할 때에는 공소 내용 및 법령 적용을 변경할 수 있는 재량에 상당한 제약을 받는다. 박준영, 미국 각 주의 Plea Bargaining 실제 사례 연구, 국외훈련검사연구논문집 28(1), 법무연수원, 2013, pp.15~19; 캘리포니아 주 형법에 의하면 검사는 피고인이 체포된 후 48시간 안에 기소해야 한다. 기소 후 피고인은 1회 공판에 출석한다. 이때 기소 내용이 알려지고, 피고인은 답변을 하는 절차를 갖는다. 이때부터 플리바게닝이 시작된다. 이진경, 앞의 글, 6면.

12) Larry J. Siegel and Frank Schmalleger and John L. Worrall, 앞의 책, p.319; Michael H. Marcus and David S. Weissbrodt, "The Death Penalty Cases", *California Law Review*, Vol. 56, No. 5, 1968, p.1303.

13) Milton Heumann, *Plea Bargaining, The Experiences of Prosecutors, Judges, and Defense Attorneys*, The University of Chicago Press, Chicago and London, 1978, p.1.

하거나 검찰에 협조하는, 검찰과 피고인 사이의 협상과 합의 절차를 말한다.[14)]

③ 플리바게닝은 피고인이 최초 범죄의 수나 중대성에 대한 어느 정도의 축소와 교환하여, 정해진 범죄사실에 대하여 유죄답변을 하거나 다투지 않겠다고 약정하는 검사와 피고인 사이의 합의이다. 그리고 이 합의는 사건을 곧바로 해결하거나 아니면 형사절차를 더 진행하는, 변호인의 되풀이되는 결정의 구성요소이다.[15)]

④ 플리바게닝은 형사 피고인이 양형에 있어 확실성과 교환으로 유죄답변을 하는 절차이다. 검사는 복수, 범죄 억제, 공정성 등 사회에서 요구하는 것을 충족시키기 위해 유죄판결의 가능성을 최대화하는 것을 선호하지만, 피고인은 구금 기간, 명예상실, 개인적 업무에 대한 손해 등을 작게 하기 위해 유죄판결의 가능성을 최소화하는 것을 선호한다. 따라서 검사와 피고인이 가장 선호하는 결과는 양극단의 한쪽이다. 그러나 플리바게닝은 이른바 제로섬게임(zero-sum game)이 아니라 양쪽 행위자들이 상호 공동의 결과를 위해 협력하는 포지티브섬게임(positive-sum game)이다. 요컨대 플리바게닝은 피고인이 유죄답변을 해서 얻는 이익이 배심재판에서 얻을 수 있는 이익보다 더 클 때 일어난다. 특히 협상은 재판에서 큰 비용이 들고 그 결과가 불확실할 때 일어난다.[16)]

---

14) Jenia I. Turner and Hiram E. Chodosh, *Plea Bargaining Across Borders Criminal Procedure*, Wolters Kluwer, 2009, p.1.

15) Debra S. Emmelman, *Justice for the Poor. A Study of Criminal Defense Work*, Ashgate, 2003, p.97; Debra S. Emmelman, "Trial by Plea Bargain: Case Settlement as a Product of Recursive Decisionmaking", *Law & Society Review*, Vol. 30, No. 2, 1996, pp.336, 356; Stephen J. Schulhofer, "Is plea Bargaining Inevitable?", *Harvard Law Review*, Vol. 97, No. 5, 1984, p.1037; Lisa Frohmann, *Prosecutors and Prosecution*, Ashgate, 2008, p.250; 학자들은 플리바게닝을 "되풀이 제안하기" 게임이라고 부른다. 검사와 변호인 간에 제안을 내놓고 협상하기를 되풀이하기 때문이다. 제안에 잘 응하기로 알려진 검사라면 변호인은 여러 차례 유리한 쪽으로 협상을 하려고 할 것이다. 윌리엄 스턴츠, 김한균 옮김, 미국 형사사법의 위기, W미디어, 2015, 374면.

16) Ronald A. Harris and J. Fred Springer, "Plea Bargaining as a Game: An empirical analysis of negotiated sentencing decisions", *Policy Studies Review*, Vol. 4, No. 2, 1984, p.247; H. Mitchell Caldwell, "Coercive Plea Bargaining: The Unrecognized Scourge of the Justice System", *Catholic University Law Review*, Vol. 61, 2011, pp.67~70.

⑤ 플리바게닝은 '비재판(nontrial)' 절차의 형태이다. 비재판 절차는 미국 헌법의 설계를 파괴한다. 왜냐하면, 미국 헌법에 의하면 모든 기소에 있어 피고인은 공정한 배심에 의한 재판을 받을 권리를 누려야 하기 때문이다. 또 비재판 절차에는 중대한 결점이 있다. 피고인은 유죄를 인정하므로 자신의 변명을 진술할 기회가 없고, 또 검사가 피고인의 유죄를 합리적인 의심이 없을 정도의 증명에 이르도록 하게 할 수 없다. 플리바게닝은 보편적인 제도가 아니고, 단순히 편리한 제도이다. 그런데도 효율이라는 이유로 플리바게닝은 미국 연방대법원으로부터 사법 운용의 본질적 요소로 인정받았다.[17)]

⑥ 플리바게닝은 재판에서 피고인을 위한 제도적 보호수단(연방 수정헌법 제5조의 자기부죄거부특권,[18)] 제6조의 배심재판을 받을 권리[19)])을 피하고자 정부가 사용하는 주요한 기술로서, 피고인과 검사의 공식적 또는 비공식적 합의로 이루어진다. 자기부죄(self-incrimination)를 강제 받지 아니할 헌법적 권리와 배심재판을 받을 권리의 포기에 대한 대가로 검사는 감경된 징역형에 합의한다. 따라서 관용은 피고인이 배심재판을 받을 권리를 행사하지 않도록 유인하기 위해 피고인에게 지급하는 대가이다.[20)]

⑦ 플리바게닝은 종종 피해자를 형사사법제도에서 제거하는 실무이고, 주로 형사사법제도에 대한 권위와 존경을 위태롭게 하는 은밀한 절차이다.[21)]

---

17) John H. Langbein, "Understanding the Short History of Plea Bargaining", *Law & Society Review*, Vol. 13, No 2, 1979, p.261; John H. Langbein, "Land without Plea Bargaining: How the Germans Do It", *Michigan Law Review*, Vol. 78, 1979, pp.204~205; 배심의 주요한 역할은 정부의 '도가 지나침'에 대항하여 일반 시민을 보호하는 것이었다. 또 배심은 대중적 조직체였을 뿐만 아니라 그 지방 특유의 조직체였다. 그래서 배심은 평결을 통해 중앙의 독재에 대항하여 명백히 이의를 제기할 수 있었다. Akhil Reed Amar, "The Bill of Rights as a Constitution", *The Yale Law Journal*, Vol. 100, No. 5, 1991, p.1183.

18) The right against self-incrimination. Amendment 5(1791)…No person shall be compelled in any criminal case to be a witness against himself…

19) The right to a trial by jury. Amendment 6(1791) In all criminal prosecutions, the accused shall enjoy the right to a speedy and public trial, by an impartial jury of the State and district wherein the crime shall have been committed…; 배심재판의 기원에 대하여는 J. F. Stephen, 김용진 역, (영미법) 형사재판의 역사, 도서출판 오래, 2015, 278면 이하 참조.

20) Timothy Lynch, 앞의 논문, p.24.

⑧ 플리바게닝은 19세기와 20세기 전환기에 검사와 피고인의 상호 이익의 고려에 도움을 주거나 사법적 경제를 개선하기 위해서 발생한 것이 아니다. 플리바게닝은 판사와 검사가 감경된 형을 보장하는 답변 합의에 대한 대가로 피고인으로부터 뇌물을 받아들이기 시작하였기 때문에 발생하였고, 번성하기 시작하였다.[22)]

⑨ 플리바게닝은 사회계층의 반영이다. 외국에서 태어난 흑인들은 빈곤에 허덕이고, 숙련되지 않은 천한 노동에 집중되며, 교육수준이 낮다는 것이 특징인데 이러한 사회계층은 범죄인으로 낙인이 찍혀 보석허가가 부인되고 배심재판을 받을 권리를 제대로 행사하지 못하며, 오히려 판사 앞에서 유죄답변의 권유를 받는다. 보석이나 배심재판은 최종 사건의 처리에 직접적인 영향을 미치는데 범죄인이 어느 사회계층에 속해 있는가에 따라 보석이나 배심재판이 제한되고, 유죄답변의 권유가 이루어지므로 플리바게닝은 사회계층의 반영이다.[23)]

⑩ 플리바게닝은 무엇보다 먼저 과중한 업무 부담과 불충분한 자금의 결과이다.[24)] 즉 플리바게닝은 사실상 필요의 산물이다. 다시 말하면 법원과 검사를 위한 인적·물적 자원보다 더 빠르게 증가하는 사건의 산물이다. 미국 연방대법원도 플리바게닝은 형사사법의 운용에 있어 필수 요소라고 판결하였다.[25)]

⑪ 플리바게닝은 민중(grassroots)의 플리바게닝이다. 예를 들면, 범죄에 대한 단속이 있으면 사회공동체는 견해를 밝히는데 민중의 플리바게닝은 이러한 입장 표명에 대한 검찰의 대응이다. 즉 대중으로부터 지지를 받지 못하는 단속과 관련하여 사회공동체의 승낙이나 묵인을 얻기 위해 검찰이 부여하는 양형

---

21) Barbara Boland and Brian Forst, *Prosecutors Don't Always Aim to Pleas*, Federal Probation, 1985, p.10.

22) Lucian E. Dervan, "Bargained Justice: Plea Bargaining's Innocence Problem and The Brady Safety-Valve", *Utah Law Review*, No. 1, 2012, p.59.

23) Victorial Lynn Swigert and Ronald A. Farrell, "Normal Homicides and the Law", *American Sociological Review*, Vol. 42, No. 1, 1977, pp.19, 25, 29.

24) Lisa Frohmann, 앞의 책, p.220.

25) Darryl K. Brown, "The Perverse Effects of Efficiency in Criminal Process", *Virginia Law Review*, Vol. 100, 2014, p.105.

감경을 의미한다. 그래서 민중의 플리바게닝은 도시생활의 수준을 좌우하거나 질서를 유지하는 단속과 협력하여 간다. 대다수의 가난한 공동체의 시민들은 범죄에 대한 깊은 두려움과 공격적인 단속에 대한 증오를 동시에 마음속에 품고 있다. 그들은 사회질서의 회복을 원하지만, 그렇다고 지속해서 경찰로부터 의심을 받아가면서 살아가는 것을 원하지 않는다. 또 그들은 구속됨으로 인해 자녀와 친구를 잃는 것을 원하지 않는다. 검사는, 경찰이 단속 압박을 가하면, 이러한 사회공동체가 경찰의 단속을 받아들이거나 최소한 용인하는 것을 확보하기 위해 처벌을 조절한다. 플리바게닝은 통상 검사가 단속에 대한 국민 대중의 인식을 올바르게 고치는 데 이용할 수 있는 유일한 제도이다. 그래서 검사는 더욱더 관대한 처벌을 제의한다.[26] 요컨대 이 견해는 플리바게닝을 검사와 피고인 간의 단순한 개인적 협상이라는 미시적 관점에서 이해한다기보다는 지역사회의 안정을 위해 검사와 사회공동체 간의 포괄적 협상이라는 거시적 관점에서 이해한다.

3. 개념 정리

위의 여러 가지 주장을 종합하면, 플리바게닝은 보통 검사와 피고인이 형사사건의 기소와 양형에 관하여 협상을 하는 합의절차이다. 또 검사의 관대한 처분과 피고인의 유죄답변을 서로 교환하는 절차이고, 특히 양형의 확실성과 교환으로 유죄답변을 하는 절차이다. 또한 플리바게닝은 정식재판이 아닌 형사사건처리 절차이고, 배심재판을 받을 권리 등 피고인의 헌법상의 권리가 포기되는 절차이다. 아울러 플리바게닝은 검사와 판사의 과중한 업무 부담의 산물로서, 편리와 효율을 추구하는 절차이다.

우리나라에서는 플리바게닝을 답변협상제도, 유죄답변협상제도 등으로 번역하고 있다. 이 글에서는 '플리바게닝' 또는 '답변협상'이라고 부르기로 한다.

26) Josh Bowers, *Grassroots Plea Bargaining*, University of Chicago Law School, 2007, pp.3, 4, 18, 25.

Ⅲ. 법 제도 및 양형지침과의 관계

1. 법 제도와의 관계

미국의 플리바게닝은 미국의 법 제도와 밀접하게 관련이 있다. 미국의 법 제도는 유죄판결의 선고를 이끌어 내기 위한 손쉬운 방법으로서 플리바게닝의 이용을 촉진한다.

첫째, 미국의 형사절차는 당사자주의이다. 당사자주의는 피고인에 대한 유죄판결을, 중립적인 법원의 적극적인 조사에 의한 실체적 진실의 발견이라기보다는 오히려 당사자 사이의 싸움의 결과라고 생각한다. 수동적인 판사는 유죄답변을 제의하는 피고인의 사건에 대하여 그 실상을 평가할 수 있는 정보에 대한 독립적인 접근 방법을 갖고 있지 않다. 결국 형사사건이 어떻게 될지는 당사자들 자신에게 달려 있다. 따라서 당사자들은 절차적인 권리를 행사할 수 있고, 또 협상할 수 있다.

둘째, 미국의 형사절차에는 기소법정주의 또는 기소강제주의의 원칙이 없다. 따라서 검사는 유죄답변과 교환으로 기소를 선택하고 축소하거나 일부 철회할 수 있는 재량권을 갖고 있다. 검사의 재량권은 플리바게닝의 중요한 요소이다. 플리바게닝은 검사가 효과적으로 사건을 처리하는 것을 돕고, 사건 수에 대한 관리를 유지하며, 무죄 선고의 위험을 막는다.

셋째, 미국에서는 범죄 피해자가 사적 기소를 할 수 없다. 이것이 검사에게 기소에 관한 재량권과 협상권한을 강화시켜 준다. 이 경우 범죄 피해자는 비교적 제한된 자격에서 플리바게닝에 영향을 줄 수 있을 뿐이다.

넷째, 미국 형벌의 가혹함, 현행 양형체계 하에서 매우 제한된 판사의 양형재량권은 검사가 기본적인 범죄사실, 기소, 양형에 관한 협상을 할 때 검사의 입장을 더욱 강화한다.[27] 따라서 검사의 기소 결정과 검사의 양형에 대한 영향력은 플리바게닝을 지배하는 데 크게 이바지한다. 일반적으로 검사는 플리바게

27) Stephen C. Thaman, *World Plea Bargaining Consensual Procedures and the Avoidance of the Full Criminal Trial*, Carolina Academic Press, 2010, pp.107~108.

닝을 할 때 피고인이 배심재판을 통해 유죄판결을 받은 다음 선고받을 수 있는 형보다 유죄답변을 하고 그 대가로 받을 수 있는 형이 훨씬 더 가볍다는 것을 말함으로써 유죄답변을 유인한다.

2. 양형지침과의 관계

미국은 1984년 양형개혁법(Sentencing Reform Act of 1984: SRA)을 제정하였다. 그리고 이 법에 따라 설립된 양형위원회는 양형지침(Sentencing Guidelines)을 만들었다. 양형지침은 사법적으로 결정되는 자유재량의 양형제도를 각 범죄인에 대한 필요적 양형제도로 바꾸어 놓았다. 양형개혁법이 제정되기 전, 판사는 연방 사건의 양형에 관하여 광범위한 재량권을 갖고 있었다. 그러나 양형개혁법에 의한 양형지침의 제정은 이러한 재량권을 모두 바꾸었다. 양형지침에 속박(束縛)된 판사는 대부분 검사가 기소한 것에 따라 제한된 형을 선고하게 되었다. 그리고 이러한 양형지침은 검사에게 플리바게닝에 있어 우월적 지위를 주었다.

1986년 미국은 반약물남용법(Anti-Drug Abuse Act of 1986)을 제정하였다. 이 법은 특정한 양의 특정한 마약을 매매하고 수입하거나 소지한 범죄인에게 법정의 필요적 최저형(mandatory minimum penalties)을 선고하도록 규정하였다. 그리고 필요적 최저형의 규정은 연방 양형에 있어 중요한 전환점이 되었다. 왜냐하면, 반약물남용법에는 피고인의 협조를 유발하는 두 개의 규정이 있었기 때문이다. 그중 하나는 판사에게 검사의 신청에 따라 피고인의 수사 협조를 반영하여 법정의 필요적 최저형 아래로 형을 선고할 수 있는 권한을 주었다. 또 다른 규정은 피고인이 실질적 수사 협조를 한 경우, 만약 협조하지 않았다면 선고되었을 형보다 더 낮은 형을 선고할 수 있도록 양형지침에 일반적 타당성을 반영하도록 하였다. 각 규정은 형의 감경에 대한 가능성을 제공함으로써 피고인이 수사에 협조하기로 합의를 하는 데 강력한 동기를 제공하였다. 법정의 필요적 최저형은 판사가 적어도 유죄 판결에 대하여 명시된 형 이상을 선고할 것을 요구하는 규정이다.

일단 피고인이 필요적 최저형이 적용되는 범죄로 유죄판결을 선고받으면, 판사가 형벌을 감경할 수 있는 방법은 두 가지이다. 피고인이 초범이고 다른 조건을 충족한다면 피고인은 온당한 형의 감경을 주장할 수 있는 자격이 있다. 만약 피고인이 이러한 조건을 충족하지 못하거나 더 큰 형의 감경에 대한 가능성을 찾는다면 수사 협조만이 유일한 길이다. 협조 없이 피고인은 양형지침의 가혹한 형에서 벗어날 수 없다. 양형지침은 더 무겁고 예견할 수 있는 양형을 만들었다. 결국 플리바게닝과 배심재판 사이에는 확실한 형의 차이를 만들었다.[28)]

이러한 요인들은 피고인으로 하여금 배심재판을 받는 것이 매우 위험하다는 생각을 하게 한다. 또 이러한 요인들은 형을 감경하는 법원의 권한을 제한하고, 검사에게 플리바게닝을 한 결과 받는 선고형과 배심재판을 한 결과 받는 선고형과의 차이를 좌우할 수 있는 권한을 준다. 그래서 검사는 종종 법정 최저형이나 더 가혹한 처벌이 있는, 더 중한 범죄로 기소하겠다고 피고인을 위협함으로써 피고인으로부터 유죄답변을 끌어내고, 또 배심재판을 받는 피고인의 수를 줄인다. 다만 2005년 연방대법원이 부커 사건[United States v. Booker, 543 U.S. 220(2005)][29)]에서 양형지침은 강제적인 것이라기보다는 권고적인 것이라고 판

28) Ian Weinstein, "Regulating the Market for Snitches", *Buffalo Law Review*, Vol. 47, 1999, pp.569~575; Laurie L. Levenson, "A Guide to Negotiating Federal Guilty Pleas in a Post-Gall Sentencing World", *Criminal Justice*, Vol. 23, No. 3, 2008, p.1; 한 연구 결과에 의하면, 검찰이 배심재판을 통해 유죄판결이 선고된 피고인들에게는 필요적 최저형을 적용하는 경우는 많았으나 플리바게닝을 한 피고인들에게는 필요적 최저형을 적용하는 경우는 적었다고 한다. Jeffery Todd Ulmer Ph. D., *The Struggle for Justice: Sentencing Reform in the U.S. State of Pennsylvania*, 이민식(역), 정의를 위한 투쟁: 미국 펜실베이니아주의 양형개혁, 초청강연회 자료집, 한국형사정책연구원, 2007, 34면, 47면.

29) 이 사건의 개요는 다음과 같다. 부커는 유통할 목적으로 크랙 코카인 50그램을 소지한 혐의로 기소되었다. 위 범죄에 대한 법정형은 최소 10년 이상의 유기징역, 최고 무기징역이었다. 배심원들은 피고인이 92.5그램의 코카인을 가방에 소지하고 있었다는 증거를 받아들여 유죄 평결을 하였다. 부커의 범죄경력과 배심원들에 의해 인정된 코카인의 양에 기초하여 판사는 연방 양형기준법상의 기본 선고형을 선택하였다. 그리고 그 선고형은 미국 양형위원회의 양형기준에 따라 210개월 이상 내지 262개월 미만의 징역형이었다. 그런데 판사는 공판 후 양형 절차에서 판사의 증거의 우위에 의해 피고인이 566그램의 크랙을 더 소지하고 있었고, 또한 사법 방해행위를 하였다는 사실을 발견하였다. 그런데 이러한 사

결을 함으로써 검사의 권한이 약화할 것이라는 예상이 있었으나 이 판결이 검사의 권한에 크게 영향을 미치지는 않은 것 같다.

요컨대 위에서 본 여러 가지 미국의 법 제도와 양형지침은 플리바게닝을 촉진하고, 이를 확립하였다.[30] 처벌의 가혹함과 엄격한 필요적 최저형은 그러한 엄격함에서 벗어나려는 피고인에게 플리바게닝의 충동을 불러일으켰다. 그리고 플리바게닝은 양형의 권한을 판사에서 검사로 이전시켰다.[31]

실이 추가되는 경우 연방 양형기준법은 반드시 최소 360개월 이상, 최장 종신형까지의 형을 선고하도록 규정하고 있었다. 이에 판사는 피고인에게 징역 360개월을 선고하였다. 결국 배심원에 의해 합리적인 의심을 배제할 정도로 인정된 사실에 기초할 경우 피고인은 21년 10월을 선고받았어야 하지만, 피고인은 판사의 증거의 우위에 의해 발견된 사실에 따라 징역 30년형을 선고받았다. 이에 대하여 피고인은 항소하였고, 항소법원은 위 판결이 연방 수정헌법 제6조(배심재판을 받을 권리)를 위반하였다고 판시하면서 연방지방법원은 양형기준 내에서 형을 선고하거나 배심원 앞에서 새로이 양형심리를 열 것을 이유로 하여 사건을 연방지방법원으로 환송하였다. 그리고 연방대법원은 위 판결에 대한 검찰의 상고를 기각하고 항소법원의 판결을 유지하였다. 검사의 상고이유는 ① 배심에 의하여 판단되지는 않았으나 판사가 양형 과정에서 발견한 사실관계를 근거로 하여 피고인에 대한 형량을 가중하도록 의무화한 연방 양형기준(양형지침)이 수정헌법 제6조의 배심에 의한 재판을 받을 권리를 침해하는지에 관한 것이었고, ② 만일 위와 같은 기준이 헌법 위반이라면 양형기준법의 어느 규정이 유효한지에 관한 것이었다. ①에 대하여 연방대법원은 판사가 배심원에 의해 합리적 의심을 배제할 정도에 이른 증거 판단을 거치거나 피고인이 인정한 사실에 의하지 아니하고 증거의 우위만으로 사실인정을 하여 형을 가중한 것은 헌법에 위반되는 것이라고 판시하였다. ②에 대하여 연방대법원은 양형기준은 강제적인 것이 아니라 권고적인 것이고, 다만 부과되는 형과 피고인의 실제 행위를 강하게 연결되도록 유지하여야 한다고 판시하였다. 이주형, 미국 연방 양형기준법에 관한 연구-연방 양형위원회를 중심으로-, 해외연수검사연구논문집21(1), 법무연수원, 2006, 728~740면.

30) Stephen C. Thaman, 앞의 책, p.108; Richard A. Oppel Jr., "Sentencing Shift Gives New Leverage to Prosecutors", *The New York Times*, 9. 25. 2011, pp.1, 6.

31) Judge Rudolph J. Gerber, 앞의 논문, pp.145~146, 168; David Bjerk, "Making the Crime Fit the Penalty: The Role of Prosecutorial Discretion under Mandatory Minimum Sentencing", *Journal of Law and Economics*, Vol. 48, No. 2, 2005, p.606; 필요적 최저형을 적용하는 결정은 검사의 재량권에 대한 징표이다. Anne Morrison Piehl and Shawn D. Bushway, "Measuring and Explaining Charge Bargaining", *Journal of Quantitative Criminology*, 2007, p.3.

Ⅳ. 연방 형사소송규칙

1. 개 요

연방 형사소송규칙 제11조(Rule 11. Pleas)는 연방 법원에서의 유죄답변 절차의 기본적 형태를 규정한다. 물론 대부분의 유죄답변은 규칙 제11조가 적용되지 않는 주 법원에서 일어난다. 그러나 대부분의 주는 연방 규칙과 비슷한 규칙을 갖고 있다.

연방 규칙 제11조에서 가장 중요한 핵심 규정은 (b)항으로서 세 부분으로 나누어져 있다. (b)(1)은 법원이 유효한 답변의 전제 요건으로서 피고인에게 반드시 알려야 할 정보를 상세히 설명한다. (b)(2)는 유죄답변은 반드시 자발적이어야 함을 규정한다. 그래서 유죄답변이나 불항쟁 답변을 받아들이기 전에 법원은 공개된 법정에서 피고인에게 반드시 답변이 자발적이었는지, 또 답변이 강압이나 협박 또는 답변 합의에서 한 약속이 아닌, 다른 약속으로부터 나온 것이었는지를 직접 물어보아야 한다.[32] (b)(3)은 유죄답변은 사실적 기초를 가져야 한다고 규정한다.

(c)항은 플리바게닝을 위한 여러 가지 절차적 요건을 명시적으로 다루고 있고, (d), (e)항은 유죄답변의 철회를 규정한다. 피고인은 법원이 답변을 받아들이기 전에 언제든지 자신의 답변을 철회할 수 있다. 또 철회는 피고인이 이를 요청하기 위한 공정하고 적합한 이유를 입증할 수 있는 한, 답변이 받아들여진 이후 형이 선고되기 전에도 허용된다. (e)항은 형이 선고된 이후 철회를 금지한다는 규정이고, (f)항은 연방 증거법 제410조와 관련하여 철회된 유죄답변 등에 대한 규정이다.[33]

---

32) 미국의 역사에서 유죄답변을 한 형사 피고인은 공개된 법정에서 그들의 답변이 위협이나 약속의 결과가 아니었음을 확인하기 위한 질문을 받았다. 그러나 아이러니하게도 피고인은, 사실은 대다수의 답변이 플리바게닝에 의해 이루어진 것이었으므로 최소한 부분적으로 검사의 위협이나 약속의 결과였다는 것을 알았음에도 불구하고, 그 사실을 부인하는 것으로 예정되어 있었다.

33) Ronald Jay Allen and William J. Stuntz et al., *Comprehensive Criminal Procedure*, Third

아래에서는 연방 형사소송규칙 중 유죄답변의 자발성과 유죄답변 시 피고인에게 조언하고 질문할 사항에 대하여 살펴본다.

2. 연방 형사소송규칙상 유죄답변의 자발성

가. 개 념

연방 규칙 제11조의 가장 중요한 핵심은 (b)항의 "유죄답변의 자발성"이다. 답변 합의는, 피고인이 답변을 자발적으로 하면 유효한 것으로 취급된다. 답변 합의가 자발적인 것인지에 관한 결정은 협상에 대한 실질적인 조건이나 관용에 달려 있지 않다. 피고인이 재판 이후 직면한 형(sentence)과 피고인이 답변 합의의 조건으로 받는 형(sentence) 사이의 큰 차이는 합의를 비자발적인 것으로 만들지 않는다. 사실 검사가 피고인에게 답변하지 않으면 더 중대한 처벌이 따르는 범죄로 기소하겠다고 위협하여 답변을 유인하는 것은 허용될 수 있다.

연방 형사소송규칙 하에서 비자발적인 답변에 해당이 되려면, 답변은 반드시 강압이나 협박 또는 합의 그 자체와 관계없는 약속의 결과여야 한다. 비록 헌법은, 배심재판을 받을 권리에 대한 피고인의 포기는 그 의미를 잘 알고 있고, 이해하고 있으며, 그리고 관련된 상황과 결과에 대한 충분한 인식 하에 이루어질 것을 요구하지만, 국가가 피고인의 유죄답변 전에 무죄를 증명하는 증거를 공개할 수 없을 때, 유죄답변은 여전히 자발적인 것으로 간주된다.[34]

나. 자발성에 대한 연방대법원의 판결

미국 연방대법원은 1927년부터 1969년까지 유죄답변의 자발성에 대하여 여러 차례에 걸쳐 판결하였다.[35] 연방대법원은, 유죄답변은 적절한 조언과 결

Edition, Wolters Kluwer, 2011, pp.1168~1169.

34) Stephen C. Thaman, 앞의 책, pp.109~110.

35) 1927년 커체벌 사건[Kercheval v. United States, 274 U.S. 220, 221(1927)]에서 연방대법원은 "유죄답변은 그 자체로 유죄판결이다. 법원은 유죄답변이 적절한 조언과 그 결과에 대한 완전한 이해 후에 자발적으로 이루어진 것이 아니라면, 유죄답변을 받아들여서는 안 된다는 것에 주의해야 한다. 적절한 신청에 따라 법원은 불공정하게 이루어졌다는 사실이 입

과에 대한 완전한 인식과 함께 자발적으로 이루어져야 하고, 또 유죄답변이 자발적인 행동의 특징을 박탈하는 약속이나 기망, 위협 때문에 유인되었다면 그것은 효력이 없으며, 법원은 유죄답변을 받아들이기 전에 반드시 피고인이 포기하는 헌법적 권리의 본질을 이해하고 있다는 것을 확인하여야 하고, 판사는 답변이 진실로 자발적이었는지를 결정하기 위해 피고인을 직접 심문하여야 한다고 판결하였다.36)

1970년 연방대법원은 브래디 사건[Brady v. United States, 397 U.S. 742(1970)]에서 처음으로 플리바게닝의 합헌성을 인정하면서, 유죄답변의 자발성에 관한 기준을 제시하였다. 즉 직접적 결과에 대하여 완전히 알고 있는 피고인이 한 유죄답변은 협박·기망에 의하지 않았다면, 또는 검사의 업무와 적절한 관계를 맺지 않은 것으로서 본질에서 부적절한 약속에 따라 유인되지 않았다면 효력을 잃지 않아야 한다고 판시하였다.37)

요컨대 유죄답변이 유효하려면 충분한 변호인의 조력이 있어야 하고, 피고인이 자발적이고 지적으로 유죄답변을 하여야 하며, 피고인이 기소된 대로 범죄를 저질렀다는 자백에 대한 정확성과 신뢰성에 의문이 없어야 한다.

3. 유죄답변 시 피고인에게 조언하고 질문할 사항

법원은 유죄답변이나 불항쟁 답변을 받아들이기 전에 공개 법정에서 피고인에게 직접 피고인이 다음의 사항을 이해하고 있는가를 알리고 결정하여야 한다. Ⓐ 위증 또는 허위진술에 대한 기소에 있어 정부가 피고인이 선서한 후 진술한 내용을 피고인에게 불리하게 사용할 수 있는 권리, Ⓑ 죄가 없다고 답변을 할 수 있는 권리 또는 이미 죄가 없다고 답변을 한 경우 그 답변을 계속 유지할

증된 유죄답변이나 무지, 두려움 또는 부주의 때문에 이루어진 유죄답변을 무효로 할 수 있다"라고 판결하였다.

36) Loftus E. Becker Jr., "Plea Bargaining and the Supreme Court", *Loyola of Los Angeles Law Review*, Vol. 21, 1988, pp.766~776; Julian A. Cook, "Federal Guilty Pleas under Rule 11: The Unfulfilled Promise of the Post-Boykin Era", *Notre Dame Law Review*, Vol. 77, 2002, p.605.

37) Loftus E. Becker Jr., 위의 논문, pp.799~801.

수 있는 권리, Ⓒ 배심재판을 받을 권리, Ⓓ 재판과 모든 다른 절차에서 변호인(필요하다면 법원이 변호인을 임명함)에 의한 조력을 받을 권리, Ⓔ 재판 과정에서 반대되는 증인과 마주 보고 반대신문을 할 수 있는 권리, 자기부죄(自己負罪)를 강요받지 아니할 권리, 증언하고 증거를 제출할 수 있는 권리, 증인의 출석을 강제할 수 있는 권리, Ⓕ 법원이 유죄답변 또는 불항쟁 답변을 수용할 경우 위 권리들에 대한 피고인의 포기, Ⓖ 피고인이 답변하는 각 범죄의 본질, Ⓗ 자유형, 벌금형, 감독이 있는 석방의 기간 등을 포함한 모든 선고 가능한 최고형, Ⓘ 필요적 최저형, Ⓙ 적용 가능한 몰수형, Ⓚ 배상을 명할 수 있는 법원의 권한, Ⓛ 특별부과금(special assessment. 법원이 범죄피해자기금을 위해 유죄판결을 선고받은 피고인에게 부과하는 금액)을 부과하여야 하는 법원의 의무, Ⓜ 양형지침을 적용하여야 하는 법원의 의무와 일정한 상황에서 양형지침으로부터 일탈할 수 있는 법원의 재량권, Ⓝ 양형에 대한 상소 또는 양형에 대하여 부차적으로 이의를 할 수 있는 권리를 포기하는, 답변 합의의 규정에 대한 약정 등.

제 2 절 플리바게닝의 유형

Ⅰ. 개 요

플리바게닝은 통상 검사와 변호인 사이에 네 가지 방법으로 이루어질 수 있다. 첫째, 최초의 범죄가 그보다는 더 작은 범죄로 축소될 수 있다. 이 경우에는 자동으로 선고되는 형이 감경된다. 둘째, 많은 소인(count)이 입건된 경우 검사가 소인의 수를 줄일 수 있다. 셋째, 검사가 보호관찰과 같은 관대한 선고형의 권고를 약속할 수 있다. 넷째, 범죄에 아동 성희롱과 같은 부정적 표지가 붙어 있을 때 검사는 유죄답변에 대한 대가로 사회적으로 받아들일 수 있는 범죄, 예컨대 폭행으로 변경할 수 있다. 이 네 가지가 기본적인 유형이지만 다음과 같은 경우도 있다. 예를 들면, 판사들 사이에 선고형의 차이가 있는 지역에서 검사는 유죄답변에 대한 대가로 피고인이 관대한 형을 선고하는 판사 앞에서 재판을 받을 수 있도록 조치할 수 있다. 또 협상에 추가하여 주(state) 정부의 교도소가 아닌 시나 군의 구치소에서 복역하는 것에 대하여 검사가 반대하지 않는다는 합의를 하는 경우도 있다.[38)]

II. 플리바게닝의 유형과 활용 실태

1. 개 요

미국 연방 형사소송규칙(Federal Rules of Criminal Procedure) 제11조 (c)(1)(A)(B)(C)항은 플리바게닝을 세 가지로 분류하여 기소협상과 두 가지의 양형협상을 규정하고 있다. 그리고 연방검사교본(United States Attorneys' Manual)은 불기소합의를 규정하고 있다.

2. 기소협상

첫째, 기소협상(charge bargains)이다. 이것은 제11조 (c)(1)(A)항에서 규정하고 있는데, 피고인이 입건된 범죄 또는 더 가벼운 범죄나 관련된 범죄에 대하여 유죄답변을 하거나 불항쟁 답변을 하면 검사가 다른 범죄를 기소하지 않겠다거나 다른 범죄에 대한 기소의 철회를 신청하겠다는 합의를 말한다. 즉 피고인이 유죄답변을 한 대가로 검사가 특정 범죄에 대한 기소를 철회하기로 약속

---

38) Larry J. Siegel and John L. Worrall, 앞의 책, p.405; Debra S. Emmelman, 앞의 책, p.97; 미국 맨해튼 검찰청의 경우, 피해자가 협조하지 않으려는 가정폭력 사건에 대하여는 유죄가 선고되기 어려운데, 이를 해결하기 위해 검사는 범죄인을 구속하는 대신 접근금지명령(피고인이 현재 거주하고 있는 집이라 할지라도 그 집에 들어가는 것을 금지하고, 피해자에게 연락하는 것을 금지하는 것을 말함)이라는 다른 대안에 피고인이 동의하도록 플리바게닝을 한다. 이때 검사는 피고인에게 수감되는 일이 거의 없도록 또는 완전히 없도록 하고, 중범죄에서 경범죄로 또는 경범죄에서 단순 위반 사안으로 형을 감하겠다는 제안을 한다. 석지영 지음, 김하나 옮김, 석지영의 법의 재발견, W미디어, 2011, 80~93면.

하거나 특정 범죄를 추가하지 않기로 약속하는 것을 말한다. 이론상 판사는 이러한 합의를 거절할 수 있으나 그러한 일은 거의 일어나지 않는다.[39)]

3. 양형권고협상

둘째, 제11조 (c)(1)(B)항의 양형협상이다. 이것은 피고인이 위와 같이 유죄답변을 하거나 불항쟁 답변을 하면, 검사는 특정한 양형이나 양형 범위가 적절하다는 것을 권고하겠다거나, 양형지침의 특정한 규정 또는 정책 성명이나 양형 요소가 적용되거나 적용되지 않는다는 것을 권고하겠다거나, 그러한 피고인의 요청에 반대하지 않기로 동의하겠다는 합의를 말한다. 그러나 이러한 권고나 동의는 법원을 구속하지 않는다. 다시 말하면 이 합의는 검사가 특정한 양형이나 양형 범위를 권고하거나 이에 대하여 반대하지 않겠다고 약속하는 것을 말한다. 판사는 이러한 권고를 거절할 수 있고, 이때 판사는 피고인에게 이러한 사실을 알려 주어야 한다. 그러므로 이 양형협상의 경우 피고인은, 판사가 합의에서 권고된 형보다 더 높은 형을 선고할 수 있다는 것을 각오하고 유죄답변을 한다.[40)]

4. 양형보장협상

셋째, 제11조 (c)(1)(C)항의 양형협상이다. 이것은 피고인이 위와 같이 유죄답변을 하거나 불항쟁 답변을 하면 검사는 특정한 양형이나 양형 범위가 적절한 사건의 처리라는 사실에 동의하겠다거나, 또는 양형지침의 특정한 규정이나 정책 성명 또는 양형 요소가 적용되거나 적용되지 않는다는 사실에 동의하겠다는 합의를 말한다. 이 합의에 대해 일단 법원이 받아들이면 이는 법원을 구속한다. 이 규정은 검사가 특정한 양형이나 양형 범위를 보장하는 사건들을 망라한

39) Ronald Jay Allen and William J. Stuntz et al., 앞의 책, pp.1167, 1206.

40) *Ibid.* at 1206; Nancy J. King, "Judicial Oversight of Negotiated Sentences in a World of Bargained Punishment", *Stanford Law Review*, Vol. 58, No. 1, 2005, p.299; Larry J. Siegel, Frank Schmalleger and John L. Worrall, 앞의 책, p.319.

다. 판사는 이러한 합의를 받아들이든지 아니면 받아들이지 않든지 자유이다. 그러나 판사는 나중에 이 규정의 양형 약정이 부적절하다는 보고서를 근거로 판결을 선고할 때에는 더 무거운 형을 선고할 수 없고, 피고인의 답변 철회를 허락하여야 한다.[41]

5. 관련 문제

미국에는 연방 형사소송규칙에 규정한 기소협상이나 양형권고협상, 양형보장협상 외에 불기소합의가 있다. 검사는 피의자가 다른 사람에 대한 수사와 기소에 협조할 경우 그에 대한 대가로 피의자를 불기소한다는 합의를 할 수 있다. 미국 연방검사교본은 협조에 대한 대가로 불기소합의를 하는 것을 규정하고 있다. 검사는 국가를 위해 감독 공무원의 승인을 얻어 스스로 판단하기에 그 사람의 시의적절한 협조가 공익에 필요하고, 또 바람직한 협조를 얻을 수 있는 수단을 이용할 수 없거나 효과적이지 않을 때 그 사람의 협조에 대한 대가로 불기소합의를 한다.[42]

검사가 많은 사건에서 증인이나 형사범죄와 관련된 사람의 협조를 얻는다는 것은 수사나 기소의 성공을 위해 매우 중요하다.

그런데 사건과 관련된 사람은 그가 범죄와 관련되어 있다는 사실 때문에 연방 수정헌법 제5조의 자기부죄거부특권(自己負罪拒否特權)을 근거로 협조를 거절할 수 있다.[43] 이때 검사가 취할 수 있는 몇 가지 방법이 있으나 협조를 하

---

41) Ronald Jay Allen and William J. Stuntz et al., 앞의 책, p.1206; Nancy J. King, 앞의 논문, p.299.

42) United States Attorneys' Manual(미국 연방검사교본) 9-27. 600. A. www.justice.gov/usao/eousa/foia_reading_room/usam/title 9.

43) 이런 상황에서 검사가 취할 수 있는 몇 가지 가능한 접근 방식이 있다. 첫째, 시간이 허락한다면, 다른 사람에 대한 수사와 기소와 관련하여 그 사람의 협조가 이루어지기 전에, 검사는 그 사람을 기소하여 유죄판결을 받게 한다. 이때 그 사람은 이미 유죄판결을 받았기 때문에 더는 증언을 거부할 수 있는 특권을 행사할 수 없다. 또 그 사람은 양형을 하는 판사가 더 가벼운 형을 선고할 수 있도록 진실을 밝힐 강력한 동기를 갖는다. 둘째, 그 사람은 협조와 남아 있는 기소에 대한 유죄답변의 대가로 자신에 대한 기소 또는 잠재적 기소

겠다는 사람이 그가 저지른 범죄로 절대 기소되지 않을 것이라는 합의가 있을 때만 그에 대한 대가로 기꺼이 협조하겠다고 하는 경우 최후의 수단으로서 검사는 그 사람과 불기소합의를 한다. 그러나 여기에는 제한이 있다. 검사는 첫째, 바람직한 협조를 얻을 수 있는 다른 수단이 없거나 그 다른 수단이 효과가 없을 때, 둘째, 공공의 이익을 위해 협조가 명백히 필요할 때, 셋째, 그와 같은 행동에 대하여 적절한 감독 공무원의 승인이 있을 때만 불기소합의를 할 수 있다.[44] 이처럼 불기소합의는 최소 범위에서 사용된다.

6. 협상의 활용 실태

기소협상과 양형권고협상은 연방 법원이나 주(state) 법원에서 모두 흔히 있는 일이다. 대부분의 주는 연방 형사소송규칙 제11조와 비슷한 규칙을 규정하고 있다.

양형보장협상은 흔히 있는 일이 아니다. 더욱이 양형보장협상이 알려지지 않은 일부 지역도 있는데 그 이유는 그 지역의 판사들이 양형보장협상을 꺼리기 때문이다. 다시 말하면 이러한 지역의 판사들은, 양형보장협상이 피고인에 대한 형(sentence)을 결정할 수 있는 그들의 권한을 빼앗는다고 생각하기 때문이다. 그러나 과거에 드문 것이었던 양형보장협상은 점점 호평을 받고 있다. 왜

의 개수나 등급이 축소되면 기꺼이 협조할 것이다. 피고인이 충분하고 완전한 협조를 제공한 후, 양형지침 5K1.1 또는 연방 형사소송규칙 제35조에 따라 검사가 실질적 협조의 제공을 근거로 형의 감경을 신청하기로 하는 합의는, 그러한 협조를 확보하기 위한 좋은 방법이다. 일반적으로 검사의 위와 같은 양보(형의 감경 신청)는 협조를 확보하는 데 필요하거나 정당화될 수 있는 수단이 된다. 셋째, 연방법(18 U.S.C.) §§6001-6003 규정에 의한 법원의 명령이다. 이 법률 규정은 비협조적인 증인의 자기부죄거부특권의 주장에도 불구하고 그 증인으로 하여금 강제로 증언하게 하거나 정보를 제공하게 할 수 있는 조건을 규정한다. 이 법 규정의 이른바 사용면책(use immunity) 하에서 법원은 그 사람에게 증언을 하거나 다른 정보를 제공하라고 명령할 수 있다. 그러나 그 사람이 제공하는 증언이나 정보는 위증이나 명령 불이행에 대한 기소를 제외하고 모든 형사사건에서 그에게 직접적 또는 간접적으로 불리하게 사용될 수 없다.

44) United States Attorneys' Manual 9-27. 600. B.; Guidelines Manual 5K 1.1. (2013.11); www.uscourts.gov/uscourts/rules/criminal-procedure.pdf.

냐하면, 판사는 될 수 있는 한 양형의 잘못에 대한 항소를 포기하는 피고인에게 더욱 확실한 형을 제공하려고 하기 때문이다.[45]

7. 플리바게닝과 판사·검사 권한의 관계

미국 연방 형사소송규칙 제11조에 의하면 양형에 관한 권한은 분리되어 있다.

먼저 플리바게닝과 이를 기초한 검사는 명백히 양형에 영향을 준다. 플리바게닝 절차에서 검사는 단순한 재량권보다 더 거대한 권한을 갖는다. 이것은 입법부가 형사법을 통해 검사에게 기소의 권한을 주었기 때문이다.[46] 검사는 피고인에 대하여 언제 기소할지, 어떤 죄명으로 기소할지, 그리고 언제 피고인에게 번거로운 처벌을 회피할 플리바게닝을 제의할지 등을 결정할 수 있는, 실질적으로 막강한 권한을 갖고 있다.[47] 한편, 연방 형사소송규칙 제11조에 의하면, 판사는 플리바게닝에 참가할 수 없다.[48]

검사가 어떤 죄명으로 기소할 것인가에 대한 권한은 두 가지의 매우 중요한 권한을 포함한다. 첫째, 어떤 죄명으로 기소할 것인가에 대한 선택의 권한은, 과대하게 법으로 처벌하려는 경향이 있는 복잡한 법체제와 연결될 때 검사에게 기초가 동일한 행위에서 발생한 다수의 소인(count)으로 피고인을 기소할 수 있

45) Ronald Jay Allen and William J. Stuntz et al., 앞의 책, p.1206; Nancy J. King, 앞의 논문, p.300.

46) Cynthia Alkon, 앞의 논문, p.582.

47) Robert L. Misner, "Recasting Prosecutorial Discretion", *Journal of Criminal Law and Criminology*, Vol. 86, 1996, pp.718, 743; 플리바게닝 때문에 연방 범죄의 96% 이상이 법정 밖에서 해결된다. 플리바게닝은 재판 개시 전에 종결을 짓는 것이기 때문에 법원이 개입하지 않는다. 이 때문에 실제로는 소수의 사건만이 재판으로 이어지며, 항상 판사나 배심원이 유죄를 결정하는 것도 아니다. 그래서 검사는 대부분의 형사사건에서 판사, 배심원보다 더 큰 힘을 갖는다. 켄들 코피, 권오창 옮김, 여론과 법, 정의의 다툼, 커뮤니케이션북스(주), 2013, p.227.

48) 2013년 연방대법원은 다빌라 사건[United States v. Davila, 133 S. Ct. 2139(2013)]에서 판사가 직접적으로 피고인에게 플리바게닝에 대하여 말한 것은 제11조 위반에 해당한다고 판결하였다. Cynthia Alkon, 앞의 논문, p.599.

는 권한을 준다. 그래서 검사는 피고인에게 유죄답변의 압력을 행사할 수 있는 권한을 갖는다. 둘째, 어떤 죄명으로 기소할 것인가에 대한 선택의 권한은 검사가 형법전을 구체화하는 데 중요한 역할을 하게 한다. 조직범죄처벌법[RICO법, Racketeer Influenced and Corrupt Organizations Act, 18 U.S.C. §1961-1968(2000)][49) 이나 우편이용 및 전신수단에 의한 사기 법률[The mail and wire fraud statutes. 18 U.S.C. §1341-1343(2000)][50)은 광범위한 금지와 명확치 않은 용어를 통해 검사가 연방 형법의 구성요건에 꼭 들어맞지 않을 수 있는 행위도 처벌할 수 있게 한다.

어쨌든 검사는 기소에 관한 재량권을 바탕으로 플리바게닝을 제의하고, 또한 협상한다. 그리고 플리바게닝은 피고인에게 터무니없는 형을 피하거나 적어

49) 이 법에 의하면, 조직범죄적 방법으로 얻거나 또는 불법적인 채무를 회수함으로써 얻은 직·간접적 수입의 전부 또는 일부 및 그 수입으로 인해 얻은 물건은 주(state) 간 거래 또는 해외 거래에 영향을 미치는 기업의 이익을 위해서나 그러한 기업의 설립, 운용을 위해서 사용 또는 투자하는 것 등이 금지되어 있다. 여기에서 조직범죄적 방법은 살인, 납치, 도박, 방화, 강도, 뇌물, 공갈 등의 범죄 중 최소한 2개 이상의 범죄를 10년 이내에 저지르는 것을 의미한다. 이와 같은 RICO법의 적용범위는 굉장히 넓고, 위반행위에 대한 법정형도 상당히 높다. 남기춘, 미국의 조직범죄 수사를 위한 특별제도, 해외연수검사연구논문집16(1), 법무연수원, 2001, 51~53면.

50) 18U.S.C.§1341조 사기 규정은, 사취하거나 허위 또는 부정한 표시, 거짓 약속 등의 방법으로 재물이나 재산상 이익을 취득하거나, 위조품·위폐·위조증권 등을 팔거나 또는 이를 공급하거나 부정한 목적으로 획득할 계획을 고안하거나 고안할 의도가 있는 자가, 그 계획을 실현시키기 위해 우편 서비스에 의해 배달될 어떤 것이라도 우체국 등에 보내거나 보관시키거나 그렇게 되도록 야기를 시키거나 그곳으로부터 그것을 받거나 할 경우에는 20년 이하의 징역이나 벌금에 처하거나 병과할 수 있다라고 규정한다. 18U.S.C.§1343조 전신, 라디오 또는 텔레비전에 의한 사기 규정은, 사취하거나 허위 또는 부정한 표시, 거짓 약속 등의 방법으로 재물이나 재산상 이익을 취득할 계획을 고안하거나 고안할 의도가 있는 자가, 그 계획을 실현시키기 위해 전신, 라디오, 텔레비전 등의 방법으로 어떤 글이나 신호, 그림, 소리 등을 전송할 경우에는 20년 이하의 징역이나 벌금에 처하거나 병과할 수 있다라고 규정한다. 위 각 조항은, 원래는 불특정 다수의 피해자를 상대로 기망하여 거대한 이익을 쉽고 빨리 편취할 수 있는 범죄를 염두에 둔 것으로 보이나 1970년대에 들어서서 미국 연방 검찰은 부패한 공무원들을 소추하기 위해 이 조항을 적용하기 시작하였다. 그리고 시간이 흐르면서 연방 검찰은 광범위하게 이 조항을 적용하였고, 법원도 이를 점차 받아 주게 되면서, 그 범위도 공적 부분에서 사적 부분으로, 뇌물과 배임수재 등에서 충실의무 위반의 배임행위 부분으로 확장되었다. 오택림, 미국 연방법상 Mail and Wire Fraud에 관한 연구, 월간 법조, 2011년 6월호, 6~22면.

도 그 형을 감경하는 방법을 제공한다.[51]

다음으로, 검사만이 양형에 영향을 미칠 수 있는 것은 아니다. 판사도 양형에 대한 최종 권한을 갖고 있다. 판사는 일반적으로 플리바게닝을 받아들일 것인지 아니면 거절할 것인지 결정할 때 상당한 권한을 행사한다. 만약 답변 합의가 기소 철회를 요청하는 것이라면 판사는 양형 전 보고서를 검토하고 기초가 되는 행위의 중대성에 대하여 의견을 형성할 때까지 플리바게닝을 받아들일 것인지 아니면 거절할 것인지 결정을 연기할 수 있다. 그러나 양형지침이 적용되는 대부분의 지역에서 검사의 기소 결정은 실질적으로 피고인의 형(sentence)을 결정한다. 그러므로 대부분의 기소협상과 양형권고협상은 사실상 보장된 양형 협상이다.[52]

요컨대 미국의 검사는 형사사법제도의 중심적 행위자로서 세상에서 비할 데 없는 독립과 재량권을 누린다. 따라서 대부분의 미국인이 형사사법제도를 생각할 때 그들은 검사를 떠올린다. 그리고 이러한 검사의 광범위한 권한은 보편적으로 20세기 미국 검찰의 특징으로 인식되고 있다.[53]

---

51) Edward B. Diskant, "Comparative Corporate Criminal Liability: Exploring the Uniquely American Doctrine Through Comparative Criminal Procedure", *The Yale Law Journal*, Vol. 118, No. 1, pp.160~162; 검사, 피고인, 판사는 점점 엄격한 양형지침의 적용에서 빠져나갈 길을 찾기 위해 재량적 수단을 썼는데, 그것이 바로 재판이 아닌 유죄답변에 의한 사건 처리였다. 예컨대, 마약밀매범죄에 대한 유죄답변의 비율은 1992년 82%에서 2000년 96.1%로 증가하였다. Frank O. BowmanⅢ and Michael Heise, "Quiet Rebellion? Explaining Nearly a Decade of Declining Federal Drug Sentences", *Iowa Law Review*, Vol. 86, 2001, p.1104; Frank O. BowmanⅢ and Michael Heise, "Quiet Rebellion? Ⅱ: An Empirical Analysis of Declining Federal Drug Sentences Including Data from the District Level", *Iowa Law Review*, Vol. 87, 2002, p.514.

52) Ronald Jay Allen and William J. Stuntz et al., 앞의 책, p.1206.

53) Allen Steinberg, "From Private Prosecution to Plea Bargaining: Criminal Prosecution, the District Attorney, and American Legal History", *Crime & Delinquency*, Vol. 30, No. 4, 1984, pp.568, 585: 미국에서는 검사를 정의 구현의 책무를 띤 독립적 기관으로 규정한다. 그렇기 때문에 검사는 정부나 피해자를 대변해서는 안 되고, 오로지 공공을 대변하여야 한다고 규정한다. 따라서 정파적·정치적·개인적 고려 등에 근거한 부당한 수사를 배격한다. 특히 검사는 인종, 종족, 종교, 정치적 신념, 사회적·경제적 계층에 근거한 수사를 해서는 안 된다는 것을 명시하고 있다(미국변호사협회 ABA Standards on Prosecutorial Investigations, Standard 1.2, d ⅱ). 박선기, 공정한 재판을 받을 권리와 우리의 형사법 절차, 법률신문,

Ⅲ. 특별한 플리바게닝(Ad Hoc Plea Bargaining)

1. 개 념

일반적으로 플리바게닝은 검사와 법원의 재량권에 관한 것으로 생각되고 있다. 검사는 협상할 때 재량권을 행사하고, 판사는 협상이 이루어진 합의를 받아들이거나 거절할 때 재량권을 행사한다. 플리바게닝은 이미 확립된 실무로서 합법적인 사건처리의 방법이지만, 합의된 협상 중 일부는 부적절하고, 비윤리적이며, 심지어 불법적인 경우가 있다. 예를 들면, 판사와 검사는 강제적인 자선기부가 포함된 처벌을 하기 위하여 협상 절차를 이용하는데 이러한 유형의 플리바게닝을 특별한 플리바게닝이라고 말한다[Ad Hoc Plea Bargaining. 이하에서는 애드혹(ad hoc)이라고 함]. 이러한 애드혹은 일부 검사와 판사가 규정을 위반하여 협상한 것이므로 무효이다.[54]

2. 유 형

애드혹의 유형으로 첫째, 기부이다. 협상하는 동안 당사자 중 한 쪽이 벌금이나 금고형 대신에 또는 기소 철회에 대한 대가로 자선이나 기금 기부를 제의할 수 있다. 그러나 일반적으로 기부는 처벌에 대한 대용품으로 승인된 것이 아니다. 그런데도 법원은 기부를 승인한다.

둘째, 일정한 권리의 박탈이다. 협상 과정에서 제안될 수 있는 것이 법적 권리의 포기이다. 기소 철회, 관대한 양형 또는 보호관찰에 대한 호의적인 기간

2019. 6. 24, 11면; 연방 검사의 수장으로서 로버트 잭슨은 이렇게 말했다. "훌륭한 검사의 자질을 정의하는 것은 신사의 자질을 정의하는 것과 같이 기묘하고 불가능하다. 그리고 설명을 들을 필요가 있는 사람들은 그것을 이해하지 못할 것이다." 로버트 잭슨은 연민을 아는 검사, 희생자가 아닌 진실을 추구하는 검사, 계파적 목적이 아닌 법을 섬기는 검사, 겸허한 자세로 자신의 일을 하는 검사가 국민의 안전을 보호할 수 있다고 말했다. 이진경, 앞의 글, 6면.

54) Joseph A. Colquitt, "Ad Hoc Plea Bargaining", *Tulane Law Review*, Vol. 75, No. 3, 2001, pp.697, 710; Larry J. Siegel and John L. Worrall, 앞의 책, p.404.

이나 조건의 대가로 피고인은 일정한 법적 권리를 포기한다는 합의를 할 수 있다. 포기할 수 있는 권리에는 재산 몰수에 대하여 다툴 수 있는 권리, 일정한 직업에 종사할 수 있는 권리, 고소장이나 소장을 제출할 수 있는 권리 등이 있다. 그러나 이러한 협상은 입법상의 승인 없이 이루어지는 것이다.

셋째, 이른바 '주홍 글씨 처벌(Scarlet Letter Punishments)'이다. 일부 법원은 여러 가지 형태의 주홍 글씨 처벌을 지지한다. 가장 일반적인 것은 범죄인의 범죄를 알리고 그 범죄에 대하여 사과하는 차량의 범퍼 스티커, 플래카드, 신문광고이다. 주홍 글씨 처벌을 허용하는 법원은 일반적으로 장래에 국민에게 위험한 태도를 보일 수 있는 범죄인들, 예컨대 성범죄인이나 음주운전자에게만 제한하여 이 처벌을 부과한다. 이 처벌이 범죄인의 권리를 침해하고 승인되지 아니한 처벌임에도 불구하고 법원은 국민을 보호하는 교정 수단으로서 이 처벌을 정당화한다.

넷째, 그 밖에 범죄인이 범죄로부터 생기는 이익을 포기하기로 하는 합의, 범죄인을 다른 지방이나 주(州)로 추방하게 하는 합의, 군 복무의 대가로 기소를 철회하는 합의, 항소를 포기하기로 하는 합의 등이 있다.[55)]

3. 평 가

애드혹은 법률에 근거를 둔 실무가 아니다. 이것은 이상한 답변합의이다. 애드혹 실무는 판사와 검사가 법에 없는 새로운 처벌을 만드는 것이므로 삼권분립의 원칙에도 어긋난다. 따라서 애드혹 실무는 반드시 통제되어야 한다.

---

55) Joseph A. Colquitt, 위의 논문, pp.717~728; Larry J. Siegel and John L. Worrall, 앞의 책, p.404.

제3절 플리바게닝과 형사소송구조

Ⅰ. 서 설

제2차 세계대전이 끝난 이후 지금에 이르기까지 미국의 법 제도는 세계 각국의 법 제도에 상당한 영향력을 미쳤다. 미국의 영향력은 법리학상의 접근에 대한 일반적인 것부터 법 교육제도와 사법개혁에 이르기까지 광범위하게 걸쳐 있다. 그 결과 세계 각국의 많은 법 제도는 점점 미국의 법 제도를 닮아가고 있다.

플리바게닝의 경우도 마찬가지이다. 미국의 플리바게닝이 대륙법계 나라인 독일, 이탈리아, 프랑스에 영향을 미친 것은 부인할 수 없는 사실이다. 물론 이 국가들이 미국의 플리바게닝을 도입하였다고 해도 미국의 플리바게닝을 그대로 수용한 것은 결코 아니다. 이 국가들은 각각 미국과 다른 형사소송구조 때문에 미국의 플리바게닝과는 다른 플리바게닝을 도입하였다. 따라서 미국의 플리바게닝과 독일, 이탈리아, 프랑스의 플리바게닝과의 차이를 검토하려면 그 차이를 낳게 한 영미법계(英美法系)와 대륙법계(大陸法系)의 형사소송구조를 살펴볼 필요가 있다. 왜냐하면, 영미법계의 형사소송구조, 즉 당사자주의와 대륙법계의 형사소송구조, 즉 직권주의는 개념상 다르고, 이 다름이 플리바게닝에 대한 시각 차이를 초래하였기 때문이다.

Ⅱ. 당사자주의와 직권주의의 개념과 기능

역사 이래 지금까지 언제나 각양각색의 형사절차와 범죄에 대한 사회의 대응 방식이 있었다. 그 중 대표적인 것이 당사자주의와 직권주의인데 일반적으로 영미의 형사절차를 당사자주의라고 말하고, 유럽 대륙의 형사절차를 직권주의라고 말한다.[56)]

56) Mireille Delmas-Marty and J. R. Spencer, *European Criminal Procedures*, Cambridge University

당사자주의는 대항하는 두 당사자가 논쟁의 형태 속에서 최선의 증거와 주장을 중립적이고 수동적인 판사나 배심에게 제출하는 절차를 말하고, 직권주의는 판사가 공무원에 의해 조사, 수집된 기록을 근거로 조사를 명령하는 절차를 말한다. 또 당사자주의는 변호사가 우세한 절차이고, 직권주의는 판사가 우세한 절차라고 말하기도 한다. 통상 당사자주의는 구조에 있어 직권주의보다 계급 제도적(hierarchical) 측면이 약하고, 사건 처리에 있어 직권주의보다 국가의 간섭이 더 적다. 당사자주의에서는 판결은 올바른 결과에 이르는 수단이라기보다 주로 투쟁 해결의 수단으로 인식한다. 이에 반해 직권주의는 당사자주의보다 계급 제도적 측면이 강하고, 정부의 목표를 추구하기 위해 더 많은 사건을 처리하고 있다는 것을 분명히 한다.[57)]

또 당사자주의를 시민의 자유를 보장하는 안식처라고 말하고, 직권주의를 법 집행이라는 제단 위에 시민의 자유를 제물로 바치는 수사와 사법의 처리방식이라고 말한다. 일반적으로 당사자주의에서는 당사자가 주도적으로 증거를 수집하여 생산하는데, 검사는 전적으로 범죄인의 범죄행위를 억제함으로써 사회를 보호하여야 할 책임을 지고, 판사는 범죄행위와 관련한 분쟁에서 심판자로서 역할을 한다. 반면에 직권주의에서는 판사가 재판 전과 재판 중에 진상 조

Press, 2002, p.5; Edward B. Diskant, 앞의 논문, p.150; 영미법에서는 법원 실무의 사실성을 중시하고 법원 실무와 법을 동일시하였기 때문에 법원 실무를 체계화하여 추상화하는 작업, 즉 학문화 작업이라는 것은 처음부터 배제되며, 소송 전에 선재(先在)해 있는 법규범이라는 사고도 성립할 여지가 없다. 이같이 소송을 중심으로 법을 파악하면 소송의 절차가 중시되어 법은 실체법이 아닌 절차법을 중심으로 발전하고, 공정한 재판과 합목적적 절차를 강조하게 된다. 형사절차에서 플리바게닝이 가능한 것은 이러한 사고에 기인한 것이다. 이에 반하여 대륙법계에서는 로마법을 소재로 하여 법을 학문화하는 작업을 수행해 왔다. 이 학문화 작업을 통해 보통법과 구별되는 시민법 분야의 특유 제도가 형성되고, 여러 특수성이 나타난다. 우선 과학화 작업을 통해 추상적인 규범과 성문법의 체계를 성립시키고, 예측 가능성을 보장하기 위해 법전화를 실현한다. 대륙법이 실체법에 주안점을 두고 소송은 독자적인 가치를 가지지 않은 실체법의 실현 수단으로 인식하는 것도 학문의 영향이며, 이를 통해 법 도그마틱이라는 법 이론의 체계적 발전을 가능하게 하였다. 남기윤, 법학방법론, 고려대학교출판부, 2014, 92면.

57) Nancy Amoury Combs, "Copping a Plea to Genocide: The Plea Bargaining of International Crimes", *University of Pennsylvania Law Review*, Vol, 151, No. 1, 2002, pp.30, 31, 50, 52.

사의 책임을 진다. 판사는 당사자가 아니고, 국가는 형사사건의 진실을 끌어내야 할 책임이 있다.[58)]

또 당사자주의는 재판을 진실을 발견하기 위한 노력이라기보다는 유능한 논쟁자들과 법률가들이 그들의 이익으로 쉽게 조작할 수 있는 복잡하고 엄격한 규칙에 의한 분쟁절차로 이해하고 있고, 따라서 법률가를 절차의 전면과 중심에 놓는다. 이에 반해 직권주의는 판사와 법원이 절차를 지배하고, 진실을 발견하는 것에 초점을 맞춘다. 법률가들의 역할은 상대적으로 작고, 형사절차는 간단하고, 복잡하지 않으며, 법원은 증거를 수집하고 결론을 내린다.[59)]

당사자주의와 직권주의는 판사와 배심·검사·피고인 사이의 권한과 책임을 배분할 때 서로 다른 방법을 취한다. 또 형사사건을 어떤 방법으로 기소하고 재판하여야 하는가에 대한 기본적 관념에서도 서로 다른 태도를 보인다. 첫째, 당사자주의에서 사건의 결정자는 배심이고, 배심은 자신의 업무를 직업판사와 나누어 갖고 있다. 그러나 직권주의에서 사건의 결정자는 직업판사이다. 둘째, 당사자주의는 형사절차를 수동적인 사건 결정자인 판사와 배심이 기소 측과 피고인 측 양 당사자 사이의 분쟁을 결정하는 절차로 인식한다. 이에 반해 직권주의는 형사절차를 진실을 결정하기 위해 국가의 한 사람 또는 그 이상의 공정한 공무원이 공식적인 조사를 하는 절차로 인식한다. 이 점이 당사자주의와 직권주의의 가장 중요한 차이이다.[60)]

그리고 이러한 차이가 협상에서도 서로 다른 입장을 보이게 한다. 영미법계의 형사절차에서 당사자들은 유럽 대륙보다 더 쉽게 협상할 수 있다. 왜냐하면, 당사자 사이의 협상은 분쟁 해결 제도로 인식된 형사절차에 쉽게 편입될 수 있기 때문이다. 또 재판은 시민사회의 대표인 배심 앞에서 국가와 시민의 다툼

---

58) Ennio Amodio and Eugenio Selvaggi, "An Accusatorial System in a Civil Law Country: The 1988 Italian Code of Criminal Procedure", *Temple Law Review*, Vol. 62, 1989, p.1213.

59) Edward B. Diskant, 앞의 논문, pp.150~151.

60) Maximo Langer, "From Legal Transplants to Legal Translations: The Globalization of Plea Bargaining and the Americanization Thesis in Criminal Procedure", *Harvard International Law Journal*, Vol. 45, 2004, pp.4, 17.

이므로 당사자 사이의 협상은 당사자주의 절차에 부합한다. 그러나 유럽 대륙에서는 형사절차를 당사자 간의 단순한 분쟁 해결이 아닌 그 이상의 절차로 이해한다. 따라서 범죄인과의 협상을 달갑게 받아들이지 않는다. 또 그와 같은 협상을 할 필요성조차 느끼지 못한다. 왜냐하면, 법 집행 공무원들은 유죄를 입증하기 위해 적법한 강제력을 이용할 수 있으므로 굳이 피고인에게 증거에 대한 대가로 관대한 처분을 할 필요가 없기 때문이다. 유럽 대륙에 널리 퍼져 있는 법률적 관념은, 형사재판은 형벌을 부과하는 절차이지 형벌을 협상하는 절차가 아니라는 것이다.[61)]

Ⅲ. 당사자주의와 직권주의의 차이

1. 형사소송구조에 대한 차이

당사자주의는 형사절차를 양 당사자 사이의 분쟁을 해결하는 것으로 인식하고 있는 반면에, 직권주의는 형사절차를 진실을 발견하기 위한 공식적 조사로 인식하고 있다. 이러한 인식의 차이로 인해 당사자주의에서 판사의 역할은 기소 측이 제기한 기소 사실이 증명되었는가를 결정하는 것으로 제한되지만, 직권주의에서 판사의 역할은 적극적으로 진실을 발견하는 데에 있다.

직권주의 절차에서 판사는 기록을 읽으면서 많은 질문을 하고, 변호인은 판사가 질문한 후에 추가로 질문할 수 있다. 또 판사는 기소와 관련한 모든 쟁점을 제기할 수 있는 권한이 있다. 이에 반해 당사자주의에서 판사는 중립성을 유지하기 위해 재판 전 기록에 대하여 대부분 잘 모르고 있는 상태를 유지한다. 또 판사는 일단 재판이 시작되면 증거의 전개에 있어 수동적 역할을 한다. 그래서 당사자주의인 보통법의 판사들은 직권주의인 대륙법계의 판사들보다 훨씬 소극적으로 증인신문에 참여한다.[62)]

---

61) Mirjan Damaska, "Negotiated Justice in International Criminal Courts", *Journal of International Criminal Justice* 2, 2004, pp.1021~1023.

62) Mireille Delmas-Marty and J. R. Spencer, 앞의 책, p.25; Maximo Langer, 앞의 논문, pp.9, 36;

당사자주의와 직권주의는 검사의 개념을 서로 다르게 이해한다. 당사자주의에서 검사는 소송의 결과와 관련한 분쟁에 있어 한쪽 당사자를 의미하는 데 반해 직권주의에서 검사는 진실을 발견하는, 국가의 공정한 사법 집행자를 의미한다.[63)]

아울러 직권주의는 검사의 자유재량 권한에 대하여 강한 반감을 가진다. 통상 직권주의에서는 미국의 검사가 가진 광범위한 자유재량 권한이 없다. 검사가 어떤 혐의로 기소할 것인가에 관하여 선택의 자유를 갖는다는 개념은 대륙법의 특성에 반한다. 직권주의 하에서 검사는, 증거들이 피의자가 법을 위반하였다는 것을 증명할 때마다 기소하여야 한다. 한편, 직권주의에서 증거법은 매우 느슨하고 간단하다. 따라서 미국의 형사절차에서 널리 보급된 복잡한 증거법은 그다지 자주 사용되지 않는다. 또 직권주의의 재판은, 미국의 재판에서는 배제되는 대부분의 전문증거를 받아들인다. 요컨대 직권주의에서는 국가가 사건의 모든 사실을 밝혀야 할 적극적인 의무를 지고 있으므로 판사와 검사는 모든 객관적 사실을 명백히 규명하여야 한다.[64)]

2. 용어에 대한 차이

당사자주의와 직권주의는 진실이라는 용어의 의미에서 차이가 난다. 당사자주의에서 진실의 개념은 상대적인 것이다. 만약 당사자들이 답변합의를 통해 사건의 사실에 관하여 합의에 이르면 실제로 사건이 어떻게 발생하였는가는 중요하지 않게 된다. 이에 반해 직권주의에서의 진실은 확실하고 단호한 용어로 인식된다. 국가공무원들, 특히 전통적으로 판사들은 기소 측과 변호인 측 사이

Nancy Amoury Combs, 앞의 논문, p.33; William T. Pizzi and Luca Marafioti, "The New Italian Code of Criminal Procedure: The Difficulties of Building an Adversarial Trial System on a Civil Law Foundation", *The Yale Journal of International Law*, Vol. 17, No 1, 1992, p.7.

63) Maximo Langer, 앞의 논문, p.10.

64) Abraham S. Goldstein and Martin Marcus, "The Myth of Judicial Supervision in Three "Inquisitorial" Systems : France, Italy, and Germany", *The Yale Law Journal*, Vol. 87, No. 2, 1977, pp.246~247; William T. Pizzi and Luca Marafioti, 앞의 논문, p.9.

의 사건에 대한 합의나 의견 차이에 관계없이 실제로 무엇이 발생하였는가를 조사를 통해 결정하여야 할 의무를 진다.[65]

다음으로, 자백과 유죄답변에 대한 수용의 차이이다. 당사자주의는 경찰에서의 유죄 인정을 의미하는 자백과 형사절차를 종료시키는 법원에서의 유죄 인정, 즉 유죄답변을 모두 인정한다. 이에 반해 직권주의는 유죄답변의 개념을 인정하지 않는다. 직권주의는 오직 자백만을 인정한다. 따라서 직권주의는 피고인이 법원에서 자신의 유죄를 인정하더라도 형사절차를 종료시키지 않는다. 왜냐하면 유죄 인정이 진실을 발견하여야 하는 판사에게 매우 유익할 수 있지만, 판사는 여전히 유죄 결정에 관한 최후의 결정권을 가지고 있기 때문이다.[66]

Ⅳ. 형사소송구조와 플리바게닝의 관계

1. 당사자주의 및 직권주의 구조와의 관계

플리바게닝은 계급제도적이 아닌(non-hierarchical) 형사사법제도, 즉 당사자주의 절차에서 더 쉽게 번성할 수 있다. 계급제도적인 환경, 즉 직권주의에서는 국가의 대표자인 검사를 피고인과 대등한 지위에 놓는 것을 허락하지 않는다. 따라서 계급제도적이 아닌 형사사법제도만이, 공식적으로 평등한 두 당사자가 상호 이익의 결과를 낳게 하는 플리바게닝을 제대로 설명할 수 있다. 나아가 계급제도적이 아닌 절차에서는 검사에게 효율적으로 협상할 수 있는 광범위한 권한을 준다. 이러한 광범위한 권한은 계급제도적으로 명령받고 엄격하게 그들의 상사에 책임을 지는 유럽 대륙의 검사들에게 부여되지 않는다. 플리바게닝을 통해 검사와 피고인이 합의한 형으로 사건이 처리된다는 것은 판사의 역할을 희생시키고 검사의 권한을 확장한다. 판사 우위의 유럽 대륙의 제도에서는 이러한 사법적 권한의 이전은 옹호될 수 없다.[67]

---

65) Maximo Langer, 앞의 논문, pp.9~10.

66) *Ibid.* at 11.

67) Nancy Amoury Combs, 앞의 논문, pp.55~56.

2. 당사자주의 및 직권주의 이념과의 관계

당사자주의에서 플리바게닝은 분쟁 해결의 목표를 향상한다. 플리바게닝은 당사자가 최선으로 자신들의 필요를 만족하게 하는 방법으로 형사사건을 해결하게 한다. 따라서 플리바게닝은 기본적으로 양형의 제도라기보다 오히려 분쟁해결의 제도라고 말할 수 있다. 그래서 미국의 형사사법제도는 종종 실제 범죄의 단순한 몸통 등 단지 처벌에 필요한 대략적인 기초에 도달하는 것만으로 만족한다. 사실적인 특성에 대한 더 정확한 사건의 진술은 당사자의 결단에 맡긴다. 그래서 플리바게닝을 한 결과 피고인은 그가 명백히 저지르지 않은 더 작은 범죄에 대하여 유죄답변을 할 수 있고, 또 실제로 존재하지 않은 범죄에 대하여 유죄답변을 할 수 있다. 그러나 이러한 해결방법은 정확한 결과의 성취를 목적으로 하는 직권주의에서는 불가능하다.[68]

3. 당사자의 자율성 및 참여와의 관계

플리바게닝은 피고인으로 하여금 확실하고 더 가벼운 처벌을 선택할 수 있게 함으로써 피고인의 선택권을 확대하고, 피고인 자신의 운명을 결정할 수 있는 수단을 제공한다. 이것은 피고인이 형사절차의 주체로서 자기 결정을 하고 절차에 참가할 수 있다는 것을 의미한다. 또 플리바게닝을 규율하는 법은 시민의 권리를 보호함으로써 자율적 참여를 장려한다.[69]

그러나 직권주의는 형사절차를 진실을 발견하기 위한 공식적 조사로 인식하고 있으므로 당사자에게 사건의 처리를 맡기지 않는다. 즉 직권주의에서 국가는 형사사건의 진실을 끌어내야 할 책임이 있으므로 당사자의 자기결정권을 인정하지 않는다.

---

68) *Ibid.* at 56, 57.
69) *Ibid.* at 57.

V. 현대적 의미

당사자주의와 직권주의는 의심할 여지없이 차이가 있다. 그러므로 당사자주의를 취하고 있는 미국의 플리바게닝은 직권주의를 취하고 있는 독일, 프랑스, 이탈리아에 쉽게 수용될 수 없었다. 그러나 20세기 말과 21세기 초에 이르러 직권주의를 취하고 있는 독일, 프랑스, 이탈리아는 당사자주의를 취하고 있는 미국의 플리바게닝과 유사한 제도를 도입하여 시행하고 있다.

한편 당사자주의의 모범으로 여전히 남아 있는 영국은 조기 유죄답변에 대하여 상당한 양형 감경을 제공하고 이를 위해 판사에게 재판 전 사건을 운영, 관리하는 역할을 줌으로써 직권주의의 요소를 도입하고 있다. 따라서 각국의 형사사법제도를 완전한 당사자주의나 직권주의로 분류하는 것은 더는 있을 수 없게 되었다. 비록 형사사법제도에 있어 당사자주의와 직권주의라는 두 개의 범주가 아직은 유효하지만 두 제도 사이의 차이는 점점 작아지고 있다. 즉 형사절차에 있어 당사자주의와 직권주의를 일도양단으로 구분하는 것은 그 의미가 없게 되었다. 그래서 이러한 상황을 융합이라고 일컫는다.[70)]

이제 당사자주의와 직권주의의 접점을 찾아야 할 때가 온 것 같다.

70) Kim Hakseong, "Plea Bargaining in the civil law countries: A Proposal for the introduction of Plea Bargaining in the Korean criminal justice system", Indiana University, 2009, p.19.

제 3 장

미국 플리바게닝의 기원과 찬반 논쟁 및 개혁 쟁점

제 1 절 기 원

Ⅰ. 서 설

미국의 플리바게닝은 19세기 중반 이후에 발생하였다.[1] 그리고 20세기 초

1) 미국 연방대법원이 최초로 플리바게닝의 합법성에 관하여 간접적으로 판시한 사건이 1878년의 위스키(Whiskey) 사건[99 U.S. 594(1878)]이다. 위스키 사건에서 검사는 피고인들과 사이에 "피고인들은 소인(訴因)의 한 개에 대하여 유죄답변을 하고 동시에 본건 연방 주세 부정면탈에 관여한 공무원의 기소를 위해 진실을 증언하고, 이에 대하여 검사는 피고인들에 대한 그 밖의 소인을 철회하고, 세법상의 일정한 재산적 청구를 하지 않는다"라는 합의를 하였다. 그런데 그 후 검사는 세금 추징 및 재산 몰수를 청구하는 민사소송을 제기하였다. 그러자 위 민사소송의 피고들은 위 합의를 이유로 검사의 위 청구는 무효라고 주장하였다. 원심은 피고들의 주장을 받아들여 검사의 소를 각하하였다. 이에 검사는 "검사는 위와 같은 합의를 할 권한이 없다"라고 주장하면서 상고하였다. 미국 연방대법원은 "왕의 증거"(위 공무원에게 불리한 진술을 한 피고인들)는 사면에 대한 형평법상의 자격을 가지는 것에 지나지 않는다는 것이 관행이기 때문에 검사는 반드시 사면된다는 확약을 할 수 없고, 따라서 검사는 피고들의 주장과 같은 합의를 할 권한이 없으므로 원심이 검사의 청구를 각하한 것은 잘못이라고 판시하였다. 연방대법원은 공범에 대하여 증언을 한 피고인들이 사면을 받을 자격이 있다고 판시함으로써 간접적으로 플리바게닝의 합법성을 인정

에 이르러 미국의 형사사법제도로서 지배적인 지위를 차지하였다. 그러자 미국에서는 플리바게닝에 관한 연구가 시작되었다. 1921년 이전에 미국에서는 플리바게닝이 형사법의 운용에서 하나의 요소였다는 기록이 실질적으로는 없었다. 형사사법 운용에 관한 자세한 통계학적 연구가 완성된 1921년에 이르러 비로소 형사상 유죄판결에서 널리 퍼진 플리바게닝의 이용과 감소하고 있는 배심재판의 역할이 밝혀졌다.2)

아울러 플리바게닝이 왜 1920년대에 성장하게 되었는지에 관한 연구가 이루어졌다. 많은 문헌은 그 당시의 사회적·구조적 관계 안에서 플리바게닝의 역할에 대하여 상세히 조사하고 분석하였다. 그 결과 플리바게닝이 현저히 나타난 주요 이유를 증가하는 형사 기소 사건 수의 압력(caseload pressure)에서 찾았다.3)

그 후 1970년 미국 연방대법원이 브래디 사건에서 플리바게닝의 합헌성을 인정하자, 새로운 관점에서 플리바게닝의 기원에 대한 연구가 시작되었다. 즉 사건 수의 압력은 플리바게닝의 기원과 관계가 없다는 주장이 제기되었다. 이를 계기로 플리바게닝의 기원에 대한 새로운 주장이 등장하였다. 예컨대 1990년대에는 플리바게닝의 기원을 정치·경제적 현실에서 찾는 주장이 등장하였고, 2000년대에는 플리바게닝의 기원을 판사와 검사의 역할, 사건 수의 증가에 따른 압력에서 찾는 주장이 제기되었다.

여기에서는 1920년대부터 2000년대 초까지 미국에서 논의되었던 플리바게닝의 기원에 대하여 살펴본다. 플리바게닝의 기원을 살펴보는 이유는 지금의

하였다. Albert W. Alschuler, "Plea Bargaining And Its History", *Columbia Law Review*, Vol. 79. No. 1, 1979, p.23; Marc L. Sherman, "Informal Immunity: Don't You Let That Deal Go Down", *Loyola of Los Angeles Law Review*, Vol. 21, 1987, p.44.

2) Jay Wishingrad, "The Plea Bargaining in Historical Perspective", *Buffalo Law Review*, Vol. 23, 1973~1974, p.499.

3) George Fisher, *Plea Bargaining's Triumph*, Stanford University Press, 2003, p.6; 1860년대 뉴욕시 지방검사는 범죄를 가볍게 하기 위해서 유죄를 인정하도록 권장했고, 이러한 거래는 언제나 책상 밑에서 이루어졌다. 엄청난 사건 처리의 압력과 넘쳐나는 교도소는 플리바게닝을 권장하게 된 주원인으로 종종 인용되었다. 커미트 L. 홀·피터 카스텐, 손세정 옮김, 미국법의 역사와 문화, 라티오, 2009, 315면.

우리 사법 현실에도 미국의 플리바게닝을 발생하게 한 원인이 있는지 보기 위함이다. 만약 미국에서 플리바게닝을 발생하게 한 원인이 우리 사법 현실에도 존재한다면 우리 형사사법제도에 플리바게닝을 도입할 필요성은 그만큼 커질 것이다.

II. 1920년대 밀러(Justin Miller)와 몰리(Raymond Moley)의 주장[4)]

1. 밀러의 주장

밀러는 이론상 형사사건에서 타협은 없어야 한다고 주장한다. 그러나 밀러는 실무상 형사사건에서 용서와 타협은 자주 일어나고 있고, 그 방법도 여러 가지라고 주장한다.

가장 대표적인 것으로서, 검사는 타협을 통해 혐의를 철회하거나 축소할 수 있다. 검사는 예비심문에서 혐의에 대한 철회를 신청할 수 있고, 피의자에게 피의자가 국가의 증인(state's evidence)으로 전향하는 것에 대한 대가로 기소면제를 약속할 수 있으며, 현재 수사 중인 혐의를 철회하거나 법원에서 공소취소를 할 수 있다. 또 검사는 피의자가 한 개의 범죄혐의에 대하여 유죄답변을 하겠다고 하면 현재 수사 중인 다수의 범죄혐의를 철회하겠다고 합의할 수 있다. 검사는 피고인이 동일한 범죄의 더 가벼운 혐의로 유죄답변을 하겠다고 하면 최초 범죄혐의를 철회하기로 합의할 수 있다.[5)]

이처럼 형사사건에서 타협이 널리 행하여지는 이유는 다음과 같다.

첫째, 형사법의 현저한 증가와 그로 인한 범죄의 증가이다. 예를 들면 이전

4) "Ⅱ. 1920년대 밀러(Justin Miller)와 몰리(Raymond Moley)의 주장"부터 "Ⅵ. 평가"까지의 내용은 「협상연구」(제19권 제1호, 2016년 6월 30일, 한국협상학회)에 게재된 "박종순, 미국의 플리바게닝(Plea Bargaining, 답변협상)에 대한 연구-발생 원인을 중심으로-"의 내용을 그대로 인용한 것이다. 이 부분에 대한 박사학위논문의 내용은 협상연구에 게재된 내용을 요약한 것이다.

5) Justin Miller, "The Compromise of Criminal Cases", *Southern California Law Review*, Vol. 1, No. 1, 1927, pp.1, 2~10.

에는 사회적·사무적 관습에 의해 규제되었던 행위, 가정이나 교회에서 제공되었던 예절, 그리고 민사소송에 의해 취득한 권리 회복 등이 이제는 특정한 형사법에 의해 고발되고, 법 집행 공무원에 의해 처리되고 있다. 주류를 제조하고 판매하는 행위를 금지하는 법, 증권 매매를 규제하는 법, 수표 발행을 통제하는 법 등이 여기에 해당한다. 아울러 거대한 도시의 성장은 이전에는 전혀 필요하지 않았던 건축물·공중위생·건강을 규제하는 많은 법을 만들게 하였다. 또 통신과 교통의 발달은 사람들을 더욱 친밀하게 만든 반면에 정부의 감독을 필요로 하는 여러 가지 충돌을 발생하게 하였다.

그런데 대부분의 미국 국민은 과거 정부의 규제를 피하기 위해 미국으로 온 이민자의 후손들이었으므로 정부의 감독과 규제에 대하여 우호적이지 않았다. 이러한 사정은 검사와 판사 등 법 집행 공무원을 힘들게 만들었다. 예를 들면, 배심이 피고인에 대하여 유죄판결을 선고하지 않을 것 같은 경우나 또는 국민들의 의사를 대표하는 판사가 피고인의 권리를 보호하려고 할 것 같은 경우 검사는 무죄를 피하기 위해 기소된 범죄보다 더 낮은 정도의 범죄에 대한 유죄답변 또는 여러 개의 기소 중 한 개의 범죄에 대한 유죄답변으로 피고인과 협상하였다. 또한 검사는 유죄판결이 의심스러워 보이거나 기소가 지역사회의 강렬한 적대감을 일으키는 경우 이러한 사건들을 포기할 수 있었다. 결국 새로운 범죄의 발생으로 인해 야기된 과중한 업무의 증가가 협상이라는 새로운 방법을 탄생시켰다.[6)]

둘째, 증가한 업무 부담을 처리할 수 있는 법원의 부족이다. 업무 부담을 해소하기 위한 입법은 서서히 이루어지고 있는 반면에 업무의 증가는 빠르게 진행한다. 따라서 법이 업무 증가를 따라잡지 못한다.

셋째, 형사법원과 법 집행 공무원의 업무 증가는 국민에 대하여도 그 부담을 증가시켰다. 사건이 많지 않았을 때 법원의 개정은 빈번하지 않았고, 배심원과 증인의 출석의무는 가벼웠다. 그러나 오늘날 하나의 도시에서 40개 또는 50개의 법정이 매일 개정한다. 이에 따라 배심원과 증인의 부담은 커졌고, 그 결

6) *Ibid.* at 17, 18, 19.

과 배심제도의 폐지를 건의할 정도로 배심원과 증인의 의무는 진저리나는 것으로 변하였다.

넷째, 형사사건에 관한 타협이 널리 행해진 것은 일반국민들이 형사책임의 인정을 마음 내키지 않는다는 데에 있다. 사람들이 도덕적으로 의무를 게을리 한다는 것은 개인적인 선택의 일로 간주되고, 그래서 그것은 불명예스러운 것이라고 생각된다. 그런데 형사법의 증가에 따라 그 이전에는 단지 사회적 침해나 민사적 불법침해로 간주되었던 행위들이 형사책임을 지게 된다. 그래서 민사판결에 대하여는 승복하겠다는 사람이나 종교적 열정으로 죄를 자백하고 신의 용서를 구하겠다는 사람도 자신에 대한 형사상 유죄판결과 오명에 대하여는 극렬히 다툰다. 따라서 검사가 유죄판결을 이끌어 내는 것은 더욱 어렵게 된다. 이러한 상황이 '비밀로 하는' 법 운영의 제도, 즉 협상을 낳게 한 조건과 원인이다.[7)]

2. 몰리의 주장

몰리는 1920년대 중반 미국의 형사사법 운영에서 배심에 의해 완수되는 역할은 수적으로 매우 적다고 주장하면서 1926년 일리노이주(Illinois state) 쿡 카운티(Cook County)의 사건 처리를 그 예로 든다. 즉 쿡 카운티에서 중죄로 기소된 총 13,117명이 예비심문을 받았는데 그중 492명만이 배심재판으로 결론이 났다. 그런데 492명 중 283명은 무죄를 선고받았고, 184명은 최초 기소된 범죄로 유죄판결을 선고받았으며, 25명은 최초 기소된 범죄보다 더 작은 범죄로 유죄판결을 선고받았다. 이와 같이 큰 지역에서 형사소송이 시작된 사건 중 96%가 배심재판이 아닌 다른 기관의 결정 권한을 통해 처리되었다.[8)]

몰리는 미국의 형사사법 운영에서 배심재판의 수가 매우 적다는 주장을 설명하기 위해 먼저 검사의 권한을 거론한다. 그러면서 실무상 사건을 종결하는 여러 가지 형태 중 가장 중요한 것이 불기소(nolle prosequi) 제도라고 말한다.

---

7) *Ibid.* at 20, 21.

8) Raymond Moley, "The Vanishing Jury", *Southern California Law Review*, Vol. Ⅱ, No. 2, 1928, p.97.

미국은 영국으로부터 이 제도를 도입하여 검사에게 불기소의 권한을 주었다. 처음 불기소는 예외적인 사건에만 합법적으로 행사되도록 고안되었지만 실제로 불기소는 자유로이 사용되었다. 그런데 이러한 광범위한 불기소의 사용은 종종 심각한 악폐를 낳았다. 검찰이 주(state)에 일정한 돈을 지불한 피고인과 사건을 타협하고 해결하는 관례를 만들었기 때문이다. 이와 같이 불기소가 남용되자 대다수의 주(state)는 검사의 불기소 처분에 제한을 두기 시작하였다. 이 제한은 일반적으로 불기소를 할 때 법원의 동의를 필요로 하는 것이었다.[9)]

이렇게 되자 검사의 재량권 행사는 유죄답변을 위한 협상의 형태를 취하게 되었고, 이것이 일반적인 실무가 되었다. 예컨대, 기소 이후 검사와 변호인은 유죄답변과 그 대가인 조건들을 상의하고 협상한다. 피고인은 판사에 의해 가벼운 형의 선고를 명시적 또는 묵시적인 보장을 받을 수 있고, 보호관찰이나 집행유예의 선고를 받을 수 있으며, 검사에 의해 가석방이나 사면을 위한 지원을 보장받을 수 있다. 여기서 중요한 것은 피고인이 기소된 것이 아닌 다른 범죄로 유죄답변을 할 수 있다는 것이다.

물론 검사도 유죄답변을 통해 이익을 얻는다. 검사는 번거롭고 오래 끄는 재판을 수행하지 않아도 된다. 검사는 법정에서 사건에 대하여 패배할 위험, 즉 무죄를 받을 위험이 없다. 또 검사는 상소의 위험이 없다. 다른 한편으로, 판사는 상소심에서 판결이 파기될 위험을 면한다. 그러나 더욱 중요한 것은 대부분의 검사가 그가 수행한 업무에 관한 기록에서 모든 종류의 유죄답변이 유죄판결로 계산된다는 사실이다. 그래서 검사가 재선(再選)을 위해 유권자 앞으로 나갈 때 사실 유죄판결의 통계 안에는 유죄답변 등 모든 종류의 타협이 포함되었음에도 불구하고, 검사는 마치 배심재판에 의해 유죄판결을 얻은 것처럼 과장하여 말할 수 있다는 사실이다.[10)]

다음으로, 1920년대 미국에서 유죄답변이 차지하는 비율을 본다. 아래 표는 미국 대도시의 유죄답변의 비율과 유죄평결의 비율이다.[11)]

---

9) *Ibid.* at 98~102.

10) *Ibid.* at 102, 103.

도 시	연 도	유죄 답변		유죄 평결(배심의 평결)	
		사건 수	%	사건 수	%
뉴욕시티	1925	3508	88	496	12
시카고	1926	1142	85	200	15
디트로이트	1926	1584	78	437	22
클리블랜드	1927	888	86	145	14
세인트루이스	1923~24	585	84	111	16
피츠버그	1927	239	74	82	26
로스앤젤레스	1924~26	2366	81	538	19
버팔로	1925	226	80	56	20
샌프란시스코	1924~25	346	33	710	67
신시네티	1925	165	59	112	41

위 표에 의하면, 유죄답변이 배심에 의한 평결보다 훨씬 더 자주 일어나고 있음을 알 수 있다.[12]

나아가 코네티컷주(Connecticut state)의 자료는 지난 30년 동안 유죄답변의 비율이 확실하게 증가하였음을 보여준다. 뉴헤이븐(New Haven)의 법원은 유죄답변의 비율이 1888년의 75%에서 1921년의 90%로 증가하였다.[13]

그런데 여기서 주목할 점은 유죄답변에는 관대한 형의 선고라는 명시적 또는 묵시적인 약속에 의한 유죄답변뿐만 아니라 최초에 기소된 것보다 덜 중한 범죄의 유죄답변을 수용하는 것을 포함한다는 사실이다. 그리고 후자의 유죄답변이 사건을 타협하는 일반적인 실무가 되었다. 따라서 검사는 중죄에 대한 기소를 포기하고, 피고인은 경죄로 답변할 수 있다. 또 판사는 실무상 검사가 타협의 답변을 받아들이는 권한을 행사하도록 허락하였다. 이 권한은 검사가 불기소(nolle prosequi)를 할 때 가지고 있는 권한과 동일한 것이다. 이러한 실무는,

11) *Ibid.* at 105.
12) *Ibid.* at 107.
13) *Ibid.* at 107~109.

특히 대도시에서 플리바게닝의 실무가 형사사법의 운영에서 큰 몫을 차지하는 데에 기여하였다. 결국 이 실무는 뉴욕과 시카고에서 전형적인 실무가 되었고, 검사에 의해 일반적으로 자유로이 인정되고 지지를 받았다.[14)]

판사와 검사는 유죄답변이라는 타협의 실무를 강력하게 지지한다. 그 이유는 다음과 같다.

첫째, 유죄답변의 수용은 사건을 신속히 처리하게 한다. 유죄답변은 비용을 절약한다. 특히 사건은 많고 이를 처리해야 하는 검사가 부족하여 과중한 업무 부담을 지고 있는 대도시에서 유죄답변은 필요하다. 둘째, 판사와 검사는 유죄답변의 수용을 통해 많은 사건을 처리함으로써 남아 있는 소수의 배심재판에 더욱더 전념할 수 있다. 셋째, 검사가 피고인의 변명이 강력해 보이는 상황에 직면할 때 검사는 타협을 함으로써 배심재판을 통해 무죄를 받을 수 있는 위험을 무릅쓰지 않아도 된다. 이 경우 검사는 범죄인이 최소한 가벼운 처벌이라도 확실하게 받을 수 있게 할 수 있다. 넷째, 종종 확정된 기소의 내용은 검사가 그것을 보는 것처럼 진정으로 중대한 것이 아니다. 검사가 실제보다 더 중한 범죄로 기소를 하는 이유는 중한 범죄로 피고인에게 겁을 주어 그보다 덜 무거운 범죄에 대한 유죄답변을 유인하기 위해서다. 다섯째, 진정한 정의는 때때로 법정 밖에서 타협에 의해 가장 잘 성취될 수 있다. 특히 청소년이나 죄가 없는 자가 관련된 사건에서 더욱 그렇다. 이들은 대중이 있는 배심재판에서 부끄러움·치욕·상처를 받기 쉽다. 따라서 이들에 대하여는 종종 덜 무거운 범죄에 대한 답변을 하게 하여 사건을 해결하는 것이 바람직할 수 있다. 위 주장 중 첫째, 둘째, 셋째 주장이 유죄답변 협상, 즉 플리바게닝을 고안한 이유라고 말할 수 있다.[15)]

---

14) *Ibid.* at 109.

15) *Ibid.* at 123.

Ⅲ. 1970년대 호이만(Milton Heumann), 랭베인(John H. Langbein), 앨슐러(Albert W. Alschuler), 프리드만(Lawrence M. Friedman)의 주장

1. 호이만의 주장

호이만은, 플리바게닝이라 함은 피고인이 기소 또는 양형에 있어 축소나 감형에 대한 대가로 정식재판(배심재판)을 받을 권리를 포기하는 절차라고 정의한 다음 모든 형사사건 중 약 10%만이 정식재판으로 간다는 사실은 플리바게닝이 넘치고 있음을 암시한다고 주장한다. 즉 미국에서는 대부분의 형사법정에서 대부분의 형사사건이 답변에 관하여 협상되고, 법원은 사실 "답변협상(플리바게닝) 법원"이라고 말한다.[16)]

호이만은 먼저 종전의 사건 압력과 플리바게닝의 관계를 언급한다. 종전의 논문은, 플리바게닝은 사건 압력의 작용으로서 출현한 것이라고 주장한다. 즉 종전의 주장을 보면, "㈎ 유죄답변제도만이 법원으로 하여금 불충분한 자원을 가지고 사건을 처리하게 할 수 있게 하였다. ㈏ 우리 형사사법제도 하에서 모든 피고인이 배심재판을 받을 권리를 요구하도록 허용하는 것이 불가능하다면, 그 권리의 포기에 대한 어느 정도의 동기가 필요할 것이다. 이때 플리바게닝은 그러한 동기를 승인하는 유일한 수단이다. 더욱이 극적인 법적 자원의 증가나 이러한 자원의 부족을 메꿀 수 있는 진략의 등장이 없을 때 플리바게닝은 계속 유지될 가능성이 있다. ㈐ 지난 30년간 증가한 범죄율은 모든 유죄판결의 85%에서 90%가 유죄답변에 의해 얻어지도록 인도하였다. ㈑ 미국의 형사사법제도가 인적·물적 자원의 부족으로 어려움을 겪고 있다. 최소 비용으로 최대의 사건을 처리하기 위해 검사는 종종 피고인에게 유죄답변에 대한 대가로 양형이나 기소의 감형 또는 축소와 같은 거래를 제의하면서 유죄답변을 권유하려고 한다.

16) Milton Heumann, "A Note on Plea Bargaining and Case Pressure", *Law & Society Review*, Vol. 9, No. 3, 1975, p.515; Milton Heumann, *Plea Bargaining The Experiences of Prosecutors, Judges, and Defense Attorneys*, The University of Chicago Press, 1978, p.1.

(마) 사건의 적체를 제거할 필요성을 깨달으면서 법원은 법적 절차를 촉진하기 위한 여러 가지 방법을 사용하였다. 이러한 방법 중의 하나인 플리바게닝은 재판 단계를 촉진하기 위해 고안된 것이 아니고 재판을 제거하기 위해 고안되었다. (바) 적절하게 운영된다면 플리바게닝은 장려되어야 한다. 만약 모든 형사 기소가 모든 절차를 거치는 완전한 배심재판을 따른다면 주(state) 정부 그리고 연방 정부는 판사와 법원의 시설을 여러 배 증가하지 않으면 안 될 것이다. (사) 협상에 의한 사건 처리는 오늘날 대다수의 사건 처리에 있어 중요한 역할을 한다" 라고 말한다.

이러한 주장들은 사건 압력과 플리바게닝의 관련성을 보여주는 실례이고, 이 주장들은 플리바게닝이 증가하는 사건 압력의 결과라고 결론을 내린다.[17]

그러나 호이만은 코네티컷주(Connecticut state) 제1심 법원의 통계자료를 제시하면서 이러한 주장이 옳지 않다고 말한다. 아래의 표는 1966년부터 1973년까지 코네티컷주의 제1심 법원(Superior Courts)에서 처리된 형사사건의 통계이다.[18] 이 통계는 최근 미국에서 정식재판을 하는 것이 원칙이 아닌 예외임을 보여준다.

	1966~67	1967~68	1968~69	1969~70	1970~71	1971~72	1972~73
재판 건수	164	241	301	191	231	156	114
유죄답변 건수	1,635	2,107	2,696	3,186	3,680	3,332	2,244
총 처리건수	2,066	2,767	3,683	4,487	5,213	4,790	3,004
재판 비율	7.9%	8.7%	8.2%	4.3%	4.4%	3.3%	3.8%

위 표에 의하면 전체 사건 처리 중 재판(배심재판) 비율이 9%를 초과하는 연도는 없다. 미국의 형사사법제도에서 재판은 시금석으로 인식되었지만, 이제 유죄답변이 형사법정을 지배한다.[19]

17) Milton Heumann, 앞의 논문(1975), pp.516, 517.

18) *Ibid.* at 518.

19) *Ibid.* at 518, 520.

그런데 재판이 빈번하지 않은 것은 최근의 현상이 아니다. 1880년에서 1954년까지 코네티컷주의 제1심 법원이 처리한 전체 사건 중 재판이 차지한 평균비율은 8.7%이다. 위 전 기간을 통해 재판을 한 비율은 지금의 통계와 크게 다르지 않다. 따라서 이 자료는 1880년에도 사건을 처리하는 데 있어 재판이라는 제도가 흔히 사용되는 제도가 아니었음을 보여준다.[20)]

이어 호이만은 사건 압력과 재판의 관계에 대한 두 번째 사례를 제시한다. 1971년 9월 순회법원(the Circuit Court)의 재판관할권은 5년의 구금형까지 처벌할 수 있는 범죄를 포함하는 것으로 확대되었다. 순회법원의 재판관할권 확대는 제1심 법원의 사건을 경감하는 효과를 가져왔다. 그런데 제1심 법원의 인원은 감소하지 않았다. 아래의 표를 보자.[21)]

	순회법원의 재판권 확대 이전 (1970~71)			순회법원의 재판권 확대 이후 (1972~73)		
법 원	총 사건 수	재판 건수	재판 비율	총 사건 수	재판 건수	재판 비율
톨랜드(Tolland)	196	11	5.6%	117	8	6.8%
미들섹스(Middlesex)	203	7	3.4%	134	4	3.0%
윈드햄(Windham)	160	6	3.8%	101	3	3.0%
리치필드(Litchfield)	164	30	18.3%	108	6	5.6%
워터베리(Waterbury)	536	18	3.4%	345	6	1.7%
뉴런던(New London)	286	19	6.6%	349	13	3.7%
페어필드(Fairfield)	889	42	4.7%	441	21	4.8%
뉴헤이븐(New Haven)	955	43	4.5%	482	23	4.8%
하트퍼드(Hartford)	1,822	55	3.0%	927	30	3.2%

가장 업무가 많은 법원(Fairfield, New Haven, Hartford)의 경우 사건 압력은 대략 반으로 줄었고 인원은 그대로 남았다. 그러나 재판비율은 이전과 거의 동일하였다. 총 사건 수가 감소하였음에도 예상과 달리 재판은 증가하지 않았다.

20) *Ibid.* at 519, 520.

21) *Ibid.* at 523.

또 위 통계에 의하면, 1880년 이래 재판은 사건 해결의 주된 방법이 아니었다라는 결론에 이른다. 나아가 사건 압력의 변화가 직접적으로 그리고 상당히 재판 비율에 영향을 미치지 않았음을 보여준다.[22)]

오늘날 유죄답변은 변호인과 검사 사이의 토론과 협상의 결과물이고, 플리바게닝은 언제나 지방법원에서 주요한 역할을 하고 있다. 보수적인 법조인들은 유죄답변에 대한 보상으로 주(state)의 검사와 협상을 계획하는 것은 형사실무의 중심이고, 이것은 경험적으로 옳다고 말하면서 다음과 같이 주장하였다. "(가) 제1심 법원에서 80% 내지 90%의 피고인이 사실은 유죄이다. (나) 이들 중 상당한 비율이 주(state)의 사건을 다투기 위한 실질적 근거를 가지고 있지 않다. 즉 피고인들은 사실적·법률적으로 유죄이고, 그들의 재판은 무죄를 만들어 낼 수 있는 어떠한 쟁점도 없다. (다) 피고인이 유죄답변을 하면 그는 기소 또는 양형의 축소나 감경이라는 보상을 받는다. 물론 이러한 인식들이 무죄추정의 원칙을 부인하는 것은 아니다. 법원과 변호인은 대다수의 피고인들이 사실상 책임이 있고, 따라서 재판이 헛된 것임을 알고 있다. 이러한 인식으로부터 명백히 유죄인 피고인이 무거운 처벌을 면하기 위하여 가벼운 죄를 시인하면 그는 어느 정도의 보상을 받을 것이라는 개념이 생긴다."[23)]

호이만은, 플리바게닝과 사건 압력이 서로 밀접한 관련이 있다는 종전의 개념은 위에서 제시한 여러 가지 통계를 볼 때 반드시 재검토되어야 한다고 주장한다. 즉 유죄답변은 사건 압력이 아닌 다른 이유 때문에 발생하였음이 명백하다고 결론을 내린다.[24)]

호이만이 플리바게닝은 사건 압력과 관련이 없다는 주장을 제기하자 이를 계기로 플리바게닝의 발생 원인에 관한 새로운 주장이 등장하였다.

---

22) *Ibid.* at 524.

23) *Ibid.* at 525; Milton Heumann, 앞의 책(1978) pp.156, 157.

24) Milton Heumann, 앞의 논문(1975), pp.526, 527.

2. 랭베인의 주장

랭베인은 플리바게닝을 중세 유럽의 고문법과 비교한 다음 플리바게닝과 중세 유럽의 고문법은 발생과 기능에서 유사한 점이 많다고 주장한다.

가. 고문법과 강요된 자백

13세기 중반부터 18세기 중반까지 유럽에서 사법적 고문제도는 대륙법계 형사소송의 핵심이었다. 중세 유럽의 법률가들이 이해하였던 고문은 관리의 위법 행위나 형사상 제재와 아무런 관계가 없었다. 일정한 조건 아래에서 법은 형사법원이 범죄인들로부터 자백을 받기 위해 범죄인을 상대로 신체에 대한 강압을 사용하도록 허용하였다.[25] 고문법은 13세기 경 북이탈리아 로마 교회법(Roman-canon)의 직권주의 전통 안에서 발전하였고, 18세기까지 대부분의 유럽에서 시행되었다.[26]

로마 교황청은 1215년 제4차 라테란 공회의(Lateran Council)에서 그 이전의 증거법인 신판(神判, ordeal)을 무효화하였다. 이렇게 되자 신판을 대신할 중세 시대의 새로운 증거법이 필요하게 되었다. 신판은 오류가 없는 신에 의한 판결로서, 신판을 통해 형사판결에 대한 절대적인 확실성이 성취되었다. 따라서 13세기에 새로이 도입될 증거법에는 인간에 대한 판결을 위해 위와 같이 절대적인 확실성과 같은 수준의 안전장치가 마련되도록 예정되었다. 비록 인간인 판사들이 법정에서 신을 대신하였지만, 판사들은 그 누구도 이의를 제기할 수 없는 매우 객관적인 증거법, 즉 유죄나 무죄의 결정에서 인간의 재량권을 없앤 증거법의 지배를 받았다. 그 결과 2명의 나무랄 데 없는 목격자의 증언, 즉 아주 명백한 증거를 토대로 유죄판결이 선고되어야 한다는 법이 발전되고 확립되었다. 따라서 2명의 목격자가 없으면 법원은 범죄를 부인하는 피고인에게 유죄판결을 선고할 수 없었다. 다만 피고인이 기소된 범죄에 대하여 임의로

25) John H. Langbein, "Torture and Plea Bargaining", *The University of Chicago Law Review*, Vol. 46, No. 1, 1978, p.3.

26) John H. Langbein, "Torture and the Law of Proof", *The University of Chicago Press*, 1977, p.3.

자백한 경우에만 2명의 증언 없이 법원은 피고인에게 유죄판결을 선고할 수 있었다.[27)]

'2명의 증인'의 원칙은 피하기 어려웠으나 자백을 통해 이 원칙을 피할 수 있었다. 그 결과 강력한 범죄혐의가 있는 사람에게 자백을 강요하는 실무가 점점 발생하기 시작하였다. 그리고 고문법은 이러한 자백을 얻어내는 절차를 규제하는 법으로 발전하였다. 유럽의 고문법 중 가장 많은 부분은 고문 아래에서 조사를 하기 위한 선행조건에 관한 것이었다. 즉 죄를 지었을 가능성이 매우 높은 사람만이 고문 아래에서 조사를 받을 수 있었다. 고문은 피의자에 대하여 2분의 1의 증명이 입증되었을 때에만 허용되었다.[28)]

따라서 고문은 일반적인 형사절차의 부분이었고, 일반 법원 앞에서 정기적으로 조사하고 기소하기 위해 사용되었다.

자백은 임의성이 있어야 한다는 증거법과 일치시키기 위해 중세 법률가들은 고문 아래에서 얻은 자백은 임의성이 없는 것으로 처리하였고, 따라서 피고인이 고문을 받은 그날이나 그 이후에 열린 심리에서 고문 없이 자백을 되풀이하지 않으면 자백은 효력이 없었다. 종종 고문 아래에서 자백을 한 피고인이 자백에 대한 확인을 요청받았을 때 자백을 취소할 수 있었으나 이러한 취소는 거의 일어나지 않았다. 왜냐하면 이 경우 다시 고문 아래에서 조사가 반복될 수 있었기 때문이다.

고문에 관하여는 여러 가지 실질적인 보호수단이 고안되었다. 고문은 야비하고 입증될 수 없는 유죄의 자백을 이끌어 내는 데 사용될 수 없었다. 그러나 이러한 보호수단에도 불구하고 고문의 폐해는 드러나기 시작하였다. 왜냐하면 고문은 진실보다는 고통을 견디어 내는 피고인의 능력을 시험하기 때문에 무고(無辜)한 사람들은 고통과 고문에 항복하고 그들이 결코 저지르지 않은 범죄에 대하여 자백할 수 있었기 때문이다. 고문제도의 이러한 결점은 이미 중세시대에 확인되었다.

---

27) John H. Langbein, 앞의 논문(1978), pp.3~4.

28) *Ibid.* at 5.

그런데 유죄판결을 선고하기 위한 요건인 '2명의 증인을 필요로 하는 규칙'이 확립되자 유럽인들은 이 원칙이 달성될 수 없는 수준의 보호장치임을 알게 되었고, 스스로 이 규칙을 피할 수밖에 없음을 알았다. 그 결과 유럽의 형사사법절차에서 강요된 자백이 유죄의 증명을 대신했다.[29)]

나. 배심재판과 플리바게닝

미국 연방 수정헌법은 배심에 의한 재판을 받을 권리를 규정한다. 그러나 미국에서 배심재판은 사실상 대부분 사라졌다. 모든 중죄사건은 사실상 플리바게닝을 통해 처리되고, 오늘날 정식재판 대신에 플리바게닝이라는 정식재판이 아닌 형사절차가 형사사법제도를 지배하게 되었다.[30)]

18세기 영국의 배심재판은 약식절차(summary proceeding)였다. 1730년대 영국 런던의 중죄법원인 올드 베일리[Old Bailey. 18세기 중반 런던과 미들섹스(Middlesex)에서 발생한 중죄 범죄사건을 재판하였던 법원]에서는 하루에 12명에서 20명의 중죄범죄 배심재판이 열렸다. 일반적인 형사절차에서는 기소를 위해 또는 변호를 위해 법률가들이 선임되지 않았다. 판사가 증인을 소환하였고, 형사절차는 증인과 피고인 사이의 애매한 언쟁으로 진행되었다. 1790년대 미국인들이 헌법에 영국의 배심재판을 규정하였을 때 배심재판은 신속하고 효과적이었다.[31)] 이에 반하여 오늘날의 배심재판은 결코 신속하지 않다.[32)]

18세기에는 지금의 배심재판의 가장 큰 특징인 당사자주의 절차와 형사증거법의 배제 법칙들이 발달하지 않았고, 이것들이 재판의 특징도 아니었다. 모든 중죄 피고인들이 변호인을 선임할 수 있는 권리는 미국의 경우는 18세기 말 이후에, 영국의 경우는 19세기 이후에 보편화되었다. 미국의 배심재판을 오래 끌게 하는 실무, 즉 확대된 배심원 자격에 대한 예비심문, 증거배제법칙 그리고

29) *Ibid.* at 7.

30) *Ibid.* at 8~9.

31) *Ibid.* at 10; John H. Langbein, *Understanding the Short History of Plea Bargaining*, p.262; John H. Langbein, "The Origins of Public Prosecution at Common Law", *The American Journal of Legal History*, Vol. 17, No. 4, 1973, p.317.

32) John H. Langbein, 앞의 논문(1978), p.10.

각종 이의신청 등은 최근에 출현한 것들이다.[33)]

20세기 미국의 제도에서는 유죄를 인정할 합리적인 이유가 있을 때 피고인은 유죄의 자백을 강요받는다. 다만 지금의 제도에서는 중세 유럽과 같은 고문대나 고문도구를 사용하지 않는다. 그러나 미국의 제도는 피고인이 형사절차의 헌법적 보호장치에 대한 자신의 권리를 행사하는 것을 비용이 많이 드는 것으로 만들었다. 미국의 제도는 피고인이 권리를 행사하여 유죄판결을 선고받으면 실질적으로 형벌이 가중될 것이라고 피고인에게 협박한다. 이러한 선고형의 차이는 피고인에게 플리바게닝을 강요한다. 플리바게닝은 고문과 같이 강요된 것이다. 중세 유럽인처럼 지금 미국인들은 플리바게닝이라는 판결이 없는 유죄의 선고에 몰두하고 있다. 이제 자백은 증거의 왕이 되었다.[34)]

요컨대 '편리 또는 나태'가 플리바게닝을 유지하는 요인이다. 중세 유럽인들은 2명의 증인을 고집하였으나 다른 한편으로는 증인이 전혀 없음에도 자백에 의한 유죄판결을 허용하는 고문법에 활력을 불어넣었다. 미국의 플리바게닝은 당사자주의의 배심재판을 통해 구현되는 다음과 같은 원칙, 즉 형사 판결에 있어 문외한인 배심원의 참가, 무죄추정의 원칙, 합리적인 의심이 없을 정도의 증명에 이르러야 할 검사의 입증책임, 고소인과 대면하고 반대신문을 할 권리 등을 희생시킨다.[35)]

다. 결 론

랭베인의 주장은 "고문법은 유죄판결 선고의 근거인 2명의 증인의 원칙을 피하기 위해 등장하였다. 이와 마찬가지로 플리바게닝은 지금의 배심재판이 복잡하고, 장기화되자 이를 피하기 위한 방편으로 발생하였다. 중세 유럽의 고문법과 플리바게닝은 모두 강요의 산물이다"라는 것이다.

---

33) *Ibid.* at 11.

34) *Ibid.* at 12~14.

35) *Ibid.* at 18, 19, 21.

3. 앨슐러의 주장

앨슐러는 플리바게닝의 발생 원인에 대하여 다음과 같이 설명한다.

영미법계의 형사사법제도에서는 대륙법계보다 입증 방법들이 더 형식적이고 더 비용이 많이 들며 더 시간을 많이 소비한다. 그리고 재판절차를 위한 정교한 안전장치는 플리바게닝에 대한 거대한 압력을 만들었다. 추측하건대 미국의 탄핵주의 형사사법제도는 유럽의 직권주의제도보다 더욱더 피고인 자신의 입에 의해 유죄의 입증이 좌우되는 제도로 만들었다. 즉 형사절차가 공식적이고 정교할수록 이 절차는 '자기부죄(self-incrimination, 自己負罪)'를 위한 압력을 통해 타도될 가능성이 크다는 것이다.

형사절차가 간단하고 또 복잡하지 않을수록 그 절차는 자주 이용될 가능성이 높다. 물론 점점 증대하고 있는 형사절차의 복잡성만이 오늘날 플리바게닝의 등장과 발전에 기여한 것은 아니다. 도시화, 증가한 범죄율, 실체적 형사법의 확대, 경찰·검찰·변호인의 전문화와 확대도 일정 부분 역할을 하였을 것이다. 아무튼 여러 가지 이유 때문에 미국의 형사절차는 '유죄답변이 권고되지 않고 정식 재판절차가 정의에 대한 가장 안전한 시금석'이라고 생각되었던 시대로부터 멀리 떨어져 있게 되었다.[36)]

앨슐러는 형사절차가 복잡해지고 정교해지자 이러한 절차를 회피하기 위하여 자기부죄에 의한 단순한 절차로서 플리바게닝이 등장하게 되었다고 주장한다.

4. 프리드만의 주장

프리드만은 플리바게닝의 발생 원인을 찾기 위해 1880년부터 1970년까지 캘리포니아주(California state) 앨러메이더 카운티(Alameda County)의 중죄 형사재판기록을 연구하였다. 그는 이 재판기록에서 플리바게닝을 발견하였다.

이 기록에 의하면 20세기 초부터 대부분의 사건이 유죄답변으로 종결되었

36) Albert W. Alschuler, 앞의 논문, p.42.

고, 그 수가 꾸준히 증가하였다. 또 '죄가 없다'라는 답변에서 새로이 변경된 답변은 종종 단순한 유죄가 아니고 축소된 혐의에 대한 유죄였고, 따라서 이러한 유죄답변은 플리바게닝의 결과임을 알 수 있었다. 앨러메이더 카운티 법원의 경우 이러한 플리바게닝은 1880년대 초부터 있었다.

그런데 1880년대와 1890년대의 플리바게닝 사례들은 인구가 희박하고 심지어 앨러메이더 카운티 법원들보다 덜 붐볐던 샌프란시스코 만안 지역(Bay Area)에 있는 다른 지방에서도 발견되었다. 따라서 플리바게닝은 법원의 사건 압력과 관계가 없는 것으로 보인다.[37)]

그리고 19세기 후반 검사는 종종 피고인을 상대로 여러 가지 범죄를 기소하였고, 그런 다음 그것들 중 일부 또는 대부분을 철회하기 위해 협상하였다. 그러나 이러한 실무가 널리 퍼진 것은 아니었다. 그러면 검사는 왜 이러한 협상을 하였는가. 검사는 증거가 약한 사건을 가지고 있을 때 피고인에게 얼마 가량의 유죄답변을 하도록 설득한다. 그래서 그 사건이 무죄가 선고되지 않도록 시도한다. 예를 들면, 살인죄로 기소한 다음 살인의 고의를 입증하지 못할 때 검사는 피고인에게 폭행치사죄로 유죄답변을 하도록 설득한다.[38)]

요약하면, 플리바게닝은 적어도 1세기 정도의 역사를 가지고 있다.

앨러메이더 카운티에서는 최초 유죄답변의 비율이 1930년까지 증가하였다가 제2차 세계대전 이후 감소하기 시작하였다. 1970년대 대다수 피고인은 처음 유죄답변을 하지 않았다. 그들은 변호인을 통해 협상하였다.

1880년부터 1970년까지를 세 시기로 나누면, 20세기 초까지는 혼합된 제도가 있었다. 많은 피고인들은 배심재판을 선택하였고, 일부 사람들은 답변을 협상하면서 그 보상을 요구하였다. 그러나 20세기 초 이후 1950년까지는 유죄답변이 더 많이 지배하였다. 이 시기에 유죄답변은 명백히 가치가 있는 것이 되었고, 배심재판은 그 전보다 감소하였다. 유죄답변은 관용을 얻기 위한 하나의 기

---

37) Lawrence M. Friedman, "Plea Bargaining in Historical Perspective", *Law & Society Review*, Vol. 13, No. 2, 1979, pp.247~251.

38) *Ibid.* at 251, 252.

회인 것처럼 보였다. 1950년대 이후 1970년대에 이르러 플리바게닝은 형사사법의 중심이 되었다. 피고인들은 변호사와 함께 협상에 더 많이 의존하였다. 그리고 검사는 자신의 협상 지위를 강화하기 위하여 실제보다 더 중한 범죄나 더 많은 범죄로 기소하였다(overcharge). 이제 배심재판은 상당히 줄어들었고, 무죄비율도 줄어들었다.[39)]

19세기 후반 거의 모든 피고인들은 배심재판을 받았다. 그런데 이 시기의 배심재판은 매우 짧았다. 심지어 일부 지역에서는 배심재판이 연이어 있었다. 그러나 오늘날 형사절차에서 배심재판이 아닌 플리바게닝이 일반적인 것이 되었다. 배심에 의한 완전한 재판은 거의 사라졌다. 전문화된 경찰과 정규직 검사의 등장은 배심재판의 황금시대에 종지부를 찍었다. 지문, 혈액검사와 같은 기술 또는 경찰의 과학수사가 없었던 시대에 비전문가 또는 파트 타임 공무원에 의해 운영된 시스템에서 고전적인 배심재판은 죄가 있는 사람들로부터 죄가 없는 사람을 걸러 내는 좋은 방법이었다.

그러나 19세기에 걸쳐 비전문가와 파트 타임의 공무원이 전문적인 공무원으로 전환되자 사람들은 더는 재판이 범죄로 기소된 사람들을 처리하는 규범적인 방법이라고 생각하지 않게 되었다. 왜냐하면 피고인은 재판 단계 이전에 이미 경찰과 검사에 의해 사실상 재판을 받았다고 생각하였기 때문이다. 그래서 일부 사람들은 배심재판은 시간과 돈을 낭비하는 것이라고 생각하였다. 배심재판은 범죄인들을 처리하는 올바른 방법이 될 수 없었다.[40)]

프리드만은 경찰 활동과 과학적 증거의 발달이 플리바게닝의 발생 원인이었다고 주장한다.

---

39) *Ibid.* at 256.

40) *Ibid.* at 257, 258.

Ⅳ. 1990년대 맥콘빌과 머스키(Mike McConville · Chester Mirsky), 포겔(Mary E. Vogel), 필리(Malcolm M. Feeley)의 주장

1. 맥콘빌과 머스키의 주장

맥콘빌과 머스키는 플리바게닝에 관한 종래 전통적 주장을 비판한 다음 플리바게닝의 발생 원인을 정치·경제의 변화에서 찾았다.

가. 플리바게닝의 발생 원인에 대한 전통적 주장

19세기 후반에 출현한 유죄답변제도는 공정한 결과를 성취하기 위한 상위의 그리고 매우 효율적인 방법이었다. 그런데 1860년 이전 법원에는 훈련된 법률가들이 없었기 때문에 배심재판이 월등히 많았다. 법원의 직원은 대부분 파트 타임 공무원이었고, 기소자들과 판사들은 법률에 관한 훈련을 제대로 받지 않은 사람들이었다. 또 일반적으로 피고인들에게는 변호인이 선임되지 않았다. 법원에서 종종 기소자로서 수행하고 있는 경찰공무원들은 법률의 원리나 기초에 익숙하지 않았다. 따라서 배심에 의한 근대 재판은, 형사사법제도가 훈련되지 아니한 비전문가로 이루어졌을 때 출현하였다. 그리고 이들에게 기소, 재판, 유죄 또는 무죄의 선고와 같은 임무가 맡겨졌다. 이러한 풍토에서 배심재판은 매우 훌륭한 방법이었다. 즉 범죄에 대한 발견이나 증명의 기술을 가지고 있지 않은 법률가들이나 비전문가들에 의해 운영된 제도에서 배심재판은 가장 좋은 제도였다.

그런데 전문화된 직업경찰이 등장하자 이들은 과학수사를 통해 믿을 수 있는 증거를 수집하게 되었다. 수사가 발달하고 증거가 믿을 수 있게 되자 법률가들이 출현하였다. 법률가들은 실체법과 절차법에 관하여 훈련을 받았고, 증거에 대한 증거가치를 평가할 수 있었다. 이러한 법률가들은 배심재판을 할 수 없는 사건과 할 수 있는 사건을 분류하였고, 또 기소된 범죄를 축소하거나 더 작은 범죄에 대하여 답변을 하는 등 유죄답변제도를 발전시켰다. 이를 통해 피고인은 시간을 허비하는 배심재판을 피할 수 있었고, 기소된 범죄가 축소되는 이익을 얻을 수 있었다. 물론 판사와 검사도 범죄인의 개인적 사정과 범죄의 위험성에 대하여 실질적인 쟁점을 정리할 수 있는 이익을 얻을 수 있었다.[41]

나. 전통적 주장에 대한 비판

이러한 전통적 주장에 대하여 맥콘빌과 머스키는 다음과 같이 비판한다. 첫째, 19세기 후반에 유죄답변이 발전하게 된 이유가 발전된 증거 수집 기술과 관련이 있다는 사실을 뒷받침할 수 있는 통계자료가 없다. 단지 학자들은, 유죄답변의 기원은 전문화된 경찰 조사에 의해 수집되고, 과학수사(forensic science. 예를 들면 지문, 혈액검사 등)에 의해 뒷받침된 다툴 수 없는 증거의 출현에 있다고 주장할 뿐이다.

둘째, 법정에서 비전문가라는 용어의 사용은 19세기 전반 형사재판의 사건관계자에 대한 배경과 업무에 대한 질적 또는 양적인 제도적 분석으로부터 나온 것이 아니다. 비전문가라는 용어는, 주로 일부 특정 지방의 사건기록부에 기록된, 재판의 빈도인 법률가들의 출석에 관한 기록부, 그리고 수 세기 동안 선별적으로 묘사된 재판의 일화에 관한 설명 등에 기초된 잘못된 용어이다.

셋째, 전통적 학자들은 법원 기록의 성격과 정확성을 법률가의 출석에 대한 증거로 주장한다. 그러나 그 당시 법정이 개정될 때 법률가의 출석을 기록하지 않은 사례가 많이 있었다. 법원 직원들은 법률가의 출석을 기록하는 것을 중요한 것으로 생각하지 않았다.

넷째, 전통적 이론은 상급 법원과 하급 법원을 구별하지 못하였다. 1800년부터 1865년까지 보안관과 경찰관은, 비전문적인 판사가 공중질서와 경범죄의 즉결 절차를 심리하는 치안판사법원(magistrates courts) 또는 경찰법원에 기소하였다. 그러나 중죄만을 처리하는 보스턴시 법원과 같은 일반 형사법원(General Sessions. 배심재판에 의한 중죄사건을 관할하는 법원)은 법률가들의 법원이었다.

전통적 주장에 따르면 주(state)의 정치·경제의 변화들은 형사사법제도의

---

41) Mike McConville and Chester Mirsky, "The Rise of Guilty Pleas: New York, 1800~1865", *Journal of Law and Society*, Vol. 22, No. 4, 1995, pp.444~445.

작동에 관련이 없다. 그 대신 과학적 수사 방법의 도입이 재판제도의 변화에 대한 촉진제로서 높게 평가된다.[42]

다. 플리바게닝의 발생 원인

1830년대 뉴욕시의 부유한 사람들은 시 정부를 지배하였고, 시장질서를 통제하였다. 또 이들은 공동의 이익에 대한 합의와 확인을 강조한 가부장적 공동체의 이념 아래 시의 자선사업과 문화적인 조직을 지배하였다. 19세기 초기부터 뉴욕은 비율적으로 소규모의 부유한 상인과 재산이 없는 장인, 그리고 노동계급으로 구성된 도시였다. 부의 불평등은 도시의 정치적·문화적 삶에 반영되었고, 엘리트는 기부에 관한 특별위원회를 통해 가난한 사람들을 구제함으로써 박애주의 안에서 지도자적 지위를 얻었다.

부유하고 사회적 지위를 가진 대부분의 탁월한 법률가인 시장은 치안법원(General Sessions)의 법원장이었다. 또 부유하고 사회적 지위를 갖고 있는 시의원은 치안과 관련한 비전문가의 판사이자 치안법원의 판사였다. 1820년 시장이 일반 법원에서 물러나고 판사가 그 자리를 대신할 때까지 권력분립은 거의 없었다. 치안법원의 판사석은 시장, 시 판사, 시의회 의원으로 구성되었다. 치안유지는 치안판사, 보안관, 연방 보안관이 담당하였고, 기소는 대부분 개인적인 시민들과 지방 변호사에 의해 이루어졌다. 1800년 이후 점진적인 노예 해방과 함께 뉴욕에는 흑인들이 쇄도하기 시작하였고, 1815년 초기에는 아일랜드와 독일의 이민자들이 들어오기 시작하였다. 1840년에 이르러 인구가 늘어났고, 정치·경제는 평등주의, 자유방임주의, 시장자유주의의 이념으로 고취되었다.[43]

19세기 전반기 뉴욕시의 사법제도에 따르면, 보수의 지급을 토대로 모든 사적 시민[private citizen, 검사(prosecutor)나 고소인(complainant)]은 체포절차에 착수할 수 있었고, 치안판사, 대배심, 그리고 기소 후 치안법원의 배심 앞에 출석하여 증언할 수 있었다. 사적 검사나 고소인은 시장원리에 근거한 행정상의

---

42) *Ibid.* at 445, 446.

43) *Ibid.* at 447, 448.

구조에 의해 지지를 받았다. 보안관, 치안판사, 검사, 치안법원의 법원장은 압수와 수색, 배심원 선정 등 사적 검사를 위해 위임받은 업무의 보수명세표에 따라 보상을 받았다. 피의자들은 치안판사에 의해 법률적 형식에 따라 조사를 받았고, 당사자주의의 절차는 기소된 피고인을 보호하였다. 피고인들은 고소나 기소를 통해 범죄혐의를 통보받을 권리, 재판에 관하여 법률적 조언을 받을 권리, 증인과 대면하고 반대신문을 할 권리, 배심재판을 받을 권리 등을 가지고 있었다. 1830년까지 배심재판은 법률과 사실에 대한 쟁점을 결정할 수 있는 권한을 부여받았다.[44)]

1850년 뉴욕시는 인구 50만 명의 거대 도시가 되었다. 1830년대 초와 1850년대 사이의 인구 구성은 뉴욕시, 뉴잉글랜드 등 미국 본토 태생인 대다수의 시민에서 아일랜드, 독일, 영국 등 외국 태생인 대다수의 시민으로 변하였다. 새로운 이민자들은 가난에 시달렸고, 가난은 절도 범죄를 낳았다. 또 사회로부터의 소외와 고용 결핍은 폭행과 강도와 같은 폭력범죄와 연관된 알코올중독을 낳았다. 19세기 중반 선거권이 확대되자 선출직 공무원의 수는 전문직 정치인의 출현과 함께 확대되었다. 이 정치인들은 태미니파(Tammany Society. 19세기 초 선거권을 확대하는 데 헌신한 장인과 숙련공으로 구성된 친목단체로서 태미니파라고 함)의 구성원으로서 서로 연결하였다.

치안법원은 전문직 정치인의 출현에 의해 직접적으로 영향을 받았다. 첫째, 1846년 이후 시 판사는 선출직 공무원이 되었다. 또 1855년 이후 시의원은 법정에 참여하지 않게 되었다. 둘째, 1846년 지방검사(District Attorney)는 정당정치와 직접적으로 연결된 선출직 공무원이 되었다. 셋째, 배심원이 될 수 있는 자격기준이 재산에서 연령, 시민권, 이용 가능성(availablity)으로 변화하였다.[45)]

19세기 중반 피고인의 인종과 민족성이 변하였고, 외국 태생의 사람들이 위험한 사람으로 간주되자 범죄 통제는 개인적 이해관계보다 집합적 이익(collective interests)을 선택하였다. 사적 기소자(private prosecutor)와 피고인을

44) *Ibid.* at 448, 449.
45) *Ibid.* at 460.

위해 개인적 정의를 확보하려는 이익은, 더 작은 범죄에 대한 유죄답변을 통한 유죄판결의 극대화라는 정치적 이해관계에 의해 대체되기 시작하였다. 이제 범죄의 개념에서 인종은 지배적 위치를 차지하게 되었고, 이것은 주(state)의 관심사인 범죄예방, 사회개혁, 자원의 효율적 사용 등과 결부되었다. 주(state)가 외국 태생의 사람들에게 중점을 두었다는 것은 범죄행위로 기소된 사람들에 대한 주(state)의 사회적 인식에 대한 전환을 의미하였다. 그리고 이것은 더 큰 사회 안전을 위하여 국외자와 이민자 등 위험한 계층을 구금하겠다는 것을 의미하였다.[46)]

1860년 유죄답변은 형사재판을 지배하기 시작하였다. 개인적 고소인이나 피해자가 아닌 법 집행 공무원이 사건의 기소자가 되었다. 19세기 중반 경찰이 종전 보안관, 야간경비대를 대체한 유급의 정식 조직으로 재조직되자 경찰공무원은 증거를 취득하는 데 지배적인 역할을 담당하였다. 치안법원은 1839년부터 1865년까지 기소 사건 수가 증가하였음에도 사건 처리에 대한 다른 대체수단을 도입하지 않고 공판기일을 확대함으로써 사건 부담의 증가를 극복할 수 있었다. 또 법원은 배심재판으로 간 사건을 신속하게 처리할 수 있었다.

그러나 여러 가지 변화가 일어났다. 유죄답변이 제도화가 된 이후 1890년에 이르러 장기간 진행되는 배심재판이 급격히 증가하였다. 또 시의원이 물러나고 선출직 시 판사가 그 자리를 대체하자 사법은 행정과 입법으로 분리되었다. 더욱이 선출직 판사가 임명직 판사를 대체하자 배심원에 대한 판사의 통제는 감소하기 시작하였다. 또 배심이 되기 위한 재산과 관련한 자격이 폐지되자 노동자도 배심원이 될 수 있게 되었다.

검사의 역할에도 중요한 변화가 일어났다. 첫째, 선출직 태미니파 공무원으로서 검사는 공개적으로 치안유지의 효율성에 관하여 분명히 말하였다. 둘째, 19세기 중반 이후 검사는 중죄 범죄에 대한 기소에 있어 주(state)의 유일한 대리인이 되었다. 셋째, 1850년 검사는 대배심의 조사를 통해 사건 해결의 실마리를 갖게 되었다. 즉 검사는 대배심에 출석하여 증인을 신문하고 대배심의 배심

46) *Ibid.* at 460, 461.

원들에게 수사 중인 범죄의 기소와 관련한 법률에 대하여 설명하였다. 넷째, 유죄판결에 대한 확실한 비율을 달성하기 위해 검사의 권한이 실질적으로 증가하였다. 1855년 검사는 선출직 판사의 동의를 얻어 전부 기소에 대한 재판 대신에 더 작은 범죄에 대한 유죄답변을 제의함으로써 "반쪽의 빵이라도 없는 것보다는 낫다(half-loaf philosophy)"라는 철학을 채택하였다. 그리고 여기서 말하는 '더 작은 범죄에 대한 유죄답변'은 명백히 협상의 표시였다.

이러한 협상을 설명할 수 있는 것 중의 하나가 부패정치(the politics of ward-heeling)이다. 부패정치는 검사의 역할에 영향력을 행사하였고, 그것은 이른바 플리바게닝의 결과를 냈다. 이러한 실무는 계속된 태미니파의 후보(이 후보는 형사법을 위반하여 범죄행위를 한 대다수 사회 저변층의 선거구민에 의존하고 있음)가 검사로 당선되는 것을 보장하였다. 19세기 초 유죄답변은 사건의 일부분에서 일어났으나 1860년 마침내 유죄답변은 사건처리의 지배적인 수단이 되었다.[47)]

라. 결 론

첫째, 유죄답변은 19세기 후반 자발적으로 발생하지 않았다. 19세기 초 5명 중 1명은 유죄답변에 의해 사건이 처리되었다. 둘째, 19세기 초부터 치안법원의 재판은 사실과 법에 관한 엄격한 질문이 포함된 합리적·법률적 사건이었다. 셋째, 재판은 전문가들, 판사, 법률가들에 의해 심리되었다. 이들은 형사절차를 통제하였고, 사건이 규범에 따라 결정되도록 요구하였다. 넷째, 범죄 발견과 과학적 증거의 제출은 이 기간 동안 과학적이라는 것 그 이상도 그 이하도 아니었다.

결론적으로 말하면, 19세기 후반 유죄답변, 즉 플리바게닝에 대한 제도적 의존은 일정한 목적과 함께 나타났다. 다시 말하면 플리바게닝은 사회현상을 반영한 범죄의 정치화, 검사에 대한 중요성의 증가, 선출직 판사의 등장, 경찰의 재조직 등과 동시에 발생하였다. 이는 주(state)의 정치·경제의 구조적 변화를 반영한 것이었다.[48)]

---

47) *Ibid.* at 462, 465, 466; Mike McConville and Chester L Mirsky, *Jury Trials and Plea Bargaining: A True History*, Hart Publishing Oxford and Portland, Oregon, 2005, p.197.

48) Mike McConville and Chester Mirsky, 앞의 논문, p.468. 맥콘빌과 머스키는 사건 수와 유죄

2. 포겔의 주장

가. 개 요

플리바게닝은 1830년대와 1840년대 정치적 안정화 과정의 일부분으로서, 그리고 자치기구를 합법화하기 위한 노력의 일부분으로서 발생하였다. 그리고 이것은 보스턴에 있는 사회적·경제적 엘리트의 정치적 권한을 다시 강화하기 위한 휘그(Whig)당의 중요한 업적이었다. 이러한 목적을 위하여 영국 보통법(common law)의 일시적 양보(episodic leniency)라는 전통이 새로운 문화적 형태인 플리바게닝으로 교묘하게 다시 태어났다. 그리고 그 중요성은 19세기 후반 형사법정에서 대부분의 사건이 이 절차에 의해 해결되고 있었다는 사실이다.

플리바게닝은 미국 남북전쟁 이전 법률 개혁의 국가적 중심이었던 보스턴에서 정치적 엘리트들이 자신들의 권력을 유지하기 위한 법률적 개혁이었고, 이들은 플리바게닝의 확립에 중요한 역할을 하였다. 다시 말하면 플리바게닝이 발생하게 된 원인은 사회의 구조적 변화, 즉 만연한 충돌과 범죄를 불러일으킨 구조적 변화, 그리고 새로운 사회적 압력 하에 주(state)의 대응을 필요로 하게 한 위기에 있었다.[49)]

19세기 초 보스톤에는 범죄와 폭동에 대한 우려가 많았다. 1820년대와 1830년대 보스턴에서는 사회적 충돌이 만연하기 시작하였다. 계속된 공장의 건설은 사회의 계급구조를 변화시켰고, 도시의 증가는 도시 간 접촉을 증가시켰다. 게다가 대규모 유럽인의 입국으로 사람은 넘쳤고, 이에 따라 모든 것들이 대규모 변화, 사회적 변천, 위기의 발생을 결합시켰다. 이 시점에서 참정권이 보편적으로 확대되자 이러한 상황에 대한 해결책 마련이 필요하였다. 그러나 도시의 정치적 기구들은 빈약하였고, 지방의 정당은 실질적으로 존재하지 않았다.

이러한 문제에 직면한 법원은 소수의 공공기관 중 하나로서, 사회질서를

답변은 관계가 거의 없다고 주장하였다. Mike McConville and Chester L Mirsky, 앞의 책, pp.221, 337.

49) Mary E. Vogel, "The Social Origins of Plea Bargaining: Conflict and the Law in the Process of State Formation, 1830~1860", *Law & Society Review*, Vol. 33, No. 1, 1999, pp.161~163.

개선하고 시민과 주(state) 사이의 실무적 업무 관계를 형성하기 위한 대리인으로서 행동하였다. 그와 같은 일을 하면서 법원은 영국의 보통법으로부터 일시적 관용[episodic leniency. 빈번하지만 비정기적인 사면(pardons)과 관용(clemency)의 승인]이라는 유서 깊은 전통에 의지하였고, 이것을 플리바게닝의 실무에 적용하였다. 영국에서는 전통적으로 일시적 관용이 사회 그룹 사이의 긴장을 완화시켰으므로 미국의 법원도 범죄와 폭동으로부터 질서를 회복시킬 것을 기대하면서 보통법의 관용 전통을 이어받고 개발하였다. 그리고 이것은 사회적이고 정치적인 안정을 증진하기 위한 광범위한 운동의 하나로 추진되고 완수되었다.

부연하면, 플리바게닝은 1830년대 보스턴에서 공화주의자(republican)와 옛 연방주의자(old Federalist)의 엘리트가 정치적 안정화를 증진하기 위하여, 또 신흥 민주주의자, 인민주의자, 이주민들의 세력들에 대한 그들의 정치적 권력을 다시 강화하기 위하여 탄생되었다.[50)]

역사적으로 볼 때 관용에 대한 보통법의 특징은 사면 등을 통하여 엘리트와 그 아래의 하층 계급 간의 비공식적 사회적 유대를 장려하는 데에 있었다. 관용은 불평등을 지닌 당시의 사회계급 구조를 보존하고 재생산하는 데 도움을 주었다. 17세기 후반 영국(England)에서 통치계급인 엘리트는 전제군주제의 시대를 극복하였으나 서민에 대한 통제를 유지하여야 하는 문제에 직면하였다. 영국은 그 해결책으로서 엄격한 법을 제정하였으나 이 법이 너무 엄격하여 완전히 시행되지 못하였다. 그리고 여기서 일시적 관용이라는 문화적 전통이 사면의 승인이나 불기소 결정 또는 유죄선고를 하지 않는다는 결정 등 관습의 형태로서 비정기적이지만 자주 등장하였다.

그리고 19세기 초 미국에서는 일시적 관용이 플리바게닝이라는 형태로 출현하였다. 이러한 관용은 시민과 주(state) 사이의 사회적 연대감을 육성함으로써 정치적 안정을 증진하는 데 사용되었다.[51)]

---

50) *Ibid.* at 164, 165.
51) *Ibid.* at 168, 169.

나. 플리바게닝의 발생 배경

1830년 이전 보통법 사건에서 유죄답변은 드물었다. 그러나 1860년에 이르러 플리바게닝은 제도로서 견고하게 확립되었고, 널리 보급되었다. 보스턴의 경우 1830년대 후반 플리바게닝의 첫 번째 요소인 유죄답변은 상당한 수의 보통법 사건에서 받아들여지기 시작하였고, 1840년대에 이르러 사실상 모든 범죄에서 널리 받아들여졌다. 보스턴 경찰법원 사건 중 유죄답변은 1830년의 15퍼센트에서 1880년의 88퍼센트로 증가하였다. 유죄답변은 범죄인에게 관대한 처분을 받을 수 있는 기회를 더 많이 제공하였다.[52)]

그러면 플리바게닝이 발생하게 된 배경은 무엇이었는가. 그것은 미국의 정치적 불안정에 대한 위기의식이었다. 1830년대와 1840년대 보스턴은 빠르게 성장하면서 도시의 지배적 구조는 점점 불평등을 만들어 냈다. 1833년과 1836년 사이에 도시의 북동쪽에서 파업이 일어났고, 노동자들은 만연하는 불평등에 불만을 가졌다. 대다수의 희생으로 극소수의 특권이 번창하고 있음을 인식하면서 노동자들의 분노는 부글부글 끓었다.

분노의 위기를 해소하고 통제를 확인하기 위하여 공무원들은 법의 지배(rule of law)라는 이념을 끌어들였다. 범죄, 특히 폭력은 두려움의 대상이었으나 1830년대에 소요와 난동은 연속적으로 발생하였다. 게다가 1830년대에 이르러 종교는 더는 공동사회를 묶어 주는 역할을 제공하지 못하였다. 즉 공동체의 결속은 붕괴되고 있었다. 결국 1830년대의 사회적 충돌은 위기의식을 만들어 냈다. 이러한 소요와 위기의식에 대한 주(state)의 대응으로서 등장한 것이 플리바게닝이었고, 이것은 법률 개혁 차원에서 나타났다.[53)]

1820년대 초 법원에 대한 개혁으로서 보스턴 경찰법원(Boston Police Court)이 세워졌다. 이것은 보스턴의 지도적 시민들에 의해 이루어진 의식적·사회적 개혁 프로그램 중 하나였다. 그 목적은 법원을 충돌을 해결하기 위한 존경받는

---

52) *Ibid.* at 172, 174, 175, 188, 191, 192, 194, 195.

53) *Ibid.* at 196~200.

광장으로 만드는 것이었다. 시의 관리들과 엘리트 시민들은 법의 지배를 호소하였다. 특히 판사는 판결로써 이러한 정책에 부응하였다. 형사법정에서의 사면(pardons), 소송 철회나 기소유예(nolle prosequi), 불항쟁의 답변(nolo contendere), 소추면제(immunity)의 승인은 더 많은 특정 정책의 목표를 위해 사용되기 시작되었고, 이러한 승인을 통해 플리바게닝이 법정에 등장하였다. 결국 플리바게닝은 판사의 사법적 권한을 확장하였다.[54]

다. '일시적 관용'과 플리바게닝

판사는 사회적 소요에 대한 대응을 적절히 함으로써 법원의 정책적 역할을 유지하였다. 이미 영국에서 정치적 긴장을 완화시켰던 관용에 관한 실무가 보스턴 법원에서도 점점 정착하기 시작하였다. 보스턴의 법률 개혁가들은 이전의 유죄답변에 대한 부정적 견해를 버리고, 유죄답변을 받아들이고 자신들의 행위에 대한 책임을 인정한 피고인들에게 보다 덜 중한 선고형을 부과하기 시작하였다. 그러면 이러한 상황에 대한 주(state)의 대응이 왜 플리바게닝이라는 형태를 취하게 되었는가. 먼저 보통법은 종교법원의 훈계라는 퓨리턴(Puritan. 16세기 후반 영국 국교 내에서 일어난 신교도의 한 파로서 청교도라고도 말함)의 전통과 함께 플리바게닝을 위한 원형을 제공하였다.[55]

일찍이 플리바게닝이 아닌 여러 가지 다른 형태의 관용이 정책 지향적인 방법으로 사용되고 있었다. 일시적 관용은 미국에서 식민시대 그리고 초기 국가시대(Early National period)에 받아들여졌다. 수용된 형태는 사면, 소추면제, 기소유예 등이었다. 19세기 초기 판사들은 범죄인의 장래 비행을 저지하기 위하여 명확하고 체계적인 방법으로 이 실무를 사용하기 시작하였다. 이때 관용의 조건에 따라 행동에 관한 요구사항들은 점점 더 특정되었다. 즉 어떤 행위가 인

---

54) *Ibid.* at 201~206.

55) 기소된 범죄인은 종교적 집회 앞에서 공개적으로 자백하였고, 공동체로부터 훈계를 받았다. 공동체는 관용의 표시로 그에게 용서를 베풀고 죄인을 자신들의 공동체 속으로 다시 받아들였다. 그런데 플리바게닝이 출현하자 법원이 훈계를 하게 되었다. 결국 보통법과 퓨리터니즘(Puritanism)이 플리바게닝의 구조와 절차에 관한 모델을 제공하였다.

정되고, 어떤 행위가 금지되는지 명확히 하였다. 이러한 조건이 붙은 관용의 사용은 1820년대와 1830년대 법에 있어 도구주의(instrumentalism)로서 일어났고, 이를 통해 플리바게닝은 확립되었다. 플리바게닝 하에서 사건을 종국적으로 끝내는 유죄답변은 사회질서와 재산을 보호하였다. 그리고 여기서 중요한 것은 유죄답변은 법원과 가정·직장에서의 사회적 통제라는 비공식적 망의 결합을 만들었다.56)

라. 지방분권화된 법원과 플리바게닝

미국에서 플리바게닝의 발생 원인에 대한 본질은, 상대적으로 약한 주(state) 그리고 널리 퍼졌던 지방분권화된 법원의 행정이었다. 이것은 지방화(localization)를 가능하게 하였고, 사법적 판결에서 지역적 편차를 가능하게 하였다. 19세기 지방분권화된 법원의 행정은 국가적 감독과 통제로부터 자유로웠다. 지방에 집중된 법원의 활동은 넘쳤다. 판사들은 그 지방의 상황에 따라 조정할 수 있는 자유를 가지고 있었고, 이것은 합의라는 형태로 나타났다. 미국에서 지방화는 주지사에 의한 판사의 임명과 법원에 대한 주의 예산 지원으로 확대되었다.57)

지방분권화된 법원이 개혁적으로 지방의 변화를 수행할 수 있었으나 미국의 경우 법과 정치의 밀접한 결합은 플리바게닝이라는 형태로 법률적 합의를 만드는 데 주요한 역할을 하였다. 예컨대 매사추세츠주는 주지사가 판사에 대한 임명권과 법원 예산 편성의 권한을 가지고 있었다. 이러한 권한은 법원으로 하여금 주가 선호하는 정책 쪽으로 향하도록 만들었다. 따라서 법원 행정의 지방화, 판사에 대한 주지사의 임명, 법원에 대한 주의 예산 편성은 법원으로 하여금 지방의 정치적 세력으로 드러나게 했고, 판사들은 점점 더 정치적인 정책의 관점에서 활동하였다.58)

---

56) *Ibid.* at 221~226.

57) *Ibid.* at 228.

58) *Ibid.* at 229, 231.

마. 결 론

플리바게닝은 1830년대 보스턴에서 도시의 엘리트 가족에 의한 정치운동의 한 부분으로서 발생하였다. 이들은 사회질서를 증진하고, 정치적 안정을 보장하며, 휘그(Whig)당의 힘을 튼튼하게 만들기 위해 플리바게닝을 사용하였다. 따라서 플리바게닝은 위기의 시기에 출현하였다.

이러한 위기에 대한 주(state)와 개인의 대응은 다면적이었고, 무엇보다 먼저 법원은 새로운 관용을 사용하였다. 판사는 보통법을 고찰하면서 역사적으로 영국에서 계급 간 긴장을 완화시킨 일시적 관용의 실무를 끌어들였다. 다시 말하면, 관용을 적용하면서 플리바게닝으로 알려진 새로운 실무를 보급하였다.

이 실무는 관용을 위해 분쟁을 법원으로 끌어들임으로써 사회질서를 유지하였다. 또 분쟁을 해결하고 질서를 증진함으로써 선출직 공무원의 지배를 강화하였다. 플리바게닝은 연방주의자, 훗날 휘그(Whig)당, 판사, 주지사, 엘리트들에 의해 받아들여졌다. 왜냐하면 이 실무의 재량권이 그 당시 사회적 정책의 방침에 따라 형을 감경할 수 있는 자유를 제공하였기 때문이다.[59)]

3. 필리의 주장

학자들은 플리바게닝이 발생한 원인으로 무거운 사건 압력, 재판 전 구금의 가혹함, 국선변호인의 자격 미달, 변호인의 재정적 동기, 검사의 게으름, 판사의 어리석음을 든다. 그러나 이러한 주장은 잘못된 것이다. 플리바게닝의 발생 원인은 다른 데에 있다.[60)]

그 중 하나가 전문화(specialization)와 전문가주의(professionalism)의 발생이다. 20세기 초 비교적 간단한 형사 규정들은 형사 범죄에 대하여 상세하게 규정

---

59) *Ibid.* at 231, 233; Mary E. Vogel, "The Social Origins of Plea Bargaining: An Approach to the Empirical Study of Discretionary Leniency?", *Journal of Law and Society*, Vol. 35, 2008, p.231. 포겔은 1830년대와 1840년대 플리바게닝은 제도화되었다고 주장한다.

60) Malcolm M. Feeley, "Perspectives on Plea Bargaining", *Law & Society Review*, Vol. 13, No. 2, 1979, pp.199~200.

한 형사법전에 의해 대체되었다. 또 이에 따라 재판 전문가들이 등장하였는데 이들의 등장이 재판의 종료와 플리바게닝의 발생에 기여하였다. 재판은 공공의 광장에서 기소를 수행하고 변호를 제공하고 평결을 하기 위한 일련의 절차로서 비전문가를 위한 제도였다. 그래서 배심은 주요한 역할을 하였다. 그러나 전문가주의에 대한 의존과 기술이 증가하자 형사절차에서 비전문가들의 역할이 감소되었다.

변호인이 없어 재판에 수동적으로 앉아 있었을지도 모르는 피고인이 지금은 재판 전 절차에서 증거를 다툴 수 있다. 검사는 잘 훈련된 직원을 갖추고 있으므로 사건을 조사하고, 증거가 약한 사건들을 제거하며, 초기 절차에서 기소를 조정하는 데 많은 시간을 사용한다. 사건의 기본요소를 조사하려는 노력은 이전에는 재판에서 하였는데 지금은 그보다 훨씬 초기에 효과적으로 하게 되었다. 따라서 재판은 감소하였고, 그 대신 재판 전 활동이 증가하였다. 또 파트 타임의 비전문가가 감소하자 정규직의 전문가가 그 자리를 차지하게 되었다.[61]

형사 절차에서 법률가의 역할이 증가하자 배심재판은 복잡하게 되었다. 19세기 초까지 기소자나 피고인 모두 법률가가 선임되지 않았으나 19세기 말에 이르러 법률가들이 재판에 등장하였다. 형사절차에 법률가들이 등장하자 근대 증거법이 탄생하였다. 그리고 19세기 말 법률가들이 형사절차에 실질적으로 관여하자 이에 따라 증거법은 복잡하게 되었다. 형사재판이 전문화되자, 다시 말하면 형사재판이 증거와 절차에 대한 기술적인 법에 의존하고 또 당사자를 대리한 법률가에 의존하자, 형사절차는 극적으로 변하였다. 형사절차는 재판의 공정성과 정확성을 증진하기 위해 더욱더 복잡하게 되었다. 그 결과 재판의 공정성과 정확성은 성공적으로 입증되었다. 그러나 재판에 대한 대체수단, 즉 법률가에 의해 만들어지고 통제된 유죄답변이 등장하였다. 역설적으로 말하면 당사자주의가 강화되자 배심재판은 감소하였고 유죄답변은 증가하였다.

형사절차의 복잡성은 한편으로는 더욱더 길어진 배심재판을 낳았고, 다른 한편으로는 신속한 유죄답변과 플리바게닝을 낳았다. 즉 배심재판이 더욱더 복

61) *Ibid.* at 201, 202.

잡하게 되자 법률가들은 대체수단인 유죄답변에 의지하기 시작하였다. 결론적으로 말하면, 이러한 변화의 주요 원인은 형사절차의 법률가화(lawyerization)였다.[62)]

Ⅴ. 2000년대 조지 피셔(George Fisher)의 주장

1. 19세기 플리바게닝의 발생

피셔는 1808년 매사추세츠주 미들섹스 카운티에 있는 민소법원(Court of Common Pleas. 중간 상소심)의 주류범죄 사건과 관련한 기소 협상의 예를 들면서 플리바게닝의 발생 원인에 대한 설명을 시작한다.

이 주류범죄 사건에서 피고인이 4개의 소인(count)에 대하여 다투지 않는다고 답변하자 검사는 그 대가로 4개의 소인 중 3개를 철회하였다. 말하자면 검사와 피고인 사이에 거래가 있었다. 그리고 이것은 명백한 유죄답변협상이었다. 왜냐하면 법원 직원은, 피고인의 답변과 교환으로 양보(소인 철회)가 이루어졌다고 설명하였기 때문이다.

그런데 위 사건에서 검사가 3개의 소인을 철회한 경우 과연 피고인은 관대한 형을 받을 수 있었던 것인가가 의문이다. 그러나 이 경우 검사나 피고인은 협상에서 자신들이 기대한 것과 달리 판사가 중한 형을 선고할 수도 있다는 점에 대하여 걱정할 필요가 없었다. 왜냐하면 주류범죄 사건의 경우 판사가 그렇게 할 수 있는 권한이 없었기 때문이다. 즉 주류법(liquor law)의 처벌 제도는 판사에게 형벌(양형)에 대한 재량권을 거의 주지 않았기 때문이다. 입법부는 주류범죄 사건에서 판사의 양형에 관한 재량권을 빼앗음으로써 검사가 피고인의 양형을 제시할 수 있도록 보장하였다. 입법부는 검사에게 검사가 법원의 비협조

62) Malcolm M. Feeley, "Legal Complexity and the Transformation of the Criminal Process: The Origins of Plea Bargaining", *Israel Law Review*, Vol. 31, 1997, pp.202, 205, 207, 215, 218, 219. 필리는 근대 배심재판과 플리바게닝은 동시에 발생하였고, 플리바게닝이 배심재판을 대체하지 않았다고 주장한다.

로 인해 협상의 조건을 불안하게 할지도 모른다는 두려움 없이 기소협상을 할 수 있도록 그 권한을 부여하였다.[63]

1834년 검사는 다수 소인의 주류법 기소라는 형태로 플리바게닝의 기술을 형식화하기 시작하였다. 예컨대, 검사가 무면허 주류 판매 혐의로 4개의 소인(count)을 기소하면, 피고인은 검사의 2개 소인에 대한 공소취소(또는 소송중지)와 교환하여 다른 2개 소인에 대하여 다툼이 없다는 답변을 선택하였다. 당시 검사는 이러한 방법으로 피고인에게 유죄답변에 대한 보상을 줄 수 있는 재량권을 가지고 있었다.[64]

한편 사형사건에서도 협상의 사례는 있었다. 예컨대 1848년의 살인사건에서 피고인은 처음 계획적 살인(murder)에 대하여 "죄가 없다"라는 답변을 하였으나 나중에 이 진술을 취소하고, 계획성이 없는 살인(manslaughter)에 대하여 죄가 있다고 답변하였다. 그러자 검사는 계획적인 살인에 대하여 더는 재판을 진행하지 않았고, 피고인은 계획성이 없는 살인죄로 징역 2년을 선고받았다. 그런데 이 사건에서 피고인이 유죄답변을 하지 않고 배심재판을 고집하여 유죄판결을 받았다면 피고인은 사형을 선고받았을 것이다[Commonwealth v. Barney Goulding, Sup. Jud. Ct. R. Book 226(Middlesex, October 1848)].

물론 사형사건에 대한 협상은 그 이전에도 있었다. 즉 1841년 살인사건에서 위 바니 굴딩(Barney Goulding) 사건과 같은 형태의 협상이 있었다[Commonwealth v. Susan Boston, Sup. Jud. Ct. R. Book 152(Bristol, April 1841)]. 또 강간사건에서 피고인이 강간의 의사를 가진 폭행으로 유죄답변을 하자 검사는 이에 동의하고 더는 절차를 진행하지 않았다[Commonwealth v. Michael Larry, Sup. Jud. Ct. R. Book 363(Suffolk, November 1841)]. 그 당시 강간죄는 살인죄와 같이 필요적 사형으로 처벌하였으나 강간의 의사를 가진 폭행은 최고 종신형까지 처벌하였다.

1858년까지 살인사건에서 유죄협상은 피고인의 유죄답변과 교환으로 기소를 '계획성이 없는 살인죄'로 감축하는 검사의 합의 형태만 있었다. 그러나 1858

63) George Fisher, 앞의 책, pp.21~24.
64) *Ibid.* at 27, 30, 32.

년 이후 피고인의 유죄답변과 교환으로 검사는 1급 살인죄를 2급 살인죄로 감축하는 데 합의할 수 있었다. 이로 인하여 필요적 사형 처벌이 필요적 종신형으로 대체되는 결과를 가져왔다. 사형에서 종신형으로의 형벌의 감축에 관한 협상은 1860년대 살인사건에 있어 유죄답변협상의 증가에 기여하였다.[65]

요컨대 피셔는 19세기 후반까지 미국 법원이 플리바게닝에 저항하고 이를 장려하지 않았다는 종전 법학자들의 주장과는 달리 이미 19세기 초인 1808년에 주류범죄 사건과 살인죄와 강간죄 등 사형사건에서 플리바게닝이 일어났다고 주장하였다.

2. 플리바게닝의 발생 원인

가. 사건 압력

피셔는, 플리바게닝의 발생 원인을 사건 압력에서 찾았다. 1840년대 미들섹스 카운티의 법원(Superior 법원)과 그 전신인 민소법원의 형사사건 수를 보면 사건이 연 50건 내외에서 연 450건 내외로 증가하였는데 이는 인구의 증가로 인한 범죄의 급증 때문이었다. 또 개선된 치안 유지와 단속도 더 많은 범인에 대한 체포의 결과를 가져 왔다. 그리고 최소한 주류법의 영역에서 열정적인 단속이 더 많은 기소에 이르게 하였다. 아울러 1832년 민소법원의 관할이 사형에 처해질 사건 이외의 모든 사건으로 확대되었다.

검사는 플리바게닝이라는 효율적인 업무를 받아들일 수밖에 없는 강력한 이유를 가지고 있었다. 19세기 미국 대부분의 검사처럼 그들은 파트 타임으로 일하였고, 기껏해야 파트 타임 봉급을 받았으므로 하나 이상의 직업을 가지고 있었다. 그래서 지위가 높지 않은 2개의 직업을 가지고 있는 검사들은 형사사건을 신속히 해결하여야만 했다. 왜냐하면 대부분의 검사들은 자신들의 수입을 민사사건에서 보충하여야 했기 때문이다. 당시 법원은 민사사건과 형사사건을 동일한 날에 개정하여 심리하였기 때문에 법률가들은 형사업무가 완수될 때까

---

65) *Ibid.* at 33, 34, 35, 38, 39.

지 민사업무를 할 수 없었다.

그러나 사건 압력이 검사로 하여금 플리바게닝에 몰두하게 하는 충분한 원인이라고 말할 수 없다. 피고인에게 의미 있는 관대한 처분 등 양보할 권한 없이 검사는 피고인에게 답변을 하도록 권유할 수 없기 때문이다. 다시 말하면, 사건이 많다는 것만이 검사가 플리바게닝을 할 수 있는 필요한 조건이 될 수 없다. 물론 1840년대 미들섹스에서 증가하는 사건이 검사에게 플리바게닝을 하도록 압력을 행사한 주요 원인이 된 것은 분명하다.[66)]

그러면 왜 플리바게닝이 주류범죄 사건에서 일어났는가. 그 이유는 간단한다. 검사는 주류범죄 사건에서 플리바게닝을 할 수 있었기 때문이다. 일반적으로 가장 많이 기소된 모든 범죄 중 주류범죄 사건만이 양형에 있어 판사의 재량권한을 엄중히 제한하는 처벌 제도를 가지고 있었다. 그리고 이 법은 검사가 기소를 어떻게 하느냐에 따라 양형을 지시할 수 있게 만들었다. 물론 살인사건도 주류범죄 사건과 마찬가지였다. 다시 말하면, 기소 협상은 주류범죄 사건과 살인사건에서만 일어났다. 왜냐하면 이러한 사건만이 엄격한 처벌 제도를 가지고 있었고, 이 제도는 검사가 유죄답변을 한 피고인들에게 관대한 처분 등 양형에 대한 양보를 보장하도록 허용하였기 때문이다.[67)]

나. 판사 및 검사의 권한과 플리바게닝

19세기 전반 판사는 플리바게닝에 협력하지 않았다.

그 이유는 첫째, 주류법 그 자체와 관련이 있다. 1852년 매사추세츠주가 메인(Maine)주에 이어 주 전체에 주류 금지를 입법화하였을 때 입법부는 새 법하에서 발생하는 사건에서 기소 중지나 소송 취하(nolle prosequi)는 법원의 동의가 있는 경우를 제외하고 검사에 의해 시작될 수 없다고 규정하였다.

결국 1853년부터 1910년까지 사이의 602건의 주류범죄 사건 중 오직 4건만이 플리바게닝에 의해 종결되었다. 그런데 주류범죄 사건에서 기소 협상이 없

---

66) *Ibid.* at 40, 41, 42, 44.

67) *Ibid.* at 49, 51.

었다는 것은 하나의 결론에 이르게 하였다. 즉 판사는 기소 중지 등에 동의를 하지 않았다는 사실이다.

둘째, 주류범죄 사건이 아닌 다른 범죄 사건의 처리와 관련이 있다. 1789년부터 1829년까지 미들섹스의 중간상소심 기록에 의하면, 판결된 주류범죄 사건이 아닌 다른 범죄 사건의 48%에서 72%는 유죄답변이나 다투지 않는다는 답변으로 종결되었다. 그런데 이러한 높은 유죄답변의 비율에도 불구하고 플리바게닝이 진행되었다는 증거는 없다. 즉 유죄답변을 한 피고인들이 유죄답변에 대한 대가로 어느 정도 협정된 관대한 처분 등 양보를 얻었다는 증거는 없다.

1789년부터 1829년까지 주류범죄 사건이 아닌 다른 범죄 사건에서 협상은 오직 4건에서 나타났다. 왜냐하면 주류범죄 사건이 아닌 다른 범죄 사건에서 처벌 제도는 판사에게 광범위한 재량권을 주었기 때문에 검사가 기소 여부를 처리하는 것에 의해 양형을 지시할 수 없었기 때문이다. 그래서 모든 플리바게닝이 유효하려면 판사의 참여가 필요하였다. 그 당시 주류범죄 사건이 아닌 다른 범죄 사건에서 기소 협상이 없었다는 것은 플리바게닝의 구조에서 판사들이 아직은 검사의 동맹자가 아니었다는 것을 보여주는 증거이다. 더욱이 주류범죄 사건이 아닌 다른 범죄 사건에서 양형 협상의 증거도 없었다.[68]

그러면 판사는 왜 플리바게닝에서 검사의 동료가 아니었을까. 가장 근본적인 이유는 판사들은 검사처럼 플리바게닝에 대한 동기를 갖고 있지 않았기 때문이다. 그들은 검사와 같은 사건 압력에 직면하지 않았다. 판사들은 정규직 월급을 받았기 때문에 그들의 사건 압력은 부분적으로 검사보다 훨씬 더 낮았다.

결국 19세기 초기와 중반 플리바게닝은 법원의 수용에 대한 최소한 세 가지의 장애물에 직면하고 있었다. 첫째, 판사는 검사보다 플리바게닝의 필요성을 덜 느꼈다. 둘째, 판사는 완전한 정보 없이 형을 선고하는 것에 대하여 혐오감을 가지고 있었다. 셋째, 판사는 플리바게닝이 자신들의 권한을 손상시킨다고 생각하였다. 그 결과 검사는 그들 스스로 플리바게닝을 할 수 있을 때에만 판사의 협력 없이 플리바게닝을 하였다. 그리고 이것은 검사가 주류범죄 사건과 사

68) *Ibid.* at 51~53.

형 사건에서만 플리바게닝을 할 수 있다는 것을 의미하였다.[69)]

3. 플리바게닝과 사건보류제도(the on-file mechanism)

미국의 보호관찰제도는 1830년 보스턴의 제루샤 체이스(Jerusha Chase)에 대한 기소에서 시작되었다. 제루샤 체이스는 처음 절도죄를 부인하였다가 보스턴시 법원에 출석하여 이를 취소하고 유죄답변을 하였다. 판사는 체이스를 석방하였고, 피고인의 보증인에게 피고인의 좋은 행실을 보증하라고 명령하고, 보증인들이 이를 이행하지 못하였을 경우 200달러를 몰수하겠다는 조건을 붙였다. 그리고 이 사건은 보류(on file)되었고, 체이스가 계속하여 좋은 행실을 하고 있는 동안 사건은 그대로 있었다. 비록 체이스에 대한 유죄판결이 선고되지 않았지만 검사는 체이스의 행실이 후에 더 나쁜 것으로 바뀌면 보류되어 있는 사건을 다시 재기할 권한을 가지고 있었다.

그런데 1844년부터 미들섹스 카운티에서 위와 같은 사건보류제도(the on-file mechanism)와 매우 비슷한 것이 이용되기 시작하였다. 사건기록부는 피고인이 다투지 않거나 유죄답변을 한 76건의 사건을 등재하였다. 이 사건의 대부분은 필요적 벌금형인 주류범죄 사건과 관련되어 있었지만 사건기록부에는 벌금이 기재되지 않았다. 그 대신 사건은 계속되고 있다고 기재되어 있었다. 결국 검사는 몇몇 사건에서 기소 중지나 소송 취하를 하였고, 또 벌금을 취소하였다. 예를 들면, 조세프 리드 사건[Commonwealth v. Joseph Reed(Middlesex Ct. C.P. Docket Book No. 78, 1844)]에서 피고인은 1843년 2월에 주류범죄 사건에 대하여 다투지 않겠다고 답변하였다. 이 사건은 1844년 10월까지 계속 진행되었고, 검사는 그때 비로소 소송 취하를 하였다. 이러한 절차는 사건보류제도와 비슷하였다. 왜냐하면, 이 실무는 첫째, 유죄답변이나 다투지 않겠다는 답변을 한 피고인이 필요적 벌금형을 면하는 것을 허용하였고, 둘째, 검사에게 피고인의 장래 행위에 대하여 어느 정도 통제할 수 있는 권한을 주었기 때문이다. 1847년

69) *Ibid.* at 55, 58.

말 미들섹스 카운티에 진정한 사건보류제도가 들어왔고, 1849년 사건보류제도는 검사 업무의 주요하고도 상당히 일상적인 한 요소가 되었다.

3년 후 입법부가 검사의 공소 취소를 금지함으로써 주류범죄 사건에서의 기소 협상을 억제하기 시작하였을 때 검사는 사건보류제도를 채택하였다. 검사는 사건을 보류함으로써 사건을 무기 연기하였기 때문에 검사는 그 당시 금지된 기소 중지나 소송 취하(nol pros)를 사용할 필요가 없었다. 또 보류된 사건은 절차적으로 처리된 사건이 아니었기 때문에 직원은 공식적인 사건기록부에 그 사건을 모두 기록하지 않았다.

사건보류제도는 검사가 입법부의 명백한 소원, 즉 주류범죄 사건에서 거래를 못하게 하려는 소원을 교묘하게 벗어나도록 이바지하였다. 결국 검사는 대부분의 사건에서 사건을 보류하는 일방적 권한을 가지게 되었다. 그리고 검사는 이러한 그들의 권한을 플리바게닝의 목적으로 바꾸었다. 플리바게닝의 수단으로서 보호관찰(probation)을 사용하기 시작한 것이다.[70)]

4. 플리바게닝과 보호관찰제도

1903년 맥거번 사건(Commomwealth v. McGovern)에서 법원은 "피고인은 법원에서 유죄답변을 하였고, 피고인은 보증으로서 보호관찰 공무원에게 통상적인 서약을 하면서 보호관찰에 놓이게 되었으며, 피고인에 대한 고소는 서류철에 철하여 놓았다"라고 판시하였다. 이미 19세기 말에 이르러 매사추세츠주와 캘리포니아주 등 많은 곳에서 보호관찰의 실무는 예상될 수 있는 것이 되었고, 플리바게닝의 수단으로서 보호관찰의 권한은 거의 암묵적인 것이 되었다.

19세기 중반 보호관찰이 등장한 이래 보호관찰은 검사의 후견 하에 '사건보류(on-file)의 플리바게닝'이라는 모습으로 성장하였다. 검사는 협상할 수 있는 곳에서는 플리바게닝을 하는 권한을 기꺼이 개발하였다. 매사추세츠주의 실무는 검사가 공식적으로 양형을 신청할 때까지 판사가 형을 선고하는 것을 금지

70) *Ibid.* at 64~67.

함으로써 검사에게 있을 법하지 않은 일부 권한을 넘겼다. 이러한 일부 권한과 함께 검사는 '사건보류의 플리바게닝'이라는 암암리에 하는 제도를 만들었다.

19세기 말 플리바게닝은 검사뿐만 아니라 판사에게도 가치 있는 수단이 되었다. 진정한 권한과 함께 판사, 검사들의 이익에 도움이 되면서 플리바게닝은 지배적인 제도가 되었다. 검사와 판사는 플리바게닝이 번성하는 데 도움을 준 보호관찰과 같은 다른 절차적 형태를 조성함으로써 플리바게닝을 양성하였다.

VI. 평 가

지금까지 플리바게닝의 발생 원인에 대한 여러 가지 주장을 살펴보았다.

1920년대에는 플리바게닝이 취급하는 사건 수의 증가에 따른 압력에 의해 발생하였다는 주장이 있었다.

1970년대 호이만은 유죄답변의 수와 취급하는 사건 수 사이에 상관관계가 없다고 주장하였다. 유죄답변은 사건 압력이 아닌 다른 이유 때문에 발생하였다고 주장하였다.

호이만의 주장을 계기로 플리바게닝의 발생 원인에 관한 여러 가지 새로운 주장이 등장하였다. 랭베인은 플리바게닝을 중세 유럽의 고문제도와 비교하였다. 랭베인은 고문이 유죄의 증명에 대한 엄격함을 피하기 위한 수단으로 등장하였듯이 플리바게닝도 배심재판이 복잡하고 장기화되자 이를 피하기 위한 수단으로 등장하였다고 주장하였다. 앨슐러는 점점 증대하고 있는 형사절차의 복잡성이 오늘날 플리바게닝의 등장과 발전에 기여하였다고 주장하였다. 프리드만은 경찰 활동과 과학적 증거의 발달이 플리바게닝이 등장하게 된 원인이라고 주장하였다.

1990년대에 이르러 플리바게닝의 발생 원인에 대한 새로운 주장이 제기되었다. 맥콘빌과 머스키는 뉴욕시의 정치·경제의 변화가 플리바게닝의 발생 원인이 되었다고 주장하였다. 범죄가 정치색을 띠게 되고, 검사의 중요성이 증가하며, 판사가 선거에서 선출되자 이러한 변화들이 플리바게닝을 발생하게 하였다고 주장하였다. 포겔은, 플리바게닝은 1830년대와 1840년대에 등장하여 1860년대에 이르러 제도화되어 다른 곳으로 확대되었다고 말하면서 플리바게닝이 발생한 원인은 그 당시 보스턴시의 정치적·사회적 배경에 있다고 주장하였다. 즉 플리바게닝은 1830년대와 1840년대 정치적 안정화 과정의 일부분으로서, 그리고 자치기구를 합법화하기 위한 노력의 일부분으로서 발생하였다고 주장하였다. 또한 필리는 플리바게닝의 발생 원인으로서, 전문화와 전문가주의의 발생, 형사 범죄에 대한 상세한 규정이 포함된 형사 법전의 등장, 법원 전문가들의 발생, 배심재판의 복잡화 등을 들었다.

2000년대에 들어서 피셔는 플리바게닝의 발생 원인을 다음과 같이 주장하였다. 피셔는 사건 수의 증가에 의한 압력의 중요성을 무시하고 정치적·사회적 배경을 플리바게닝의 발생 원인이라고 말하는 포겔의 주장을 비판하면서 플리바게닝의 발생 원인을 법원 밖에서 발견하는 것은 곤란하고, 사건 압력과 이 제도의 발생에 기여한 권한, 즉 판사와 검사 사이의 권한 관계와 이해관계에서 찾아야 한다고 주장하였다.

이상의 견해를 종합하여 보면, 플리바게닝의 발생 원인은 무엇보다 먼저 취급하는 사건 수의 증가에 따른 사건 압력에 있는 것으로 보인다. 그러나 플리바게닝의 발생 원인을 사건 압력에서만 찾을 수는 없다. 왜냐하면 배심재판의 복잡화와 장기화, 형사재판의 전문화와 법률가화도 플리바게닝의 발생에 기여하였기 때문이다. 여기에 판사와 검사가 피고인과 기소협상이나 양형협상을 할 수 있도록 하게 한 미국의 정치적·사회적·문화적 배경이 플리바게닝을 발생하게 한 원인이 된 것으로 보인다.

제 2 절 찬반 논쟁

Ⅰ. 개 요

19세기 전반부터 지금에 이르기까지 플리바게닝은 약 200년 동안 미국의 형사사법제도로서 운용되었다. 그러나 이와 같은 오랜 역사에도 불구하고 플리바게닝은 아직도 논쟁 중이다. 예를 들면, 1973년 국가자문위원회는 플리바게닝의 완전한 폐지를 건의한 적이 있고, 또 1973년 뉴욕주의 입법부는 마약 사건에서 축소된 범죄의 유죄답변을 금지하는 법을 제정하기도 하였다.[71)]

1989년 갤럽조사에 의하면 대부분의 미국인은 플리바게닝에 의한 사건 처리에 반대하였다. 또 미국인은, 플리바게닝은 충분히 받을 가치가 있는 구금기간을 검찰이 면할 약간의 자금·시간과 교환하는 것이라고 말하기도 하였다. 이처럼 미국인이 플리바게닝으로 인해 너무 혼란스러워하자 일부 검사들은 이 실무에 반대하는 정책을 채택하기도 하였다. 그러나 1973년 당시 연방대법원의 대법관이었던 윌리엄 렌퀴스트(William H. Rehnquist)는 "플리바게닝의 절차는 처음부터 우리 형사사법제도의 장식물이 아니라는 것을 인정하여야 한다. 지금까지 일부 사람들은 플리바게닝을 단지 필요악으로 생각하기 때문에 찬성하지만, 플리바게닝을 확고히 옹호하는 사람들은 플리바게닝이 불이익보다는 더 많은 이익을 갖고 있다고 주장한다"라고 언급하였다.[72)]

그러나 이러한 언급에도 불구하고 플리바게닝은 더 많은 유죄판결을 얻기 위한 편법에 불과하다는 주장이 제기되기도 하였다.

이처럼 미국에서는 오래전부터 플리바게닝에 대한 찬성 의견과 반대 의견

71) Arthur Rosett and Donald R. Cressey, *Justice by Consent: plea bargains in the American courthouse*, J.B. Lippincott Company, 1976, p.6.

72) Joseph A. Colquitt, "Ad Hoc Plea Baragaining", *Tulane Law Review*, Vol. 75, No. 3, 2001, p.704; Craig M. Bradley and Joseph L. Hoffmann, "Public Perception, Justice, and the "Search for Truth" in Criminal Cases", *Southern California Law Review*, Vol. 69, 1996, p.1292.

이 동시에 존재해 왔다. 일반적으로 실무자들은 플리바게닝을 효력이 있는 재판으로 인식하고 있지만, 많은 학자는 이 인식에 이의를 제기하고 있다. 또 이 실무를 바라보는 대부분의 전문가는 이 실무의 장점에는 동의하지만, 이 실무가 법을 집행하는 데 있어 불완전한 수단이라고 인식한다. 특히 학자들은 플리바게닝이 범죄인에게 너무 관대한 처벌을 제공하고, 또한 피고인으로 하여금 배심재판을 받을 헌법적 권리를 포기하도록 피고인에게 정당화될 수 없는 압력을 행사한다고 주장한다. 이와 같이 플리바게닝에는 상반된 입장을 내포하고 있다.[73)]

여기에서는 먼저 플리바게닝에 대한 찬성과 반대 주장을 살펴보고, 이어 미국에서 플리바게닝이 금지된 사례를 본다.

II. 찬성하는 주장

1. 미국 연방대법원의 판결

가. 브래디(Brady) 판결

1970년 미국 연방대법원은 브래디 사건[Brady v. United States, 397 U.S. 742(1970)][74)]에서 처음으로 플리바게닝의 합헌성을 인정하였다. 이 판결 이전에

---

73) F. Andrew Hessick Ⅲ & Reshma M. Saujani, "Plea Bargaining and Convicting the Innocent: the Role of the Prosecutor, the Defense Counsel, and the Judge", *B.Y.U. Journal of Public Law*, Vol. ⅩⅥ, 2002, p.189; Fred C. Zacharias, "Justice in Plea Bargaining", *William & Mary Law Review*, Vol. 39, 1998, p.1122.

74) 1959년 브래디는 사형에 처할 연방 범죄인 유괴죄로 기소되었다[당시 연방법(The Federal Kidnaping Act)에 의하면, 피해자가 상해를 입지 않은 상태에서 풀려나지 않았을 경우, 피고인은 배심재판을 받았을 때만 사형을 선고받을 수 있었고, 피고인이 유죄답변에 의한 유죄판결을 받은 때에는 무기징역형을 선고받을 수 있었다. 그런데 1968년 연방대법원은 잭슨 사건(United States v. Jackson)에서 이 법이 위헌이라고 판결하였다]. 브래디는 그의 공범이 유죄답변을 하고 그에게 불리한 증언을 하게 되자 유죄답변을 하였고 징역 50년을 선고받았다. 1967년 브래디는 사형선고의 가능성을 피하고자 유죄답변을 하였다고 주장하는 등 자신의 답변이 자발적이지 아니하였다면서 인신보호영장을 신청하였다. 하급심은 답변이 자발적이었다고 판결하였고, 연방대법원은 이를 긍정하였다. Loftus E. Becker

플리바게닝은 피고인이 공개 법정에서 그의 답변이 약속이나 협박의 산물이 아니라고 진술하고, 법원은 기소나 양형에 대한 검사의 양보가 있는지의 여부에 대한 조사를 거절하는 방식으로 대부분 비밀로 진행되었다.

그런데 위 사건에서 연방대법원은 플리바게닝의 효율성을 찬미하였고, 플리바게닝을 유인하기 위한 관용의 약속을 지지하였다. 연방대법원은 플리바게닝이 모든 사람의 이익에 도움이 된다고 설명하였다. 즉, "무죄의 기회가 거의 없는 피고인들은 형을 감경 받고, 귀찮은 재판을 피하며, 자신들의 사건을 끝마친다. 또 피고인들은 이론상 유죄를 인정함으로써 사회복귀를 더 잘할 것이고, 그래서 더 가벼운 처벌이 필요하다는 것을 보여준다. 검사는 사건 처리를 위해 필요한 시간과 돈을 절약하고, 신속한 처벌을 증대한다. 생각건대 이러한 상호이익이 플리바게닝을 이성적이고, 공정하며, 효율적인 것으로 만든다. 게다가 유죄답변에 대한 피고인의 합의는 범죄 기소에 있어 공공의 이익을 만족하게 하고, 신속한 처벌을 통해 성공적인 사회복귀의 기회를 증대시킨다"라고 판결하였다.[75]

이 판결은, 1960년대 90%의 형사 피고인이 배심재판을 받을 권리를 포기하고 법정에서 자신의 유죄를 인정하고 있는 현실과 미국변호사협회가 유죄답변이 모든 지역에서 유죄판결에 대한 가장 빈번한 수단이라고 보고한 상황을 모두 반영한 결과였다.[76]

Jr, "Plea Baragaining and the Supreme Court", *Loyola of Los Angeles Law Review*, Vol. 21, 1988, pp.790, 796.

75) Stephanos Bibas, "Regulating the Plea-Bargaining Market: From Caveat Emptor to Consumer Protection", *California Law Review*, Vol. 99, 2011, pp.1121, 1125; Jerold H. Israel and Wayne R. LaFAVE, *Criminal Procedure Constitutional Limitations in a Nutshell*, Thomson West, 2006, p.480; Alexandra W. Reimelt, "An Unjust Bargain: Plea Bargains and Waiver of the Right to Appeal", *Boston College Law Review*, Vol. 51, 2010, p.875.

76) Lucian E. Dervan, "Bargained Justice: Plea Bargaining's Innocence Problem and The Brady Safe-Valve", *Utah Law Review*, No. 1, 2012, p.60; Loftus E. Becker Jr, 앞의 논문, pp.790, 796; 1960년대 적법절차 혁명(Due Process Revolution) 기간 동안 피고인에게 주어진 절차적 권리의 이행은 재판절차를 느리게 하고, 이에 따라 형사사건이 계속 증가하자, 검사는 헌법적으로 의문이 있는 플리바게닝을 계속하여 이용하는 것 외에 다른 선택을 가지고 있지 않았다. 게다가 1967년 미국변호사협회(ABA)는 플리바게닝의 장점을 주장하기 시작하였

브래디 판결은 두 가지 점에서 중요하다. 첫째, 이 판결은 유죄답변을 위한 협상을 합법화하였다. 둘째, 이 판결은 협상절차를 숨기지 않게 하였고, 협상절차를 잠재적으로 법적 규제 하에 놓이게 하였다. 이 판결 이전 플리바게닝은 일종의 암시장이었다.[77]

다만 연방대법원은, 플리바게닝은 유죄의 증거가 압도적이고, 피고인이 협상에서 이익을 얻을 때만 이용되는 수단이라고 판시하였다. 따라서 플리바게닝이 유죄인지 의심스러운 피고인에게 유죄판결을 선고하기 위해 널리 사용된다면 플리바게닝의 합헌성은 재검토되어야 할 것이다.[78]

나. 산토벨로(Santobello) 판결

1971년 연방대법원은 산토벨로 사건[Santobello v. New York, 404 U.S. 257 (1971)][79]에서 "플리바게닝은 형사사법 운용의 본질적 구성요소이다. 또 플리바게닝은 장려되어야 할 것이다. 왜냐하면, 기소된 모든 형사사건을 완전한 배심재판으로 처리한다면 주 정부와 연방 정부는 판사의 수와 법원 시설을 몇 배 증가시켜야 하기 때문이다"라고 판결하였다. 또한 "검사는 이전의 플리바게닝에

다. 즉 미국변호사협회는 형사사법제도에 대한 보고서에서 플리바게닝이 재판 없이 많은 사건을 해결할 수 있게 하였고, 이것은 자원이 부족한 상황에서 필요한 것이었다고 언급하였다. 이러한 배경에서 1970년 미국 연방대법원은 브래디 사건에서 플리바게닝의 합헌성을 인정하기에 이르렀다. Lucian E. Dervan and Vanessa A. Edkins, Ph.D., "The Innocent Defendant's Dilemma: An Innovative Empirical Study of Plea Bargaining's Innocence Problem", *Journal of Criminal Law and Criminology*, Vol. 102, 2013, pp.10~12.

77) Ronald Jay Allen and William J. Stuntz et al., *Comprehensive Criminal Procedure*, third edition, Wolters Kluwer, 2011, p.1203.

78) Lucian E. Dervan and Vanessa A. Edkins, Ph.D., 앞의 논문, p.5.

79) 1969년 피고인 산토벨로(Santobello)는 도박죄 등 2개의 소인으로 기소되었다. 피고인은 검사와 협상한 후 검사가 양형에 관하여 권고하지 않기로 동의하자 종전의 무죄 답변을 철회하고 더욱 가벼운 범죄에 대하여 유죄답변을 하였다. 그런데 1970년 1월에 진행된 양형절차에서 새로이 임명된 검사는 위 합의와 다르게 피고인에게 최고형(징역 1년)을 권고하였고, 판사는 이 권고에 구애되지 않는다고 말하면서 최고형인 징역 1년을 선고하였다. 연방대법원은 플리바게닝과 관련하여 이루어진 합의에 대하여 검사는 이를 지킬 의무가 있다고 판결하고 원심판결을 파기하였다. Ronald Jay Allen and William J. Stuntz, et al., 앞의 책, p.1246.

의한 합의를 파기해서는 안 된다"라고 판결하였다.[80] 이 판결을 통해 플리바게닝은 미국의 형사사법제도로서 확인되었다. 아울러 검사는 피고인이 유죄답변을 한 이후 최초의 답변합의를 충실히 지켜야 한다는 점도 확인하였다.[81]

다. 헤이즈(Hayes) 판결

1978년 연방대법원은 헤이즈 사건[Bordenkircher v. Hayes, 434 U.S. 357 (1978)][82]에서 협상의 수단을 얻기 위해 검사가 사용한 기소 권한의 적법 여부에 대하여 판결하였다. 연방대법원은 "피고인 헤이즈에 대한 검사의 경고, 즉 피고인이 위조수표행사 혐의에 대한 유죄답변을 거절하면 상습범죄자법으로 기

---

80) 연방대법원은 플리바게닝의 유효성, 실행 가능성의 문제를 검토할 때 계약법상의 요건을 감안한다. 위 사건에서 피고인은 경미한 범죄에 대하여 유죄를 인정하되 그 반대급부로 검사는 특정 양형을 법원에 권고하지 아니하기로 하는 답변합의를 하였다. 따라서 검사가 특정한 양형에 대하여 피고인과 답변합의를 하였다면 이는 민사상 일종의 대가(consideration)가 발생한 것이고 따라서 이 답변합의는 반드시 준수되어야 한다. 이성식, 미국 검사 윤리 연구, 국외훈련검사연구논문집 제29집(Ⅰ), 법무연수원, 2014, 234면; Ronaldo V. Del. Carmen, 김성돈 옮김, 미국 형사소송법, 길안사, 1999, 81면.

81) Cynthia Alkon, "The U.S. Supreme Court's Failure to Fix Plea Bargaining: The Impact of Lafler and Frye", *Hastings Constitutional Law Quarterly*, Vol. 41, 2014, p.568; John H. Langbein, 앞의 책, p.262; 그 후 40년이 지난 2012년 연방대법원은 프라이와 쿠퍼 사건(Missouri v. Frye & Lafler v. Cooper)에서 위 판결과 같은 취지의 판결을 하였다. "연방 법원에서 유죄판결을 선고받은 자 중 97%, 그리고 주 법원에서 유죄판결을 선고받은 자 중 94%가 유죄답변의 결과이다. 플리바게닝은 형사사법제도의 운용에 있어 중심이 되었다. 오늘날 형사사법은 재판 제도가 아니고, 대부분 답변 제도이다"라고 판결하였다. Laurie L. Levenson, 앞의 논문, p.478; Cynthia Alkon, 앞의 논문, p.574.

82) 이 사건에서 피고인 헤이즈(Hayes)는 처음 대배심에 의해 88.30달러의 위조수표행사죄로 기소되었다. 그 당시 켄터키(Kentucky)주 법 하에서 이 범죄에 대한 법정형은 최고 징역 10년이었다. 협상 과정에서 검사는 피고인에게 피고인이 유죄답변을 하면 징역 5년의 형을 권고하겠다고 제의하였다. 또 검사는 피고인에게 그가 유죄답변을 하지 않으면 사건을 대배심으로 다시 돌려보내 상습범죄자법(Kentucky Habitual Criminal Act)으로 기소를 하겠다고 경고하였다. 그런데 상습범죄자법은, 중죄로 세 번째 유죄판결을 선고받는 피고인에 대하여는 반드시 무기징역형을 선고하도록 규정하고 있었다. 그 당시 피고인은 2개의 범죄경력을 갖고 있었다. 피고인은 유죄답변을 하지 않았고, 위조수표행사죄로 유죄판결을 선고받았다. 피고인은 상습범죄자로 입증되었고, 결국 위 상습범죄자법에 따라 무기징역형을 선고받았다. William T. Pizzi, "Prosecutorial Discretion, Plea Bargaining and the Supreme Court's Opinion in Bordenkircher v. Hayes", *Hastings Constitutional Law Quarterly*, Vol. 6, 1978, p.279.

소될 것이라는 경고와 이어진 검사의 상습범죄자법으로의 기소는 적법절차를 위반하지 않았다"라고 판결하였다.

다수 의견은 헤이즈가 답변 초기에 상습범죄자법으로 기소하려는 검사의 의도에 대하여 경고를 받았고, 만약 대배심이 헤이즈를 처음부터 상습범죄자법으로 기소하였다면 이 사건은 그와 다름이 없었을 것이며, 검사는 협상의 일부로서 상습범죄자법으로의 기소를 취하하겠다고 제의한 사실을 강조하였다.

다수 의견은 "피고인이 더 무거운 처벌을 받을 수 있는 위험과 맞서게 하는 것은 배심재판을 받을 권리의 주장을 단념하게 하는 효과가 있을 수 있으나 이러한 어려운 선택의 부과는 플리바게닝을 허용하고 장려하는 모든 적법한 제도 하에서 피할 수 없는 속성이다. 또 피고인이 플리바게닝을 받아들이거나 거부할 자유가 있는 한, 죄가 없는 피고인이 허위로 자신의 유죄를 선고하도록 만들 가능성은 없다"라고 결론을 내렸다.[83]

연방대법원은 이 판결에서 플리바게닝의 합헌성을 재확인하였다. 또 연방대법원은 유죄답변을 거절한 피고인을 최초 기소 범죄보다 더 무거운 상습범죄자법으로 기소한 것에 대하여 적법절차를 위반하지 않았다고 판결함으로써 플리바게닝과 관련하여 사실상 검사에게 더 많은 권한을 주었다.

라. 루이즈(Ruiz) 판결

2002년 연방대법원은 루이즈 사건[United States v. Ruiz, 536 U.S. 622(2002)]에서 플리바게닝을 하는 동안 피고인은 헌법적으로 검찰에 알려진 중요한 탄핵증거나 적극적 항변 증거를 검찰로부터 받을 자격이 있다는 주장을 기각하였다. 연방대법원은, 헌법은 정부가 피고인과 함께 답변합의에 들어가기에 앞서 모든 증거를 공개할 것을 요구하고 있지 않고, 또 헌법은 피고인이 관련 상황을

83) *Ibid.* at 279, 283, 287; Timothy Lynch, "The Case Against Plea Bargaining", *Regulation*, 2003, p.25; 이 사안의 핵심 쟁점은 검사의 위협이 허용될 수 있는지의 여부였다. 연방대법원은 위협과 기소 사실은 모두 허용될 수 있다고 판단하였다. 즉 플리바게닝 절차에서는 협박도 절차상 당연하다고 판시하였다. 이 판결은 정부가 유죄 인정률과 평균 형량을 높이는 데 기여하였다. 윌리엄 스턴츠, 김한균 옮김, 미국 형사사법의 위기, W미디어, 2015, 374~377면.

완전히 알고 있을 것을 요구하고 있지 않으며, 더욱이 헌법은 법원이 혹시 피고인이 착각할 수 있는 여러 가지 형태의 오해에도 불구하고 여러 가지 동반하는 헌법적 권리의 포기와 함께 유죄답변을 받아들이는 것을 허용하고 있다고 판결하였다.[84)]

그런데 이 판결은 플리바게닝에 참가하는 피고인의 협상 수단을 제한할 수 있으므로 문제가 있다.[85)]

마. 평 가

1970년 미국 연방대법원은 이미 실무상 널리 보급된 플리바게닝에 대하여 상호 이익과 상호 의존이라는 인식 하에 합헌성을 인정하였다. 연방대법원의 판결은 플리바게닝이 형사사법제도로서 확립되는 데 크게 이바지하였다. 마침내 플리바게닝은 미국인의 삶과 분리될 수 없는 제도가 되었다. 그러나 앞에서 본 헤이즈 판결과 루이즈 판결은 플리바게닝의 공정성에 비추어 볼 때 의문스럽다.

2. 학 설

① 오늘날 미국에서 대부분의 형사 기소는 재판 없이 처리된다. 이때 당사자는 여러 가지 위험과 권리를 거래한다. 피고인은 무죄를 받을 기회와 배심재판을 받을 권리를 각 포기하는 반면에 검사는 최고의 형을 구하거나 가능한 한 가장 중대한 범죄로 기소할 권리를 포기한다. 물론 협상의 결과는 같은 사건의 피고인이 배심재판을 받고 유죄판결을 받았으면 선고받았을 결과와 다르다. 통상 답변을 위해 협상을 한 피고인은 협상하지 않은 피고인들보다 더 가벼운 형을 받는다. 다만 배심재판을 받은 소수의 피고인은 무죄를 받을 수 있다. 미국에서 대부분의 사건은 협상을 통해 약식으로 처리된다. 이것이 플리바게닝이다.[86)]

---

84) Rolando V. Del Carmen, *Criminal Procedure Law and Practice*, 8th edition, Wadsworth Cengage Learning, 2010, p.47.

85) Cynthia Alkon, 앞의 논문, p.568; Ronald Jay Allen and William J. Stuntz et al., 앞의 책, p.1204.

86) Robert E. Scott and William J. Stuntz, "Plea Bargaining as Contract", *The Yale Law Journal*,

그러면 플리바게닝이 제도로서 존재하는 이유는 무엇일까. 그 답은 간단하다. 권리를 교환할 자유가 그러한 교환을 위해 계약할 자유를 포함하기 때문이다. 각각의 자유는 효율성과 자치라는 규범에 의해 유지된다. 피고인은, 유죄가 아니라는 답변을 할 권리, 그리고 검사가 재판에서 사건을 증명하게 할 권리를 가지고 있다. 검사는, 입증될 수 있는 최대한의 범죄에서 최대한의 형을 추구할 권리를 가지고 있다.

양 당사자에게 이익을 주고 어느 쪽에도 해를 주지 않는, 교환을 위한 조건들은 존재한다. 피고인은 유죄가 아니라는 답변과 재판을 받을 권리를 최대한의 형을 추구하는 검사의 권리와 거래하려고 할 것이다. 그러나 플리바게닝을 하는 당사자는 사실상 권리 그 자체를 거래하지는 않는다. 대신에 당사자들은 장래의 불확실이 사후에 실현될 수 있다는 위험을 교환한다. 계약하기 전 피고인은 최대의 형이 선고되는 유죄판결의 위험을 부담한다. 이에 반해 검사는 무죄 때문에 뒤따르는 손실의 위험을 부담한다. 결국 플리바게닝은 이러한 위험을 다시 할당한다. 그리고 여기에서 계약자치의 원칙이 적용된다.[87)]

Vol. 101, No. 8, 1992, pp.1909~1912.

87) *Ibid.* at 1912~1915, 1967; 스콧(Scott)과 스턴츠(Stuntz)는 이 글의 결론에서 플리바게닝을 계약으로 보는 것은, 왜 이 실무를 이용하고 규제하는 변호인과 판사들이 이 실무에 만족스러워 하는지 우리가 이해하는 데 도움을 준다고 주장한다. 다만 스콧과 스턴츠는 플리바게닝을 계약으로 보는 것에는 중요한 결점이 있다고 주장한다. 즉 죄가 없는 피고인이 그의 무죄를 주장할 기회를 거의 갖지 못한다는 것이다. 그래서 이를 해결하기 위한 구조적 수정이 필요하다고 주장한다. 이에 대한 문헌으로는 William J. Stuntz, *The Collapse Of American Criminal Justice*, 2011 참조. 스턴츠는 이 책에서 "20세기 마지막 십여 년 동안 플리바게닝 관련 규정은 보편화되었다. 플리바게닝에서 검사의 협박은 당연한 것이므로 그 범죄가 엄벌 대상일 경우 검사는 유죄답변을 이끌어내기가 매우 쉽다. 지난 수십 년 동안 검사는 법관을 대신해 사법체계상 양형 판단을 좌우하면서 주로 플리바게닝을 통해 그 권한을 행사해 왔다. 검사의 재량 권한은 법에 의해 규제되지 않는데다가 공개적으로 행해지지 않기 때문에 정치적인 통제도 거의 받지 않는다. 윌리엄 스턴츠, 김한균 옮김, 앞의 책, 376~377면, 426~427면, 437~438면; 한편 계약론은 형사절차에 적용할 수 없다는 견해가 있다. 첫째, 계약론의 모델은 최소한 협상을 하는 양쪽 모두가 정보를 완전히 이용할 수 있다고 여긴다. 그러나 형사사건의 상황은, 정보는 일반적으로 접근할 수 없다는 것을 전제로 한다. 둘째, 형사 기소에서 협상의 범위는 제한적이다. 형사사건에서 답변은 보통 유죄를 받아들이거나 무죄를 입증하는 양자 사이의 전부 또는 전무의 선택을 의미한다. 셋째, 플리바게닝 그 자체는 강제적 요소 때문에 자발적인 합의로서 개념화해서는 안 된다.

② 플리바게닝을 타협으로 보는 견해가 있다. 이 주장에 따르면 플리바게닝과 계약의 유사점은 절대 많지 않다고 한다. 경제적 측면에서 플리바게닝은 파레토 개선(Pareto improvements. 누구도 손해 보지 않으면서 최소한 한 사람 이상의 효율이 향상하는 것을 의미함)을 나타내지 않는다. 당사자들은 최소한 한 사람이 잘 되고 누구라도 더 나빠지지 않게 하려고 거래에 몰두하지 않는다. 오히려 한 쪽이 얼마나 더 나빠질 것인가에 대한 값을 흥정한다. 플리바게닝을 하는 양쪽은 엄격한 예산의 압박하에서 효과를 증대한다. 아무튼 플리바게닝은 강제적인 소송보다 더 낫다. 왜냐하면 타협이 다툼보다 더 좋기 때문이다.[88)]

피고인은 많은 절차적이고 실질적인 권리를 가지고 있으나 유죄답변을 함으로써 이러한 권리를 검사에게 팔고, 그 대가로 포기된 권리보다 더 높게 평가된 양보, 즉 관대한 처벌을 받는다. 그래서 플리바게닝은 피고인들에게 도움을 준다. 왜냐하면 피고인은 소송에 대한 걱정과 비용을 면하기 때문이다. 타협은 일반적으로 검사와 사회에 이익을 준다. 검사는 더 가벼운 형으로 절차적 권리를 구매함으로써 가장 가치가 있는 상품인 시간을 얻는다. 검사는 이 시간을 가지고 더 많은 범죄인을 기소할 수 있다. 또 타협은 재판 없이 사건을 처리함으로써 재판보다 비용이 덜 든다.

플리바게닝은 타협이다. 그리고 자치와 효율성이 플리바게닝을 뒷받침한다. 사람이 형사절차에서 타협을 통해 자신의 상황을 개선하려는 것을 막을 이유는 없다. 이제 플리바게닝은 일상적인 형사절차의 모습이다. 피고인은 재판을 받을 권리를 행사하는 것보다 더욱더 가벼운 형을 선호한다. 검사도 합의를 선호한다. 검사는 해방된 자원을 다른 사건에 사용할 수 있으므로 다른 범죄를 저지할 수 있다. 피고인과 검사 모두가 이익을 본다면 이 절차는 매력 있는 것이다.[89)]

검찰은 합의를 독려할 목적으로 일방적으로 재판 전 장기간의 구금의 위협을 통해 강제력을 실행할 수 있다. 그래서 플리바게닝은 본래 불평등한 것이다. Fred C. Zacharias, 앞의 논문, pp.1129~1133.

88) Frank H. Easterbrook, "Plea Bargaining as Compromise", *The Yale Law Journal*, Vol. 101, No. 8, 1992, pp.1974~1975.

89) *Ibid.* at 1975, 1978; Frank H. Easterbrook, "Criminal Procedure as a Market System", *The Journal of Legal Studies*, Vol. 12, 1983, pp.297, 298, 309; 한편, 슐호퍼(Stephen J. Schulhofer)

③ 플리바게닝이 존재하는 이유는 다음과 같다. 첫째, 사건에 관하여 쟁점이나 다툼이 없을 때 플리바게닝은 사건을 해결한다. 둘째, 플리바게닝은 사건을 처리하는 데 있어 효율적인 방법이다. 미국에서 배심재판은 상당한 시간과 자원을 들게 한다. 셋째, 수사에 협조하는 증인에게 답변 거래를 제의하는 것은 복잡한 사건을 기소하는 데 있어 중요한 수단이다. 검사는 일반적으로 부패 사건과 마약밀매 사건을 기소하고 이에 대한 유죄판결을 얻기 위해 수사에 협조하는 증인을 이용한다. 넷째, 플리바게닝의 존재 이유로 거의 말하고 있지 않지만 가장 중요한 것으로서, 플리바게닝은 법 제도에 있어 유연성과 창조성을 허용한다. 플리바게닝의 덕분으로 형사사법제도는 실험되고, 개혁되고, 대체수단을 취한다. 이것은 형사사법제도의 실무가 법의 제정 없이 변할 수 있다는 것을 의미한다. 형사사법제도 내에서 새로운 접근을 시도하는 데 필요로 하는 것은 제도 안에서 직업적 전문가들이 합의하는 것이다.[90)]

예를 들면, 제도 안에서 판사와 같은 직업적 전문가들은 지금의 제도가 적합하지 않다고 생각하자, 이에 대한 새로운 접근방법으로서 이들은 마약법원[91)]과 같은 '문제해결법원(problem-solving courts)'을 만들었다. 그러나 마약법원과 같은 문제해결법원을 설립하는 데 법은 필요하지 않다. 왜냐하면 판사, 검사 그리고 피고인이 대체절차를 통해 사건을 해결하기로 플리바게닝을 할 수 있기 때문이다. 그리고 실제로 미국에서 플리바게닝은 이러한 방법으로 시행되고 있다. 예컨대 2013년 8월 에릭 홀더 미국 법무부 장관은 미국변호사협회 연례회의 연설에서 연방, 주, 지방에서의 만연한 구속은 효과적이지 않고 유지될 수 없다고 말하면서 실질적으로 구속에서 떠나 대체수단으로 향하겠다는 의지를 발표하였다.[92)]

는 이스터부룩(Easterbrook)이 형사절차를 시장제도로 본 견해를 비판하면서, 형사절차는 시장이 아니고, 정치적 제도라고 주장한다. Stephen J. Schulhofer, "Criminal Justice Discretion as a Regulatory System", *The Journal of Legal Studies*, Vol. 17, 1988, pp.47, 81.

90) Cynthia Alkon, 앞의 논문, pp.588~591.

91) '문제해결법원'은 현재 미국 법 제도의 추세이다. 1989년 마이애미(Miami)의 판사는 마약중독자들을 계속 처벌한다기보다 오히려 마약중독자들에게 치료를 명령함으로써 마약중독자가 적극적으로 참가하는 방식을 취하기 시작하였다. 그 결과 마약법원이 창설되었다.

92) Cynthia Alkon, 앞의 논문, pp.583~594.

④ 피고인은 손해를 보는 것을 싫어하고, 자신감이 지나치게 많으며, 현재의 효용을 미래의 효용보다 더 높게 평가함은 물론 자신의 이익만 생각하기 때문에 기본적으로 유죄답변을 하고 싶어하지 않는다. 따라서 플리바게닝은 거의 일어나지 않으리라고 기대하는 것이 논리적일 수 있다. 그러나 플리바게닝은 이미 형사사건을 해결하기 위한 지배적인 제도가 되었다.[93)]

그러면 왜 이렇게 되었는가, 왜 피고인들은 배심재판을 받을 권리를 포기하고 유죄답변을 받아들이는가?

미국의 형사사법제도는 피고인들이 배심재판을 받을 권리를 포기하고 유죄답변을 받아들이게 하는 여러 가지 수단을 갖고 있다. 첫째, 피고인들은 유죄답변을 통해 좋은 거래, 즉 형의 감경을 받는다. 둘째, 증거개시제도이다. 검사는 정책적으로 변호인에게 정보와 증거에 대한 접근을 허용한다. 이러한 비공식적 증거개시를 통해 피고인은 더욱더 정확히 증거와 유죄판결의 가능성을 평가할 수 있으므로 플리바게닝을 한다. 셋째, 유죄답변으로부터 나오는 손실에 관한 인식은 피고인이 재판 전 이미 구금되었을 때 감소한다. 재판 전 구금은 형사 피고인에게 부담스러울 정도의 여러 가지 절차 비용을 부과한다. 끝없는 절차의 연기는, 형사 기소에 대하여 다투는 비용이 유죄답변을 하는 비용보다 더 많이 들게 한다. 그리고 이러한 절차 비용은 피고인이 배심재판을 받을 권리를 행사하는 것을 막는다. 넷째, 변호인의 역할이다. 무죄의 가능성이 없는 피고인이 무죄를 받겠다고 배심재판을 결정하는 것은 잘못된 선택이다. 이때 변호인은 피고인의 이익을 위해 유죄답변을 권고한다. 변호인은 피고인에게 사건의 강도, 적당한 유죄판결의 결과, 플리바게닝의 비율 등에 대한 정확한 가치 평가를 제공함으로써 형사 피고인이 더욱더 합리적인 플리바게닝을 할 수 있도록 조언한다.[94)]

---

93) Russell D. Covey, "Reconsidering the Relationship between Cognitive Psychology and Plea Bargaining", *Marquette Law Review*, Vol. 91, 2007, pp.214~221.

94) *Ibid.* at 223~235, 239~243; 절차의 지연과 관련하여, "검사들은 공공연히 입 밖에 내지는 않아도 사석에서는 공소 유지가 어려운 사건을 사법절차상의 허점을 이용해서 기나긴 링컨터널 속으로 몰아넣은 뒤 최대한 지연작전을 펼쳐 피고인이 플리바게닝에 굴복하지 않을

유죄답변을 얻기 위한 제도적 장치가 있는 한, 그리고 검찰이 능률을 최대화하는 것을 포기하지 않는 한, 유죄답변을 하지 않으려는 피고인들의 소망은 실무에서 실현될 것 같지 않다. 결국 피고인은 어쩔 수 없이 유죄답변을 한다.

⑤ 미국에서 플리바게닝을 폐지한다는 것은 재앙이다. 플리바게닝은 미국의 법원에서 사건을 해결하는 중심적 제도이다. 플리바게닝이 없으면 경찰, 검사, 판사, 변호인, 보호관찰 공무원은 그들의 중요한 임무를 수행할 수 없다. 미국인은 압제자와 괴팍한 사람을 통제할 엄격한 규칙을 원하지만 다른 한편으로 그들은 공무원이 사건에서 엄격한 법을 완화할 수 있는 융통성이 있는 규칙을 원한다. 미국인은 완전한 배심재판을 원하지만, 또한 다른 한편으로 그들은 낮은 세금을 원한다.

그래서 미국인은 법원 직원들이 배심재판보다 비용이 덜 드는 절차를 발전시키고, 자금을 절약할 것을 기대한다. 예컨대 구속된 피의자들이 법원에 이르렀을 때 정의와 경제 양쪽 모두에 대한 이유로 이들은 배심재판을 받을 권리를 행사하지 않도록 설득을 당한다. 왜냐하면 미국의 형사절차는 재판 전 심문, 복잡한 증거법, 배심원에 대한 지나친 의존 등으로 인해 더욱더 복잡하고 비용이 많이 들며, 더욱더 시간을 많이 소비하기 때문이다. 그래서 미국인은 사실상 이 절차를 이용하지 않는다. 유죄답변절차의 주요 장점은 중요한 사건과 중요하지 않은 사건을 분류함으로써 속도와 경제를 기대할 수 있다는 점이다. 형사사건의 처리에 있어 속도는 공정성에 필요하다. 요컨대 플리바게닝은 중요한 사회적 목표에 도움을 주는 자유재량적 제도의 상징이다.[95]

⑥ 플리바게닝 절차는 형사 기소와 처벌에 대한 전통적 목적에 의해 측정

수 없게끔 만든다는 사실을 시인한다. 이 과정은 변호인들을 포함하여 관련된 모든 당사자들에게 굴욕감을 안겨줄 뿐 아니라 소중한 시간을 낭비하게 만든다"라는 주장이 있다. 맷 타이비, 이순희 옮김, 가난은 어떻게 죄가 되는가, 주식회사 열린 책들, 2015, 182~183면.

95) Arthur Rosett and Donald R. Cressey, 앞의 논문, pp.7, 34~36; 플리바게닝은 검사와 법원의 시간과 자원을 보존하는 데 있어 없어서는 안 되는 제도이다. 더욱 중요한 것은 플리바게닝은 검사가 범죄와 관련된 사람의 협조와 증언을 얻는 데 사용할 수 있는 효과적인 수단이 될 수 있다는 점이다. John S. Edwards, "Professional Responsibilities of the Federal Prosecutor", *University of Richmond Law Review*, Vol. 17, 1983, p.529.

된 것과 같이 적절한, 심지어 가장 알맞은 결과를 가져올 수 있다. 또 이 실무는 저렴한 비용으로 재판제도에서 있을 법한 결과를 반영한다. 아울러 유연성이 있는 플리바게닝은 피고인을 위해 재판절차의 결과보다 더 공정한 결과를 낳는다. 왜냐하면 검사는 유죄와 양형 쟁점을 동시에 포함하는 답변에서 합리적 요소를 고려할 수 있기 때문이다. 또 검사는 동일하게 처한 피고인들의 결과를 같게 하고, 엄격한 법률의 효력을 제한할 수 있기 때문이다. 마지막으로 플리바게닝은 피고인들에게 그들이 배심재판 절차에서는 지배할 수 없는 결과에 대하여 선택할 수 있는 권한을 준다.96)

⑦ 플리바게닝은 비록 흠이 없는 것은 아니지만, 플리바게닝에는 모든 관련 당사자의 관점에서 볼 때 이익이 있다. 플리바게닝은 법원의 사건 부담을 덜어 주는 등 효율성에 있어 이익을 준다. 왜냐하면 플리바게닝에 의해 피고인에 대한 형이 결정되므로 판사는 더는 재판을 할 필요가 없기 때문이다. 검사의 관점에서 보면, 플리바게닝은 오랜 시간을 소비할 위험 없이, 그리고 많은 자원을 손실할 위험 없이 유죄판결을 보장한다. 게다가 플리바게닝은 검사의 사건 수를 줄인다.

피고인은 플리바게닝을 통해 그가 유죄답변만 하면 얻을 수 있는 특별한 결과를 보장받으면서 신속히 검사와 합의할 수 있다. 피고인은 최고형을 피할 수 있고, 덜 무거운 혐의로 더 가벼운 형을 선고받고, 신속히 자신의 삶으로 돌아갈 수 있는 기회를 얻는다.

국선변호인은 검사와 마찬가지로 자원의 한계에 직면하는데, 이때 플리바게닝은 국선변호인이 사건을 신속하게 처리할 수 있도록 해주고, 국선변호인이 생각하기에 재판할 가치가 더 많은 다른 사건에 집중할 수 있도록 해 줌으로써 국선변호인에게 이익을 준다. 또 플리바게닝은 사선변호인에게도 이익을 준다. 왜냐하면 플리바게닝은 절차의 속도를 높이기 때문이다. 피해자의 측면에서 보면, 피해자도 플리바게닝을 통해 이익을 얻는다. 신속하게 맺은 협상은 사건을 신속하게 종결하게 함으로써 피해자에게 만족을 줄 수 있기 때문이다. 또 피해

96) Fred C. Zacharias, 앞의 논문, p.1136.

자는 증언하는 것을 원치 않을 수 있고, 검찰이 유죄판결을 얻지 못할 수 있다는 가능성을 각오하고 재판을 해보는 것을 원치 않을 수 있기 때문이다.[97)]

3. 평 가

플리바게닝에 찬성하는 주장의 근거는 다음과 같다. 첫째, 플리바게닝은 형사사법제도의 효율성과 신속성에 이바지한다. 둘째, 플리바게닝은 검사·판사·피고인 등 사건 관계인 모두에게 이익을 준다. 셋째, 플리바게닝은 당사자자치의 원칙에 부합한다. 넷째, 플리바게닝은 피고인을 신속하게 사회에 복귀시킴으로써 형사정책적 측면에서 효과적이다. 다섯째, 플리바게닝은 법 제도에 있어 유연성과 창조성을 허용한다. 여섯째, 플리바게닝은 타협인데 사람이 형사절차에서 타협을 통해 자신의 상황을 개선하는 것을 막을 이유는 없다.

Ⅲ. 반대하는 주장

1. 하급심 판결

1998년 제10순회법원 합의부는 싱글턴 사건[United States v. Singleton, 144F. 3d 1343(10th Cir. 1998)]에서 검찰 측 증인에 대한 정부의 보상을 인정한 연방 판

---

97) Laurie L. Levenson, "A Guide to Negotiating Federal Guilty Pleas in a Post-Gall Sentencing World", *Criminal Justice*, Vol. 23, No. 3, 2008, pp.469~470; Robert A. Weninger, "The Abolition of Plea Bargaining: A Case Study of El Paso County, Texas", *UCLA Law Review*, Vol. 35, 1987, p.266; Larry J. Siegel and Frank Schmalleger and John L. Worrall, 앞의 책, p.321; Larry J. Siegel and John L. Worrall, 앞의 책, p.405; Alissa Pollitz Worden, "Policymaking by prosecutors: the uses of discretion in regulating plea bargaining", *Judicature*, Vol. 73, No. 6, 1990, pp.335~336; Frank H. Easterbrook, 앞의 논문, pp.308~309; Samuel R. Gross, "Convicting Innocent", *Annu. Rev. Law Soc. Sci.* 2008, p.181; Judge Rudolph J. Gerber, 앞의 논문, p.145; Darryl K. Brown, 앞의 논문, pp.102, 104; Kim Hakseong, "Plea Bargaining in the civil law countries: A Proposal for the introduction of Plea Bargaining in the Korean criminal justice system", Indiana University, 2009, p.130; Scott W. Howe, "The Value of Plea Bargaining", *Oklahoma Law Review*, Vol. 58, 2005, p.605.

례법을 뒤집는 판결을 선고하였다.[98]

위 합의부는 공범으로 지목된 자와 정부 사이의 협조와 답변합의는 연방 뇌물죄 규정을 침해하였다고 판결하였다. 이 사건의 내용은 다음과 같다. 마약 범죄에 관한 공모 혐의를 받고 있는 공범은 검사와 사이에 사건에 관하여 협조하기로 합의하였다. 검사는 위 공범의 진실한 증언에 대한 대가로 현재 조사받고 있는 다른 마약범죄에 대하여 기소하지 않고, 또 형을 결정하는 법원에 협조에 대한 특성과 범위를 알리며, 가석방위원회에 공범에 대한 협조를 통보하겠다고 합의했다. 그러자 위 공범과 관련된 피고인은 검사와 위 공범 간의 위 협상은 연방 뇌물죄 규정의 반보상(anti-gratuity) 부분인 연방법(18 U.S.C.) §201(c)(2) 규정[99]을 위반하였다고 주장하면서 협조자의 증언을 금지하는 신청을 제출하였다. 지방법원은 위 신청을 받아들이지 않았으나 제10순회법원 합의부는 지방법원의 결정을 파기하였다.

합의부는, §201(c)(2) 규정은 증언에 대한 대가로 증인과 관대한 처분을 약속한 정부 검사에게 적용된다고 판시하였다. 합의부는, 증언을 위하여 사건 증인에게 보수를 지급하는 것은 부적절하다는, 캔자스(Kansas)주 대법원에 의해 채택된 모범규칙(Model Rule)에 대한 주석[100]을 언급하였다.[101]

---

98) George C. Harris, "Testimony for Sale: The Law and Ethics of Snitches and Experts", *Pepperdine Law Review*, Vol. 28, 2000, p.24.

99) 연방 뇌물죄 규정은 두 개가 있다. 첫째, §201(b)(3)에 규정된 최고 징역 15년에 처할 수 있는 것으로서, 이 규정은 피고인이 증인의 증언에 영향을 미칠 의도를 갖고 가치가 있는 어떤 것을 뇌물로 주었거나 제의하였다는 결과를 필요로 한다. 둘째, §201(c)(2)로서, 이 규정은 증인의 증언이 허위인지 또는 증인의 증언에 영향을 미칠 의도가 있었는지에 관계없이 증인에 대한 보상을 금지한다. George C. Harris, 위의 논문, pp.9~10.

100) 1999년에 공표된 미국변호사협회 변호사 행동 모범규칙(The ABA Model Rules of Professional Conduct) 3.4(b)는 "변호사는 증거를 위조해서는 아니 되고, 증인이 허위로 증언하도록 상담하거나 권해서도 아니 되며, 증인에게 법에 따라 금지된 것을 유인하기 위한 동기를 제의하여서는 아니 된다"라고 규정한다. 그리고 이에 대한 주석은 "대부분 지역에서 보통법 규칙은 증언에 대한 대가로 사건 증인에게 보수를 지급하는 것은 부적절하다"라고 설명하였다. George C. Harris, 앞의 논문, pp.6, 25; 위 변호사 행동 모범규칙을 윤리규정이라고도 말한다. 이성식, 앞의 논문, 170면.

101) Bryan S. Gowdy, "Leniency Bribes: Justifying the Federal Practice of Offering Leniency for Testimony", *Louisiana Law Review*, Vol. 60, No. 2, 2000, p.448; Eli Paul Mazur, "Rational

그런데 위 판결이 선고된 지 9일 후에 제10순회법원은 스스로 합의부의 판결을 무효로 하고 전원합의부에서 재심한다는 명령을 내렸다. 최초 합의부 판사 3명을 제외한 모든 판사가 참여한 전원합의부는 합의부 판결을 파기하고, "§201(c)(2) 규정은 미국의 검사에게 적용되지 않는다"라고 판결하였다. 전원합의부는, 관용의 대가로 그들의 연루자에게 불리하게 증언하는 공범의 증언을 승인하는, 오래도록 계속되고 있는 보통법의 관행에 따라 판결을 선고하였다.[102]

제10순회법원 합의부의 판결은 미국 전 지역에 걸쳐 연방 기소사건에서 협조하고 있는 증인의 증언을 배제하기 위한 이른바 "싱글턴(Singleton) 신청"이라는 용어를 탄생시켰다. 일부 소수의 지방법원은 위 합의부의 판결에 따라 위 신청을 승인하기도 하였으나 현재 모든 순회법원은 제10순회법원 전원합의부의 판결과 같은 태도를 보이고 있다.[103]

2. 학 설

가. 폐지론

① 플리바게닝은 무죄 문제를 갖고 있으므로 폐지하는 것이 정의와 능률 모두에 도움을 준다. 검사는 재판에서 유죄판결의 가능성에 대해 완전한 평가를 할 수 없다. 검사는 피고인으로부터 사실상 무죄에 관한 믿을 수 있는 신호를 얻을 수 없으므로 죄가 없는 피고인에게, 유죄 피고인에게 제의하였던 것과 같은 거래를 제의한다. 이때 죄가 없는 피고인 중 일부는 검사의 거래를 거절하고, 배심재판을 받은 뒤 무죄를 선고받는다. 그러나 그중 일부 죄가 없는 피고인들은 위험을 싫어하기 때문에 재판에서 실질적으로 무죄의 가능성이 있음에

Expectations of Leniency: Implicit Plea Agreements and the Prosecutor's Role as a Minister of Justice", *Duke Law Journal*, Vol. 51, No. 4, 2002, p.1343.

102) George C. Harris, 앞의 논문, pp.25~26.

103) *Ibid.* at 26, 27; 비록 제10순회법원 합의부의 판결이 번복되었다고 하더라도 이 판결은 협상이 이루어진 증언의 진실성에 대한 사법적 의문을 상징하기 때문에 적절한 것으로 생각한다. 그러나 오늘날 검사가 연방 형사사건에서 검사를 위해 증언하는 공범 등에게 관대한 처분을 제공할 수 있다는 것은 확립된 판례이다.

도 불구하고 상대적으로 검사의 좋은 조건을 받아들인다. 더욱이 중대 범죄에 대한 유죄판결의 가능성에 직면하고 있는 죄가 없는 피고인은 종종 자신의 이익을 고려하여 유죄판결과 가벼운 처벌을 받아들이는 것을 고려한다. 유죄답변에 대한 피고인의 선택은 그의 개인적 관점에서 보면 합리적일 수 있다. 그러나 그것은 형사상 유죄판결은 합리적 의심이 없는 정도의 증명에 이르러야 한다는 국민의 신념에 반한다. 또 플리바게닝은 자발적인 답변과 제도의 능률성을 앞세워 재판에서 무죄가 선고될 가능성이 많은 피고인에게 유죄판결을 선고한다. 여기에서 플리바게닝의 무죄 문제가 대두한다.

플리바게닝은 폐지되어야 한다. 왜냐하면 플리바게닝은, 죄가 없는 피고인으로 하여금 유죄답변을 하게 하고, 배심재판을 포기하도록 하기 때문이다. 다음으로 변호인과 관련한 중대한 문제는, 피고인이 배심재판을 받게 되면 변호인이 심각한 재정적 불이익에 빠질 수 있다는 것이다. 변호인은 이러한 재정적 불이익을 피하고자 검사의 답변 제의를 그대로 받아들일 수 있고, 피고인에게 왜곡된 조언을 할 수 있다. 따라서 플리바게닝은 가난한 피고인에게 중대한 불이익을 준다. 왜냐하면 국선변호인은 충분한 보수를 받지 못하므로 이들은 답변합의가 공정한 것인지 아닌지에 관계없이 처음부터 피고인이 유죄답변을 하도록 독려하기 때문이다. 이러한 관점에서 플리바게닝은 폐지되어야 한다.[104)]

요컨대 공개된 법정에서의 재판과 중립적인 판사에 의한 정당한 형의 선고는 적법절차의 권리를 보호하고, 죄가 없는 자에 대한 부당한 유죄판결의 위험을 최소화하며, 효과적인 법 집행과 범죄에 상응한 처벌에 이바지한다. 그러나 플리바게닝은 이러한 모든 이익의 기초를 잘라낸다. 플리바게닝은, 재판에서 무죄 선고를 받을 수 있는, 죄가 없는 사람에게 부당한 처벌을 함으로써 공공의 이익을 깨뜨린다. 플리바게닝은 재앙이다. 플리바게닝은 폐지될 수 있고, 폐지되어야 한다.[105)]

---

104) Stephen J. Schulhofer, "Plea Bargaining as Disaster", *The Yale Law Journal*, Vol. 101, No. 8, 1992, pp.1979~1982, 1998~2001.

105) *Ibid.* at 2009; 한편 슐호퍼는 플리바게닝은 필요하고 피할 수 없다는 것이 거의 모든 학자와 실무가들의 견해이지만, 이러한 입장은 잘못된 것이라고 말하면서 미국 형사법정에

② 검사는 사건을 신속하게 처리하려고 하며, 가능한 한 사건이 쌓이는 것을 피하려고 한다. 그래서 검사의 중요한 업무 중 하나는 피고인들로 하여금 좋은 거래를 하고 있다는 생각을 하게 하는 것이다. 또 검사는 그 사건이 재판에서 걸리는 시간을 고려한다. 걸리는 시간이 길면 검사는 플리바게닝을 하려고 한다. 검사는 증거가 강력하지 않을 때 플리바게닝을 시도한다. 검사는 사건에 약점이 있을 때 거래를 하려고 하고, 이 경우 범죄를 축소하려고 한다. "빵 반 조각이 없는 것보다 더 좋다"라는 것이 검사의 철학이기 때문이다.[106]

그런데 여기서 문제가 되는 것은 플리바게닝을 하는 과정에서 죄가 없는 피고인에게 압박을 가한다는 것이다.[107] 그래서 무죄가 거의 확실한 피고인조차도 검사가 축소된 범죄의 형태로 플리바게닝을 제의하였을 때 이를 거절하기 어렵다. 왜냐하면 피고인은 위험을 무릅쓰고 싶지 않기 때문이다. 그런데 여기서 또 다른 문제는 증거가 약한 사건에 있어 플리바게닝은 일반적으로 속이는 게임이 된다는 사실이다. 예를 들면, 중요한 증인이 죽었거나 증언하기를 거절한 경우 검사는 이러한 상황을 숨기고 유죄답변을 끌어낸다.

한편 플리바게닝은 유연성을 제공한다. 그리고 이 유연성은 검사의 재량권한에서 나온다. 그래서 플리바게닝은 '변동할 수 있는 유죄'라는 개념을 만든다. 예를 들면, 대부분의 술집 살인사건의 경우가 그렇다. 이러한 사건의 경우 관련한 제반 사정은 강력한 타협의 동기를 제공한다. 정의와 자유는 협상이나 교환

서 플리바게닝에 대한 효과적인 견제는 가능하고, 사실상 이 목표는 이미 한 도시의 법정에서 성취되었다고 주장한다. Stephen J. Schulhofer, "Is Plea Bargaining Inevitable?", *Havard Law Review*, Vol. 97, No. 5, 1984, p.1037.

106) Albert W. Alschuler, "The Prosecutor's Role in Plea Bargaining", *The University of Chicago Law Review*, Vol. 36, No 1, 1968, pp.52~60; 대부분의 검사는 기본적으로 유죄판결을 선고받은 범죄인의 구금기간을 최대화하는 데 관심이 있는 것이 아니다. 검사들은 대부분의 사건에서 처벌의 최대화보다 유죄판결의 확보를 더 중요하게 생각한다. Russell, D. Covey, "Longitudinal Guilt: Repeat Offenders, Plea Bargaining, and Variable Standard of Proof", *Florida Law Review*, Vol. 63, 2011, p.437.

107) 유죄답변을 하라는 압력이 유죄판결을 유인한다고 주장한다. Michael O. Finkelstein, "A Statistical Analysis of Guilty Plea Practices in the Federal Courts", *Harvard Law Review*, Vol. 89, No. 2, 1975, pp.295, 309.

의 대상이 아니라는 명제는 술집 살인사건의 현실에서 맞지 않는다. 술집 살인사건에서 검사와 변호인은 협상을 통해 1급 살인죄를 2급 살인죄나 폭행치사죄로 만든다. 이러한 협상이 가능한 이유는 협상을 통해 변호인은 1급 살인죄에 대한 유죄판결의 위험에 직면하지 않아도 되고, 검사는 배심재판을 하지 않아도 됨은 물론 무죄 석방의 위험에 직면하지 않아도 되기 때문이다.[108)]

검사는 유죄답변을 얻기 위해 부당하게 "너무 중하거나 너무 많은 범죄를 기소한다(overcharge)." 검사가 부당하게 너무 중하거나 많은 범죄를 기소하는 이유는, 중한 범죄 안에 포함된 '범죄혐의가 작은 범죄', 즉 검사가 실제로 유죄판결을 구하려는 범죄로 유죄답변을 유인하기 위해서이고, 또 일부 기소에 대한 철회와 교환으로 그 나머지 일부 기소에 대한 유죄답변을 유인하기 위해서이다.[109)]

정치적 관계에서, 검사는 충분한 형을 확보하는 것보다 유죄판결을 확보하는 것을 더 중요하게 생각한다. 유죄판결에 관한 통계는 대부분 검사에게 그들의 성공을 위한 명백한 수단이다.[110)]

위 내용을 요약하면 다음과 같다. 검사는 사건을 신속하게 처리하기 위해 플리바게닝을 한다. 검사는 사건의 증거가 강력하지 않을 때 플리바게닝을 시도한다. 검사는 협상을 유리하게 이끌 생각으로 부당하게 너무 중하거나 많은 범죄로 기소한다. 검사는 정치적 성공을 위해 유죄판결의 확보에 힘쓴다. 검사는 플리바게닝을 하는 과정에서 죄가 없는 피고인에게 유죄답변의 압박을 가한다. 플리바게닝은 '변동할 수 있는 유죄'라는 개념을 만든다. 결국 플리바게닝은 판사·검사·변호인의 개인적 이익을 위해 행정·판결·양형의 업무를 하나의 재판으로 통합한 것에 불과하므로 폐지되어야 한다.[111)]

---

108) Albert W. Alschuler, 앞의 논문(1968), pp.62, 71, 76.

109) *Ibid.* at 85~92.

110) *Ibid.* at 106~112; Russell, D. Covey, 앞의 논문, p.437.

111) 앨슐러는, 피고인은 기소에 대하여 다투는 것이 너무 번거롭기 때문이 아니라 피고인이 재판을 받을 권리를 행사하면 판사나 검사가 그 대가를 치르게 하겠다거나 더 무거운 처벌을 부과하겠다고 위협하기 때문에 유죄답변을 할 수 있다고 주장한다. 처벌의 차이라는 위협은 플리바게닝의 본질이다. 따라서 플리바게닝은 악이다. Albert W. Alschuler,

③ 플리바게닝은 판사·검사·변호인에게 이익을 주는 것처럼 보이지만 이 실무 절차에는 결점이 있다.

첫째, 피고인은 무죄를 받을 기회를 잃고, 배심에 의한 재판을 받을 권리를 포함한 중요한 권리를 잃는다. 더욱이 헌법상의 배심재판을 받을 권리를 고집한 피고인들은 플리바게닝을 한 피고인들보다 더 무거운 형을 선고받을 가능성이 있다. 검사는 피고인이 답변을 거절하면 중죄 기소를 추가하겠다고 위협할 수 있고, 이러한 위협은 피고인이 재판을 받을 권리를 행사한 이후라기보다 오히려 '주고받기'라는 플리바게닝을 하는 동안에 이루어진다. 따라서 플리바게닝은 피고인의 헌법적 권리를 침해한다.112)

둘째, 검사는 유죄판결을 확보하기 위한 노력으로서 부당하게 가장 무거운 범죄로 기소하고 그것에서부터 서서히 중대성이 낮은 범죄 쪽으로 나아가려고 한다. 또 검사는 플리바게닝의 절차에서 첫 번째 단계로서 부당하게 너무 많은 범죄를 기소할 수 있다. 그때 피고인들은 재판에서 유죄판결을 선고받는 것보다 더 무거운 범죄에 대하여 유죄답변을 하도록 권고를 받게 된다.

셋째, 플리바게닝은 실질적으로 재판절차에서 비능률적이다. 변호인들은 법원과 검사에게 시간을 끌겠다고 협박함으로써 유리한 지위를 얻으려고 한다. 따라서 플리바게닝은 비효율적이고, 시간을 낭비한다.

넷째, 플리바게닝은 형사사법제도의 권위를 해친다. 플리바게닝은 헌법의 적법절차와 증명의 엄격한 기준을 빠져나갈 길을 찾는다. 또 플리바게닝은 철저한 조사 또는 증거의 제출과 증인의 증언 없이 피고인의 유죄를 결정함으로써 형사절차를 해칠 수 있다.

다섯째, 플리바게닝은 범죄인이 그들의 범죄에 대하여 처벌을 받지 않는 것을 허용하거나 최소한 더욱더 관대한 형을 받는 것을 허용한다. 그런데 관대

"Implementing the Criminal Defendant's Right to Trial: Alternatives to the Plea Bargaining System", *The University of Chicago Law Review*, Vol. 50, No. 3, 1983, pp.934~952.

112) Susan R. Klein, "Enhancing the Judicial Role in Criminal Plea and Sentence Bargaining", *Texas Law Review*, Vol. 84, 2006, pp.2036~2037; Michael O. Finkelstein, 앞의 논문, pp.295, 309; H. Mitchell Caldwell, 앞의 논문, p.75.

한 형은 범죄억제 효과를 감소시킬 수 있다.[113)]

여섯째, 플리바게닝은 죄가 없는 사람이 유죄답변을 하도록 강요할 수 있다. 그러한 상황에서, 피고인이 사실상 유죄가 아닐 때 플리바게닝은 죄가 없는 사람에게 법적으로 유죄를 인정하는 결과를 초래한다. 문제는 죄가 없는 사람이 그가 무죄를 선고받을 기회가 거의 없다고 믿을 때 유죄답변을 할 가능성이 있다는 점이다.[114)]

일곱째, 유죄답변의 문화는 변호인 사이에서 발전하였다. 이러한 사실은, 피고인들은 기소된 범죄를 저지른 정직하지 못한 사람들이고, 그들이 감경된 형을 받는 것은 최고이자 가야 할 오직 한 길이라는 믿음을 의미한다.[115)]

여덟째, 플리바게닝은 범죄인에게 "법은 정의가 단지 매매되는 터키 바자(Turkish bazaar)와 같다"라고 미화한다. 이것은 피고인이 협상을 통해 처벌을 피할 수 있다는 메시지를 전달하기 때문에 이에 대한 가장 큰 염려는 플리바게닝이 처벌에 있어 범죄억제의 목적을 약화할 수 있다는 것이다.[116)]

---

113) 징역 30년을 받아야 할 피고인이 플리바게닝으로 징역 10년을 선고받고 석방된 뒤 다시 살인, 강간의 범죄를 저질러 미국 사회에 큰 충격을 준 사례가 피해자 메간 칸카(Megan Kanka) 사건이다. Nathaniel, J. Pallone, "Without Plea-Bargaining, Megan Kanka would be alive today", *Criminology & Pub. Pol'y*, Vol. 3, No. 1, 2003, pp.83, 86; 앨런 M. 더쇼비츠는 미국 형사사법제도에서 플리바게닝이 가장 유해하고 정당하지 못한 제도라고 주장한다. 앨런 M. 더쇼비츠, 변용란 옮김, 최고의 변론, 이미지박스, 2011, 10면.

114) Larry J. Siegel and John L. Worrall, 앞의 책, p.406; Cynthia Alkon, 앞의 논문, p.563; 증명과 관련한 플리바게닝의 문제점은 누범과 초범 사이에 서로 다른 기준이 적용될 수 있다는 점이다. 누범은 자신의 범죄경력이 밝혀지면 필요적 최저형이나 더 가혹한 처벌을 받을 수 있고, 또 재판에서 유죄판결을 받을 가능성이 크다. 따라서 검사는 초범이 거절할 수 있는 답변제의를 누범이 받아들이도록 유인할 수 있다. Russell, D. Covey, 앞의 논문(2011), pp.444~455; David Lynch, "The Impropriety of Plea Agreements: A Tale of Two Counties", *Law & Social Inquiry*, Vol. 19, No. 1, 1994, p.116. 린치는 "플리바게닝은 행정상 불가결한 것이 아니다. 플리바게닝을 자발적인 실무로 생각하는 것은 옳지 않다. 플리바게닝은 판사, 검사, 국선변호인의 사실상 강요로 시행되는 것이 틀림없다"라고 주장한다.

115) Larry J. Siegel and John L. Worrall, 앞의 책, p.406.

116) Laurie L. Levenson, 앞의 논문, pp.471~472; 아울러 피고인에게 선고된 형은 종종 효과적으로 답변합의의 조건으로서 예정되거나 적어도 실질적으로 형성되기 때문에 플리바게닝은 피해자의 권리를 무시하고 있다는 주장이 제기된다. 그리고 그 해결방안으로서 피해자에게 답변합의를 거부할 수 있는 권한을 주는 방안, 피해자에게 답변합의에 대하여

아홉째, 지나친 효율과 자치에 대한 집착은, 미국의 제도가 재판의 중요성과 재판에 대한 미국 국민의 인식을 경시하게 하는 결과를 초래한다. 이것은 부분적으로 왜 미국 국민의 4분의 1만이 형사사법제도에 대한 신뢰를 표현하는지 그리고 왜 3분의 2가 플리바게닝이 문제라고 생각하는지를 설명할 수 있다.[117)]

나. 개혁론

① 일부 학자들은, 플리바게닝을 예상된 '재판 결과의 그림자' 안에서 협상하는 것으로 취급한다. 이러한 설명은 민사합의의 '재판의 그림자 모델(shadow-of-trial model)'[118)]을 참고한 것이다. 일부 학자들은, 협상이 재판에서 일어났을 실질적 결과를 대부분 반영한다고 생각하기 때문에 플리바게닝에 찬성한다. 이들은, 재판이 완전한 것은 아니지만, 플리바게닝이 재판의 결과처럼 대략 공정한 결과에 이른다고 주장한다. 결국 고전적인 재판의 그림자 모델은 재판에서 유죄판결의 가능성과 재판 이후 있을 법한 양형이 대부분 협상을 결정하는 것으로 예상한다. 비바스(Bibas)는 플리바게닝은 재판의 그림자 모델에서 나온다고 주장한다. 비바스는 증거의 강도 그리고 재판 후 예상되는 처벌로 인해 받는 영향을 재판의 그림자라고 말한다.[119)]

그런데 구조적 힘[120)]과 심리적 편견[121)]은 종종 상호 이익을 주는 협상을

그의 견해를 말할 수 있는 기회를 주는 방안, 검사가 답변합의에 들어가기 전 반드시 피해자와 협의를 하게 하는 방안(이 방안은 미국의 20여 개 주에서 채택되었다) 등이 있다. Michael M, O'Hear, "Plea Bargaining and Victims: From Consultation to Guidelines", *Marquette Law Review*, Vol. 91, 2007, pp.323~325.

117) Stephanos Bibas, *The Machinery of Criminal Justice*, Oxford University Press, p.65; 플리바게닝의 정당성을 설명하는 것은 세금 인상만큼이나 어렵기 때문에 검사는 보통 공개되지 않기를 원한다. 켄들 코피, 권오창 옮김, 여론과 법, 정의의 다툼, 커뮤니케이션북스, 2013, 227면.

118) 이 모델은, 소송 당사자는 예상된 재판 결과의 그림자 안에서 합의를 향해 협상한다고 주장한다. 이 모델에서 합리적인 당사자들은 예상된 재판의 결과를 예견하고, 또 절약된 재판 비용을 분배함으로써 양쪽 당사자들이 더 좋은 결과를 얻을 수 있는 협상을 한다.

119) Stephanos Bibas, "Plea Bargaining outside the Shadow of Trial", *Harvard Law Review*, Vol. 117, No. 8, 2004, pp.2464~2465.

120) 협상을 왜곡시키는 구조적 힘(영향)은 ① 법률가의 자질, ② 대리인 비용, ③ 보석과 구금에 관한 규칙, ④ 양형지침과 법규, ⑤ 정보 부족 등이다.

121) 협상을 왜곡시키는 심리적 편견(영향)은 ① 지나친 자신감, ② 자기 이익만 생각하는 편

방해하거나 해로운 협상을 유인한다. 그 결과 일부 피고인들은 왜곡된 협상을 한다. 그리고 이것은 실질적인 양형의 불공정을 일으킨다. 이 경우 플리바게닝은 범죄억제, 응보, 자격박탈 또는 사회복귀를 위한 필요성을 양형의 논거로 든다기보다 오히려 재산·성별·나이·교육·지능·신념을 양형의 논거로 든다. 따라서 재판의 그림자 모델을 따르는 플리바게닝에 대하여는 불공정을 없애기 위한 개혁이 필요하다.[122)]

한편 플리바게닝은 단순히 예상되는 재판의 결과를 반영하지 않는다. 왜냐하면 많은 다른 구조적 요인들이 협상에 영향을 미치기 때문이다. 검사는 유죄판결의 가능성, 범죄억제, 자격박탈, 사회복귀, 개선, 응징에 근거하여 기소한다. 물론 검사는 유죄판결뿐만 아니라 정의를 추구하기 위해 기소를 한다. 따라서 플리바게닝은 오직 범죄의 중함, 증거의 강도, 피고인의 범죄경력, 처벌 필요성에 의존해야 한다. 그러나 현실은 꽤 복잡하다. 증거의 강도가 가장 중요한 요소이지만 다른 요소들이 그 역할을 한다. 예컨대, 배심재판은 플리바게닝보다 더 많은 시간을 소비하므로 검사는 배심재판 대신에 협상할 동기를 갖는다. 또 검사는 유죄판결의 확보를 원한다. 그래서 검사는, 비록 협상 결과로 나타난 형이 재판을 거친 이후의 형보다 더 가볍더라도 플리바게닝의 확실성을 더 좋아한다. 또 검사는 정치적으로 야망을 품은 공무원이기 때문에 그들의 명성에 대하여 염려한다. 재판에서의 패배는 검사의 대중적 이미지를 훼손하기 때문에 검사는 증거가 매우 강력한 사건만 배심재판을 받게 하고, 증거가 약한 사건은 협상하려는 동기를 갖는다. 또한 검사는 명성과 경험을 얻기 위해 증거가 강력하고 유명한 사건을 배심재판으로 보낼 수 있다. 그런데 플리바게닝에서 문제가 되는 것은 증거가 약한 사건이다. 재판의 그림자 모델에 따르면 증거가 약한

견, ③ 손실 혐오, ④ 위험 선호 등이다.

122) Stephanos Bibas, 앞의 논문(2004), p.2467; 플리바게닝의 결정은 재판의 그림자 안에서 일어나지 않을 수 있다는 주장이 있다. 즉 증거상의 요인이 유죄판결의 가능성에 영향을 주지 않거나 소극적으로 영향을 준다고 주장한다. Shawn D. Bushway and Allison D. Redlich, "Is Plea Bargaining in the "Shadow of the Trial" a Mirage?", *J Quant Criminol*, 2011, p.1.

사건은 다툼이 있으므로 배심재판을 받게 해야 한다.

요컨대 재판의 그림자 모델은, 배심재판에는 증거가 약한 사건이 포함되어야 한다는 것을 보여준다.[123] 그러나 검사는 그와 반대로 증거가 강한 사건을 배심재판으로 보내고, 증거가 약한 사건에 대하여는 거절할 수 없는 제의를 통해 협상한다.[124]

한편 변호인도 플리바게닝을 할 때 다른 외부적 요인으로 영향을 받는다. 그중 가장 큰 요인은 자금이다. 변호인이 균일한 보수를 받을 때 변호인은 더 많은 사건을 처리하기 위해 피고인에게 유죄답변을 독려할 수 있다. 또 국선변호인은 너무 많은 사건 때문에 피고인에게 유죄답변을 제의할 수 있다. 따라서 국선변호인의 자금·시간의 제한은 플리바게닝의 결과에 영향을 준다. 그러나 이에 못지않게 변호인의 능력도 플리바게닝의 결과에 영향을 준다. 변호인의 능력의 차이는 공범 간 양형의 불공정을 초래한다.[125]

플리바게닝은 효율성을 강조한다. 그러나 효율성은 배분적 정의를 무시한다. 피고인 중 95%가 여전히 협상 제도 안에서 유죄답변을 하지만 그들의 거래 조건은 매우 다르다. 나이, 성별, 재산, 지능, 변호인의 능력과 이기심 등이 배분적 불공정을 만든다. 플리바게닝은 폐지될 수 없다. 그러나 최소한 이러한 불공정에 대해 개혁은 할 수 있다.[126]

---

123) 플리바게닝이 갖고 있는 무죄 문제는 플리바게닝의 효율성에서 나온 결과이다. 검사는 대부분의 사건에서 플리바게닝을 이용할 수 있다는 사실 때문에 죄가 없는 자를 기소한다. 따라서 무죄 문제를 해결하기 위한 최고의 방법은 플리바게닝을 증거가 강한 사건에 한하여 허용하고, 증거가 약한 사건에 대하여 금지하는 것이다. Oren Gazal, Partial Ban on Plea Bargains, Law & Economics Working Papers Archive: 2003~2009, Art. 59, 2005, pp.6~7, 17; 플리바게닝의 동기가 증거가 약한 사건을 처리하기 위한 것이라면, 검사는 그러한 플리바게닝에 몰두해서는 안 된다. Craig M. Bradley and Joseph L. Hoffmann, 앞의 논문, p.1293.

124) Stephanos Bibas, 앞의 논문, pp.2469~2472.

125) *Ibid.* at 2476~2486.

126) *Ibid.* at 2545, 2547; 이에 대하여 스턴츠는, 플리바게닝은 법의 그림자 밖에서 일어날 가능성이 크다고 주장한다. 그는 플리바게닝에서 중요한 것은 법 이외에 검사 자신의 선호도, 선거에 대한 야망을 성취하려는 검사의 동기라고 말한다. William J. Stuntz, "Plea Bargaining and Criminal Law's Disappearing Shadow", *Harvard Law Review*, Vol. 117, No. 8,

3. 평 가

플리바게닝에 반대하거나 비판하는 이유는 다음과 같다. 플리바게닝은 미국 연방 수정헌법이 보장하는 공개재판을 받을 권리와 배심재판을 받을 권리 그리고 적법절차를 침해한다. 플리바게닝은 죄가 없는 자에게 유죄답변을 강요함으로써 무죄 문제를 일으킨다. 플리바게닝은 범죄에 상응하는 처벌을 하지 않으므로 정의의 관념에 반한다. 플리바게닝은 범죄억제, 응보, 자격박탈 또는 사회복귀를 위한 필요성이 아닌 재산·성별·나이·교육·지능·변호인의 능력을 근거로 이루어짐으로써 불공정을 일으킨다. 플리바게닝은 판사·검사·변호인의 개인적 이익을 위해 행정·판결·양형의 업무를 하나의 재판으로 통합한 것에 불과하다. 따라서 플리바게닝은 폐지되거나, 최소한 개혁되어야 한다.

Ⅳ. 플리바게닝의 금지

1. 알래스카주

1975년 알래스카주 검찰총장 그로스(Avrum Gross)는 알래스카주에서 플리바게닝을 금지하였다. 금지 이후 기소협상과 양형협상은 모두 실질적으로 억제되었다. 또 금지되면 재판이 적체될 것이라는 예상과 달리 형사사건의 처리 시간은 개선되었다. 그로스 검찰총장이 플리바게닝을 금지한 이유는, 국민이 공정하게 기소되고, 재판을 받으며, 형을 선고받을 수 있는 형사사법제도를 확립하고, 형사사법제도에 대한 국민의 신뢰를 회복하기 위해서였다. 그로스 검찰총장은, 경찰은 사건을 조사하고, 검사는 사건을 재판하며, 판사는 형을 선고하여야 한다는 취지로 형사사법제도에 있어 각각의 역할을 명확히 하였다.[127)]

그로스 검찰총장은 알래스카의 유권자에 의해 선출되지 않았다. 그는 4년

2004, pp.2558, 2569.

127) Teresa White Carns and John A. Kruse, "Alaska's ban on plea bargaining reevaluated", *Judicature*, Vol. 75, No. 6, 1992, pp.310~311.

임기로 주지사에 의해 임명되었는데 형사 업무를 담당하는 차장검사를 통해 모든 지방검사와 지방검사보를 감독하는 권한을 가지고 있었다. 따라서 이러한 제도와 권한이, 그로스 검찰총장이 과감하게 플리바게닝을 금지할 수 있는 배경이 되었다.

플리바게닝의 금지 이후 명시적인 양형협상은 실무상 사라졌으나 기소협상은 분명하지 않다. 플리바게닝 금지 이후 약 8개월간 기소협상이 계속 발생하였기 때문이다. 그러나 그 후 기소협상은 일부 다수의 소인 사건을 제외하고 실질적으로 발생하지 않았다.[128] 플리바게닝의 금지 정책은 여전히 기소협상과 양형협상을 금지하고 있으나 실제 운영에 있어 지방검사에게 많은 재량권을 남겨 두었다. 그래서 플리바게닝의 금지 정책은 검찰총장의 공식적인 정책이지만, 위 협상 중 기소협상은 많은 검찰청에서 이루어지고 있다.[129]

2. 텍사스주 엘파소 카운티(El Paso County)

엘파소 카운티 지방법원은 플리바게닝을 제한하는 시도를 하였다. 1975년 11월 우다드(Jerry Woodard) 판사와 칼란(Sam Callan) 판사는 검사에게 앞으로 모든 중죄 사건에서 검사와 변호인에 의해 합의된 모든 양형의 권고에 의지하지 않고 독립적으로 형을 선고하겠다고 통고하였다. 또 판사들은 자신들이 준비한 양형지침에 따라 형을 선고하겠다고 말하였다. 그러자 검사는 1975년 12월 피고인 즉 변호인에게 플리바게닝은 엘파소 카운티 지방법원에서 폐지되었다고 발표하였다. 플리바게닝의 금지는 기소협상과 양형협상이었고, 그 대상은 중죄 사건이었다.[130]

법원이 플리바게닝의 금지를 발표한 직접적 원인은 강도사건과 관련이 있다. 그 당시 검사는, 1974년 지방검사에 의해 채택된 정책에 따라 강도 범죄인

128) Michael L. Rubinstein and Teresa J. White, "Alaska's Ban on Plea bargaining", *Law & Society Review*, Vol. 13, No. 2, 1979, pp.368~371.

129) Teresa White Carns and John A. Kruse, 앞의 논문, p.314.

130) Robert A. Weninger, 앞의 논문, pp.268~276.

들이 젊고, 폭력성이 없으며, 이전에 중죄 범죄경력이 없는 경우에도 강도 범죄인에 대한 보호관찰의 권고를 거부하였다. 처음 우다드 판사와 칼란 판사는 검사의 정책을 따랐으나 나중에 이들 판사는 특히 강도사건에서 구금형을 선고하는 것에 대하여 불편함을 느끼기 시작하였다. 왜냐하면 엘파소 배심원들이 거의 언제나 초범에게 보호관찰을 선고하는 것을 이들 판사가 보았기 때문이다. 마침내 판사들은 검사의 구금형 권고를 거절하기 시작하였고, 1975년 11월 검사에게 모든 중죄 사건에서 검사와 변호인에 의해 합의된 권고와 관계없이 독립적으로 형을 선고하겠다고 통보하였다. 그 후 판사들은 그들이 만든 양형지침을 이용하였으나 나중에는 보호관찰 공무원의 양형권고를 이용하였다. 플리바게닝이 금지되자 그 영향은 컸다. 금지 이후 배심재판에 의해 처리되는 사건의 비율이 거의 두 배로 늘어났다. 모든 피고인은 복잡한 당사자주의의 배심재판을 주장하였으므로 사건을 진행하는 시간이 많이 늘어났고, 미제 사건은 빠르게 쌓였다. 또 변호인은 법정에서 재판 지연에 대하여 불만을 토로하였다.131)

그런데 양형협상과 기소협상이 폐지되었어도 판사들은 피고인이 유죄답변을 하면 피고인에게 양형에 관한 직접적인 확실성을 제공하였다. 그래서 유죄답변을 한 피고인과 배심재판에서 유죄판결을 받은 피고인들 사이에 양형의 차이가 있었고, 이러한 양형의 차이로 인해 암묵적 형태의 플리바게닝은 여전히 남아 있었다.

요컨대 플리바게닝은 폐지되었다. 그러나 배심재판을 받는 사건이 두 배로 증가하고, 두 명의 판사들은 더욱 많아진 사건을 처리할 수 없게 되자 결국 판사들은 사건 진행의 효율성과 거대한 미제 사건의 해결을 위해 협상이 이루어진 답변을 다시 받아들일 수밖에 없었다.132)

3. 캘리포니아주

캘리포니아주는 1982년 플리바게닝을 금지하였다. 법은, 중대한 중죄, 피고

131) *Ibid.* at 274~278.

132) *Ibid.* at 295, 312.

인이 직접 무기를 사용하거나 음주 운전 등의 범죄와 관련한 모든 사건에서 플리바게닝을 금지하였다[캘리포니아 형사법전(California Penal Code) Section 1192.7]. 다만 이 법은 기소를 입증할 증거가 불충분할 때, 실질적 증인의 증언이 얻어질 수 없을 때, 협상에서 이루어진 합의가 양형에서 실질적 변화의 결과를 가져오지 않을 때 플리바게닝을 허용하였다.

그러나 위 금지에도 불구하고 플리바게닝은 캘리포니아주 법원에서 계속하여 존재한다.133)

4. 요 약

미국의 일부 지역에서 플리바게닝을 금지하려는 시도는 있었으나 플리바게닝은 실제로 금지되지 않았다. 외견상 플리바게닝은 폐지되었으나 암묵적으로 플리바게닝은 이루어졌다. 이러한 사실은 미국에서 플리바게닝이 확립된 형사사법제도임을 보여준다. 플리바게닝에 대한 적절한 대체수단이 없는 한, 플리바게닝은 폐지될 수 없다. 더욱이 법원은 플리바게닝의 유효성에 대하여 계속 인식하고 있고, 당사자들에 의한 타협을 독려하고 있다.

Ⅴ. 평 가

미국 연방대법원은, 1970년 처음으로 플리바게닝의 합헌성을 인정하였고, 1971년 플리바게닝은 사법 운용의 본질적 구성요소라고 판결하였다. 그리고 2012년 연방대법원은 프라이와 쿠퍼 사건(Missouri v. Frye & Lafler v. Cooper)에서

133) Joseph A. Colquitt, 앞의 논문, pp.707~708; Larry J. Siegel and Frank Schmalleger and John L. Worrall, 앞의 책, p.324; 미시시피주는 중대한 폭력과 성폭력 사건에서 플리바게닝을 허용하지 않는다. 네바다주는 유죄답변이나 피고인의 협조에 대한 대가로 기소를 철회하거나 수정하는 검찰에 의한 약속인 기소협상을 제한한다. 또 뉴욕주는 일정한 중죄 사건에서 플리바게닝으로부터 나온 양형 감경을 제한한다. 그러나 이러한 제한은 예외이다. Jenia I. Turner and Hiram E. Chodosh, *Plea Bargaining Across Borders Criminal Procedure*, Wolters Kluwer, 2009, p.28.

"오늘날 형사사법은 재판제도가 아닌, 대부분 답변제도이다"라고 판결하였다.

그러나 이러한 연방대법원의 판결에도 불구하고 플리바게닝에 대하여 반대하거나 비판하는 견해도 만만찮다. 다만 최근에 이르러 많은 학자는 플리바게닝의 폐지보다는 개혁을 주장한다. 이들은 검찰에 의한 투명한 플리바게닝의 사용, 플리바게닝에 있어 정확성과 정당성의 지향 등을 통해 플리바게닝을 개혁하자고 주장한다. 이러한 개혁이 완수된다면 플리바게닝을 둘러싼 논쟁은 다소 수그러질 것으로 보인다. 그러나 그렇게 된다고 해도 플리바게닝이 지향하는 효율성과 미국 연방 수정헌법이 지향하는 절차적 권리의 보호 사이에는 여전히 긴장관계가 남아 있음은 부인할 수 없다.

제 3 절 개혁 쟁점

Ⅰ. 서 설

최근 미국에서는 플리바게닝을 더욱더 쉽게 알아볼 수 있고, 이해할 수 있으며, 공정한 사건처리 절차로 인식되게 하려는 노력이 이루어지고 있다. 그래서 대부분의 법원은 적법절차의 위반을 금지하고 있고, 죄가 없는 피고인이 강압적인 상황에서 유죄답변을 하지 않도록 안전장치와 지침을 강화하고 있다.

예를 들면, ① 판사는 답변을 받아들이기 전 피고인에게 유죄답변의 사실에 대하여 질문을 하고, ② 변호인은 출석하여 피고인에게 피고인의 권리에 대하여 조언하며, ③ 검사와 변호인은 솔직한 자세로 답변에 대하여 토론함은 물론, 피고인과 범죄에 대한 완전하고 숨김없는 정보가 이용될 수 있게 하고, ④ 플리바게닝이 공정한 방법으로 이루어질 수 있도록, 사법적 감시를 보장하는 것들이 이러한 안전장치이다.

또 어떤 학자는, 검사가 ① 답변 제의를 하거나 응대하기 전 피고인에게 피고인의 입장에서 이야기할 기회를 주고, ② 객관적이고 일률적으로 적용되는 기준을 언급하여 검사들의 협상 지위를 설명하며, ③ 피고인이 주장한 것들에 대한 고려사항을 보여주고, ④ 유죄답변을 유인하기 위해 기소에 관한 위협과 다른 고압적인 전략을 사용하지 않을 때, 비로소 플리바게닝은 절차적으로 공정한 것으로 간주하여야 한다고 주장한다.[134] 플리바게닝에 대한 여러 가지 안전장치의 설치와 플리바게닝에 관한 절차적 정의는 모두 플리바게닝에 대한 개혁을 의미한다. 여기에서는 미국에서 플리바게닝의 개혁과 관련하여 논의 중인 중요한 몇 가지 점, 즉 효과적인 변호인의 도움을 받을 권리, 죄가 없는 자의 유죄답변, 협조자에 대한 보상을 살펴보기로 한다.[135]

II. 효과적인 변호인의 도움을 받을 권리

1. 문제 상황

우리 헌법은 구속된 피고인·피의자가 변호인의 조력을 받을 권리를 기본권으로서 규정하고 있다. 또 우리 형사소송법은 피고인·피의자에게 변호인 선임권을 인정하고 있다. 우리와 마찬가지로 미국 연방 수정헌법 제6조는 변호인의 도움을 받을 권리를 규정하고 있다. 연방 수정헌법 제6조는 모든 형사 기소에서 피고인은 그의 방어를 위해 변호인의 조력을 받을 권리를 누려야 한다고 규정한다. 그리고 여기서 말하는 변호인의 조력을 받을 권리는 모든 중요한 절차에서 변호인이 출석하여야 함은 물론 효과적인 변호인의 조력이 필요하다는 것을 의미한다.

그러나 미국에서 변호인의 자질은 천차만별이다. 그래서 플리바게닝은 증

134) Michael M. O'Hear, "Plea Bargaining and Procedural Justice", *Georgia Law Review*, Vol. 42, 2008, pp.411, 468.

135) 그 밖에 플리바게닝에 대한 대안 또는 보완책으로서, 배심포기협상제도를 도입하자는 주장이 있다(Douglas D. Guidorizzi). 이것은 피고인이 배심재판을 포기하고 판사에 의한 재판을 받는 것과 교환으로 피고인에게 기소나 양형상의 혜택을 주는 방식의 협상제도를 말한다. 최찬영, 미국 답변협상제도에 관한 연구, 법무연수원, 2005, 180면.

거의 강도와 범죄의 중대성뿐만 아니라 이와 관련이 없는 요인, 즉 변호인의 능력과 열정에 의해 영향을 받는 절차가 될 수 있다. 한편 플리바게닝은 비공식적으로 발생할 수 있고, 또 피고인에게 몰래 전달될 수 있으므로 변호인이 효과적으로 대리하였는지를 입증하기가 쉽지 않다. 그런데도 형사절차는 오랫동안 배심재판에 초점을 맞추어 왔다. 유죄답변이 유죄판결을 받은 형사사건의 약 95%를 해결함에도 미국 연방대법원은 통상 플리바게닝을 결과물로 취급하였고, 플리바게닝을 규제하려는 일을 거의 하지 않았다. 그러나 2012년 연방대법원은, 협상을 거절하고 정식 재판을 받은 이후 더 무거운 형을 선고받은 피고인에게 연방 수정헌법 제6조의 효과적인 변호인의 조력을 받을 권리의 보장이 어떻게 적용되는가에 대하여 처음으로 판결하였다.[136)]

아래에서는 2012년 이전 연방대법원이 변호인의 조력을 받을 권리와 관련하여 판결한 사례를 보고, 이어 2012년 연방대법원의 판결을 살펴본다. 종전 플리바게닝 절차에서 변호인의 도움을 받을 권리에 관한 문제는, 피고인이 미국 연방 수정헌법 제6조에 따라 효과적인 변호인의 도움을 받았는지의 문제였다.

2. 연방대법원의 판결

가. 스트릭런드(Strickland) 판결 이전

지난 80년 동안 미국에서 변호인의 조력을 받을 권리는 효과적인 변호인의 조력을 받을 권리를 포함하는 것으로 이해되었다. 1932년 미국 연방대법원은 파웰 사건[Powell v. Alabama(287 U.S. 45, 1932)]에서 변호인의 임명 시기를 고려하면서 사건에 대한 재판 준비와 재판에서 변호인이 효과적인 도움을 주는 것이 불가능한 상황에서 변호인이 임명되어서는 안 된다고 판결하였다. 1970년 연방대법원은 맥맨 사건[McMann v. Richardson(397 U.S. 759, 1970)]에서 피고인은 유능한 변호인의 효과적인 조력을 받을 자격이 있고, 피고인을 능력이 없는

136) Stephanos Bibas, "Incompetent Plea Bargaining and Extrajudicial Reforms", *Harvard Law Review*, Vol. 126, 2012, p.150.

변호인이 하는 대로 내맡길 수 없다고 판결하였다.

맥맨 판결에 따라 많은 유죄판결이, 효과적인 변호인의 조력을 받지 않았다는 것을 근거로 의심을 받았다. 그러나 연방대법원은 피고인이 효과적인 조력을 받았는지를 평가하기 위한 명확한 기준을 마련하지 않았다. 그러자 항소심 법원은 여러 가지 기준을 마련하였다. 한때는, 그 기준이 변호인의 변론이 엉터리 재판을 만들었는지에 대한 질문이었다. 그러나 다수는 그 기준을 변호인의 행위가 합리적으로 능력 있는 변호인의 행위에 이르렀는가에 대한 올바른 분석으로 보았다. 그 결과 1983년 제2순회법원은 그 기준을 "어리석은 짓과 엉터리" 에서 "합리적인 능력"으로 바꾸었다. 마침내 연방대법원은 1984년 스트릭런드 사건[Strickland v. Washington, 466 U.S. 668(1984)]에서 효과적인 변호인의 조력을 받을 권리의 개념을 명확히 하였다.[137)]

나. 스트릭런드 판결

연방대법원은 스트릭런드 판결에서 비효과적인 변호인의 조력에 관한 요구를 평가하기 위해 두 가지의 기준을 도입하였다. 즉 유죄판결을 받은 피고인이 비효과적인 변호인의 조력을 주장하려면, 첫째, 피고인은 반드시 변호인의 변호가 합리적인 객관적 기준에 미치지 못하는 수준에서 수행되었다는 것(업무수행의 불충분성)을 입증하여야 한다. 또 피고인이 업무 수행의 불충분성을 입증하기 위하여 피고인은 변호인의 행위가 합법적 재판 전략의 부분이었다는 강력한 추정을 극복하여야 한다. 가장 얼토당토않은 행위만이 이 주장을 만족하게 할 것이다.

둘째, 피고인은 반드시 변호인의 아마추어와 같은 잘못이 아니었더라면 그 '결과'가 달라졌을 것이라는 합리적 가능성이 있다는 것을 입증하여야 한다. 즉 피고인은 변호인의 불충분한 업무 수행으로 손해를 입었다는 것을 입증하여야 한다. 위에서 말한 '결과'는 적어도 평결과 형을 말한다. 추가적인 손해의 필요적 요건은, 만약 변호인의 잘못이 재판에 영향을 미치지 않았다면 아무리 그 조

---

137) F. Andrew Hessick Ⅲ & Reshma M. Saujani, 앞의 논문, p.215.

력이 전문가로서 합당하지 않더라도 변호인에 의한 잘못이 판결의 파기를 보장하지 않는다는 결론에 근거를 둔 것이다. 이 판결 하에서 법원은 변호인의 특정한 잘못과 변호인의 특정한 결과를 조사한다.138)

한편 연방대법원은 "비효과적인 변호인이라는 주장을 제출하는 모든 사건에서 업무 수행에 관한 조사는, 모든 상황을 고려하면서 변호인의 조력이 합당하였는지의 여부에 대한 것이어야 한다. 연방 수정헌법 제6조의 효과적인 변호인의 도움을 받을 권리를 보장하는 목적은 변호인의 질을 증진하는 것이 아니다. 이 조항의 목적은 단지 형사 피고인이 공정한 재판을 받는 것을 보장하는 것이다"라고 판결하였다.139)

다. 힐(Hill) 판결

플리바게닝 절차에서 변호인의 능력이 문제가 된 사례는 힐 사건[Hill v. Lockhart, 474 U.S. 52(1985)]이다. 힐은 1급 살인죄와 절도죄에 대하여 유죄답변을 하였다. 2년이 지난 후에 힐은 그의 국선변호인이 가석방의 자격을 받기 전 재범자로서 형의 2분의 1을 반드시 복역하여야 한다는 조언을 하지 않았다는 것을 근거로 형 선고 이후 구제절차인 인신보호영장을 신청하였다. 즉 힐은, 그의 유죄답변이 부정확한 정보에 의존하였으므로 그의 유죄답변은 비효과적인 변호인의 조력 때문에 이루어진 비자발적인 것이었다고 주장하였다. 제1심 법원과 항소법원은 신청을 기각하였다. 연방대법원은, 힐이 무능한 변호인의 조언으로부터 발생한 손해를 주장하지 못하였다고 판시하면서 항소법원의 판결을 긍정하였다.

---

138) Charlie Gerstein, "Plea Bargaining and the Right to Counsel at Bail Hearings", *Michigan Law Review*, Vol. 111, 2013, p.1518; Ronald Jay Allen and William J. Stuntz et al., 앞의 책, pp.1251~1253.

139) Maurice Hew, Jr., "Under the Circumstances: Padilla v. Kentucky still excuses Fundamental fairness and leaves professional responsibility lost", *Boston College Journal of Law & Social Justice*, Vol. 32, 2012, p.37; 연방과 주의 판례법은 물론 미국 변호사협회와 주 변호사회는 공식적 답변 제의를 의뢰인에게 즉시 전달하는 변호인의 의무에 대하여 규정하고 있다. Stephanos Bibas, 앞의 논문(2012), p.156.

이 판결은 스트릭런드 판결을 확장한 것이다. 왜냐하면, 연방대법원은 스트릭런드 판결에서 판시한 업무 수행의 시험 수단은 답변합의 중 제공된 조언에도 적용된다고 판결하였기 때문이다.140)

라. 반즈 판결[United States v. Barnes, 83 F. 3d 934(7th Cir. 1996)]

위 사건에서 반즈의 변호인은, 양형지침 하에서 반즈는 범죄경력자인 것을 알지 못하였다. 반즈가 유죄답변을 하기 전 변호인은 그가 46개월과 57개월 사이의 형을 받을 것이라고 조언하였다. 그러나 그가 범죄경력자 규정 하에서 받을 형의 정확한 범위는 262개월에서 327개월이었다. 법원은 반즈에게 210개월을 선고하였다.

반즈는 변호인의 조언이 헌법적으로 비효과적이었다고 주장하였다. 그러나 법원은 반즈의 주장을 기각하였다.141) 이 판결은 유죄판결에 대하여 변호인의 비효과적인 조력을 근거로 이의를 제기하는 것이 일반적으로 성공하기 어렵다는 것을 보여준다.

마. 빠디야 판결[Padilla v. Kentucky, 130 S. Ct. 1473(2010)]

미국 연방대법원은 위 사건에서 피고인의 변호인이, 40년간 미국에서 합법적으로 살았고, 베트남에서 군 복무를 하였던 미국 시민이 아닌 피고인에게 마약범죄에 대한 유죄답변은 그를 자동적으로 국가로부터 추방될 수 있다는 것을 알리지 못한 것은, 스트릭런드 판결 하에서 비효과적인 업무 수행에 해당한다고 판결하였다. 다시 말하면 출입국관리업무와 관련한 변호인의 조력은 미국 연방 수정헌법 제6조가 보장하는 효과적인 변호인의 조력을 받을 권리의 범위에서 제외되지 않는다고 판결하였다.142)

이 판결을 통해 연방대법원은 적법절차와 효과적인 변호인의 도움을 받을

140) Ronald Jay Allen and William J. Stuntz et al., 앞의 책, p.1251; F. Andrew Hessick Ⅲ & Reshma M. Saujani, 앞의 논문, p.216.

141) Ronald Jay Allen and William J. Stuntz et al., 앞의 책, pp.1264~1265.

142) Maurice Hew, Jr., 앞의 논문, p.34; Ronald Jay Allen and William J. Stuntz et al., 앞의 책, p.1265.

권리를 답변절차의 의미 있는 안전장치로 해석하기 시작하였다.[143)]

위 판결은 협상을 공정하게 하려면 협상이 이루어진 양형을 평가할 정보를 피고인에게 제공할 필요가 있다는 것을 제시한다. 또 위 판결은 변호인이 피고인에게 양형지침과 피고인이 직면한 적절한 양형에 대하여 틀리거나 그릇되게 조언할 수 있다는 것을 보여준다. 그래서 일부 피고인들은 단지 그들이 더 훌륭한 변호인을 선임할 수 있는 능력이 없다는 이유로 다른 피고인들보다 더 무거운 형을 선고받을 수 있다는 것을 위 판결은 암시한다. 따라서 이 판결은 플리바게닝의 실무와 관련하여 단지 죄가 없는 자에 대한 유죄판결의 문제는 물론 기소와 양형의 불공평에 대한 안전장치의 마련이 절실함을 제시하고 있다.[144)]

바. 프라이와 쿠퍼(Frye & Cooper) 판결

2012년 미국 연방대법원은 병합사건인 프라이와 쿠퍼 사건(Missouri v. Frye & Lafler v. Cooper)에서 플리바게닝을 하는 동안에 피고인은 효과적인 변호인의 도움을 받을 권리가 있다고 판결하였다.[145)] 연방대법원은 처음으로 플리바게닝을 하는 동안 효과적인 변호인의 도움을 받을 헌법적 권리가 있음을 인정하였다.[146)]

프라이 사건[Missouri v. Frye, 132 S. Ct. 1399, 1408(2012)]에서 3회에 걸쳐 무면허 운전의 범죄경력이 있는 프라이는 다시 무면허 운전을 한 혐의로 미주리주 법 하에서 최고 징역 4년에 처하는 중죄로 기소되었다. 검사는 프라이의 변호인에게 프라이가 유죄답변을 하면 기소를 경죄로 줄이고 90일 형을 권고하겠다고 제의하였다. 프라이의 변호인은 이 제의를 프라이에게 전하지 않았고, 제의는 소멸되었다. 프라이의 예비심리 바로 직전 그는 같은 범죄로 다시 체포되었다. 프라이는 유죄답변을 하였고, 징역 3년을 선고받았다. 그 후 프라이는 인신보호영장 신청에서 변호인이 검찰의 답변 제의를 알리지 않았기 때문에 연방

143) Stephanos Bibas, 앞의 논문(2011), p.1120.

144) *Ibid.* at 1140~1141.

145) Cynthia Alkon, 앞의 논문, p.561.

146) Laurie L. Levenson, 앞의 논문, pp.459~462.

수정헌법 제6조의 효과적인 변호인의 도움을 받을 권리가 침해되었다고 주장하였다. 프라이 사건에서 다수 의견은 연방 수정헌법 제6조는 프라이가 플리바게닝을 하는 동안에 효과적인 변호인의 도움을 받을 권리를 가지고 있다는 것을 보장한다고 판시하였다. 연방대법원은 스트릭런드 사건에서 제시한 비효과적인 변호인의 조력 기준을 제시하면서 손해를 입증하기 위해 프라이는 형사절차의 최종 결과가 더 작은 혐의에 대한 답변이나 더 가벼운 형의 이유로 더 호의적이었을 것이라는 합당한 가능성을 입증하여야 한다고 판결하였다.[147]

쿠퍼 사건[Lafler v. Cooper, 132 S. Ct. 1376, 1391(2012)]에서 쿠퍼는 살인 목적 폭행죄, 총기 소지죄, 마리화나에 대한 경죄의 소지죄 그리고 상습범 등 4개의 소인으로 기소되었다. 쿠퍼는 총을 겨누어 피해자의 머리를 향해 쏘았으나 빗나갔고, 피해자가 도망가자 쿠퍼는 다시 총을 쏘아 피해자의 둔부와 아랫배 등을 맞추었다. 그러나 피해자는 살아났다. 검사는 두 번의 범죄 중 2개를 철회하고 다른 범죄에 대하여 51개월에서 85개월까지의 형을 권고하겠다고 제의하였다. 피고인은 법원과의 의사 교환을 통해 위 제의를 받아들이겠다는 의사표시를 명백히 밝혔다. 그런데 그의 변호인이 쿠퍼에게 피해자가 허리 이하에 총을 맞았기 때문에 검찰은 피해자의 살인에 대한 고의를 입증할 수 없을 것이라고 확신시키자 쿠퍼는 마음을 바꾸었다. 물론 변호인의 위 조언은 명백히 나쁜 조언이었다. 쿠퍼는 배심재판을 받은 결과 유죄판결을 받고, 필요적 최저형인 185개월에서 360개월의 징역형을 선고받았다.

이 형은 그가 검찰의 최초 답변제의를 받아들였다면 그가 받았을 형의 세 배 이상이었다. 재판 자체에는 잘못이 없었으나 연방대법원은 더욱 호의적인 답변을 취하는 대신에 배심재판을 선택한 피고인은 더 중대한 소인에 대한 유죄판결이나 더 중대한 형의 선고로부터 손해를 입을 수 있다고 말하면서, 법원

---

147) *Ibid.* at 477~479; 위 판결에 반대의견을 낸 스캘리아(Antonin Scalia) 대법관은 "플리바게닝의 절차는 대부분의 범죄인에 대한 유죄판결을 얻는 수단이기 때문에 규제를 받을 만한 대상이다. 그런데 플리바게닝은 연방 수정헌법 제6조에 의해 보호되는 대상으로서 일어나는 것이 아니다. 연방 수정헌법 제6조는 협상의 공정성이 아닌 유죄판결의 공정성과 관련되어 있다"라고 판시하였다.

이 플리바게닝을 하는 동안에 어떤 문제라도 일어날 수 있었다는 것을 바로잡지 않았다는 사실을 발견하였다.[148)]

요컨대 연방대법원은 변호인의 위 조언은 비효과적인 변호인의 조력에 해당한다고 판시하면서 "당사자들은 변호인의 업무 수행이 충분하지 않았다는 것을 인정하였고, 변호인의 불충분한 업무 수행이 아니었다면 쿠퍼와 법원은 유죄답변을 받아들였을 것이라는 합당한 가능성이 있었다"라고 판결하였다. 연방대법원은, 이에 대한 적절한 구제절차는 주(state)에 답변합의를 다시 제의하도록 명령하는 것이라고 판결하였다.[149)]

프라이와 쿠퍼 사건에서 다수 의견의 접근은 본질에서는 기능적, 현대적이었다.[150)]

다수 의견을 이해하는 열쇠는 오늘날 플리바게닝이 형사사건 판결의 약 95%를 해결한다는 현실을 인식하고 있다는 것이다. 그 현실은 플리바게닝이 실

148) 미시간주는 쿠퍼가 완전하고 공정한 배심재판에서 유죄판결을 선고받았기 때문에 그가 변호인의 잘못 때문에 손해를 입었다는 생각을 할 수 없다고 주장하였다. 또 피고인은 플리바게닝에 대한 권리를 갖고 있지 않기 때문에 스트릭런드 판결 하에서 플리바게닝의 결과는 손해를 입을 수 없는 것이라고 주장하였다. 그러나 연방대법원은 이에 동의하지 않았다. 특히 연방대법원은 형사사법제도에 있어 플리바게닝의 압도적인 중요성을 인식하였고, 플리바게닝이 일반적인 형사사법의 절차가 되었다고 말하였다. 아울러 피고인이 플리바게닝을 할 권리를 갖고 있지 않지만, 플리바게닝이 널리 보급되어 중요한 실무가 되었기 때문에 피고인은 플리바게닝을 받아들일 것인지를 고려하는 데 있어 효과적인 변호인의 조력을 받을 권리를 갖는다고 판시하였다. Charlie Gerstein, 앞의 논문, p.1522.

149) Cynthia Alkon, 앞의 논문, p.573; Laurie L. Levenson, 앞의 논문, p.480; 스캘리아 대법관은, 연방대법원이 피고인은 플리바게닝 절차에서 효과적인 변호인의 조력을 받을 권리를 가지고 있다고 판결함으로써 헌법학의 새로운 부티크(boutique)를 알리고 있다고 한탄하였다. 스캘리아 대법관은 이러한 움직임이 플리바게닝을 필요악에서 헌법적 권리로 높였다고 비판하였다.

150) 이 판결에서 찬성 의견(다수 의견)은 현대적이고 실용적인 것을 전제로 하였고, 반대 의견은 역사적이고 형식론자인 것을 전제로 하였다. 반대 의견은 연방 수정헌법 제6조의 "피고인은 형사절차에서 변호인의 도움을 받을 권리가 있다"라는 규정을 헌법 입안자들이 원하였던 배심재판과 배심재판에 부수적인 절차로 제한하려고 하였다. 이에 반해 찬성 의견은 오늘날 플리바게닝이 지배적이고, 유죄판결뿐만 아니라 양형의 단계에서 중심 역할을 하고 있는 사실에 크게 기초를 두었다. Stephanos Bibas, 앞의 논문(2012), p.151.

로 형사사법제도의 운용에 중심이 되었기 때문에 변호인은 플리바게닝 절차에서 책임을 진다는 것이다. 피고인은 플리바게닝에 대한 권리를 갖고 있지 않지만 쿠퍼의 다수 의견은 일단 답변제의가 제출되면 피고인은 그의 형을 최소화하기 위해 합리적으로 능력 있는 변호인의 조력을 받을 권리를 갖는다는 견해를 밝혔다.[151]

3. 평 가

연방대법원은 프라이와 쿠퍼 사건 이전에 플리바게닝에 대한 제한을 거의 두지 않았다. 연방대법원은 2010년 빠디야 사건에서 비로소 플리바게닝을 비판적 시각에서 보기 시작하였고, 프라이와 쿠퍼 사건에서, 피고인은 플리바게닝 절차에서 효과적인 변호인의 도움을 받을 권리를 갖는다고 판결함으로써 비판적 시각을 계속 유지하였다. 특히 연방대법원이 프라이와 쿠퍼 사건에서 효과적인 변호인의 도움을 받을 권리를 플리바게닝 절차의 의미 있는 안전장치로 해석하였다는 점에서 이 판결은 큰 의미가 있다.

그러나 위 빠디야, 프라이, 쿠퍼 사건에도 불구하고 비효과적인 변호인의 조력 주장은 엄격한 요건 때문에 법원으로부터 받아들여질 가능성은 크지 않다. 또 연방대법원도 효과적인 변호인의 도움을 받을 권리를 만족하게 할 최소한의 기준을 확립하지 않았다는 점에서 아쉬움이 남는다. 한편 프라이와 쿠퍼 사건은 '나쁜' 변호인의 사례를 보여준다. 그러나 다른 한편으로 보면, 변호인만이 연방 수정헌법 제6조의 의무, 즉 전문적으로 피고인에게 협상에 관하여 조언할 의무를 지고 있는 것은 아니다. 형사사법제도에 있어 판사와 검사를 포함한 모든 사람이 피고인의 헌법적 권리가 보호되도록 힘써야 할 의무를 지고 있다.

151) Stephanos Bibas, 앞의 논문(2012), p.154.

Ⅲ. 죄가 없는 자의 유죄답변

1. 문제 상황

이 문제는, 죄가 없는 사람들이 그들이 저지르지 않은 범죄에 대하여 유죄답변을 하는 경우를 말한다. 예컨대, 1996년 9월 초순 워싱턴(Stanley Washington)은 강도죄에 대한 2,500달러의 보석보증금을 낼 수 없어 4개월간 교도소에서 지냈다. 그는 죄가 없다고 주장하였고, 변호인은 그가 배심재판을 받으면 무죄를 선고받을 것이라고 말하였다. 그런데 검사는 그가 유죄답변을 하고 직업훈련 과정에 들어가면 곧바로 석방될 것이라고 말하였다. 이때 피고인이 직면하고 있는 처지는 이미 잘 알려져 있다. 매년 수많은 피고인이 유죄답변을 하고 집에 갈 것인지, 아니면 무죄를 주장하고 교도소에 남을 것인지에 대한 선택에 직면한다. 여기에서 죄가 없는 사람들이 그들이 저지르지 않은 범죄에 대하여 유죄답변을 하는 사례가 발생한다.[152)]

그런데 죄가 없는 자가 교도소에 수감되어 자유를 박탈당하는 반면에, 죄가 있는 자는 자유의 몸으로 남아 또 다른 범죄를 저지를 기회를 얻는다면, 또 죄가 없는 자가 그의 자유를 침해받고 사회로부터 불공정하게 제거되는 반면에 죄가 있는 자가 자유의 몸으로 남아 사회를 타락시키고 사법제도의 목적을 방해한다면, 이것은 사법제도의 합법성에 의심을 불러일으킬 수 있다. 이상적인 세상에서는 죄가 있는 피고인은 플리바게닝을 받아들여 더 가벼운 형을 받고, 이에 반해 죄가 없는 피고인은 배심재판을 통해 무죄를 선고받는다는 사실을 인정한다. 그러나 불행하게도 미국의 형사재판은 이와 같은 유죄판결이나 무죄선고를 완전히 보장할 수 없다. 그 결과 죄가 있는 피고인은 그의 권리인 배심재판을 받을 기회를 가지려고 하고, 이에 반해 죄가 없는 피고인은 그에 대한 증거를 극복할 수 없을 것이라고 믿으면서 플리바게닝에 들어간다. 여기에서 플리바게닝의 무죄 문제가 발생한다.

---

152) Samuel R. Gross, 앞의 논문, pp.180~181.

죄가 없는 사람에 대한 유죄판결의 문제는 미국의 형사사법제도의 큰 결점이다. 그리고 재판 없이 죄가 없는 사람에게 유죄판결을 선고하는 것은 미국 사회의 기초인 형사재판의 기준을 지지할 수 없음을 드러낸다.

오늘날 미국의 제도는 피고인들이 압박을 받고, 적법절차[153]를 박탈당하고, 효율의 부속물로서 간주되는 일관작업이 되었다. 죄가 없는 사람이 처벌받고, 죄가 있는 사람이 자유롭게 될 때 형사사법제도의 인과응보와 공리주의의 목적은 달성될 수 없다. 플리바게닝 절차는 전적으로 죄가 있는 피고인들의 수단이다. 그렇게 될 때 비로소 플리바게닝의 무죄 문제는 해결될 수 있다.[154]

2. 무죄 문제의 원인

실제로 죄가 없는 사람들은 재판의 결과를 두려워한다. 그래서 이들은 거래할 가능성이 크다. 특히 배심재판을 받으려는 피고인에 대하여 단지 재판을 받으려고 한다는 이유로 더 무거운 형을 선고할 수 있다는 사실은 죄가 없는 피고인이 압박을 느끼고 유죄답변을 할 가능성을 더 크게 만든다.

법학자 코비(Covey)는 죄가 없는 피고인이 유죄답변을 하는 세 가지의 중요한 이유가 있다고 주장한다. 첫째, 피고인은 국가가 재판에서 제출할 것으로 예상하는 증거는 중립적인 배심원과 판사에게 유죄의 심증을 형성하게 할 가능성이 크다고 생각한다. 램파트(Rampart) 경찰서와 튤리아(Tulia)의 스캔들[155]에

153) 연방 수정헌법 제14조 적법절차 조항의 해석과 적용에 대하여 다음과 같은 비판적인 견해가 있다. 즉 이 조항은 주가 적법한 절차에 의하지 않고서는 생명, 자유, 재산을 빼앗을 수 없다는 규정이었고, 여기에서 생명, 자유, 재산에 대한 적법절차 없는 박탈이란 오직 적절한 재판을 거치지 않고 교수대에 걸리거나(생명의 박탈), 투옥되거나(자유의 박탈), 벌금을 부과받는(재산의 박탈) 것을 의미했다. 따라서 적법절차 조항은 원래 형사사건에만 적용되기 위해 의도된 것이었다. 다시 말하면 세금이나 사업 규제와 관련된 어떤 비형사적인 제정법은 적법절차를 밟지 않은 재산의 박탈이 될 수 없었다. 프레드 로델, 이승훈 옮김, 저주받으리라, 너희 법률가들이여!, 후마니타스(주), 2014, 97~107면.

154) F. Andrew Hessick Ⅲ & Reshma M. Saujani, 앞의 논문, pp.190, 197.

155) 램파트 스캔들은 1990년대 후반 로스앤젤레스에서 발생하였다. 램파트 경찰서에서 발생한 경찰관의 위법행위는 경찰관이 불법적인 살인·폭행·절도·마약거래에 연루된, 상상할 수 없는 규모의 경찰관 부패사건이었다. 경찰관들은 무의식적으로 체포보고서에 거짓

서 피고인에게 불리한 주요 증거는 경찰관의 증언이었는데 탄핵증거나 다른 증거가 없는 상황에서 피고인이 경찰관의 증언을 논박한다는 것은 매우 어렵다. 둘째, 피고인은 관대한 처분이라는 검사의 제의가 매우 좋기 때문에 이를 거절할 수 없다. 셋째, 피고인들은 자신들이 공정하고 편견이 없는 심리를 받을 수 없을 것이라고 인식한다.156)

코비는 죄가 없는 피고인이 유죄답변을 하는 구조적 이유를 다음과 같이 설명한다. 검사가 유죄 또는 무죄와 관계없이 자원 절약을 위해 형의 감경 등 관대한 처분을 할 의향이 있고, 또 검사가 그렇게 할 수 있는 한, 피고인들의 가장 유력한 전략은 유죄답변을 하는 것이다. 이 점이 근본적으로 플리바게닝의 무죄 문제를 일으킨다.157) 따라서 죄가 없는 피고인들이 유죄답변을 하는 이유는 깊이 뿌리박힌 형사사법제도의 부정적 현실을 반영한다. 그리고 이러한 이유는 플리바게닝 절차에서 단지 효과적인 변호인의 조력을 받을 권리가 있다는 것만으로는 쉽게 고쳐지지 않는다는 것을 보여준다. 오히려 이러한 현실은 아래에서 설명할, 재판을 받을 권리를 행사하는 것에 대한 불이익(trial penalties. 이하에서는 재판 처벌이라고 함)의 제거가 필요하다는 것을 나타낸다.

3. 이른바 재판 처벌의 문제

먼저 재판 처벌(trial penalties)에 대하여 살펴보면, 플리바게닝을 받아들이지 않고 배심재판을 받겠다고 결정한 피고인은 평균적으로 플리바게닝을 받아

보고를 하였고, 이것이 죄가 없는 피고인으로 하여금 유죄판결을 선고받게 하였으며, 또 이들 중 많은 사람으로 하여금 유죄답변을 하도록 하였다. 한편 텍사스주 툴리아 스캔들은 1990년대 후반 47명을 코카인 매매로 고소한 부정직한 자의 증언 때문에 발생하였다. 이 고소에 의해 47명이 기소되었고, 그중 25명이 유죄판결을 선고받았으며, 나머지 사람들은 선고유예를 받았다. 그런데 재판을 통하거나 플리바게닝을 통해 선고된 유죄판결은 나중에 취소되었다. 위 두 건의 스캔들에서 나중에 무죄를 선고받은 피고인 중 81%는 유죄답변을 하였다.

156) Cynthia Alkon, 앞의 논문, p.603.

157) Russell D. Covey, "Signaling and Plea Bargaining's Innocence Problem", *Washington and Lee Law Review*, Vol. 66, 2009, p.80.

들인 피고인보다 더 높은 형을 선고받는데 이러한 처벌상의 불이익을 재판 처벌이라고 말한다.[158] 그런데 배심재판을 받을 권리는 미국 법 제도에서 근본적인 것이다. 따라서 배심재판에 의한 유죄판결을 받은 피고인들을 유죄답변한 동일한 피고인들보다 더 무겁게 처벌하는 실무는, 연방 수정헌법이 보장한 배심재판을 받을 피고인의 권리가 실무에서는 제대로 보장되지 않고 있다는 것을 보여준다.[159]

통상 학자들은 배심재판을 통해 유죄판결을 선고받고 형을 받은 피고인들은 유죄답변을 한 피고인들보다 4배 이상 더 무거운 징역형을 선고받을 수 있다고 보고한다. 또 일반적으로 연방법원에서 헌법에 의해 보장된 배심재판을 받을 권리를 요청한 피고인은 유죄답변을 하거나 정부에 협조한 피고인보다 양형에서 5배 이상 더 무거운 형을 받는다고 한다. 펜실베이니아주에서 광범위한 범죄 표본을 연구한 자료에 의하면, 재판 처벌은 흑인에게 더 컸고, 배심재판에 의해 유죄판결을 받은 흑인들은 특히 관대한 형을 덜 받았다고 한다. 이처럼 가혹한 형의 위협은 피할 수 없는 플리바게닝의 분위기이다.[160] 그래서 자원이 부족한 검사는 사건을 간단하게 처리하기 위해 재판 처벌이라는 수단을 쓰려고 한다.[161]

그러면 재판 처벌은 왜 발생하는가. 재판 처벌과 답변 보상은 가장 빈번하

---

158) Richard L. Lippke, *The Ethics of Plea Bargaining*, Oxford University Press, 2011, p.10.

159) John H. Kramer and Jeffery T. Ulmer, *Sentencing Guidelines: Lessons from Pennsylvania*, Lynne Rienner Publishers, 2009, p.139.

160) *Ibid.* at 145; Cynthia Alkon, 앞의 논문, pp.603~604; David Brereton and Jonathan D. Casper, "Does It Pay to Plead Guilty? Differential Sentencing and the Functioning of Criminal Courts", *Law & Society Review*, Vol. 16, No. 1, 1981, p.55; 배심재판을 받을 권리를 행사하는 경우 플리바게닝을 한 경우보다 더 엄한 처벌을 받는데 이러한 현상은 미국 형사절차에서 오래되고 상당히 보편적인 것이다. 이민식, 정의를 위한 투쟁: 미국 펜실바니아주의 양형개혁, 초청강연회 자료집, 한국형사정책연구원, 2007, 49면.

161) 처치(Thomas Church)는 재판 처벌을 부적합한 것으로 간주한다. 그는 이것을 유죄답변을 거절한 것에 대한 터무니없는 값이라고 부른다. 이에 반하여 이스터브룩은 재판 처벌을 옹호한다. 그는 배심재판을 선택한 대부분의 피고인은 그가 증언대에 섰을 때 스스로 위증을 할 가능성이 크다고 주장한다. Richard L. Lippke, 앞의 책, p.178; Frank H. Easterbrook, 앞의 논문(1983), p.315.

게 법원의 사건 압력과 관련하여 논의되었다. 1980년대와 1990년대에 걸쳐 학자들은, 사건을 처리하여 사건의 적체를 피하려는 압력이 유죄답변을 한 피고인과 배심재판을 받을 권리를 행사한 피고인들과의 사이에 존재하는 양형 차이의 주요한 이유인지에 대하여 토론하였다. 그러나 1990년대 후반 사건 수 논쟁은 사라진 것 같다. 그 대신 유죄답변을 한 피고인들과 배심재판을 받은 피고인들을 다르게 처벌하는 것은 사건의 효율적 처리를 위한 조직적이고 합리적인 대응이었다는 주장이 제기되었다.

아무튼 피고인들이 배심재판을 받을 권리를 행사하고 그 재판에서 유죄판결을 선고받았을 때 피고인들은 배심재판을 선택하였다는 점에 대하여 실질적으로 처벌을 받는다. 그런데 이러한 재판 처벌은 공정하게 부과되지 않고, 오히려 범죄의 중대성과 형태, 범죄인의 범죄전력, 인종 등에 의존한다.[162)]

그러면 재판 처벌을 방지할 수 있는 방안은 무엇일까.

우선, 다음과 같은 양형 절차 방안을 생각할 수 있다. 통상 판사는 양형에 있어 중요한 역할을 하고, 어떤 경우에는 판사가 양형을 결정한다. 따라서 만약 배심재판을 선택한 피고인이 유죄판결을 받으면 어느 정도의 형을 선고받을 수 있는지에 대하여 판사가 어느 정도 확실한 양형을 표명하는 것이다. 판사가 어느 정도 확실한 양형을 미리 표시하기 때문에 나중에 피고인이 배심재판을 받을 권리를 행사하였다고 해도 유죄답변을 한 피고인보다 훨씬 더 무거운 형을 받을 가능성은 적어진다.

다음으로, 만약 재판 처벌이 추가 기소의 형태를 취한다면, 피고인은 추가 기소가 재판 처벌의 수단임을 주장하여 재판 처벌의 부과를 막도록 하는 방안이다. 또 재판 처벌이 부당하게 너무 중하거나 많은 기소(overcharging)의 형태를 취한다면 판사가 기소된 사실을 조사하여 검사에게 처벌하는 데 없어도 좋거나 중복된 것을 삭감하도록 요청할 수 있는 방안이다.[163)]

또 다른 방안은, 플리바게닝의 합법적 목적을 불법적 목적과 분리하도록

---

162) John H. Kramer and Jeffery T. Ulmer, 앞의 책, pp.146, 164.
163) Richard L. Lippke, 앞의 책, pp.17, 36, 37.

노력하는 것이다. 예를 들면, 검사는 완전한 배심재판 이후 지나치게 무거운 형이 선고되지 않도록 그에 필요한 조치나 요청을 하여야 한다. 또 검사는 피고인이 처음부터 벌을 받아야 할 가치가 있다고 믿는 모든 범죄를 반드시 기소하여야 한다. 아울러 검사는 이러한 범죄에서 일부 철회나 양형의 재량적 감경을 협상의 수단으로 삼지 말아야 한다.[164]

그러나 헤이즈 사건에서 살펴본 것처럼 검사는 최초 기소된 사실보다 더 중한 범죄사실로 피고인을 기소할 수 있다는 점을 협상의 수단으로 사용할 수 있으므로 재판 처벌을 막을 수 있는 실질적 방법은 많지 않은 것 같다.

4. 개선 방안

플리바게닝의 무죄 문제를 개선하려는 방안을 본다.

첫째, 연방대법원이 브래디 판결에서 플리바게닝에 관하여 판시한 사실에 먼저 주목할 필요가 있다. 연방대법원은 브래디 판결에서 플리바게닝은 강력한 증거를 갖춘 사건에 대하여만 예정된 것이고, 죄가 없는 피고인을 포함한 모든 피고인이 유죄답변을 하도록 유인하기 위한 수단으로서 예정된 것은 아니라고 판시하였다. 또 연방대법원은 알포드 사건[North Carolina v. Alford, 400 U.S. 25, 37(1970)]에서 플리바게닝은 피고인에 대한 증거가 압도적이고 피고인의 계속된 무죄 주장을 쉽게 극복하기에 충분한 사건만을 위해 마련해 둔 것임을 명확히 하였다.

그러나 오늘날 플리바게닝은 연방대법원의 이와 같은 중심적 명령에 명백히 어긋난다. 왜냐하면, 유죄가 불확실한 피고인들은 증거가 강력한 피고인들보다 더욱더 자주 유죄협상을 제의받기 때문이다. 따라서 플리바게닝의 무죄 문제를 해결하기 위하여 먼저 해야 할 일은 연방대법원의 중심적 명령을 준수하는 것이다. 플리바게닝은 증거가 강력한 사건에서만 이루어져야 하고, 증거가 약한 사건에서는 금지되어야 한다.[165]

---

164) Craig M. Bradley and Joseph L. Hoffmann, 앞의 논문, p.1293.

165) Lucian E. Dervan, 앞의 논문, p.90; Lucian E. Dervan and Vanessa A. Edkins, Ph.D., 앞의 논문, p.48; Oren Gazal, 앞의 논문, p.7.

둘째, 플리바게닝의 무죄 문제를 해결할 수 있는 가장 강력한 방법은 플리바게닝을 폐지하는 것이다. 그러나 미국에서 이미 형사사법제도로 확립된 플리바게닝을 폐지한다는 것은 현실적으로 불가능하다.

셋째, 그다음으로 생각할 방법은 유죄의 증거가 어느 정도 최소한의 기준점 이하로 떨어진 경우, 피고인에 대한 범죄사실의 철회를 장려하는 것이다. 이렇게 되면 일부 죄가 없는 피고인의 지위가 개선될 것으로 보인다.

넷째, 실현 가능성은 크지 않지만, 18세기 초부터 19세기 중반까지 미국 대부분의 법원이 적극적으로 중죄 사건에서 유죄답변을 만류하였던 것처럼[166] 판사가 연방 형사소송규칙의 범위 내에서 플리바게닝에 적극적으로 관여하는 것이다. 물론 지금의 플리바게닝 실무에서 판사는 적극적인 참여자가 아니다. 판사는, 피고인이 자발적으로 그 내용을 알고 강요를 받지 않고 답변하였는지를 묻고 사건을 결정하는 자이다. 즉 플리바게닝 절차에서 판사는 여전히 공평한 중립자로 남아 있다. 이것은 미국을 건국한 사람들이 보장한 사법부의 독립을 반영한 것이다. 그러나 이러한 판사의 역할은 무죄 문제를 해결한다기보다 오히려 무죄 문제를 악화시킬 가능성이 있다. 따라서 판사는 플리바게닝의 사실적 기초를 확인하는 과정을 통해 죄가 없는 사람이 유죄답변을 하였는지를 적극적으로 살펴볼 필요가 있다.[167]

5. 평 가

1970년 미국 연방대법원은 브래디 판결에서 플리바게닝은 죄가 없는 피고

---

166) 19세기 후반과 20세기 초에 걸쳐 법원은 "① 법은 본안에 관한 한 배심재판을 선호한다. ② 피고인이 부주의로 인해 유죄답변을 하였고, 또 피고인이 가벼운 처벌을 받을 것이라는 희망으로 유죄답변을 하였다면 법원은 유죄답변의 취소를 허락하는 데 관대하여야 한다. ③ 유죄답변은 그 결과를 알 수 있는 충분한 자격을 갖춘 자에 의해 완전히 임의성이 있는 상태에서 이루어져야 하고, 두려움·오해·설득·약속·부주의 또는 무지에 의해 유인된 것이어서는 아니 된다"라는 판시를 통해 플리바게닝에 대하여 부정적 견해를 보였다. Albert W. Alschuler, 앞의 논문(1979), p.20.

167) F. Andrew Hessick Ⅲ & Reshma M. Saujani, 앞의 논문, pp.220~223.

인 등 모든 피고인이 유죄답변을 하도록 유인하기 위한 수단이 아님을 분명히 했다. 즉 연방대법원은, 플리바게닝은 강력한 증거가 뒷받침되는 사건을 위해서만 인정된다는 점을 명확히 하였다. 그러나 오늘날 플리바게닝은 1970년 연방대법원의 명령에 조화롭지 않게 운용되고 있다. 왜냐하면, 검사는 죄가 없는 피고인들이 유죄답변을 하도록 압력을 가하기 때문이다. 이것은 명백히 연방대법원의 판결과 배치된다. 따라서 플리바게닝의 무죄 문제를 근본적으로 해결하기 위해서 검사는 1970년 연방대법원의 판결을 다시 음미하고, 그 판결에 맞게 플리바게닝을 하여야 할 것이다.

Ⅳ. 협조자에 대한 보상

1. 개 요

피고인의 협조가 없으면 기소를 하여야 할 가치가 있는 많은 사건들이 기소를 할 수 없게 되는 경우가 있다. 그래서 서양에서는 아주 오래전부터 증언을 하거나 자신의 공범에게 불리한 증거를 제공하는 방법으로 수사와 재판에 협조하는 피고인에게 형사상 혜택을 주는 제도가 있었다.

미국에서는 협조에 대한 보상이 이미 플리바게닝의 붙박이가 되었다. 검사와 기소된 피고인 사이에 이러한 형태의 플리바게닝은 매우 친숙하고 겉보기에는 불가피한 것이 되었다. 더욱이 이러한 보상을 얻는다는 것은 지금의 필요적 최저형과 연방 양형지침의 시대에서 특별한 절박감의 성질을 띤다. 왜냐하면 수사와 재판에 협조한 피고인은 필요적 최저형 이하의 형을 선고받을 수 있고, 또 협조한 피고인은, 검사가 법원에 피고인이 실질적 협조를 하였다라는 신청을 하고 판사가 이를 근거로 양형 범위를 하향 일탈하면, 형의 감경을 받을 수 있기 때문이다. 따라서 가혹한 형에 직면하고, 달리 관대한 처분의 전망이 거의 없는 피고인은 형을 감경받기 위해 검사에게 실질적 협조를 제공하려고 한다.[168)]

168) Richard L. Lippke, 앞의 책, p.146; Daniel Richman, "Cooperating Defendants: The Costs and Benefits of Purchasing Information from Scoundrels", *Federal Sentencing Reporter*, Vol. 8, No.

그러나 여기에는 피고인이 그의 동료의 범죄에 대하여 침묵을 하게 하는 저항할 수 없는 압력이 있다. 충성이나 보복에 대한 두려움이 그 압력이 될 수 있고, 심지어 이러한 증언이나 증거의 제출로 인해 다른 사람들과 사회로부터 밀고자로 낙인찍히는 것에 대한 걱정이 그 압력이 될 수 있다. 또 사회로부터 경멸의 대상이 될 수 있다는 염려도 압력이 된다.

그래서 검사는 오랫동안 이러한 압력을 극복하고 협조를 한 자에게 특별한 관용으로 보상하였고, 또 피고인에게 협조를 위한 특별한 동기를 주었다.[169]

2. 보복에 대한 두려움, 수치와 보상

다른 사람의 범죄에 대하여 개인적으로 알고 있는 피고인은 일반적으로 그 사람과의 신뢰관계를 유지함으로써 그것을 얻는다. 그래서 피고인은 그 사람에게 어느 정도 충성을 할 것이라고 예상된다. 충성은 피고인이 명시적으로 고백한 비밀에 대한 한 그룹의 윤리에서 나온다. 그것은 예컨대, 회사 종업원이 그의 회사와 감독자에게 느끼는 충성이다. 또 그것은 혈연관계, 도덕적 유대 또는 밀접한 교우 등에 바탕을 둔 것일 수 있다. 충성에 대한 고려는 만약 배반하면 처벌될 것이라는 두려움을 가질 때 그 중요성이 있다. 사실, 전직 동료에 의한 신체적 보복의 위협은 있다. 그리고 협조자의 친구나 가족에 대한 보복의 가능성도 크다.[170]

그러면 수사에 협조하는 자, 즉 밀고자에 대한 경멸감은 어디에서 오는가. 우리는 일반적으로 개인적 이익을 위해 그의 동료를 배신한 사람을 비난하지만,

---

5, 1996, p.292; Michael A. Simons, "Retribution for Rats: Cooperation, Punishment, and Atonement", *Vanderbilt Law Review*, Vol. 56, No. 1, 2003, p.13.

169) Daniel Richman, "Cooperating Clients", *Ohio State Law Journal*, Vol. 56, 1995, p.77; 협조에 대한 인과응보적인 측면은 두 가지의 점에서 명백하다. 첫째, 많은 협조자에게 있어 협조 그 자체가 처벌이다. 둘째, 일부 협조자에게 있어 협조는 피고인이 속죄를 경험하는 수단이 될 수 있다. 따라서 협조는, 받을 자격이 없는 관용이라는 사회적 희생보다 추가적인 범죄 투쟁이라는 사회적 이익을 더 높게 평가하는 공리적 계산법 이상을 포함한다. Michael A. Simons, 앞의 논문, pp.4~5.

170) Daniel Richman, 위의 논문, pp.78~79.

협조자가 배반한 동료는 반사회적 행위에 관련된 사람이다. 따라서 공리적 사고는 밀고자의 동기나 개인적 충성과 관계없이 밀고자를 칭찬하거나 적어도 장려한다. 그러나 밀고 행위에 대한 대중의 반응은, 협조자가 진실을 말하지 않을 수 있거나 협조자에게 제공되는 가벼운 형이 범죄억제의 기반을 위태롭게 한다는 생각을 반영한다. 밀고자에 대한 경멸적 감정의 깊이는 공리적 사고[171]를 초월하고, 또 이는 개인적 이익에 의해 자극받은 배신에 대한 칸트 철학의 비난에 더 부합한다. 정언명령(Categorical Imperative)[172]에 완전히 친숙하지 않은 사람들도 다른 사람에게 죄를 씌우게 함으로써 이익을 얻는 사람들에게 반감을 느낄 수 있다. 피고인이 협조하는 이유가 전적으로 이기적인 생각 때문이라는 주장은 충분히 합리적이고, 그것만으로도 대중의 경멸감을 설명할 수 있다. 고자질하는 것에 대한 대중적 경멸감은 인간관계에 있어 신뢰와 공평무사의 가치에 대한 뿌리박힌 신념을 반영한다. 이러한 신념의 뿌리는, 수사기관에 다른 사람

---

171) 오늘날 정부에 협조한 증인은 미국 형사사법제도의 지탱물이다. 협조한 증인은 순전히 공리주의의 관점에서 논의된다. Michael A. Simons, 앞의 논문, pp.2~3; 협조한 증인을 공공편의와 공공행복이라는 공리적 개념에서 정당성을 제공한 사람이 벤담(Jeremy Bentham)이다. 그는 더 큰 행복이라는 이익에서 협조한 증인에 대한 관용의 정책을 지지하였다. 벤담은 "협조한 증인에 대한 보상 없이 범죄인의 유죄판결을 얻을 수 있는 다른 수단이 있는 한, 협조한 증인(밀고자)에 대한 관용 등 보상의 방법은 나쁜 것임이 틀림없다. 밀고에 따른 필요적 형벌 면제는 악이기 때문이다. 그러나 다른 수단이 없다면 이 방법은 좋은 것이다. 왜냐하면 한 명의 범죄인에 대한 형벌 면제는 많은 다른 범죄인들에 대한 형벌 면제보다 덜 나쁘기 때문이다"라고 말하였다. Steven C. Greer, "Supergrasses and the Legal system in Britain and Northern Ireland", *The Law Quarterly Review*, Vol. 102, 1986, p.227; David Bonner, "Combating Terrorism: Supergrass Trials in Northern Ireland", *The Modern Law Review*, Vol. 51, No. 1, 1988, p.31; Paddy Hillyard and Janie Percy-Smith, "Converting Terrorists: The Use of Supergrasses in Northern Ireland", *Journal of Law and Society*, Vol. 11, No. 3, 1984, p.338.

172) 어떤 행동이 그 자체로 바람직하다면, 따라서 이성과 조화되는 의지에 필요하다면, 이때의 명령을 정언명령이라고 말한다. 여기서 정언은 조건이 없다는 것을 의미한다. 무조건 '해야 한다'라는 것을 의미한다. 즉 정언명령은 법칙이 객관적으로 누구에게나 타당한 명령으로 주어지는 것을 일컫는다. 이에 반해 어떤 행동이 다른 것의 수단으로서만 바람직한 경우 이를 지시하는 명령을 가언명령이라고 말한다. 이것은 '만일 … 한다면 … 해야 한다'라는 식의 명령이다. 마이클 샌델, 김명철 옮김, 정의란 무엇인가, 와이즈베리, 2014, 182면; 양해림, 대학생을 위한 서양철학사, 집문당, 2012, 249면.

을 고자질하여 결속을 깨는 사람들은 나중에 거의 이와 동등한 상황에 직면할 것이라는 학교나 대가족의 윤리 또는 가르침[173]에 있다.

그러나 여기에서 중요한 것은, 다른 사람의 범죄행위에 대하여 직접 정보를 가진 피고인이 개인적 부끄러움, 육체적 또는 경제적 보복, 사회적 고립에 직면할 수 있음에도 협조하기로 선택해야 한다면, 그는 협조하지 않으면 받아야 하는 형보다 훨씬 더 가벼운 형의 형태로 실질적 보상을 기대할 수 있다는 사실이다.[174]

3. 문제점

협조하는 자에게 보상을 제공하는 실무는 다음과 같은 결점을 지니고 있다.

첫째, 이것은 많은 범죄를 저지른 개인이 범죄 중 일부나 전부에 상응하는 처벌을 교묘히 피할 수 있게 함으로써 사실상 불법을 조장한다. 협조에 대한 보상은 응분의 처벌이 따라야 하는 양형과 조화를 이루지 못한다. 왜냐하면 범죄를 저지른 개인은 범죄의 중대성에 상응하는 제재를 견디어 내야 하기 때문이다. 더욱이 개인의 처지에서 보면 의무로 보일 수 있는 것을 협조자가 수행하였다는 이유로 그에게 보상하는 것은 문제가 있다. 범죄를 저지른 개인은 자신의 범행을 인정해야 할 도덕적 의무를 지고 있고, 또 공범이 있는 경우 그들에 대한 증거를 제공해야 할 도덕적 의무를 진다. 우리는 사람들이 그들의 의무를 다할 것으로 기대하지만 통상 사람들이 그 의무를 다하였다고 하여 그들에게 보상하지 않는다.

둘째, 협조에 대한 보상은 비교불법을 조장한다. 만약 A, B 두 사람이 같은 범행을 저질렀는데 A가 감경된 형을 받은 유일한 이유가 A가 처음 B에 대한 증거를 제공하기로 동의하였기 때문이라면, 협조하려는 A의 신속성에 대한 어떤 것도 A가 저지른 범죄의 본질을 변화시키지 않는다. 그러면 왜 A는 B와 다르게

173) 유다는 모든 밀고자의 단골손님 성인으로 보인다. 예수의 열두 제자 중 하나인 유다는 예수를 팔았으나 스스로 뉘우쳐 목매어 죽었다. 성경 마태복음 26, 27장.

174) Daniel Richman, 앞의 논문(1995), pp.80~85.

처벌받아야 하는가가 의문으로 남는다.

셋째, 협조에 대한 보상은 신뢰할 수 없는 증거를 낳게 할 가능성이 크다. 경찰이나 검찰에 협조하고 싶어하는 사람들은 가능한 한 최고의 거래를 확보하기 위해 그들의 공범의 책임에 대하여 왜곡하거나 과장할 가능성이 크다. 또 그들은 범죄에 대한 그들의 책임을 축소할 가능성도 크다. 그래서 협조하는 자의 진술에 대한 신뢰성이 문제가 된다. 특히 교도소 밀고자(jailhouse snitch)의 증언은 신뢰성이 없는 경우가 있다. 드와이어, 네우펠트, 쉑크(Dwyer, Neufeld, Scheck)가 분석한 64건의 DNA 무죄 사건을 보면, 잘못된 유죄판결 중 21%가 밀고자의 증언 때문이었다.

넷째, 협조에 대한 보상은 개인이 그들의 전 친구나 동료를 배반하도록 장려한다. 그러나 일반적으로 배신은 수치스러운 것으로 여기고, 협조하는 자를 지칭하는 밀고자는 거의 보편적 경멸의 별명이다. 만약 충성이 좋은 것이고, 배반이 나쁜 것이라면 배반하는 것을 장려하는 플리바게닝은 문제가 있다.[175)]

다섯째, 검사는 목격자, 피해자, 기록, 오염되지 않은 다른 증거로부터 효과적인 증거를 취득할 수 없을 때 대부분 공범의 증언을 이용할 가능성이 크다. 그리고 협조자의 증언을 사용할 수 있는 사례는 비밀스러운 행위가 포함되어 있어 피해자를 이용할 수 없는 사건, 즉 살인·부패·조직·마약 등의 범죄일 것이다. 공범의 증언에 의한 일반적인 시나리오는 범죄조직의 수괴가 협조하는 증인의 증언으로 기소되었을 때 일어난다. 검사는, 그러한 증언이 없었다면 범죄의 책임이 있는 대부분의 수괴 등은 절대 기소되지 않았을 것이라고 말한다. 또 검사는 협조자의 증언을 최후의 수단으로 사용한다고 주장하면서 협조자의 사용을 정당화한다. 그러나 여기에는 다음과 같은 문제점이 있다. 일부 검사는 위험을 싫어하거나 게으름 때문에 사실은 협조자 없이 증거를 충분히 수집할 수 있는 사건이나 추가 조사로 증거에 대한 다른 대체자원을 발견할 수 있는 사

---

175) Richard L. Lippke, 앞의 책, pp. 147~148; Yvette A. Beeman, "Acomplice Testimony under Contingent Plea Agreements", *Cornell Law Review*, Vol. 72, 1987, p.808; George C. Harris, 앞의 논문, p.2; Jim Dwyer et al., Actual Innocence(2000).

건에서 협조자와 합의함으로써 협조자의 증언을 필요 이상으로 사용한다.[176]

4. 개선 방안

협조에 대한 보상은 1998년 제10순회법원 합의부가 싱글턴 사건에서 판시한 것처럼 문제가 있다. 아무리 미국 연방 판례법과 법률이 협조에 대한 보상을 인정하고 있다고 해도 이것은 형사사법제도의 궤도를 탈선한 것이라는 비난에서 벗어나기 어려워 보인다. 이 중 가장 큰 문제는 협조자의 증언이 의심스럽다는 것이다. 왜냐하면, 협조자는 더 큰 관용을 받기 위해 독자적으로 검사를 도우려고 시도할 수 있고, 거짓말을 할 수 있기 때문이다.[177]

그러면 그 해결 방안은 무엇인가?

개괄적으로 말하면, 검사가 가진 보상에 대한 권한을 일부 제한함으로써 협조에 대한 보상의 문제를 개선하는 방안이 있다. 예컨대 검사가 지나치게 관대한 형을 제공하는 것을 막기 위해 양형 감경에 일정한 제한을 두는 것이다. 특히 불기소 합의는 신중하게 행사되어야 한다. 이러한 생각은 당연히 벌을 받아야 할 사람은 그에 상응하는 벌을 받게 함으로써 양형제도의 기본에 충실해야 한다는 인식을 근거로 한다.

그러나 검사가 협조에 대해 보상을 하는 것 외에 실행 가능한 다른 취사선택을 거의 가지고 있지 않을 때 문제가 발생한다. 왜냐하면 기소할 가치가 있는 대부분의 사건에서 협조자에 대한 충분한 양형 감경이 중요한 증언을 얻을 수 있는 유일한 방법이기 때문이다. 범죄가 매우 중대하고 범죄의 수도 많다면, 그리고 사건을 해결하기 위한 다른 실행 가능한 취사선택이 없다면, 검사는 법원의 조언이나 동의를 얻어 협조에 대한 보상을 사용할 수 있다. 그러나 여기에도 문제는 있다. 협조자를 사용할 것인지는 검사의 권한이지 판사의 권한이 아니기 때문이다.[178]

---

176) Daniel Richman, 앞의 논문(1996), p.293.
177) Michael A. Simons, 앞의 논문, p.54.
178) Richard L. Lippke, 앞의 책, p.148.

그 다음으로 생각할 수 있는 것은 판사가 협조하는 증인의 신용성에 대하여 어느 정도 예비적 평가를 수행하게 하는 방안이다.[179]

다음으로, 협조자의 증언에 대한 신뢰성을 높이는 방안이다. 검사는 협조자의 진술에 대한 가치를 과대평가해서는 안 되고, 적어도 협조자의 진술을 뒷받침할 수 있는 보강증거를 확보하는 데 노력해야 할 것이다.[180]

---

179) *Ibid.* at 166.

180) 협조자에 대한 보상과 관련한 사건이 미국의 엔론(Enron) 재판이다. 2002년 엔론의 회계감사를 담당한 회계법인 아서 앤더슨(Arthur Andersen LLP)은 검찰 수사에 결정적 증거물이 될 수 있는 관련 서류를 파기하여 사법권을 교란한 죄로 유죄판결을 선고받았다. 이때 유죄판결에 결정적 역할을 한 사람이 위 서류를 파기한 앤더슨의 파트너 데이비드 던컨(David Duncan)이었다. 던컨은 검찰 수사에 협조하는 조건으로 관대한 처분을 받기로 합의하였고, 결국 징역형을 면하였다. 엔론과 관련한 또 다른 재판인 엔론의 주역 켄 레이(Ken Lay), 제프 스킬링(Jeff Skilling), 앤드루 패스토(Andrew Fastow)에 대한 재판에서 검사는 레이와 스킬링에 대한 유죄판결을 확보하기 위해 패스토와 그가 검찰 측 증인으로 증언하는 조건으로 관대한 처분을 받기로 하는 합의를 하였다. 2006년 패스토는 레이와 스킬링에게 불리한 증언을 하였고, 변호인들은 패스토를 파렴치한 인물로 묘사하며 증언의 신뢰성을 떨어뜨리는 데 집중하였다. 그러나 결국 레이와 스킬링은 부정부패, 은행과 감사에게 부정확한 재무 자료를 고의로 전달한 행위 등으로 유죄판결을 선고받았다. 한편 엔론 재판 이후 검찰이 증거 파기나 회계 부정을 직접 주도한 던컨과 패스토에게 관대한 처분을 약속한 것이 과연 사법정의에 부합하는지에 대한 의문이 제기되었다. 케스터/L. 레너드/사이먼 정, 세계를 발칵 뒤집은 판결 31, (주)현암사, 2014, 463면; 살림의 여왕 마사 스튜어트(Martha Stewart)에 대한 허위 진술 범죄 사건에서 증인 패뉴얼(Douglas Faneuil)은 플리바게닝을 통해 경범죄로 유죄판결을 받은 다음 스튜어트에게 불리한 증언을 하였다. 그래서 패뉴얼의 증언은 신뢰성이라는 관점에서 문제가 있었다. 스티븐 러벳, 조은경 옮김, 정의가 곧 법이라는 그럴듯한 착각, 나무의 철학, 2013, 43~47면.

제 4 장

플리바게닝에 대한 비교법적 고찰

제 1 절 영 국

Ⅰ. 19세기 후반까지 유죄답변의 실무

1. 부정적 견해

영국 보통법의 유죄답변에 관한 실무를 보면, 19세기 후반까지 영국 법원은 피고인에게 유죄답변을 하지 말라고 적극적으로 말렸다. 물론 1066년 노르만 정복 이전 영국의 보통법에서는 피고인이 자신의 범죄를 인정함으로써 스스로 유죄판결을 선고받는 것이 가능하였으나 중세시대의 형사절차에서 유죄답변은 보기 드문 것이었다. 1680년 헤일(Mathew Hale)은 "피고인이 기소 사실을 자백할 때 이것은 곧 유죄판결이었다. 그래서 법원은 피고인이 배심재판을 요청하도록 권하였고, 또 피고인의 변명을 인정하도록 권고하는 것이 일반적인 실무였다"라고 말하였고, 이러한 실무는 19세기 후반까지 지속하였다.

한편 17세기 후반부터 18세기 전반까지 영국 런던의 중죄 법원인 올드 베일리(Old Bailey)의 형사사건을 연구한 랭베인은 17세기 후반부터 18세기 초까지 배심재판에서는 당사자 어느 쪽도 변호인이 선임되지 않았고, 지금과 같은 증거법이 발달하지 않았기 때문에 배심재판은 신속하게 진행되었으며, 또 법원은 사건 부담의 압력을 받지 않았으므로 많은 사건에서 처음 유죄답변을 한 피고인에게 배심재판을 받도록 권고하였다고 주장하였다.[1] 법원의 이러한 입장은 1830년대까지 지속되었고, 1830년대 올드 베일리에서의 배심재판은 모든 판결의 약 95%를 차지하였다.[2]

그리고 이 기간에 법원은 유죄답변의 자발성(임의성)에 대하여도 엄격하게 해석하였다. 1560년에 발간한 스턴드포드(W. Staundforde)의 국왕의 소송(Pleas of the Crown)은 공포·협박 또는 감금으로부터 발생한 유죄답변은 기록되어서는 안 된다고 선언하였고, 1609년 펄톤(Ferdinando Pulton)은 답변은 반드시 자유롭게 진행되어야 하고 피고인 자신의 완전한 의지에 따라 진행되어야 한다고 주장하였다. 또 1783년 워릭셜 사건(Rex v. Warickshall)에서 법원은 호의의 약속 때문에 얻어진 자백은 부적절한 것으로서 받아들일 수 없다고 판결하였다. 법원은 희망에 대한 감언이나 두려움의 고통 때문에 강요된 자백은 의심스러운 형태로 나오기 때문에 이러한 자백을 신용하면 안 된다고 단언하였다.[3]

2. 부정적 견해의 이유

영국 법원이 유죄답변을 받아들이는 데 수저하였던 이유는 다음과 같다. 첫째, 법원은 명백히 유죄답변을 믿지 않았다. 왜냐하면 유죄답변이 허위인 경우가 있었고, 또 두려움이나 감언이설에 의한 경우도 배제할 수 없었기 때문이

1) Albert W. Alschuler, "Plea Bargaining And Its History", *Columbia Law Review*, Vol. 79, No. 1, pp.7~9; John H. Langbein, *Understanding the Short History of Plea Bargaining*, p.262; John H. Langbein, "The Origins of Public Prosecution at Common Law", *The American Journal of Legal History*, Vol. 17, No. 4, 1973, p.317.

2) Malcolm M. Feeley, "Perspective on Plea Bargaining", *Law & Society Review*, Vol. 13, No. 2, 1979, p.187.

3) Albert W. Alschuler, 앞의 논문, p.12.

다. 둘째, 당시 영국의 중죄 피고인들은 변호인을 선임하지 않았다. 판사는 변호인이 없는 피고인들이 법률을 잘 알지 못함으로 인해 받을 수 있는 고통을 막아야 할 기본적 의무를 지고 있었다. 그래서 판사는 한편으로는 피고인의 변호인으로서 피고인에게 재판을 받도록 일반적인 조력을 하여야 했기 때문에 유죄답변을 받아들이지 않으려고 했다.

셋째, 당시 모든 중죄의 법정형은 사형이었다. 1819년 당시 영국에 규정된 220개 범죄의 법정형은 사형이었다. 따라서 유죄답변은 자살행위나 다름이 없었다. 그러므로 법원이 피고인의 유죄답변을 받아들인다는 것은 매우 거북한 일이었다.[4)]

II. 19세기 후반 이후 플리바게닝의 기원

1. 기 원

영국의 경우 1835년까지 왕립형사법원의 배심재판은 처리된 사건 중 약 90%를 차지하였다. 그러나 1850년 이후부터 배심재판이 차지하는 비율은 감소하기 시작하였다. 이러한 감소는 입법과 관련이 있는 것으로 추측된다. 당시 입법을 통해 대다수의 중죄가 경죄로 재분류되었고, 또 유죄답변의 방법으로 약식사건을 처리하기 위해 많은 사건이 왕립형사법원의 관할에서 치안판사법원의 관할로 변경되었다.[5)]

19세기에 걸쳐 이와 같은 법률들은 실질적으로 왕립형사법원의 재판권을 축소하였고, 그에 따라 배심재판의 범위도 대폭 축소되었다. 특히 입법을 통해 왕립형사법원이나 치안판사법원 어디에서도 재판을 받을 수 있는 범죄가 규정되었고, 이러한 범죄가 기소되는 방식은 피고인이 치안판사법원에서 유죄답변

---

4) *Ibid.* at 11~12.

5) 형사법원은 중요 형사사건의 제1심 재판과 경미한 형사사건의 항소심 재판을 담당하고, 치안판사법원은 경미한 형사사건의 제1심 재판을 담당한다. 조용후, 영국 검찰과 경찰의 관계 연구, 국외훈련검사연구논문집 제29집(Ⅱ), 2014, 405~408면.

을 하도록 장려하였다. 왜냐하면 피고인이 왕립형사법원에서 배심재판에 의해 유죄판결을 선고받으면 더 무거운 형을 받을 수 있지만, 피고인이 치안판사법원에서 유죄답변을 하고 배심재판의 권리를 포기하면 특별히 더 가벼운 처벌을 받을 수 있었기 때문이다. 결국 19세기 말에 이르러 배심재판은 대폭 사라졌고, 대부분의 사건은 사실상 유죄답변으로 처리되었다.[6)]

2. 성 장

19세기 중반까지 영국의 법원이나 학자들은, 플리바게닝이나 유죄답변이 피고인에게 부당한 압력을 행사한다고 생각하기 때문에 유죄답변의 인정을 꺼린 것 같다. 그러나 19세기 말부터 영국에서는 배심재판을 받는 중죄인의 비율이 매우 낮아지고, 유죄답변을 하는 중죄인의 비율이 현저하게 높아졌다. 그리고 1970년대에 이르러 중죄로 기소된 피고인 중 약 85%가 유죄답변을 하기에 이르렀다.[7)]

2008년 현재 치안판사법원의 경우 유죄답변의 비율이 90%를 넘었고, 왕립형사법원의 경우 유죄답변의 비율이 전체 사건 중 73%였다. 이제 유죄답변과 플리바게닝은 영국의 형사사법 절차에서 중심이 되었다. 반대신문 하에서 증인에 대한 조사 후 세심하게 증거를 평가하는 고전적인 배심재판의 모습은 더 이상 영국 법원의 현실을 반영하지 않는다.[8)]

---

6) Malcolm M. Feeley, 앞의 논문, pp.198~200.

7) John Baldwin and Michael McConville, "Plea Bargaining and Plea Negotiation in England", *Law & Society Review*, Vol. 13, No. 2, 1979, pp.287~289; John Baldwin & Michael McConville, *Negotiated Justice. Pressures to Plead Guilty*, Martin Robertson, 1977, p.1; 영국이 플리바게닝을 꺼렸다는 주장은 잘못된 것이라는 견해가 있다. Nancy Amoury Combs, "Copping a Plea to Genocide: The Plea Bargaining of International Crimes", *University of Pennsylvania Law Review*, Vol. 151, No. 1, 2002, p.47.

8) Andrew Ashworth and Mike Redmayne, The Criminal Process Fourth Edition, Oxford University Press, 2010, pp.293~294; James D.E. Barry, "A Barrister's Role in the Plea Decision: An analysis of drivers affecting advice in the Crown Court", Queen Mary University of London Submitted for Ph.D., 2010, p.20; 유죄답변 또는 플리바게닝이 발생한 원인으로 재판의 법률가화, 법원의 사건 부담 증가 등을 든다.

그러나 플리바게닝에는 두 가지의 위험이 있다. 죄를 지은 범죄인이 형벌에서 벗어날 수 있다는 위험과, 죄 없는 사람이 사실과 다르게 유죄답변을 강요당할 수 있다는 위험이다. 더욱이 이러한 위험은 사회적·도덕적 문제를 일으킨다.[9)]

Ⅲ. 플리바게닝 실무

1. 피고인의 답변과 플리바게닝

피고인이 유죄답변을 하지 않으면 그 사건은 배심재판으로 간다. 이 경우 기소 측은 사건을 증명하여야 한다. 이에 반해 피고인이 유죄답변을 하면 더는 재판이 없다. 법원은 양형 단계로 나아가며, 양형 자체와 관계가 없다면 범죄에 대한 사실적 기초를 조사하지 않는다. 그 대신 피고인의 변호인은 답변에 대한 기초를 제출할 수 있다.[10)]

피고인이 유죄답변을 하면, 피고인은 공정하고 공개된 재판을 받을 권리, 유죄가 증명되기 전까지의 무죄추정을 받을 권리 등 형사절차 상의 권리를 포기한다. 그러므로 피고인이 유죄답변을 하면 기소 측은 사건을 증명하여야 할 의무에서 벗어난다. 현행 2003년 형사사법법(Criminal Justice Act 2003) 144절에는 피고인이 유죄답변을 하게 하는 강력한 유인 규정을 두고 있다. 위 규정에 의하면 법원은 유죄답변을 한 범죄인에게 어떤 형을 선고할 것인가를 결정할 때 첫째, 범죄인이 유죄답변을 하겠다는 의사표시를 한 범죄의 형사절차 단계, 둘째, 이러한 의사표시가 정해진 상황 등을 반드시 고려하여야 한다.[11)]

그래서 법원은 피고인이 최초 합리적인 기회에 유죄답변을 하면 3분의 1을 감경하고, 재판기일이 지정된 이후에 유죄답변을 하면 4분의 1을 감경하고, 재판 당일이나 재판이 시작된 이후에 유죄답변을 하면 10분의 1을 감경한다. 범죄

---

9) Mireille Delmas-Marty and J.R. Spencer, *European Criminal Procedure*, Cambridge University Press, 2002, p.665.

10) David Ormerod et al., *Blackstone's Criminal Practice*, Oxford University Press, 2010, pp.1568~1569; James D. E. Barry, 앞의 논문, p.19.

11) SGC, Reduction in Sentence for a Guilty Plea, Definitive Guideline, Revised 2007, p.3.

인은 가능한 한 초기 단계에서 유죄답변을 할 가능성이 크므로 이 규정은 형사절차의 효율성을 증대시킨다.

비록 유죄답변에 따른 형의 감경이 형벌에 관한 비례성의 원칙을 해칠 수 있지만, 형사사법제도에 있어 경제성과 증인의 보호라는 관점에서 형의 감경은 정당화된다.[12)]

2. 유 형

가. 개 요

미국과 마찬가지로 영국(잉글랜드와 웨일즈)에도 기소협상과 양형협상이 있다. 특이한 것은 앞에서 언급한 바와 같이 영국의 경우 플리바게닝이 사실상 법과 함께 있다는 것이다. 왜냐하면 양형협상의 경우 법이 유죄답변을 한 자에게 단계별로 양형의 감경을 규정함으로써 유죄답변의 동기를 제공하고 있기 때문이다. 따라서 형사절차에서 피고인이 결정하여야 할 중요한 것 중 하나는 기소에 대하여 어떻게 답변하는가이다. 피고인은 유죄 또는 무죄 중 하나를 선택하지만, 어떤 사건에서는 유죄답변이 기소된 범죄보다 더 작은 범죄에 대하여 이루어질 수 있다.[13)]

나. 일반적인 유형

영국에는 네 가지 유형이 플리바게닝이 있다. 첫째, 양형에 관한 합의이다. 피고인이 자신에 대한 일부 또는 모든 기소에 대하여 유죄답변을 하면 판사가 어떤 형태의 양형을 취하거나 취하지 않겠다는 판사와 피고인 사이의 합의이다. 양형협상이라고도 말한다. 이 양형 합의는 판사가 합의 과정에서 피고인에게 압력을 행사하였는가가 문제점으로 제기될 수 있다. 또 이 합의는 당사자주의

12) Reduction in Sentence for a Guilty Plea D. Determining the Level of Reduction(2007) 4.2; Andrew Ashworth and Mike Redmayne, 앞의 책, pp.292~295; Mireille Delmas-Marty and J. R. Spencer, 앞의 책, p.664.

13) Andrew Ashworth and Mike Redmayne, 앞의 책, p.291.

절차에서 요구되는 판사의 중립성과 조화시키기 어렵다는 문제점도 있다.

둘째, 피고인이 일정한 기소 사실을 인정하는 유죄답변을 하면 검사가 더욱 중한 죄를 기소에 포함하지 않겠다거나 또는 비교적 가벼운 형을 선고하도록 판사에게 요청하겠다는 검사와 피고인 사이의 합의이다. 그러나 검사가 공소장을 작성할 때 피고인측 변호인이 개입할 여지가 없고, 또 검사는 양형 단계에서 판사에게 단지 사실에 관하여 진술할 뿐 구형을 하지 않기 때문에 영국의 형사재판에서 이 형태의 플리바게닝은 불가능하다.

셋째, 피고인이 기소된 죄보다 더 가벼운 죄(lesser offence)에 관하여 유죄답변을 하면 검사가 이에 동의하는, 검사와 피고인 사이의 합의이다. 넷째, 피고인이 기소 중 일부 사실에 관하여 유죄답변을 하면 검사가 그 외의 나머지 사실에 관하여 기소를 계속 진행하지 않겠다고 약속하는, 검사와 피고인 사이의 합의이다. 위 네 가지의 유형 중 세 번째와 네 번째 플리바게닝이 자주 일어나고 있고, 법원으로부터 승인을 받는다.

세 번째와 네 번째의 유형을 기소협상이라고도 말한다. 세 번째와 네 번째 유형의 플리바게닝이 자주 이루어지고 법원으로부터 승인을 받는 이유는 만약 피고인이 더 작은 범죄에 대하여 유죄답변을 하거나 일부 기소에 대하여 유죄답변을 하는 등 대부분 사건을 인정하겠다고 한다면 굳이 법원이 피고인의 유죄를 정확하게 입증하고자 시간과 돈을 사용할 필요가 없고, 또 그러한 절차는 공익적 차원에서 바람직하지 않다고 생각하기 때문이다.[14)]

IV. 판결과 법 규정

1. 판사의 양형 암시

법원은 2005년 굿이어 사건[Goodyear(2005. 3 All ER 117)]에서 판사가 일정한 요건 아래 플리바게닝에 개입하여 양형 암시를 할 수 있다고 다음과 같이 결

14) John Sprack, *A Practical Approach to Criminal Procedure*, Twelfth Edition, Oxford University Press, 2008, pp.276~277; Mireille Delmas-Marty and J. R. Spencer, 앞의 책, p.665.

정하였다. "피고인은 판사에게 만약 답변이 유죄라면 판사가 기소 측의 사건기록에 근거하여 부과할 수 있는 최고형에 대한 암시를 요청할 수 있다. 이때 판사는 피고인에게 양형의 암시를 줄 수 있다. 물론 판사는 그러한 암시의 제공을 거절할 수 있다. 그러나 일단 판사가 암시를 제공하면 암시를 제공한 판사는 물론 그 사건에 대하여 책임을 지게 되는 모든 판사를 속박한다. 이 경우 판사는 오로지 유죄답변에 따른 양형에 대하여만 암시를 제공하여야 한다."15)

굿이어 사건에서 상세히 진술된 양형 암시에 대한 적절한 접근방법은 통합형사실무지침으로 승인되었다.

2. 양형 감경의 법정화

영국은 2003년 형사사법법 144절에 따라 양형지침위원회(Sentencing Guidelines Council)가 규정한, 유죄답변에 따른 양형 감경에 따라 양형을 감경한다. 법원이 유죄답변을 한 피고인에게 형을 감경하여 이익을 주는 것은 오랫동안 타당한 것으로 여겼다. 그런데 오늘날 양형 감경은 법률 조항의 문제이고, 양형지침위원회에 의해 발표된 최종적인 양형지침에 따른다.

양형 감경의 배후에 있는 이론적 설명은 무엇보다 먼저 비용이다. 내무성 통계에 따르면 1997년에서 1998년 사이의 왕립형사법원에서 다툼이 있었던 사건의 1건당 평균 비용은 17,750파운드였고, 유죄답변으로 처리된 사건의 1건당 평균 비용은 2,600파운드였다. 양형 감경은 모든 법원에 적용되고, 벌금과 모든 형태의 선고형에 적용된다. 이 규정은 법원이 이 규정 하에 양형을 감경하였다고 진술할 것을 요건으로 한다.16)

---

15) John Sprack, 앞의 책, p.278; David Ormerod et al., 앞의 책, p.1564; 이 판결 이전 터너 사건[Turner, (1970. 2QB 321)]에서 법원은, 유죄답변 절차는 자발적으로 이루어져야 하고, 만약 피고인이 답변에 관한 진정한 선택권을 빼앗겼다면 그 답변은 무효이고, 이러한 답변을 토대로 한 유죄판결의 선고는 파기되어야 한다고 판결하였다. 이 판결은 플리바게닝의 실무에서 법원의 역할을 최소한으로 줄이는 엄격한 규칙을 정하였다. John Baldwin and Michael McConville, 앞의 논문, p.289.

16) Andrew Ashworth and Mike Redmayne, 앞의 책, pp.301~302.

3. 중대 사기사건과 관련한 답변 논의(Plea Discussion in Serious Fraud Cases) 절차

2009년 법무부 장관은 중대하거나 복잡한 사기사건에서 답변 논의를 위한 새로운 절차를 도입하였다. 이 절차의 목적은 이러한 사건에서 피고인이 장기간에 걸쳐 비용이 많이 드는 재판을 받지 않도록 합의를 장려하는 데 있다. 피고인이 유죄답변을 할 의향이 있으면, 변호인과 기소 측은 양형 제출과 결합한 합의된 답변의 기초를 바탕으로 절차를 진행한다. 양측이 양형을 제출할 때에는 양형지침에 있는 관련된 범위를 확인하여야 하고, 또 부수적 명령을 처리하여야 한다. 판사는 답변의 기초와 관련하여 사건을 통제할 수 있고, 답변의 기초나 양형 제출 중 하나 또는 모두를 거절할 수 있는 권한을 갖고 있다.[17]

4. 관할법원 결정 전 답변(Plea Before Venue) 절차

유죄답변의 의사표시가 빠르면 빠를수록 그에 따라 양형 감경도 더 커야 한다는 것은 널리 알려진 원칙이다. 유죄답변 시 양형 감경은 적절한 것인데 그 이유는 유죄답변은 재판을 하지 않게 하고, 다른 사건들을 더 신속하게 처리할 수 있게 하며, 또한 기소와 형의 선고기간을 짧게 하고, 상당한 재판비용을 절약하도록 하기 때문이다. 더욱이 조기 답변의 사건에서는 피해자와 증인으로 하여금 증거를 제공해야 할 의무에서 벗어날 수 있도록 하기 때문이다. 따라서 양형 감경의 원칙은 효과적인 사법 운용의 필요성에서 나오는 것이지 일반적인 감경의 측면에서 나오는 것이 아니다.[18]

관할법원 결정 전 답변 절차에서 선택가능범죄(either way offences)[19]로 기

---

17) *Ibid.* at 306.

18) Sentencing Guidelines Council, Reduction in Sentence for a Guilty Plea(Revised Guideline, 2007), B. Statement of se para 2.2.

19) 영국에서 범죄는 약식기소범죄, 정식기소범죄, 선택기소범죄로 분류된다. 여기서 선택기소범죄는 선택가능범죄를 말한다. 약식기소범죄는 단순폭행, 공무 수행 중인 경찰에 대한 단순 폭행, 자동차 관련 범죄와 같은 비교적 경미한 범죄로서 치안판사법원이 전속관할권을 갖는다. 정식기소범죄는 살인, 강간, 협박, 강도, 고의 상해와 같은 중한 범죄로서 왕립

소된 모든 피고인은 치안판사 앞에 출석하여 유죄답변을 할 의향이 있는지 질문을 받는다. 피고인이 유죄답변의 의사표시를 하면 그 사건은 치안판사법원에서 재판이 진행된다. 그리고 유죄답변을 한 피고인은 이 절차를 통하여 더 빠른 재판을 받고, 더 유리한 형의 감경을 받는다.[20] 여기에서 주목할 점은 당사자주의를 취하고 있는 영국의 형사사법 절차에 직권주의의 제도라고 말할 수 있는 이 절차가 도입되었다는 것이다.[21]

5. 요 약

미국의 경우 검사는 기소재량 등 광범위한 권한을 통해 주도적으로 피고인과 플리바게닝을 한다. 영국은 과거 플리바게닝에 대하여 소극적인 태도를 보였으나 지금은 적극적인 자세를 취하고 있고, 따라서 대다수 형사사건이 플리바게닝을 통해 종결되고 있다. 특히 영국 정부는 유죄답변을 장려하고 있다. 그렇다면 영국과 미국은 플리바게닝의 실무에 관한 한 큰 차이가 없다.

한편 영국은 형사절차의 단계에 따라 양형 감경에 차등을 둠으로써 신속한 재판을 도모함은 물론 플리바게닝의 효율성을 높이고 있다. 또 영국은 '중대 사기사건과 관련한 답변 논의', '관할법원 결정 전 답변' 절차를 통해 배심재판을 피하고 간단한 사건 처리를 추구하고 있다. 요컨대 영국은 형사절차의 효율성과 신속성을 위해 협상제도를 운영하고 있다. 이러한 것들이 우리에게 시사하는 점이다.

형사법원이 전속관할권을 가진다. 선택기소범죄, 즉 선택가능범죄는 절도, 절도 목적 주거 침입 등 구체적 범죄 형태에 따라 범죄의 경중이 크게 변하는 범죄로서, 피고인이 왕립형사법원에서 재판을 받기를 원할 경우, 치안판사가 왕립형사법원에서 재판을 받는 것이 적당하다고 판단할 경우에는 각 왕립형사법원에서 심리하고, 그 외 나머지 경우에는 치안판사법원에서 심리한다. 조용후, 앞의 논문, p.405.

20) Andrew Ashworth and Mike Redmayne, 앞의 책, p.307.

21) Kevin Jon Heller and Markus D. Dubber, *The Handbook of Comparative Criminal Law*, Stanford Law Books, 2011, p.534.

제 2 절 독 일

Ⅰ. 서 설

독일의 형사소송구조는 직권주의의 전통을 따르고 있다. 그런데 1980년대 이후 독일의 형사절차는 큰 변화를 겪게 된다. 직권주의 전통에도 불구하고 법원, 검찰, 피고인은 점점 합의에 따라 사건을 처리하기 시작하였기 때문이다. 당시 합의에 따른 사건 종결에 영향을 준 요인은 형사사건의 증가와 경제·환경·마약사범에 대한 재판의 장기화였다. 이러한 요인 때문에 그 근거가 되는 법률이 없음에도 불구하고 많은 판결이 법원·검찰·변호인 사이의 협상 결과로 선고되었다. 오랫동안 비공식적으로 행해졌던 이 실무는 1997년 법원에 의해 받아들여졌고, 마침내 2009년 형사소송법에 판결협상 절차로 도입되었다.[22)]

이 제도가 시행된 이후 이에 대한 위헌 주장이 제기되었다. 그러나 2013년 독일 연방헌법재판소는, 법원과 당사자 사이의 판결협상을 승인한 2009년 형사소송법은 합헌이라고 결정하였다.[23)] 동시에 헌법재판소는 법이 규정한 협상의 제한을 강조하였다. 아래에서는 판결협상이 도입되기 전 독일의 플리바게닝의 기원과 발전과정을 보고, 현행 판결협상제도를 살펴본다.

Ⅱ. 독일 형사절차의 개요와 플리바게닝

1. 독일 형사절차의 개요

과거 독일에는 플리바게닝과 같은 형사절차가 도입되지 않았다. 그 기본적인 이유는 형사소송구조 때문이다. 독일의 형사소송은 비교적 간단한 재판절차

---

22) Kevin Jon Heller and Markus D. Dubber, 앞의 책, p.257.

23) Thomas Weigend & Jenia Iontcheva Turner, "The Constitutionality of Negotiated Criminal Judgments in Germany", *German Law Journal*, Vol. 15, No. 1, 2014, p.81.

이다. 재판의 기초는 수사단계에서 확정된다. 수사단계에서 검사와 경찰은 수사하고 수사한 결과를 서류로 만든다. 판사는 물론 변호인은 기록을 읽을 수 있다. 검사는 당사자주의 절차의 당사자가 아니다. 그는 절차의 모든 단계에서 피의자에게 불리한 수사는 물론 유리한 수사도 하여야 할 의무를 지고 있다.[24)]

재판에서 심리하는 판사는 직권주의적인 방식으로 증거의 취득을 지휘·감독하고 증인을 신문한다. 재판에서 배심은 없고, 증거의 인정과 배심에 대한 설명 등 복잡한 법률이 필요하지 않다. 또 법원이 입증할 책임을 진다.[25)] 이처럼 독일의 형사절차는 직권주의를 취하고 있으므로 형사소송법에 플리바게닝이 도입될 여지가 없었다. 그러나 오래전부터 미국의 플리바게닝과 비슷한, 자백을 포함한 당사자 사이의 비공식적인 협상 또는 합의 절차가 있었다. 이 협상 절차는 법률 개정이나 확립된 정책적 방침 없이 조직적으로 발전하였다. 물론 이 협상 절차의 목적은 절차를 빠르게 하는 것이었다.[26)]

2. 플리바게닝과 유사한 제도

가. 절차중지

1975년 독일 정부는 형사사건의 증가에 대한 대응방안으로 독일 형사소송법 제153a조에 피의자가 국가나 공익시설에 현금을 제공할 경우 검사가 그것과 교환으로 재판 없이 중죄가 아닌 범죄 사건의 공소를 제기하지 않는 절차를 도입하였다.[27)]

이 절차는 검사에게 광범위한 권한을 주지만, 여기에는 제한이 있다. 검사

24) William F. McDonald, *The Prosecutor*, Sage Publications,(Klaus Sessar, Prosecutorial Discretion in Germany) 1979, p.260; Thomas Weigend & Jenia Iontcheva Turner, 앞의 논문, p.83.

25) John H. Langbein, "Land without Plea Bargaining: How the Germans Do It", *Michigan Law Review*, Vol. 78, 1979, pp.206~208.

26) Thomas Swenson, "The German "Plea Bargaining" Debate", *Pace International Law Review*, Vol. 7, No. 2, 1995, p.375; Jenia Iontcheva Turner, "Judicial Participation in Plea Negotiation: A Comparative View", *The American Journal of Comparative Law*, Vol. 54, No. 1, 2006, p.217; Mireille Delmas-Marty and J. R. Spencer, 앞의 책, p.663.

27) Thomas Weigend & Jenia Iontcheva Turner, 앞의 논문, p.83.

는 오로지 범죄인의 유죄가 경미하고, 공익이 재판과 유죄판결을 필요로 하지 않은 사건에서만 절차를 중지할 수 있다. 이 절차가 플리바게닝과 유사한 점은 변호인을 선임할 여력이 있는 사람이나 요구된 금액을 지급할 수 있는 재산을 가진 사람은 검사와의 협상을 통해 이 규정에 의한 절차중지를 받을 수 있다는 점이다.[28)]

나. 약식명령 절차

중죄가 아닌 사건을 처리하기 위해 자주 사용되는 수단은, 판사가 검사의 서면 신청에 따라 벌금이나 1년 이하의 집행유예의 형을 선고하는 절차인 약식명령이다. 이것은 피의자가 유죄라는 사실에 대한 충분한 증거가 있고, 피의자가 이의를 제기하지 않을 것이라고 예상되는, 경죄 사건을 처리하기 위해 만들어진 서면 절차이자 약식절차이다.[29)]

검사는, 피의자가 정식재판을 피할 목적으로 자백하면 약식명령을 청구할 수 있다. 약식명령은 검사나 피고인에게 확실성을 제공하고, 예상할 수 없는 결과와 장기간의 재판의 위험을 피할 수 있게 해주기 때문에 협상의 대상이 될 수 있다.[30)]

다. 자 백

플리바게닝의 형태로서 피고인의 자백이 있다. 독일의 형사절차에는 유죄답변이 없으므로 자백에 대한 협상은 결정적인 역할을 한다. 유죄답변과 달리 자백은 재판을 대신하지 않는다. 독일의 판사·검사·변호인은, 화이트칼라범죄,

---

28) Joachim Herrmann, "Bargaining Justice－A Bargain for German Criminal Justice?", *University of Pittsburgh Law Review*, Vol. 53, 1992, pp.757~758; William F. McDonald, 앞의 책, p.259; Shawn Boyne, "Is the Journey from the In Box to the Out Box a Straight Line?: The Prosecution of Low Level Criminality in Germany", Social Science Research Network, 2010, p.20.

29) Joachim Herrmann, 위의 논문, p.760; Thomas Weigend & Jenia Iontcheva Turner, 앞의 논문, p.84.

30) Richard S. Frase and Thomas Weigend, "German Criminal Justice as a Guide to American Law Reform: Similar Problems, Better Solutions?", *Boston College International and Comparative Law Review*, Vol. 18, No. 2, 1995, p.345; Nancy Amoury Combs, 앞의 논문, p.42.

마약범죄 등 복잡한 사건에서 한 자백은 많은 시간을 절약할 수 있다는 점을 인식하고 있다. 그래서 자백과 관련한 협상이 있다.[31]

3. 직권주의 원칙 및 책임원칙에 의한 한계

독일에는 두 가지의 기본 원칙이 있었기 때문에 미국의 플리바게닝이 도입되지 않았다. 그중 하나는 직권주의 원칙이고, 다른 하나는 책임원칙, 즉 법원의 판결과 양형은 반드시 피고인의 범죄행위를 반영하여야 한다는 원칙이다. 직권주의 원칙으로서, 판사는 실체적 진실을 조사할 의무를 지고 있다. 피고인이 유죄를 인정해도 법원은 단지 이것만을 근거로 유죄판결을 선고하지 않는다. 왜냐하면 법원은 사실 발견을 통해 입증된 실체적 진실에 관한 확실한 근거를 토대로 판결을 선고하여야 하기 때문이다. 당사자 사이의 사실에 관한 합의나 협상은 원칙적으로 법원을 구속할 수 없다. 판사는 변함없이 무엇이 실제로 발생하였는가를 규명해야 한다.[32]

진실을 발견하여야 할 법원의 의무는 두 번째 중요한 원칙, 즉 범죄인의 범죄행위와 그에게 부과되는 처벌과의 비례적 상호 관계와 관련이 있다. 범죄인에 대한 형벌은 책임에 상응하여야 한다. 따라서 법원은 피고인의 책임 수준을 확정하는 데 필요한 사실을 밝혀야 한다. 단지 신속한 절차를 위해, 사건 부담의 완화를 위해 형벌이 부당하게 감경된다면 그러한 형벌은 책임원칙을 침해한다.[33]

4. 2009년 판결 협상 도입 전 플리바게닝의 유형

독일 형사소송법에 판결 협상이 도입되기 전 독일에는 실무상 기소협상과

31) Joachim Herrmann, 앞의 논문, pp.763~764; Maximo Langer, "From Legal Transplants to Legal Translations: The Globalization on Plea Bargaining and the Americanization Thesis in Criminal Procedure", *Havard International Law Journal*, Vol. 45, 2004, p.40.

32) Jenia Iontcheva Turner, 앞의 논문, p.215; Abraham S. Goldstein and Martin Marcus, "The Myth of Judicial Supervision in Three "Inquisitorial" Systems : France, Italy, and Germany", *The Yale Law Journal*, Vol. 87, No. 2, 1977, p.264.

33) Thomas Weigend & Jenia Iontcheva Turner, 앞의 논문, p.85.

양형협상이 있었다. 기소협상의 경우, 검사는 법정에서 일부 기소를 자백하겠다는 피고인의 약속에 대한 대가로 중요하지 않은 나머지 소인을 철회할 수 있었다. 양형협상의 경우, 법원은 검사의 동의 하에 특별하고 더욱 관대한 형을 선고하겠다고 암시하였다. 협상은 변호인 또는 변호인에게 접근하여 협상을 제의하는 판사에 의해 시작되었다. 판사는 전형적으로 피고인의 자백 또는 더는 증거신청을 하지 않겠다는 변호인의 합의와 교환으로 비교적 관대한 형의 범위를 제공하였다. 대부분의 협상은 비공식적으로 이루어졌고, 피고인은 거의 참여하지 않았다.[34]

협상은 주로 화이트칼라·탈세·마약·환경범죄 등 복잡한 사건에서 일어났다. 또 모든 당사자는 협상이 이루어진 합의의 일부로서 항소를 포기하였다.[35]

Ⅲ. 플리바게닝의 기원

1. 복잡한 범죄의 증가

국제적 규모의 화이트칼라범죄, 환경범죄, 마약범죄 등 복잡한 범죄에 대한 기소와 재판은 일반 범죄보다 더 많은 인력과 시간 등 자원을 요구하고, 하루 만에 종결될 수 없을 정도의 복잡한 사실적 쟁점을 갖고 있다. 더욱이 피고인이 증거 신청 등 모든 절차적 권리를 계속 행사한다면 재판은 훨씬 더 오래 걸린다. 그에 따라 미제사건은 점점 늘어난다. 이렇게 되자 판사·검사·변호인은 협상재판에 눈을 돌리게 된다. 협상재판을 통해 소송절차가 단축될 수 있고, 사건이 신속하게 종결될 수 있기 때문이다.[36]

---

34) Richard S. Frase and Thomas Weigend, 앞의 논문, pp.339, 345.

35) *Ibid.* at 354; Thomas Weigend & Jenia Iontcheva Turner, 앞의 논문, p.87.

36) Regina E. Rauxloh, "Formalization of Plea Bargaining in Germany: Will the New Legislation Be Able to Square the Circle?", *Fordham International Law Journal*, Vol. 34, 2011, p.299; Thomas Weigend & Jenia Iontcheva Turner, 앞의 논문, p.86; 협상이 중요하게 된 결정적 이유로서, 위에서 든 것 외에 ① 많은 일상 영역에서 형법적 침투의 강화, ② 그로 인한 연방 정부와 주 정부의 부채 증가, ③ 이와 같은 부채 증가로 인한 형사사법의 인적·물적 확충 가능성의 감소, ④ 헌법이 보장한 신속한 재판에 대한 요구를 들고 있다. 손미숙, 독일 형사소송

2. 사법 자원의 부족

사건 부담의 압박 속에서도 독일의 주는 인원과 재정적 지원을 확대하지 않았다. 검사와 판사는 더 많은 복잡한 사건을 더 적은 시간 안에 처리하도록 강요받았다. 이러한 상황에서 협상재판은 법원과 실무자들로부터 환영을 받았다. 왜냐하면, 협상재판은 번거로운 재판절차를 피하는 지름길을 제공하였기 때문이다.[37)]

3. 형사사법 현실의 변화

독일의 전통적인 일방적 의사결정은 점점 판사·검사·변호인 그리고 피고인의 협조로 대체되고 있고, 피고인은 더는 어떤 형벌이라도 받아들여야 하는 예속적인 당사자가 아니다. 과거 판사는 피고인이 받아야 할 처벌을 모두 부과하였으나 지금의 판사는 피고인이 수용할 수 있는 처벌을 부과한다. 그러한 처벌이 응보와 사회복귀의 목적에 더 부합하기 때문이다. 이러한 변화가 독일의 협상재판을 탄생하게 했다.[38)]

4. 요 약

요컨대 협상 실무는 다음과 같은 이점을 갖고 있으므로 발생하였다.

첫째, 법원이 협상을 포기할 수 없는 가장 큰 이유는, 협상 판결에 대하여 검사와 피고인이 상소를 포기한다는 점에 있다. 검사와 피고인이 상소를 포기하면, 법원은 판결 이유를 자세히 쓰지 않아도 된다. 또 협상에 의한 판결은 더는 상급 법원의 오류에 대한 심사를 받지 않는다.

둘째, 검사가 협상에 참여하는 이유는, 적어도 최소한의 범죄사실에 대한

법의 최근 경향－협상에 관한 논의를 중심으로－, 한국형사소송법학회 발표문(미발행), 2014, 6면; 김환수·문성도·박노섭 공역, 독일형사소송법, 박영사, 2009, 369면.

37) Thomas Weigend & Jenia Iontcheva Turner, 앞의 논문, pp.86~87.

38) Joachim Herrmann, 앞의 논문, p.776; Regina E. Rauxloh, 앞의 논문, p.302.

유죄를 확인받게 되고, 또 무죄의 위험부담이 따를 수 있는 재판에 더는 참석할 필요가 없으며, 법원의 판결에 법적 오류가 있는지 심사를 하지 않아도 된다는 점에 있다.

셋째, 피고인이 협상에 참여하는 이유는, 피고인은 협상을 통해 본인만이 알고 있는 실제 범죄를 외부 사람에게 완전히 드러내지 않을 수 있고, 또 자백을 통해 장기간의 재판을 피할 수 있다는 점에 있다. 더욱이 피고인은 협상을 통해 미리 형의 결과를 예상할 수 있으므로 재판의 불확실성에서 벗어날 수 있다. 그러나 무엇보다 가장 중요한 것은 피고인은 협상을 통해 형의 감경, 특히 형의 집행유예를 기대할 수 있다는 점이다.

넷째, 변호인이 협상에 참여하는 이유는, 사건을 신속하게 효율적으로 처리할 수 있고, 그렇게 함으로써 새로운 의뢰인에게 투자할 수 있는 시간을 더 많이 확보할 수 있으며, 나아가 성공한 협상을 그의 직업적 전문성과 유능한 법조인으로서의 위상에 의한 결과라고 피고인들에게 홍보할 수 있다는 점에 있다.[39)]

IV. 플리바게닝의 도입에 대한 찬반 논쟁

1. 논쟁의 발단

독일 형사소송법에 판결 협상이 도입되기 훨씬 전인 1980년대에 이미 기소와 양형에 관한 협상을 통해 사건을 처리하는 실무가 널리 퍼져 있었다.[40)] 그런데 1982년 협상과 관련한 하나의 논문이 가명으로 발간되었다(Detlef “Deal”, Der strafprozessuale Vergleich, 1982 Strafverteidiger). 이 논문에는 형사절차의 화해가 언급되었는데 이것이 법률가들 사이에 플리바게닝의 합법성과 수용 가능성에 대한 격렬한 논쟁을 불러일으켰다. 그리고 1990년 제58회 독일 법률가대회에서 이 논쟁은 절정에 이르렀다. 여기서 중요한 쟁점은 은밀하고 비공식적인 협상

39) 손미숙, 앞의 논문, 5면.

40) Joachim Herrmann, 앞의 논문, pp.755~756. 1990년대 초반 모든 사건의 20% 내지 30%가 협상으로 처리되었다.

절차가 공개재판의 침해 등 모든 종류의 일탈을 내버려 두었다는 것이었다.[41]

2. 찬성하는 주장

플리바게닝을 찬성하는 사람들은 플리바게닝이 실용적이고 현실적인 제도라고 옹호한다.

첫째, 이 실무는 합법적이다. 왜냐하면, 독일 형사소송법은 플리바게닝을 명백히 금지하고 있지 않다. 또 사건에 대한 협조적 처리를 금지하는 규정도 없다.[42]

둘째, 형사재판에서 판사는 법정 밖에서 당사자들과 일시적인 회의를 할 수 있고, 증거와 자백의 감경 효과와 관련하여 예측할 수 있다.

셋째, 재판의 목표는 공정하고 적절한 결과인데, 합의절차를 통해 당사자들 사이에 합의를 이루는 것은 이 목적의 달성에 도움을 준다.

넷째, 이 실무는 독일에서 이미 확립되었다. 플리바게닝은 사법제도의 부담을 덜어 주고, 더 빠른 재판을 제공하며, 통상의 재판과 같은 목적의 결과를 낸다.[43]

한편 연방 헌법재판소와 연방 통상법원의 판결은 그 행간에서 묵시적으로 플리바게닝을 받아들였다.

3. 반내하는 주상

첫째, 플리바게닝은 그 근거 규정이 없으므로 실질적으로 법치주의를 위태롭게 한다.[44]

둘째, 플리바게닝은 법 원칙에 위반된다. 피고인을 보호하고 정부 기구를 규제하는 원칙들은 헌법, 법치주의 이념, 형사소송법 안에서 구체적으로 나타나

---

41) Thomas Swenson, 앞의 논문, p.375.

42) *Ibid.* at 376, 392~393; Regina E. Rauxloh, 앞의 논문, p.314.

43) Thomas Swenson, 앞의 논문, pp.392~396.

44) *Ibid.* at 376; Regina E. Rauxloh, 앞의 논문, p.315.

는데 비공식적인 플리바게닝은 이러한 원칙에 위반된다.[45] 법원은 당사자의 신청과 관계없이 모든 관련된 사실과 증거를 자유롭게 조사할 의무를 진다. 그런데 법원이 플리바게닝을 통한 자백을 받아들이고 더는 조사를 하지 않는다면 이 의무에 위반된다. 법원은 증거의 평가에 따라 판결하여야 한다. 사실에 관한 증거가 증인의 증언에 근거를 두고 있으면 증인은 반드시 조사되어야 한다. 그런데 플리바게닝은 법정 밖에서 비공식적으로 이루어지므로 직접주의에 위반된다. 법원이 플리바게닝을 주도하면 유죄추정을 명확하게 표명하는 것이기 때문에 무죄추정의 원칙에 위반된다. 또 관대한 처벌의 결과를 낳는 재판 외에서의 플리바게닝은 기소법정주의의 원칙에 위반된다.

셋째, 형사소송법에 규정된 완전한 재판은 피고인의 권리를 보호하고 법원과 검사의 권한을 제한한다. 그런데 플리바게닝은 이러한 재판의 역할을 위태롭게 한다.

넷째, 플리바게닝은 협박에 의한 것이므로 허용될 수 없다. 재판이 복잡하고 어렵고 부담스럽다고 위협하면 플리바게닝은 쉽게 이루어진다. 또 플리바게닝의 상황에서 협조하기를 꺼리는 피고인은 자동으로 불이익을 받는다.[46]

---

45) Thomas Swenson, 앞의 논문, pp.401~411; 이와 같은 취지의 다음과 같은 주장이 있다. 협상으로 인해 100년 넘게 형사절차의 바탕을 이루어온 중요한 소송의 원칙이 무시된다. 첫째, 가장 핵심적 원칙인 논증적 진실 찾기 원칙이 위협을 받는다. 둘째, 법원의 제재권한이 검찰과 변호인에게 넘어가는 문제점을 드러낸다. 셋째, 무죄추정의 원칙이 협상으로 인해 위협을 받는다. 넷째, 지나치게 가벼운 형벌로 인하여 책임원칙이 침해될 수 있다. Kühne, Hans-Heiner, Das Modell der Absprachen im deutschen Strafverfahrensrecht(번역, 안미라), 형사법의 신동향, 통권 제29호, 2010, 15면.

46) Thomas Swenson, 앞의 논문, pp.411~419; 검사나 판사가 그들의 제재권한을 통해 협상 실무를 지배한다면 사실 협상은 당사자 사이의 동등한 수준에서 일어나지 않는다. 이때 피고인의 유일한 선택은 그에게 제의된 형을 받아들이거나 아니면 더 무거운 처벌의 큰 위험을 무릅쓰고 재판을 받는 것이다. 법원의 냉혹한 현실 속에서 대다수의 재판 협상은, 권한이 대등한 분배의 사례가 아니고, 피고인으로 하여금 재판 없이 처벌에 복종하게 하고, 그래서 국가의 자금을 절약하는 기술이다. 따라서 협상 실무의 근거는 오직 편의이고, 이것은 형사사법제도의 적절한 토대가 아니다. Thomas Weigend, *The Decay of the Inquisitorial Ideal: Plea Bargaining Invades German Criminal Procedure(Crime, Procedure and Evidence in a Comparative and International Context)*, Hart Publishing, 2008, pp. 63~64; 김환수·문성도·박노섭 공역, 앞의 책, 370면.

Ⅴ. 2009년 형사소송법 개정과 플리바게닝의 도입

1. 형사소송법 개정 이전 판결의 내용

1987년 독일 연방헌법재판소는 협상 재판은 일정한 원칙이 존중된다면 위헌이 아니라고 결정하였다. 이는 최초의 획기적인 결정이었다. 여기에서 언급한 원칙은 법원에 의한 사실에 대한 완전한 조사, 이러한 사실과 법을 근거로 한 판결, 그리고 처벌과 피고인의 책임 사이의 비례성을 말한다.[47] 헌법재판소는 법치국가 원칙의 중요한 요소는 공정한 이념과 효율적인 형법 제도의 개선 요구 그리고 형사절차상 피고인의 평등에 관한 모든 요구라고 명시했고, 형사절차의 중점은 정확한 진상을 밝혀 내는 일이고, 이것 없이는 실질적 책임원칙은 실현될 수 없다고 판시하였다.[48]

1997년 연방통상법원(BGH)은 협상 재판은 일정한 원칙이 수행되는 한 현행법과 양립할 수 있다는 결론을 내렸다. 법원은 이 판결에서 처음으로 협상 재판이 허용되기 위해 만족해야 할 원칙을 판시하였다. 여기에서 언급된 원칙은, 피고인이 자백하더라도 판결에 필요한 사실을 발견하여야 할 법원의 의무, 피고인의 자백에 대한 과도한 압력의 금지, 책임과 처벌의 비례성, 밀실에서 일어났던 모든 협상에 대한 공개법정에서의 공개, 협상절차에서 참심원(參審員)을 포함한 모든 판사와 피고인을 포함한 모든 당사자의 참여를 말한다. 나아가 판사는 특정의 신고형을 약속할 수 없고, 오직 신고 범위만을 밀할 수 있으며, 또 사전 항소권의 포기가 금지되고, 합의에 이르렀을 때 법원은 중대하고 새로운 상황이 없는 한 약속된 선고형의 범위에서 일탈할 수 없다고 판시하였다.[49]

---

47) Thomas Weigend & Jenia Iontcheva Turner, 앞의 논문, p.88; BVerfG, Case No. 2Bvr 1133/86, 1987 Neue Juristische Wochenschrift(NJW) 2662(Jan. 27. 1987).

48) Deutscher Bundestag 16. Wahlperiode, 2009. 3. 18. Gesetzentwurf der Bundesregierung, p.7.

49) Deutscher Bundestag 16. Wahlperiode, 2009. 3. 18. Gesetzentwurf der Bundesregierung, p.7; Stephen C. Thaman, *Comparative Criminal Procedure. A Casebook Approach*, Carolina Academic Press, 2008, p.151; Thomas Weigend & Jenia Iontcheva Turner, 앞의 논문, p.88. BGH, Case No.4 Str 240/97.

2. 개정과 그 내용

가. 개정 배경

2005년 연방통상법원(BGH)은 판결을 통해 입법부가 협상 실무를 위한 조치를 하고, 법령에 근거한 지침을 선포할 것을 요구하였다. 마침내 2009년 독일 입법부는 플리바게닝, 즉 판결 협상(또는 판결 합의)을 도입한 개정 형사소송법을 통과시켰다. 새 규정인 형사소송법 제257c조는 판사가 사건의 결과에 대하여 당사자와 합의하는 것을 허락하였다. 이 규정은 이전에 연방헌법재판소와 연방통상법원에 의해 확립된 요건을 성문화한 것이다.

판결 협상을 입법한 이유는, 형사절차에서 사건이 복잡하거나 어려울 때 협상제도는 필수불가결한 현상인 점, 법원과 검사 그리고 변호인은 형사사건의 해결을 위해서 협상을 시도한다는 점, 특히 법원은 협상을 통해 자원을 절약하고 형사절차를 신속하게 진행할 수 있다는 점, 피고인과 변호인은 자백이 가장 큰 의미가 있는 협상에 협조함으로써 유리한 판결을 희망할 수 있다는 점이었다.

한편 그 당시 협상제도에 찬성하는 의견이 다수였는데 그중 대부분은 협상제도를 형사소송법에 도입하자고 주장하였고, 그중 일부는 검사와 변호인이 협상한 결과에 대해 법원이 법률적 오류 정도를 교정하는 새로운 절차의 도입을 주장하였다.50)

나. 개정 내용

형사소송법 제257c조에 따르면, 법원은 판결 협상에서 중심 역할을 한다. 판사는 협상을 개시할 수 있고, 협상 일부로서 선고하려는 최고형과 최저형을 알려 줄 수 있다. 그러나 판사의 협상권한은 다음과 같이 제한된다. 첫째, 기소

50) Deutscher Bundestag 16. Wahlperiode, 2009. 3. 18. Gesetzentwurf der Bundesregierung, p.7; 형사소송법은 협상의 용어로서 'Verständigung'을 사용하였다. 'Absprache(협상)' 또는 'Vereinbarung(합의)'이라는 용어를 사용하지 않았는데 그 이유는 이 용어들이 판결의 기초가 소위 계약된 거래일 수 있다는, 적절하지 않은 인상을 조장할 수 있기 때문이다.

협상, 즉 피고인이 범하였다고 알려진 범죄의 사실과 적용될 법에 대한 협상은 금지된다. 둘째, 선고형의 범위를 제의할 때 법원은 일반적인 양형 참작사유는 물론 사건의 모든 정황을 고려하여야 한다. 제안된 형은 피고인의 책임과 비례하여야 한다. 셋째, 법원은 실체적 진실을 발견하여야 할 의무를 진다. 따라서 판사는 자백을 포함하여 당사자가 제출한 사실에만 의존해서는 안 된다. 그러나 이 점은 당사자의 결정을 존중하는 협상제도와 잘 어울리지 않는다.

협상할 수 있는 사건은 적합한 사건으로서 제한이 없다. 협상에 참여하는 자는 당사자로서, 여기에는 검사, 변호인, 피고인이 포함된다. 협상할 수 있는 대상은 절차의 향후 진행 및 그 결과로서, 판결이나 이에 상응하는 결정의 내용이 될 수 있는 법률효과, 기타 판결의 기초가 되는 사실 확인 절차 및 절차 관계인의 소송활동에 관한 것이다. 죄책의 유무 및 보안처분은 협상의 대상이 될 수 없다. 협상이 이루어지려면 피고인은 자백하여야 한다. 따라서 자백은 협상의 구성요건이다.

법원은 협상이 어떠한 내용을 대상으로 할 수 있는지를 알려야 한다. 협상은 피고인과 검사가 법원의 제안에 동의함으로써 이루어진다. 판사는 피고인의 행위가 판사의 기대를 만족시키지 않았을 때 또는 판사가 사건의 사실적 또는 법률적 측면을 간과하였을 때 협상 제안을 철회할 수 있다. 이 경우 피고인의 자백은 증거로 사용될 수 없고, 법원은 협상에 구속되지 않는다는 점을 즉시 알려 주어야 한다. 또 당사자는 판결에 대한 항소권을 보유하고, 이 권리를 미리 포기할 수 없다.[51)]

3. 개정에 대한 평가

판결 협상에 대한 입법은 독일 연방헌법재판소와 독일 연방통상법원의 판결을 수용하여 합법화한 것이다. 이 입법의 목표는 그 당시 실무에서 널리 관행화된 협상이 형사소송의 기본 원칙과 조화를 이루도록 하는 데 있다. 그러나 협

---

51) Thomas Weigend & Jenia Iontcheva Turner, 앞의 논문, pp.91~92.

상제도의 도입에 반대하는 사람들은 판결 협상의 도입을 법치국가 형사소송의 몰락 또는 독일 사법의 수치라고 표현하였다. 이에 반해 협상제도의 도입에 찬성하는 사람들은 소송 관여자의 합의를 중시하는 새로운 형사소송의 시작 또는 소송경제라는 현대화 요청에 따른 거역할 수 없는 방안이라고 평가하였다.[52)]

이 입법에 대한 평가와 관련하여 주목할 점은, 판결 협상에 대한 통제와 상급 법원의 심사와 관련한 점이다. 즉 판결 협상과 관련한 모든 제한은 비형식성이 강한 협상을 형식화하고 이를 통해 법치주의적·형사소송법적 최저 기준의 도입을 가능하게 한다.[53)] 그러나 신속한 사건 처리에 대한 요구와 형의 감경에 대한 요구가 모두 충족되는 결과가 도출되면 규제나 통제는 적용되지 않는다. 왜냐하면 업무 과중으로 인해 피고인에게 자백을 강요하는 판사나, 범죄에 상응하지 않은 가벼운 형을 받고자 하는 피고인 모두가 만족할 만한 보상을 받을 경우 그 누구도 상대방에 대해 불만을 느끼지 않기 때문이다. 즉 협상이 성공하면 모든 당사자는 결과에 만족하고, 이 경우 아무리 소송절차법상 위반사항이 많다고 하여도 아무도 이를 거론하지 않는다. 이것이 협상제도의 문제점 중 하나이다.[54)]

4. 개정 이후 실무

판결 협상 절차는 독일 법정에서 당연한 요소로 자리를 잡았다. 그리고 무엇보다 먼저 어려운 사건을 신속하고 간결하게 해결하는 데 적용되고 있다.

그러나 판결 협상의 결과에 만족하는 검사와 피고인 등 참여자들은 협상에 의한 판결에 대하여 상소하지 않으므로 상급심에 의한 협상의 합법성 여부가 확인될 수 없다. 또 판결 협상은 형사소송의 기본적 원칙을 무시하고 사실 및 사실을 증명하는 증거물에 대한 실질적 고려 없이 자유협상 방식으로 한다. 이

---

52) 손미숙, 앞의 논문, 2~8면.

53) Kühne, Hans-Heiner(번역, 안미라), 앞의 논문, 19면.

54) *Ibid.* at 19.

러한 이유로 판결 협상은 지양되어야 한다는 주장이 제기된다.[55]

한편 판결 협상 도입 이후, 연구 결과에 의하면 법과 실무 사이에 큰 차이가 있는 것으로 드러났다. 위 연구에 따르면 판사 중 59%는 자신들의 협상 중 반 이상을 형사소송법 제257c조의 요건을 따르지 않고 비공식적으로 결론을 냈다고 말하였다. 또 공식적인 협상을 할 때에도 판사 중 30%는 피고인에게 협상을 철회할 수 있다는 가능성을 알리지 않았다고 한다. 나아가 많은 판사는 피고인에게 선고 가능한 형의 범위는 물론 피고인이 자백하면 받아야 하는 실제의 형을 말하였다고 답변하였다.[56]

5. 연방헌법재판소의 결정

2013년 3월 19일 연방헌법재판소는, 법원과 당사자의 판결 협상에 관한 법 규정들은 합헌이라고 판결하였다.

독일의 플리바게닝은 처음 형사법 실무에서 발생하여 성장하였고, 그 후 연방통상법원이 플리바게닝을 받아들였으며, 마침내 2009년 플리바게닝은 판결 협상으로서 독일 형사소송법 제257c조에 도입되었다.

이러한 역사적 발전 과정의 관점에서 보면, 연방헌법재판소에 의한 위헌 판결만이, 실체적 진실의 발견이 협상제도에 의해 대체되는 것에 반대하는 사람들의 마지막 기대였다. 그러나 헌법재판소는 이들의 이러한 기대를 받아들이지 않았다. 다만 연방헌법재판소는 그때까지 성장하고 있는 판결 협상의 실무에 대하여 무조건적인 승인을 부여하지 않았다.

헌법재판소는 법 규정을 문자 그대로 해석하였고, 협상에 둔 제한을 강조하였으며, 엄격하게 법 규정의 틀 밖에서의 모든 합의 처리를 금지함으로써 이 실무를 통제하려고 시도하였다.

첫째, 헌법재판소는 형사법원 판사의 진실을 발견하여야 할 의무를 강조하

---

55) *Ibid.* at 21.

56) Thomas Weigend & Jenia Iontcheva Turner, 앞의 논문, pp.92~93.

였다. 또 이 의무는 정식재판 절차와 협상 절차 모두에 대해 헌법적으로 명령받은 것임을 명확히 하였다. 나아가 책임원칙의 실현을 위해 실체적 진실을 철저하게 조사할 의무는 없어서는 아니 될 요건이고, 입법부의 재량이 아니라고 판시하였다.

둘째, 헌법재판소는 "형사사건에서 판결은 사건의 사실에 대한 독자적 조사라기보다 당사자 간의 단순한 합의에 따라 합법화될 수 있다"라는 개념을 명백하게 받아들이지 않았다. 그래서 헌법재판소는 단순한 형식적 유죄의 인정은 진실을 발견하여야 할 법원의 의무를 충족시키기에 충분하지 않다고 언급하였다.

셋째, 헌법재판소는 책임원칙의 중요성을 강조하였다. 그러나 헌법재판소는 협상이 이루어진 형에 대한 실체적 비례성의 문제가 아닌 절차적 관련성에 초점을 맞추었다. 다시 말하면 헌법재판소는 판사가 피고인에게 "자백하면 집행유예의 판결을 선고하겠지만 자백하지 않으면 실형을 선고하겠다"라고 제의하거나 암시한다면, 이러한 형의 차이는 정당화될 수 없고, 파기되어야 한다고 판단하였다. 그리고 그 근거를, 형벌은 범죄인의 책임을 반영하여야 한다는 책임원칙의 위반에 두지 않고, 이러한 극명한 형의 차이가 피고인의 자백에 대한 임의성을 훼손시켰다는 점에 두었다.

한편 헌법재판소는 이 법이 광범위하게 지켜지지 않고 있는 사실에 맞서 입법부는 반드시 이 법의 유효성을 계속 감시하여야 한다고 판시하였다. 만약 제도적 위반이 계속 지속한다면 입법부는 이 규정을 개정하여야 하고, 필요하다면 판결 협상을 금지하여야 한다고 판시하였다.[57)]

VI. 평 가

미국의 플리바게닝이 법적 근거 없이 실무에서 발생하여 확립된 후 나중에 미국 연방대법원으로부터 합헌성을 인정받은 것과 마찬가지로 독일의 플리바게닝도 처음 법적 근거 없이 실무에서 발생하여 어느 정도 제도로서 확립된 후 독

57) *Ibid.* at 81~97.

일 법원으로부터 합헌성을 인정받은 뒤 마침내 법에 편입되어 제도로서 인정받았다. 이처럼 독일의 판결 협상과 미국의 플리바게닝은 역사적 발전 과정이 같다.

물론 다른 점도 있다. 이 점에 대하여는 독일 연방헌법재판소의 판결 협상에 대한 결정과 미국 연방대법원의 플리바게닝에 관한 판결을 중심으로 살펴보기로 한다.

첫째, 미국 연방대법원은 자기부죄거부특권이나 적법절차의 원칙 등 광범위한 헌법적 원칙의 관점에서 플리바게닝에 대한 제약을 언급하지 않는다. 미국 연방대법원은 플리바게닝과 관련하여 이러한 헌법 조항들을 좁게 해석하고 있다. 즉 신체적 또는 정신적 강요가 크지 않은 정부의 행위들은 유죄답변을 비자발적인 것으로 만들지 않는다고 판결한다. 따라서 미국 연방대법원의 견해에 따르면, 피고인이 배심재판 이후 유죄판결을 토대로 더 무거운 형을 선고받을 수 있다는 가능성만으로는 유죄답변을 무효로 하지 않는다. 이에 반해 독일 연방헌법재판소는 법치국가 원칙 등 판결 협상에 대하여 헌법적 제한을 둔다.

둘째, 미국 연방대법원은 기소협상에 대하여 제한하지 않는다. 미국에서 기소에 관한 결정은 검사의 직무권한이다. 그리고 삼권분립의 원칙은 판사가 이러한 결정에 관여하지 못하도록 한다. 또 법치주의의 원칙은 피고인이 유죄답변을 하도록 유인하기 위해 기소범죄를 축소하거나 철회할 수 있는 검사의 권한을 제한하지 않는다. 더욱이 미국 연방대법원은, 검사가 유죄답변을 얻기 위해 더 중한 범죄로 기소하겠다고 피고인을 위협할 때에도 헌법 위반은 발생하지 않는다고 판결한다. 즉 더 중한 범죄의 기소가 상당한 근거에 의해 뒷받침되고 있는 한, 그러한 전략은 헌법적으로 허용될 수 있다고 말한다. 이에 반해 독일 연방헌법재판소는 기소협상을 제한한다.

셋째, 미국 연방대법원은 플리바게닝을 하는 동안에 진실의 발견을 증진하기 위한 진지한 조치를 하지 않는다. 연방대법원의 판결은 유죄답변에 따른 사실적 기초의 요건에 대한 실체를 제공하지 않는다. 따라서 당사자들이 마음대로 사실에 관한 협상을 하는 것이 허용된다. 이에 반해 독일의 판사는 자백의 정확성을 확인하기 위해 최소한 완전한 수사기록을 조사해보도록 요구를 받는다.

넷째, 미국 연방대법원은, 검사가 피고인에게 유리한 증거를 드러내 놓지 않은 것이 피고인의 유죄답변을 '알지 못하고 한' 유죄답변으로 만들지 않는다고 말한다. 이에 반해 독일의 변호인은 그가 판결 협상을 하기 전 경찰과 검찰이 수집한 증거 모두를 포함한 수사기록을 열람할 수 있다.

다섯째, 미국에서 피고인은 항소를 포기할 수 있다. 그래서 플리바게닝에 대한 항소심의 심사가 배제된다. 이에 반해 독일 연방헌법재판소는 판결 협상의 투명성과 상급심의 재심 가능성을 보장하기 위해 힘쓴다.58)

여섯째, 미국의 경우 검사가 광범위한 재량권을 갖고 변호인 또는 피고인과 플리바게닝을 하고, 판사는 일반적으로 참여가 금지되어 있다. 이에 반해 독일의 경우 판결 협상의 주체는 판사이다.

일곱째, 독일의 판사는 판결 협상의 경우에도 여전히 실체적 진실을 발견해야 할 의무를 진다. 이에 반해 미국의 판사는, 검사와 피고인이 협상한 합의를 받아들이거나 거절하거나 연기할 수 있으나 합의에 대한 실체적 진실을 발견해야 할 의무는 없다.

이처럼 독일과 미국의 협상제도가 서로 다른 이유는 비록 독일이 판결 협상제도를 도입하였지만, 그 근저에는 아직도 판사 중심의 직권주의, 법치주의의 사고방식이 남아 있기 때문이다.

한편 독일의 판결 협상이 우리에게 주는 시사점은 다음과 같다. 첫째, 검사의 권한 남용 때문에 우리 형사사법제도에 플리바게닝이 도입되어서는 안 된다고 주장한다면, 판사가 협상을 주도하는 독일의 판결 협상제도를 눈여겨볼 필요가 있다는 것이다. 둘째, 독일의 판결 협상은 대륙법계의 전통인 직권주의 및 법치주의에 협상제도를 접목한 것이므로(물론 대륙법계의 전통이 아직도 강력하게 남아 있어 서로 이질적으로 보이지만) 대륙법계의 영향을 많이 받은 우리에게 참고할 만한 입법례라는 것이다.

---

58) *Ibid.* at 101.

제 3 절 이탈리아

Ⅰ. 서 설

1988년 이탈리아는 새로운 형사소송법을 도입하였다. 이 법의 특징은 그때까지 깊이 뿌리박힌 직권주의 형사절차에 당사자주의 형사절차가 도입되었다는 점과 플리바게닝과 유사한 제도를 규정하였다는 점이다. 즉 당사자주의를 도입하여 당사자들에게 사건의 조사와 해결에 관한 일차적인 지배권을 줌으로써 형사사법의 효율성을 높이고자 하였다.

새로운 법을 도입하기 이전 이탈리아는 가장 엄격한 의미에서 법치주의를 따르는 국가였다. 그런데 엄격한 법치주의 원칙을 고수한 결과 형사사건의 적체가 발생하였다. 이탈리아 형사절차에는 정식재판을 회피할 수 있는 다른 절차가 없었기 때문이다. 결국 새로운 형사소송법의 입안자들은 법원의 과중한 사건 부담을 해결하여야 했다.[59)]

새 형사소송법은 플리바게닝이라는 용어를 사용하지 않았다. 그러나 새 형사소송법은 당사자 사이의 합의에 근거하여 또는 피고인의 청구로, 피고인에게 형의 감경 등 보상을 주는 것과 교환으로 재판절차를 회피할 수 있는 제도를 규정하였다.

첫째, '당사자의 청구에 따른 형의 적용'은 검사와 변호인이 재판을 통하지 않고 피고인에게 선고될 적절한 형에 관하여 합의할 수 있는 절차를 말한다. 둘째, '단축재판'은 예비심리[60)]에서 피고인이 그때까지 수집된 증거를 토대로 법

59) Yue Ma, "Prosecutorial Discretion and Plea Bargaining in the United States, France, Germany, and Italy: A Comparative Perspective", *International Criminal Justice Review*, Vol. 12, 2002, p. 39; William T. Pizzi and Luca Marafioti, "The New Italian Code of Criminal Procedure: The Difficulties of Building and Adversarial Trial System on a Civil Law Foundation", *The Yale Journal of International Law*, Vol. 17, No. 1, 1992, p.2.

60) 예비심리는 예비심리 판사가 검사의 공소 제기가 있으면 검사와 피고인·변호인의 참가하에 사건을 재판으로 보내야 하는지 여부를 심사하는 제도이다. 이 절차는 비공개로 한

원이 사건을 처리하도록 요청할 수 있는 절차를 말한다. 이 절차들은 사건의 신속한 처리와 법원의 사건 부담을 경감하기 위해 규정된 것이다.[61]

II. 이탈리아 형사절차의 개요와 플리바게닝

1. 이탈리아 형사절차의 개요

1988년 개정된 이탈리아 새 형사소송법의 기본 원칙은 당사자주의와 구두주의 그리고 당사자 평등주의이다. 특히 이탈리아는, 공판중심주의의 실현을 위해 예심을 폐지하고 당사자주의적인 형사절차를 도입하였다. 즉 법원의 사실인정의 적정성을 담보하기 위해 당사자주의 원칙을 최대한 보장함으로써 재판절차에서 수집된 증거에 의해 사실인정이 이루어지도록 하였다.

새 형사소송법이 당사자주의를 도입하였으나 중요한 점에서는 당사자주의와 다른 점이 있다. 즉 새 형사소송법은, 검사는 헌법의 원칙인 기소법정주의에 따라 불기소처분의 청구를 위한 요건이 갖추어지지 아니한 경우에는 공소권을 행사하여야 한다고 규정한다. 또 검사는 공적 당사자로서 공소권의 행사를 결정하는 데 필요한 수사를 행함과 동시에 피의자에게 유리한 사실 및 정상을 확인하여야 한다고 규정한다.

한편 이탈리아 국회는, 공판중심주의를 실현하게 되면, 필연적으로 법원의 인적·물적 부담의 증대를 동반하고, 소송지연의 문제를 초래하므로, 법원의 사건 부담을 덜어 주기 위한 조치가 필요하다는 것을 인식하고 있었다. 이를 위해 1988년의 형사소송법은 특별절차편에 "당사자의 청구에 따른 형의 적용", "단축

다. 검사에 의한 기소처분은 수사 결과에 근거하여 행하여지는 이상 예비심리는 기본적으로 수사 자료를 중심으로 하는 서면심리이다. 따라서 예비심리를 요청하는 검사는 판사에게 조사기간에 수집한 모든 기록과 보고서가 있는 기록을 보낸다. 판사는 예비심리 결과 그 사건을 재판으로 갈 것인지 여부를 결정하여야 한다. William T. Pizzi and Luca Marafioti, 앞의 논문, p.13.

61) Yue Ma, 앞의 논문, pp.39, 41; William T. Pizzi and Luca Marafioti, 앞의 논문, p.3; 松田岳士(まつだ·たけし), イタリアの刑事裁判と合意手續, 刑事法ジャーナル, No. 22, 2010, p.32.

재판"을 규정하였다.[62]

2. 헌법과의 관계

통상의 정식재판은 예비수사, 예비심리, 제1심 재판, 상소심의 순서로 진행되는데 당사자의 청구에 따른 형의 적용 및 단축재판은 이러한 재판절차를 생략하므로 절차적 권리의 보장이라는 측면에서 보면 위 당사자의 청구에 따른 형의 적용 및 단축재판은 통상의 정식재판보다 뒤떨어진다. 그래서 이러한 절차를 생략한 위 두 개의 절차는 당사자가 이를 선택하면 얻을 수 있는 이익이나 동기부여가 필요하고, 그것이 바로 형의 감경이다.

그런데 위 두 개의 절차를 도입하면서 문제가 된 것은 이탈리아 헌법이 정하고 있는 적정절차 원칙과 기소법정주의 원칙과의 관계이다. 왜냐하면 재판절차를 생략하는 위 두 개의 절차는 "재판권은 법률에 정해진 적정한 절차에 따라 행사되어야 한다. 모든 소송은 제삼자의 입장에 있는 공평한 법원 앞에서 당사자들이 대등한 상태에 있는 당사자주의 하에서 전개되어야 한다. 형사소송은 증거의 조사에 있어 당사자주의의 원칙에 의해 규율된다"라는 헌법 제111조의 원칙에 저촉될 수 있기 때문이다.

그러나 위 헌법에는 당사자의 동의가 있을 때 법률에 따라 당사자주의에 의하지 않고 증거 조사를 할 수 있도록 규정되어 있으므로 위 두 개의 절차와 적정절차와의 문제는 해결된다. 그다음은 기소법정주의 원칙과의 관계이다. 이탈리아 헌법 제112조는 검사는 공소권을 행사할 의무를 진다고 규정함으로써 기소법정주의를 취하고 있다. 따라서 검사는 소송조건이 갖추어지고 혐의가 인정되는 이상 경미하여 다툼이 없는 사안이라고 해도 기소유예라는 불기소를 하는 것은 허용되지 않는다. 따라서 간이화된 절차를 도입하였다고 해도 그 제도의 내용은 기소법정주의와 정합성을 유지할 필요가 있고, 그래서 위 두 개의 절

---

62) 강경원, 이태리 형사소송제도, 해외연수검사연구논문집 19(2), 법무연수원, 2004, 1면, 14면; 松田, 앞의 논문, p.32; 松田岳士, イタリアにおける豫審廢止と新刑事手續の構造(二, 完), 法學論叢, 第144卷 第3号, 京都大學法學會, 1998, pp.90~91.

차의 선택은 원칙적으로 검사의 기소 이후 판사의 관여 아래 이루어져야 한다.

그러므로 이탈리아 형사소송법에 있어 당사자에게 사건 자체의 처분권을 인정하고 절차를 간이화하는 영미법계의 제도는 도입될 수 없는 것으로 해석되고, 실제 위 두 개의 절차가 당사자에게 절차적인 권리 보장의 처분을 인정하는 것이라고 해도 실체적인 의미에서 사건 그 자체의 처분을 인정하는 것은 아니다. 그렇기 때문에 이론상 부인사건도 이 절차의 대상이 될 수 있으며, 그 결과 무죄판결이 선고될 가능성도 있다.[63)]

Ⅲ. 1988년 형사소송법의 개정과 플리바게닝의 도입

이탈리아 형사소송법의 개정은 적법절차와 효율성을 근거로 정당화되었다. 개정된 법에서는 검찰과 변호인이 협상할 수 있거나 정규절차를 회피하는 데 동의할 수 있는 간략한 절차 또는 합의 절차를 도입하였다.[64)]

1. 당사자의 청구에 따른 형의 적용

이탈리아 형사소송법은 "당사자의 청구에 따른 형의 적용(applicazione della pena su richiesta delle parti)"이라는 미국의 플리바게닝과 유사한 제도를 도입하였다. 변호인과 검찰은 양형에 대하여 합의에 이른 다음 판사에게 합의된 형을 선고하도록 청구할 수 있다. 이 절차를 일반적으로 협상이라는 용어인 파테자멘토(patteggiamento)라고 부른다. 이탈리아에서는 기소법정주의를 근거로 검사가 사건의 처분권을 갖는다는 것은 인정될 수 없다고 생각하기 때문에, 이 절차에서도 범죄에 대한 법적 평가의 정확성과 청구된 형의 상당성을 심사하는 권한은 판사에게 있다. 이 절차는 서면심리이다. 따라서 재판절차가 생략되고 수사자료 및 피고인의 방어자료를 근거로 판결이 선고된다. 이 판결에 대하여는

---

63) 松田, 앞의 논문(2010), p.33.

64) Maximo Langer, 앞의 논문, pp.47~48; Mireille Delmas-Marty and J. R. Spencer, 앞의 책, p.668.

원칙적으로 항소할 수 없다.

형사소송법은 이러한 절차적 권리의 포기와 교환으로 검사와 합의한 피고인에게 형의 3분의 1까지의 감경을 인정한다. 이 절차의 적용 대상은 5년 이하의 징역으로 처벌할 수 있는 범죄이다.[65] 이 절차는 피의자나 피고인 또는 검사가 각 청구할 수 있으나 이 경우 상대방과의 합의가 필요하다. 당사자는 예비수사의 과정에서도 이 절차를 청구할 수 있으나 일반적으로 예비심리에서 이 절차를 가장 많이 청구한다.

검찰과 피고인이 맺은 합의는 법원의 심사를 받는다. 형사소송법은 당사자의 청구에 따른 형의 적용을 할 때 피고인에게 스스로 형사책임을 인정할 것을 요구하지 않는다. 판사는 당사자의 청구가 적법한지, 신청에 이유가 있는지를 주로 수사기록에 근거하여 판단하고, 또한 당해 행위에 대한 형법의 적용 및 법정의 가중·감경 등에 대한 정확성뿐만 아니라 제시된 형의 상당성까지 검토한다. 판사는 당사자의 청구가 적법하고 또 이유가 있다고 판단할 때에는 판결로써 당사자가 합의한 형을 선고한다. 판사는 피고인이 무죄라고 판단할 때에는 직권으로 무죄판결을 선고한다.[66]

2. 단축재판

단축재판(Giudizio abbreviato)은 피고인이 예비수사에서 진술한 서면진술로 재판을 받겠다고 선택하는 절차이다. 즉 피고인이 예비심리의 단계에서 정식재판을 받을 권리를 포기하고 조사된 기록을 받아들이는 절차이다. 이 절차는 피고인만이 청구할 수 있다. 원래 이탈리아 헌법이 보장하는 적정절차에 있어 재판을 받을 권리는 방어권의 핵심을 구성하는 것이고, 판결은 원칙적으로 공개주의 및 당사자주의의 원칙에 따른 재판심리를 통해 행해져야 하지만, 단축재

---

65) 처음에는 2년 이하의 징역으로 처벌할 수 있는 범죄로 제한하였으나 2003년 법 개정으로 2년 초과 5년 이하의 징역으로 처벌할 수 있는 범죄로 확대하였다(테러리즘이나 조직범죄는 제외). Maximo Langer, 앞의 논문, p.49; 松田, 앞의 논문(2010), p.37.

66) William T. Pizzi and Luca Marafioti, 앞의 논문, pp.21~22; 松田, 앞의 논문(2010), p.37.

판은 예외적으로 판사가 수사기관 또는 피고인 측이 일방적으로 수집·작성한 수사자료를 근거로 판결한다.

요컨대 단축재판은 피고인의 청구로 본래 수사자료에 근거하여 사건을 재판에 보내야 하는지를 심사하는 예비심리 절차를 피고인의 형사책임을 확정하는 절차로 전환한 제도이다. 단축재판은 예비심리에 의해 판결을 선고하는 제도이기 때문에 원칙적으로 판사실에서 서면심리에 의해 행하여진다. 단축재판으로 판사가 피고인에 대하여 유죄판결을 선고할 경우에는 유기징역은 3분의 1이 면제되고, 무기징역은 30년의 징역으로 감경된다. 이 형의 감경이 피고인에게 단축재판을 선택하게 하는 동기가 되고, 동시에 재판에서 보장되는 절차적 권리의 포기에 대한 보상이다.[67)]

Ⅳ. 미국의 플리바게닝과의 비교

파테자멘토(patteggiamento)에서는 양형협상만이 해당되고 기소협상은 해당되지 않는다. 이러한 제한을 둔 이유는, 협상절차에는 적법절차의 문제가 있을 수 있고, 또 직권주의에서 사건을 처리하는 판사와 검사가 협상절차에 대하여 저항할 수 있다는 것을 입법자가 인식하고 있었기 때문이다. 또 이 절차에서 유죄답변은 요건이 아니다. 그 이유는 새로운 형사소송법의 입법자는 유죄 인정이 이탈리아 헌법에서 모든 피고인에게 보장된 무죄추정의 원칙을 약화할 것이라고 염려하였기 때문이다. 이러한 점들이 미국의 플리바게닝과 다른 점이다.

그러나 이 절차가 미국의 플리바게닝과 비슷한 점은 검찰과 변호인이 양형에 대하여 적극적으로 협상할 수 있는 반면에 판사는 상대적으로 소극적인 지위에 있다는 점이다. 또 이 절차는 주로 예비심리 단계에서 검찰과 변호인의 합의에 따라 신속하게 이루어지므로 효율성을 추구하는 미국의 플리바게닝과 비

---

67) Stephen C. Thaman, "Plea-Bargaining, Negotiating Confessions and Consensual Resolution of Criminal Cases", *Electronic Journal of Comparative Law*, Vol. 11.3, 2007, p.39; 앞의 논문(2004), p.34.

슷하다. 한편 파테자멘토에서는 판사가 합의의 주체가 아니고, 양형 감경의 범위가 명확하게 법으로 규정되어 있다는 점에서 독일의 판결 협상과 다르다.

V. 평 가

'당사자의 청구에 따른 형의 적용'과 '단축재판'은 재판에 있어 절차적 권리의 포기와 형의 감경을 비롯한 보상 사이의 협상을 내용으로 하는 제도이다. 즉 적정절차나 기소법정주의라는 헌법의 요청과 신속한 재판이라는 요청과의 조화를 꾀하기 위해 도입된 제도이다. 따라서 이 제도들은 대륙법계의 전통과 당사자의 처분권이 접목된 것이다. 한편 '당사자의 청구에 따른 형의 적용' 절차는 검사와 피고인 사이의 합의를 전제로 하므로 이 제도는 당사자의 합의에 의한 형사사법의 운용을 보여주고 있다.

제 4 절 프랑스

I. 서 설

대륙법계 국가로서 직권주의를 취하고 있는 프랑스는 2004년 형사소송법 제495-7조 이하에 미국의 플리바게닝과 비슷한 "미리 유죄를 인정한 경우의 기소절차"라는 형사절차를 도입하였다. 물론 1990년대 초 델마마리(Delmas-Mary) 위원회로 알려진 프랑스 법무부위원회는 미국의 플리바게닝과 비슷한 제도의 도입을 제안한 적이 있었다. 그러나 당시 법조인들은 플리바게닝을 부적당하고, 프랑스의 직권주의 절차에 어긋나는 것으로 생각하였기 때문에 이 제도는 도입될 수 없었다.[68]

68) Maximo Langer, 앞의 논문, p.58.

II. 프랑스 형사절차의 개요와 플리바게닝

1. 프랑스 형사절차 개요

프랑스의 형사소송은 경찰 조사와 기소, 예심 수사, 재판 등 3단계로 구분될 수 있는데 경찰 조사와 기소, 예심 수사 단계는 전통적으로 그 본질에 있어 직권주의 절차이다. 그래서 진술과 전문가의 보고서를 포함하고 있는 사건의 서면기록과 조사절차에 대한 기록이 특히 강조된다. 그러나 최근에 시민의 권리를 더 크게 보호하기 위해 당사자주의 절차가 추가되어 재판에서는 직권주의와 당사자주의의 요소가 혼합되어 있다. 그렇지만 재판 전, 수사된 서면기록이 여전히 재판심리의 중심이 된다.[69)]

프랑스의 형사사건 처리절차를 보면, 검사는 공익의 수호자로서 관할 내에서 발생하는 모든 고소, 고발 사건을 접수한다. 사법경찰관은 직무집행 중 중죄나 경죄의 발생을 인지하였을 때 바로 검사에게 보고하고, 사건과 관련된 모든 정보, 조서 및 관계 서류를 검사에게 보내야 한다. 검사는 사건을 수리하고 기소와 불기소 결정을 한다. 검사는 원칙적으로 공소 제기를 담당하지만, 기소독점주의는 인정되지 않는다. 그리고 기소편의주의가 도입되어 있다. 법정형이 벌금형인 위경죄 사건은 경찰법원(Tribunal de police)에서 재판하고, 법정형이 10년 이하의 징역형이나 벌금형인 경죄 사건은 경죄법원(Tribunal correctionnel)에서 재판을 하며, 법정형이 10년 초과의 중죄 사건은 중죄법원(Cour d'assises)에서 재판을 한다. 중죄법원은 직업법관 3명과 배심원으로 구성된다.[70)]

---

69) Kevin Jon Heller and Markus D. Dubber, 앞의 책, p.214; Yue Ma, 앞의 논문, pp.31~32; 프랑스는 사소(私訴)와 형사조정, 형사화해 등 당사자주의의 흔적을 가지고 있으나 예심판사의 피고인 심문이라는 직권주의의 골격을 가지고 있다. 따라서 프랑스의 형사소송구조가 당사자주의 쪽인가 아니면 직권주의 쪽인가에 대하여 답하자면, 경죄에 대해서는 당사자주의 쪽이고, 중죄에 대해서는 직권주의 쪽이다. 법무부, 프랑스 형사소송법, 2011, 서문.

70) 강정영, 프랑스의 형사 분야 대체분쟁해결제도의 운영현황, 문제점, 개선방안에 대한 연구, 2014년도 동계 공동학술대회, 한국형사소송법학회·프랑스형사법연구회, 2014, p.6; 한제희, 프랑스 형사증거법 연구-조서와 영상 녹화물을 중심으로-, 해외연수검사연구논문집24(2), 법무연수원, 2009, 11~12면.

2. 2004년 이전의 플리바게닝에 관한 실무

가. 플리바게닝과 유사한 경죄재판으로의 회부

통상 검사는 중죄법원의 재판절차가 번거로우므로 중죄법원에 기소하는 것을 선호하지 않는다. 중죄는 원칙적으로 중죄법원에서 재판을 받아야 하지만 검사는 중죄를 범한 범죄인을 경죄나 위경죄로 기소함으로써 이 규제를 빠져나갈 수 있다. 이처럼 더 작은 죄로 축소하여 기소하는 검사의 권한을 경죄재판으로의 회부(correctionalization)라고 한다. 예컨대, 야간에 또는 무기를 휴대하고 범한 중죄인 절도죄를 경죄인 단순절도죄로 변경시키는 것이다. 검사가 중죄를 경죄재판으로 부치는 이유는 형법의 가혹함을 개선하기 위해서이다. 그래서 이것은 미국의 플리바게닝과 유사한 역할을 한다. 왜냐하면 검사는 범죄의 등급을 축소하여 경죄재판으로 부침으로써 사실상 피고인의 정식재판에 대한 포기와 교환으로 피고인에게 양형 감경을 제공하기 때문이다. 그러나 이것은 협상의 대상이 아니다.[71]

나. 플리바게닝과 유사한 제도

1980년 초부터 프랑스에서는 형사사건이 꾸준히 증가하기 시작하였다. 그러자 프랑스는 검사가 증가하는 사건을 제때에 처리할 수 있도록 여러 가지 절차를 규정하였다. 예컨대 검사는 중재를 통해 사건을 처리할 수 있다. 범죄인과 피해자 사이에 중재합의가 이루어지면 검사는 범죄인이 피해자에게 손해배상을 지급하는 등 합의 규정을 따르는 조건으로 기소하지 않을 수 있다.

다음으로 형사화해이다. 이 제도는 경죄를 효과적으로 처리함으로써 법원의 사건 부담을 줄이는 데 그 목적이 있다. 또 이 제도는 검사와 변호인에게 협상할 수 있는 여지를 준다. 검사는 정식절차가 시작되기 전 범죄인에게 유죄인정과 벌금의 납부와 같은 조건의 이행과 교환으로 기소하지 않겠다는 제의를 할 수 있다. 범죄인이 제의를 받아들이면 검사는 판사에게 이것이 유효함을 요

71) Abraham S. Goldstein and Martin Marcus, 앞의 논문, pp.251, 277.

청한다. 범죄인이 이 제의를 받아들이지 않거나 합의 조건을 이행하지 않으면 검사는 정식절차를 개시할 수 있다. 형사화해는 언론 관련 경죄 등 일부를 제외하고 벌금형에 처할 경죄나 5년 이하의 징역형에 처할 범죄 또는 여러 개의 위경죄에 대하여 적용된다.[72)]

Ⅲ. 2004년 형사소송법의 개정과 플리바게닝의 도입

2004년 프랑스는 형사소송법을 개정하면서 미국의 플리바게닝으로부터 영향을 받은 "미리 유죄를 인정한 경우의 기소절차(la comparution sur reconnaissance préalable de culpabilité)"라는 제도를 도입하였다.[73)] 이 절차는 성인인 피의자가 범죄혐의를 인정한 경우 경죄법원에서의 심리절차를 절약함으로써 소송경제를 도모하는 제도이다. 이 절차의 개시 결정권은 전적으로 검사에게 있다. 피의자는 성인이어야 하고 혐의사실을 인정하여야 한다. 대상 범죄는 주형이 벌금 또는 5년 이하의 징역형에 해당하는 경죄이다. 이 절차는 변호인이 참여한 가운데 피의자가 검사 앞에 출석하여 혐의사실을 인정하고 검사는 형을 제안함으로써 시작되고, 판사가 이를 승인함으로써 종결된다. 검사가 피의자에게 실형을 제안하는 경우 형기가 1년을 초과할 수 없고, 법정형의 2분의 1을 초과하여도 안 된다. 피의자는 검사의 제안을 수용하거나 거절할[74)] 수 있다. 피의자가 검사가 제안한 형을 수용하면 검사는 즉시 지방법원장이나 수탁판사에게 승인 요청을 하여야 한다.

---

72) Yue Ma, 앞의 논문, p.34; Maximo Langer, 앞의 논문, p.59.

73) 이 제도에 대한 입법 당시 법조계의 격렬한 반대가 있었으나, 법무부와 의회는 '막힌 하수구'를 뚫기 위해 불가피하다고 설득해 관철시켰다. 김종민, 막힌 하수구를 뚫는 법, 법률신문, 2023년 2월 23일.

74) 피의자가, 검사가 제안한 형을 받아들이지 아니하거나 판사가 승인을 거부한 경우 이 절차는 종료된다. 이때 검사는 새로운 요소가 없는 한 통상의 경죄 사건 처리절차에 따라 경죄법원에 기소하거나 예심수사 개시를 청구한다. 박성민, 프랑스의 미리 유죄를 인정한 경우의 재판절차 및 활용방안, 국외훈련검사 연구논문집(Ⅲ-1)-유죄협상-, 법무연수원, 2011, 75면.

위 요청을 받은 판사는 심리를 열어 승인 여부를 결정하는데 그 절차는 피의자와 변호인의 진술 청취, 사실 및 법령 등의 확인, 승인 여부 결정으로 진행된다. 판사는 검사가 제안한 형을 승인하거나 허락하지 않을 수 있다. 판사의 승인 결정은 판결과 같은 효력을 갖는다. 이 절차는 기존의 형사화해제도가 요건이 복잡하여 실무상 자주 활용되지 않자 그 보완책으로 나온 제도이다. 이에 대한 통계를 보면, 기소한 사건 중 이 절차를 이용한 비율은 2004년에는 0.32%였으나 2010년에는 12%에 이르렀다.[75)]

IV. 미국의 플리바게닝과의 비교

이 절차는 미국의 플리바게닝을 염두에 두고 도입하였고, 신속성과 효율성을 추구한다는 점에서 미국의 플리바게닝과 비슷하다. 또 이 절차의 개시 결정권이 검사에게 있으므로, 이 절차는 검사의 광범위한 재량권을 바탕으로 하는 미국의 플리바게닝과 비슷하다.

다른 점이 있다면, 대상 범죄와 검사가 제안할 수 있는 형벌이 제한되어 있다는 점이다. 여기에는 중죄의 경우 정식재판을 통해 적정한 형이 선고되어야 한다는 인식이 깔린 것으로 보인다. 이 절차에서 판사는 승인 여부를 위해 심리를 열어 관계인의 진술을 청취하고 사실 및 법률관계, 그리고 형의 적정성 등을 확인한다. 그런데 미국의 경우 판사는 답변의 자발성과 기초적 사실관계를 확인할 뿐 일반적으로 사실 및 법률관계 그리고 형의 적정성까지 확인하지 않는다. 따라서 프랑스의 위 절차는 검사의 자의적인 사건 처리를 예방함은 물론 판사의 관여를 강화한 것이라고 말할 수 있다.

---

75) 박성민, 위의 논문, 62~66면, 74면, 88면; 손병헌, 현행 프랑스 형사소송법상 plea bargaining, 비교형사법연구, Vol. 9, No. 1, 493면; 강정영, 앞의 논문, 22면, 28면. "이 제도의 도입은 프랑스의 법에 있어 혁신적인 사건이고, 검사에게 사실상 판결 선고자의 지위를 준 것이다"라고 주장한다; 한편 2021년 프랑스 법무부의 형사재판 통계를 보면, 58만 7,111건의 기소사건 중 10만 1,276건(17.2%)이 '미리 유죄를 인정한 경우의 기소절차'로 처리되었다. 김종민, 앞의 글.

Ⅴ. 평 가

‘미리 유죄를 인정한 경우의 기소절차’는 검사와 피의자가 합의로 형을 결정한다는 점에서 미국의 플리바게닝과 비슷하다. 즉 검사가 형을 제안하고 피의자가 이를 수락하면 이 절차는 개시된다. 그러므로 이 절차는, 검찰 단계에서 판사의 개입이 차단되어 있다는 점에서 당사자주의의 성격을 갖고 있다.

한편 이 절차는, 판사가 승인 여부를 위해 유죄인정에 필요한 사실 및 법률관계의 확정, 양형의 적정성 여부에 대하여 심리를 한다는 점에서 직권주의의 성격을 띠고 있다. 다시 말하면, 사실관계에 대한 진실 여부 판단과 법적 평가, 형벌의 정당성·적정성 여부 심사를 판사의 책임으로 한다는 점에서 대륙법계의 직권주의를 따르고 있다.[76] 그러므로 이 절차는 당사자주의와 직권주의가 융합된 제도이다.

제 5 절 대만과 일본

Ⅰ. 대 만

1. 개 요

대만(臺灣)은 2004년 형사소송법에 플리바게닝[協商程序]과 유사한 제도를 도입하여 시행하고 있다. 대만은 기본적으로 이탈리아의 플리바게닝을 모범으로 하여 플리바게닝을 도입하였다. 대만의 형사절차는 2002년 이전까지는 직권주의를 취하였으나 2002년 형사소송법 개정 이후에는 법원이 아닌 당사자가 일차적으로 사실을 발견할 의무를 지도록 함으로써 당사자주의를 취하고 있다.

76) 김유철, ‘04 프랑스 개정 형사소송법 연구, 해외연수검사연구논문집22(2), 법무연수원, 2006, 265면.

그래서 당사자는 종전보다 재판에서 적극적인 역할을 수행하게 되었고, 그 결과 법원의 업무 부담과 사건 처리 시간이 비약적으로 증가하였다. 이렇게 되자 대만은 사법자원의 효율적 활용을 위해 플리바게닝을 도입하였다.[77]

2. 대만의 플리바게닝의 내용

검사가 중죄가 아닌 사건을 기소한 후 법원의 동의를 거쳐 당사자가 협상절차를 개시한다. 그리고 법원 밖에서 구형 및 관련 사항에 관하여 협의·협상하여 당사자 사이에 합의가 이루어지면 피고인이 죄를 인정할 것을 전제로 검사가 법원에 협상 내용·협상에 근거한 판결절차를 신청한다. 협상의 주체는 검사와 피고인이다. 또 검사만이 법원에 협상절차 진행을 청구할 수 있다. 검사는 피해자의 의견을 구한 후 협상을 진행할 수 있다. 판사는 협상의 주체가 될 수 없을 뿐만 아니라 협상절차에 참여할 수 없다. 피고인은 기소 후 제1심 구두변론종결 전 또는 간이판결 종료 전까지 합의에 대하여 표명하여야 한다. 따라서 협상절차는 제1심에 한정된다. 협상 대상은 사형, 무기징역, 하한이 3년 이상의 유기징역, 고등법원이 관할하는 제1심 사안 이외의 사건이다. 중죄범죄는 협상의 대상이 될 수 없다. 만약 중죄가 협상의 대상이 되면 형법의 규범·입법 목적이 약해지기 때문이다. 협상에는 형의 범위나 감형의 희망 등 양형협상이 있다.

변호인의 조력을 받을 권리와 관련하여, 피고인이 유기징역 6개월 이상의 형을 받기를 원하고, 또 변호인을 선임하지 않은 경우 법원은 공설 변호인이나 변호사를 변호인으로 지정하여 협상 진행을 수행하도록 해야 한다. 검사가 법원에 협상 판결을 신청하면 법원은 협상 신청을 접수한 때로부터 10일 이내에

77) 王兆鵬(榎本雅記 譯), 台湾刑事司法改革の成功, 名城法學, 제55권 제4호(平成18년) p.16. 鈴木一義, 台湾における司法取引(一), 法學新報, 제118권 제11·12호, 2012, p.33.에서 재인용; 입법 이유는 다음과 같다. "대만의 형사사법제도는 양호한 재판환경을 구축하기 위해 당사자주의의 방향으로 수정되고 있고, 명백한 사안은 신속히, 의심이 있는 사건은 신중히 판단하여야 한다는 원칙에 따라 피고인이 다투지 않는, 중죄가 아닌 사건에 관하여는 협상제도에 의해 신속하게 종결하게 하여 판사의 시간과 정신을 중대하고 복잡한 사건의 심리에 전력할 수 있게 해야 한다."

피고인을 심리하고, 인정하고 있는 죄명, 법정형, 피고인이 포기할 권리에 관하여 고지하여야 한다. 법원은 협상에 근거한 합의의 범위 내에서 판결을 선고하고 집행유예, 2년 이하의 유기징역·구금, 벌금형을 선고한다. 법원은 협상절차에 따라 판결하고 그 과정에서 사실적 기초의 존재, 공평 정의와의 부합 등을 심사한다. 당사자는 원칙적으로 판결에 대하여 상소할 수 없다.[78)]

3. 대만의 플리바게닝의 특색

대만의 플리바게닝의 협상 대상은 양형협상이다. 또 중죄는 협상의 대상이 아니다. 이 점이 미국의 플리바게닝과 다른 점이다. 한편 대만의 플리바게닝은 일부 사건에서 강제 변호를 채택하고 있다. 아울러 법원은 협상에 참여할 수 없다.[79)]

4. 평 가

대만은 기본적으로 이탈리아의 플리바게닝을 모범으로 하여 플리바게닝을 도입하였으므로 대만의 플리바게닝은 직권주의에 당사자주의를 접목한 형태라고 말할 수 있다.

즉, 중죄를 협상의 대상에서 제외하고, 양형협상만을 그 대상으로 하고 있으므로 그 근저에는 직권주의의 성격을 유지하고 있다. 그러나 검사의 청구로 검사와 피고인 간의 협상을 인정한다는 측면에서 당사자주의의 성격도 띠고 있다.

---

78) 鈴木, 앞의 논문, pp.37~50; 김석담, 대만의 유죄인정협상제도 연구, 국외훈련검사연구논문집(Ⅲ-1)-유죄협상-, 법무연수원, 2011, 10~24면.

79) 김석담, 위의 논문, 19~28면.

II. 일본의 플리바게닝 도입 추진

1. 개 요

일본 정부는 2015년 3월 미국의 플리바게닝과 유사한 제도를 도입한 형사소송법 개정안 등 형사사법 개혁 관련법을 의결하였다. 이 제도의 대상 범죄는 총기·마약과 관련한 조직범죄와 부패범죄 등 경제범죄이다. 이 제도에는 조직의 수괴나 공범자의 관여에 대하여 진술하면 그 대가로 불기소처분을 하거나 감경 구형을 하는 합의제도(合意制度)와 증인이 자신의 형사책임을 지지 않는 조건으로 공범 등에게 불리한 증언을 하는 형사면책제도(刑事免責制度)가 있다.[80] 이 제도는 2년 이내에 시행하기로 결정하였는데 개정안이 확정되면 조직범죄 등의 수사에서 진술을 얻기 쉬운 새로운 수사기법이 시행된다.[81]

2. 도입 경위

일본은 형사사법 개혁의 일환으로서 플리바게닝의 도입을 추진하였다. 물론 일본은 2001년 사법제도개혁심의회에서 미국의 형사면책제도의 도입을 추진한 적이 있다. 미국의 형사면책제도는, 증인에 대하여 일정한 면책을 부여함으로써 자기에게 불리한 진술을 거부할 수 있는 권리를 소멸하게 한 뒤 증인에게 증언 또는 자료 제공의 의무를 강제로 부과하는 제도이다. 즉 이 제도는 면책을 받은 증인이 증언을 거부할 특권을 잃고 강제로 증언하는 제도이다. 2001년 당시 사법제도개혁심의회는 사회와 시민의식의 변화에 따라 진술증거의 확보 등 수사 활동이 곤란해지자 형사면책으로 진술을 확보하는 수사기법의 도입이 증거 수집상 필요하다는 관점에서 형사면책제도의 도입을 검토하였다. 그러나 범죄인에게 면책을 주는 것은 형벌법규가 요구하는 범인에 대한 엄정한 처벌의

---

80) 합의제도를 "수사·공판협력형 협의·합의제도(捜査·公判協力型 協議·合意制度)"라고도 말한다. 후술하는 "일본에서의 수사·공판협력형 협의·합의제도와 형사면책제도 도입에 관한 소고"를 참조하기 바람.

81) 讀賣新聞(요미우리신문), 司法取引, 2年以內 … 刑訴法改正案など閣議決定, 2015. 3. 13.

취지에 반하고, 허위의 진술을 유발할 위험이 있으며, 국민의 법 감정에서 볼 때 공정감에 반한다는 이유로 이 제도의 도입은 이루어지지 않았다.[82)]

그로부터 10여 년이 지난 2014년 법무부 자문기관인 법제심의회는 마약 등 조직범죄와 뇌물 사건 등에서 주범에 관한 정보를 끌어내기 위한 수단으로서 합의제도와 형사면책제도를 도입하기로 결정하였다. 이 제도는 검찰에 새로운 무기를 준 것이라고 평가할 수 있다.

3. 플리바게닝에 관한 일본의 판결

일본에서 형사면책이 처음으로 언급된 것은 전 일본 총리가 관련된 록히드 사건의 하급심과 최고재판소의 판결이다. 록히드 사건은 1976년 2월 미국 연방의회 상원 외교위원회의 청문회를 통해 표면화된 미국 록히드사의 항공기 판매와 관련한 뇌물수수 사건이다. 이 사건의 재판에서 동경지방검찰청 검사는 1976년 동경지방재판소 재판관에게 당시 미국에 거주하는 록히드사 관계자 2명에 대한 증인신문을 미국 법원에 촉탁한다는 취지의 증인신문청구를 하였다. 이때 검사는 증언하는 증인에게 기소유예를 약속한다는 동경지방검찰청 검사장 명의의 확인서를 함께 제출하였다. 동경지방재판소 재판관은 미국 법원에 증인신문을 촉탁하였다. 미국 법원은 증인신문을 개시하였으나 증인들은 그들의 증언과 관련하여 일본에서 기소될 우려가 있다는 이유로 증언을 거부하였다. 미국 법원 판사는 일본 최고재판소에 공소부제기에 대한 확인서를 추가로 요구하였고 검찰총장과 최고재판소는 증인들에 대한 공소부제기를 확인하는 서류를 미국 법원에 전달하였다. 그 후 미국 법원은 증인들을 신문하고 그들에 대한 촉탁 증인신문조서를 일본으로 송부하였다.

제1심과 제2심은 본건 촉탁 증인신문조서의 증거능력을 인정하고 피고인

82) 司法改革と國民參加, 司法制度改革審議會中間報告をめぐって, ジュリスト, No. 1198, 2001. p.384; 한편 일본에서 플리바게닝 제도의 도입에 관한 찬성과 반대 주장에 대하여는 中島洋樹(나카시마 히로키), 自白事件を簡易迅速に處理する手續の在り方と有罪答辯制度, 法律時報 7月号(Vol. 85, No. 8), 2013, pp.46~47 참조.

들에게 유죄를 선고하였다. 이에 대하여 피고인들은 상고를 하면서 촉탁 증인신문조서는 증거능력이 없다고 주장하였다. 일본 최고재판소는 피고인들의 범죄사실은 본건 촉탁 증인신문조서를 제외하더라도 다른 증거에 의해 충분히 인정된다는 이유로 상고를 기각한 다음 촉탁 증인신문조서의 증거능력에 관하여 다음과 같이 판시하였다. "일본 헌법상 공범증인면책제도의 도입이 부정되고 있다고 해석하지 않지만, 형사소송법에는 이 제도에 관한 규정이 없다. 이 제도는 합목적적인 제도로서 기능하는 반면 범죄와 관련이 있는 자의 이해와 직접 관계가 있고 형사절차상 중요한 사항에 영향을 미치는 제도이므로 이 제도를 채용할 것인지는 첫째, 이것을 필요로 하는 사정의 유무, 둘째, 형사절차의 공정성이라는 관점에서의 당부(當否), 셋째, 국민의 법 감정의 관점에서 공정감(公正感)에 합치하는가의 여부 등 제반 사정을 신중히 고려하여 결정되어야 하고, 또 이것을 도입한다면 그 대상 범위, 절차 요건, 효과 등을 명문으로 규정하여야 한다고 해석된다. 그러나 형사소송법에는 이 제도가 규정되어 있지 않기 때문에 면책을 부여하고 취득한 진술을 사실인정의 증거로 하는 것은 허용되지 않는다."[83]

4. 평 가

일본 최고재판소의 판결은, 일본에서 플리바게닝의 도입과 관련한 논의가 있을 때 플리바게닝의 도입을 반대하는 측의 근거로 인용되었다. 위 판결 선고 후 20년이 지난 지금 일본은 변화된 수사 현실에 대응하기 위해 새로운 수사기법의 하나로서 플리바게닝과 유사한 합의제도와 형사면책제도의 도입을 결정하였다.

범죄가 점점 복잡화, 조직화, 국제화되자 종래의 수사·재판절차의 방식과 수법으로는 이러한 범죄에 충분히 대응할 수 없고, 또 지금의 형사사법제도로

83) 最高裁判所 平成 7年 2月 22日 大法廷 判決(刑集 49巻 2号, 判時 1527号, 判タ 877号); 三井誠(미츠이 마코토), 刑事免責(1), 法學教室, No. 225, 有斐閣, 1999. pp.119~120; 判例時報, 昭和53년(1978년) 12월 11일호(904호), 동경지방재판소 소화 53년 9월 21일 결정.

는 그 기능을 충분히 발휘하기 어려운 상황에 직면하자 이를 해결하기 위해 위 제도를 도입한 것이다.

요컨대 일본이 합의제도와 형사면책제도를 도입하기로 한 것은 형사사법 제도의 효율성을 추구하겠다는 것을 의미한다.[84)]

제 6 절 시사점

지금까지 영국과 독일, 이탈리아, 프랑스, 대만, 일본의 플리바게닝에 관한 입법례 등을 보았다. 이러한 입법례는 더 좋은 법이 어떤 것인가를 우리에게 제

84) 그 외 플리바게닝을 도입한 나라를 보면, 아르헨티나는 1997년 "프로세디멘토 아브레비아도(procedimiento abreviado, 약식절차)"라는 제도를 도입하였는데, 이 제도는 형사절차를 신속하게 하고 법원의 사건 부담을 덜어 주기 위한 제도이다. 이 제도에 따르면 검찰과 변호인은 기소의 제출과 재판 일정의 결정 사이에 양형에 대하여 합의할 수 있다. 협상이 이루어진 양형은 징역 6년을 초과할 수 없다. 합의의 요건으로서 피고인은 기소 사실을 인정해야 한다. 법원은 추가 증거가 필요하다고 생각하거나 기본적으로 기소에 대하여 동의하지 않으면 합의를 거절할 수 있다. 법원이 합의를 받아들이면 기록에 수집된 증거를 바탕으로 판결하여야 한다. 법원은 피고인에 대하여 무죄를 선고할 수 있다. 그러나 유죄판결을 선고하면 피고인의 형은 합의된 형을 초과할 수 없다. 아르헨티나의 플리바게닝은 시간적 제한이 있다는 점, 판사가 무죄선고를 할 수 있다는 점에서 미국의 플리바게닝과 다르다. Maximo Langer, 앞의 논문, p.54; 남아프리카공화국은 2001년 플리바게닝을 도입하였다. Martin Kerscher, *Plea Bargaining in South Africa and Germany*, Stellenbosch University, 2013, p.36; 러시아의 형사소송법은, 피고인이 기소에 동의하고 일반 재판절차를 포기하며 처벌을 받아들이는 절차를 두고 있다. Jenia I. Turner, 앞의 책, p.143; 스페인은 플리바게닝과 비슷한 "죄책승인절차(conformidad des acusado)"를 도입하였다. 스페인의 형사절차는 기본적으로 직권주의 소송구조로 되어 있으나 당사자에게 일정한 처분권을 인정함으로써 당사자주의와의 융합을 꾀하고 있다. 2003년 개정법에 따르면 피고인이 수사단계에서 자백한 경우 필요적으로 형의 감경을 받는다. 이 죄책승인절차는 피고인의 일방적 소송행위로 이해되지만, 그 전제로서 검찰과의 교섭과 일정한 합의를 필요로 한다. Tsujimoto, norio, 刑事手續における取引(2), 近畿大學法學, 第58巻 第1号, 2010, p.8; 한편 구유고슬라비아국제형사재판소(ICTY)와 르완다국제형사재판소(ICTR)의 절차 및 증거규칙은 답변합의 절차 내지 플리바게닝 절차를 규정하고 있다. 백기봉, 국제형사증거법, 박영사, 2008, 163면.

시한다. 오늘날 세계 각국의 입법례를 보면, 그 국가가 영미법계의 당사자주의를 채택하고 있든 아니면 대륙법계의 직권주의를 채택하고 있든 관계없이 형사절차에 협상제도를 도입하는 것이 보편적인 현상이 되었다.

그런데 이 경우 가장 문제가 되는 것은 형사소송의 목적인 실체적 진실의 발견을 어떻게 이해하여야 하는가이다. 영미법계의 당사자주의 형사절차는 당사자의 처분권을 어느 정도 인정하기 때문에 위 문제가 크게 대두하지 않을 수 있다. 그러나 대륙법계의 직권주의 형사절차는 위 문제에 민감할 수밖에 없다. 그렇지만 오늘날 직권주의에 근거하여 실체적 진실의 발견을 원칙으로 하는 대륙법계 형사절차에서도 당사자가 합의한 내용에 일정한 구속력을 인정하고 있다. 독일, 이탈리아, 프랑스, 대만의 협상제도가 여기에 해당한다. 다만 독일의 판결 협상제도는 실체적 진실의 발견 원칙이 손상되지 않을 것을 전제로 하고 있어 다른 대륙법계 국가의 협상제도와 비교해 볼 때 특이하다.

그러면 영국, 독일, 이탈리아, 프랑스, 대만, 일본 등은 왜 형사절차에 협상제도를 도입하고 있는가. 여기에는 여러 가지 이유가 있겠지만 가장 중요한 이유는 형사절차의 효율성을 증대시키기 위해서다. 다시 말하면 신속한 재판을 구현하기 위해서다.

세계의 많은 국가는 효율적인 형사사법의 운용을 위해서 협상제도를 도입하고 있다. 따라서 협상제도를 도입할 필요가 있는가에 대한 문제는 법체계나 형사소송구조의 문제가 아니라 오히려 형사사법의 효율성을 어떤 시각에서 바라보는가에 대한 사법정책의 문제이다. 효율적인 형사사법의 관점에서 본다면 플리바게닝은 분명 장점이 있는 제도이다.

제 5 장

우리 형사소송절차에서의 플리바게닝 도입 문제

제 1 절 서 설

지금까지 미국의 플리바게닝의 기원, 플리바게닝을 찬성하는 주장과 반대하는 주장, 현재 미국에서 논의 중인 플리바게닝의 개혁에 관한 쟁점 그리고 영국과 대륙법계 국가들의 플리바게닝에 관한 입법례를 살펴보았다. 오늘날 미국에서는 형사사건의 거의 전부가 플리바게닝에 의존하여 처리되고 있다. 2007년부터 2009년까지 미국 연방지방법원에서 유죄판결을 선고받은 피고인 중 약 95%가 유죄답변을 하였다. 연방 수정헌법은 피고인이 배심재판을 받을 권리를 보장하고 있으나 오늘날 미국에서 배심재판은 비현실적인 재판절차가 되었다.

그러면 미국에서 확립된 플리바게닝을 우리 형사절차에 도입할 필요성이 있는가. 그 논의에 앞서 먼저 우리 형사소송법의 규정과 형사사법의 현실, 그리고 외국의 입법 동향을 본다.

첫째, 우리나라는 2007년 형사소송법 개정을 통하여 형사절차에 피고인 또는 변호인의 의견서 제출과 공판준비절차를 도입하였다. 의견서의 제출은 피고인이 공소사실에 대한 인정 여부, 공판준비절차에 대한 의견 등을 기재하여 법원에 제출하는 것으로서, 이를 통해 법원은 자백하는 사건과 쟁점이 복잡하고 피고인이 다투는 사건을 미리 분류함으로써 효율적인 재판 진행을 할 수 있게 되었다. 한편 공판준비절차는 검사와 변호인이 출석하여 공소사실과 관련한 쟁점사항과 증거에 관한 의견을 정리하는 절차로서, 당사자인 검사는 법원의 허가를 받아 공소사실 또는 적용법조의 추가·철회 또는 변경을 할 수 있고, 피고인은 공소사실과 관련하여 주장할 내용을 명확히 하여 사건의 쟁점을 정리할 수 있다.[1)]

따라서 위 절차들은 검사와 피고인이 공판 전 공소사실에 대한 의견, 즉 공소사실의 존부에 관한 의견을 개진할 수 있는 절차이므로 당사자의 처분권을 염두에 둔 절차라고도 말할 수 있다. 미국의 플리바게닝이 당사자주의, 즉 당사자의 처분권을 전제로 한 제도라면, 2007년도에 새로 도입된 의견서 제출과 공판준비절차 규정은 우리 형사절차에서 협상제도의 도입 가능성을 열어준 규정이라고 생각할 수 있다.[2)]

둘째, 우리나라는 2007년 형사소송법 개정을 통해 수사 단계에서 변호인의 참여, 피의자신문조서 작성 방식의 변경, 피의자 진술의 영상녹화, 진술거부권 등의 고지를 새로이 규정함으로써 피의자신문과 수사과정에서의 투명성 그리고 적법절차의 보장을 꾀하였다.[3)]

---

1) 배종대·이상돈·정승환·이주원, 형사소송법, 홍문사, 2015, 444면.

2) 법원행정처가 2007년 발행한 형사소송법 개정법률 해설은 공판준비절차에 대하여 서술하면서, 미국의 경우 기소인부절차 이전에 이루어지는 예비심문절차나 증거개시제도 및 유죄답변협상제도 등을 통해 공판 준비를 하고 있다고 설명한다; 법무부가 2007년 발행한 개정 형사소송법은 공판준비절차에 대하여 설명하면서 미국에서는 기소인부절차, 공판 전 협의절차나 공판 전 신청, 증거개시, 유죄협상 등을 통하여 당사자 사이에 의견이 대립하거나 논란의 대상이 되는 법률상 또는 사실상의 쟁점을 미리 추출하여 여기에 집중하여 변론을 진행하고 있다고 소개한다. 개인적 견해로는, 공판준비절차의 도입이 당장은 플리바게닝의 도입에 대한 근거가 될 수는 없다고 해도 플리바게닝의 도입 가능성에 대한 여지를 제공하였다고 생각한다; 한편 의견서의 제출에 대하여는 "때로는 검사, 법관 및 변호인 사이의 협상거래를 촉진하는 매체로 기능할 위험도 가진다"라는 주장이 있다. 이상돈, 현대적 형사사법에서 공판개혁의 방향-2007년 개정형사소송법의 공판개혁에 대한 비평과 전망-, 사법(창간호), 2007, 104면.

3) 오기두 판사는, "2007년 형사소송법 개정 작업은 대법원과 판사들 그리고 일부 형사소송법

그 결과 종래 신문이라는 일방적 조사방법에 의한 진술 확보는 점점 곤란하게 되었다. 그런데 수사기관이 진술을 확보할 수 없어 죄를 지은 자가 처벌을 받지 않는다면 이것은 국가적·사회적으로 문제가 될 수 있다. 그렇다면 이것을 해결할 방안은 무엇인가. 현실적으로 수사기관이 진술 확보에 어려움을 겪고 있거나 한계를 갖고 있다면 국가는 진술 확보를 위해 여러 가지 수단을 모색할 수 있다.[4] 그리고 국가는 수사의 효율성을 위한 수단으로서 협상이라는 방법을 고려할 수 있다.

셋째, 형사절차에 관한 대륙법계 국가의 최근 동향이다. 앞에서 살펴본 것처럼 대표적인 대륙법계 국가인 독일은 2009년 형사절차에 판결 협상제도를 도입하였고, 역시 대륙법계 국가인 이탈리아도 일부 협상제도를 도입하였다. 또 아시아에서는 대륙법계 국가인 대만이 일부 사건에서 협상제도를 도입하였다. 그리고 일본은 미국의 플리바게닝과 유사한 제도를 도입할 예정이다. 이러한 세계 각국의 입법 동향은 대륙법계의 영미법계화 또는 미국화, 미국 따라 하기 현상의 하나라고 말할 수 있다.

앞에서 든 세 가지의 상황은 우리나라에서 플리바게닝의 도입에 긍정적 영향을 주는 요인이다. 그런데도 우리나라에서의 플리바게닝의 도입에 대한 논의는 간단치 않다. 예컨대, 2010년 일종의 협상제도인 사법협조자 소추면제·형벌감면제도가 입법 예고되었을 때 학자와 실무가들은 위 제도를 포함한 미국의 플리바게닝의 도입 필요성에 관하여 찬성과 반대 의견을 내놓았던 적이 있다.[5]

학자들이 주도권을 쥐고 진행해 왔다는 것이 특징이고, 이는 그간의 형사사법 실무에서 축적해 온 경험과 논의, 많은 판사가 미국 등 선진사법 국가에 파견되어 그곳의 배심재판을 보고 배우게 되는 등의 환경이 갖추어진 탓이다"라고 설명한다. 오기두, 개정된 형사소송법의 운용, 저스티스, 통권 제103호, 2008, 73면.

4) 진술 확보를 위한 여러 가지 수단 중에는 중요참고인 출석의무제 도입, 사법방해죄 도입 등이 있다.

5) 먼저 반대 의견은, 검사에게 소추면제라는 권한을 과도하게 주면 검사가 수사 편의를 위해 남용할 수 있고, 또 수사 협조나 증언을 이유로 소추를 면제하거나 형벌을 감면하면 공범이 허위의 진술을 할 우려가 있음을 주요 논거로 하였다. 이에 반해 찬성 의견은, 은밀하게 이루어지는 조직범죄를 효율적으로 규명하기 위하여 내부가담자에게 소추면제나 형벌감면이라는 혜택을 주고 그로부터 진술을 확보할 필요가 있음을 주요 논거로 하였다.

그래서 여기에서는 플리바게닝의 도입 필요성과 관련하여 우리나라에서 논의되었던 찬성과 반대 주장을 소개한 뒤 이에 대한 개인적 견해를 피력하고, 그 다음에 지금의 형사소송법 하에서 플리바게닝이 도입될 수 있는지의 여부를 검토한 다음 플리바게닝의 도입에 관한 입법안을 제시하고자 한다.

제 2 절 도입 찬반론

Ⅰ. 찬성론

첫째, 사법개혁과 관련하여 실체적 진실의 발견과 신속한 재판이라는 목표를 달성하기 위해 피의자가 다투는 사건과 다투지 않는 사건을 분리하여 처리할 수 있는 절차가 필요하다. 즉 피의자가 진술거부권을 포기하고 플리바게닝을 통하여 자신에 대한 형사절차를 선택할 기회를 가질 수 있도록 하여야 한다.[6]

둘째, 한정된 인적·물적 자원의 효율적 활용을 위해 플리바게닝의 도입이 필요하다. 특히 시민의 형사절차 참여, 투명성의 제고, 탈권위주의, 충실한 수사와 재판, 피해자 보호 등 여러 방면에서 수요자인 국민의 요구가 증대되고 있는데 이러한 국민의 요구를 해결하기 위해서 사법 예산과 인력을 무제한으로 증대할 수 없으므로 형사절자에 있어 효율과 실질이 추구되어야 한다.[7]

---

6) 김봉주, 미국의 답변협상 실태와 자백감면절차 도입방안, Plea Bargaining 제도에 관한 연구, 대검찰청, 2006, 111~140면. 이 주장은 자백감면절차를 근거로 하고 있다. 이에 따르면 자백감면절차를 통하여 피의자가 범죄사실을 자백하고 약식절차에 의한 재판에 동의하는 사건에서, 검사는 피의자를 벌금형에 처하도록 하는 것이 타당한 사건에 대하여는 약식명령을 청구할 수 있고, 또 검사와 피고인은 간이공판절차에 의하여 심판받을 것을 청구할 수 있다. 현행 간이공판절차가 법원의 고유한 권한인데 반하여, 자백감면절차에서의 간이공판절차는 검사가 공소 제기와 동시에 간이공판절차에 의하여 심판을 받을 것을 청구할 수 있다.

7) 김봉주, 위의 논문, 118면; 안성수, 형사소송법 - 쟁점과 미래 -, 박영사, 2009, 511면; 결국 이러한 국민적 요구의 증대는 판사와 검사 모두에게 과중한 사건 부담을 일으키고, 이러

셋째, 대륙법계 국가인 독일, 프랑스, 이탈리아는 플리바게닝과 유사한 협상제도를 도입하여 시행하고 있다.[8] 플리바게닝은 더는 영미법계 국가의 전유물이 아니다.

넷째, 실체적 진실만이 소송 목적이 아니라 적정절차의 원칙, 신속한 재판의 원칙들이 모두 다 소송의 중요한 목적이므로, 이러한 원칙들의 상위에 정의의 원칙이 존재한다고 보아야 하며, 이러한 정의의 원칙 관점에서 볼 때 직권주의 하에서도 협상은 그 자체로 완전히 타협할 수 없는, 대립적인 것은 아니다.[9]

다섯째, 우리나라 형사절차에서의 피고인, 검사, 판사의 역할을 고려해 볼 때 우리 형사소송구조에서도 묵시적인 유죄협상이 존재한다고 볼 여지가 있고, 이 점에서 "대륙법계에 속하는 우리나라에도 절차 협상의 통로는 열려 있으며 판결협상의 가능성도 완전히 배제될 수 없다"라는 평가는 설득력을 가지고 있다.[10]

여섯째, 비록 우리 형사소송법이 플리바게닝을 인정하고 있지 않지만 실무에서 검사와 피의자가 협상한다는 것은 널리 알려진 사실이고, 만약 이러한 불법적인 관행이 계속된다면 이러한 실무를 합법적으로 통제할 수 없으므로 형사사법제도는 일그러질 수 있는 위험에 빠진다. 따라서 협상을 합법화함으로써 이러한 문제가 쉽게 해결될 수 있도록 하여야 한다.[11]

한 문제를 해결하기 위해서 플리바게닝이 필요하다. Kim Hakseong, "Plea Bargaining in the civil law countries: A Proposal for the introduction of Plea Bargaining in the Korean criminal justice system", Indiana University, 2009, p.133; 미국의 플리바게닝은 ① 신속한 재판을 받을 권리를 제한하는 배심재판의 단점을 보충하고, ② 유죄가 명백한 사건을 신속히 해결함으로써 배심제도의 원활한 운영이 가능해지며, ③ 법원은 과중한 사건 부담에서 벗어나게 되고, ④ 검사도 합리적인 의심이 없는 정도의 증명이라는 입증 부담에서 벗어나게 되며, ⑤ 범죄인들로부터 협조를 구할 수 있다는 이점이 있다. 사법제도개혁추진위원회, 미국 출장결과보고(연방 법무부 부분), 2005. 12, p.4. 위 보고서에 따르면, 형사사건의 경우 연방 법원의 사건 부담을 해결하기 위한 대책으로서 플리바게닝을 적극적으로 활용하고 있다는 것이 미국 연방법원행정처의 입장이다.

8) 김봉주, 위의 논문, 119면.

9) 하태훈, 형사소송절차상의 협상제도, 비교형사법연구, 제6권 제2호, 2004, 232~234면.

10) 조상제·김성룡·이진국·박미숙, 독일 형사소송법상 협상제도의 도입과 정책적 함의, 한국형사정책연구원, 2009, 60면.

11) Kim Hakseong, 앞의 논문, p.132.

일곱째, 오늘날 조직범죄·마약범죄·뇌물범죄 등은 점점 정교하고 은밀한 형태로 되어 가고 있으므로 이러한 범죄와 관련된 사람들의 진술 없이 수사를 개시한다는 것은 어렵다. 따라서 이러한 범죄에 효과적으로 맞서 싸우기 위해서는 플리바게닝을 통하여 공범의 자백과 정보의 제공을 유도할 필요가 있다.12)

여덟째, 사법 당국에 대한 불신은 플리바게닝을 형사사법제도로 도입하는데 있어 전혀 문제가 되지 않는다. 과거 문민정부 이전 독재정부에 의해 사법당국의 권한이 자주 남용되거나 악용되었던 것은 사실이지만 1980년대 말 이후 이러한 권한의 남용이나 악용은 줄어들었고, 오늘날 사법 당국의 권한 남용이나 악용은 거의 없다.13)

II. 반대론

첫째, 형사소송은 정의를 구현하는 절차인데 플리바게닝 절차를 통하여 검사가 피의자와 거래하여 형을 감경하는 것은 사법정의의 본질에 반한다.

둘째, 플리바게닝 절차를 통하여 검사와 피의자가 거래를 하여 피의자가 자신이 저지른 행위보다 가볍게 처벌받는 것은 국민의 법 감정에 반한다.

셋째, 검찰 수사단계에서 형량이 정해진다면, 법관에 의한 재판을 받도록 하는 우리나라 형사사법체계와 맞지 않는다.

넷째, 플리바게닝 절차는 무고한 피의자나 피고인으로 하여금 자백을 하도록 강요하는 구조이기 때문에 법관으로부터 재판을 받을 권리를 침해할 수 있다.

다섯째, 검찰이 플리바게닝 절차를 자의적으로 이용하여 검찰권을 남용할

---

12) *Ibid.* at 132; 2015. 5. 21. 김준현 뉴욕남부연방검찰청 검사는 한인검사협회 서울총회 인터뷰에서 “미국 기업 수사에서는 플리바게닝이 실체적 진실을 밝히는 주요 수단이다. 범죄혐의를 입증하는 진술 확보가 관건인 기업비리 수사에서 증인이 진실을 털어놓는 대가에 대한 제도적 장치가 없다면 실체적 진실을 밝혀내기 어려울 수 있다. 화이트칼라 범죄는 특정 행위가 불법인지 입증하기가 어려워 서류보다는 증인을 찾는 데 주력한다. 증인 없이는 기소하지 못하는 사례가 많아 플리바게닝을 많이 활용해야 한다”라고 말하였다. dongA.com 뉴스, 2015. 5. 22, “美선 기업 수사때 플리바게닝 주로 활용”.

13) Kim Hakseong, 앞의 논문, p.132.

수 있다.

여섯째, 우리나라의 형사소송구조는 기본적으로 대륙법계이므로 영미법계의 플리바게닝을 우리나라에 도입하는 것은 적절하지 않다.14)

Ⅲ. 검 토

1. 실체적 진실의 발견 원칙과의 관계

먼저 우리가 간과해서는 안 될 점은, 미국도 형사절차의 가장 명백한 목적을 실체적 진실의 발견에 두고 있다는 점이다. 1975년 미국 연방대법원은 하스 사건[Oregon v. Hass, 420 U.S. 714, 722.(1975)]에서 형사재판은 항상 헌법이 정하는 인권 보장의 틀 내에서 진실을 추구하고 있다고 판시하였다. 따라서 미국인도 죄가 없는 자가 무죄선고를 받고, 죄가 있는 자가 유죄판결의 선고를 받기를 원한다.

미국의 형사절차의 전 과정을 통해 판사와 검사, 변호인이 하는 대부분의 행위는 이러한 진실 발견을 추구하기 위해 적절히 고안된 것들이다. 또 뉴욕주 대법원의 펙(David W. Peck) 판사는 소송의 목적은 진실을 얻고 올바른 결과에 도달하는 것이고, 그것이 판사의 유일한 목적이며, 변호인은 종국적 목적이 피고인의 쪽에서 이기는 것으로 생각할 때에도 이 목적을 결코 잊어버려서는 안 된다고 말하였다.15)

14) 김봉주, 앞의 논문, 127~133면; 안성수, 한국의 공판정 자백과 미국의 유죄답변 협상제도, 저스티스, 통권 91호, 2006, 101면; 이에 대하여 다음과 같은 견해가 있다. 즉 플리바게닝 제도 하에서 검사의 재량 남용을 방지하기 위한 가장 좋은 방법은 피고인에게 제대로 된 변호인의 변론을 보장하는 것이다. 사법제도개혁추진위원회, 미국 출장결과보고(연방 법무부 부분), 2005. 12, 4면.

15) Joseph Hoffmann, 長沼範良 번역, 眞實と日本刑事訴訟法, ジュリスト. No. 1148, 1999. p.178; Craig M. Bradley and Joseph L. Hoffmann, "Public Perception, Justice, and the "Search for Truth" in Criminal Cases", *Southern California Law Review*, Vol. 69, 1996, p.1271. 그 외에 형사재판은 제도적 정의와 공명정대라는 또 다른 중요한 목적을 위해 그 역할을 다한다고 주장한다; Marvin E. Frankel, "The Search for Truth: An Umpireal View", *University of Pennsylvania Law Review*, Vol. 123, No. 5. 1975, p.1035.

요컨대 미국의 형사재판은 우리와 마찬가지로 진실의 발견을 그 목적으로 한다. 또 그와 같은 목적에 따라서 미국의 검찰은 피고인과 플리바게닝을 한다.[16] 따라서 우리가 미국의 플리바게닝을 도입한다고 해도 그것이 우리 형사소송법의 이념인 실체적 진실의 발견 원칙과 배치된다고 말하기 어렵다.

그다음으로 실체적 진실 개념의 상대성이다.[17] 미국의 판사는 오로지 플리바게닝에 의한 당사자의 처분만을 근거로 유죄판결을 선고하지 않는다. 판사는 당사자의 처분, 즉 합의에도 불구하고 사실적 기초를 확인한다. 이것은 판사가 실체적 진실을 추구하고 있다는 것을 의미한다고 볼 수 있다.

한편 독일의 형사절차도 항상 실체적 진실만을 추구하는 것은 아니다. 독일 형사소송법 제153a조(절차중지)[18]는 당사자의 처분을 인정하고 실체적 진실의 추구를 완화한 규정이다. 이 절차중지는 검사가 높은 금전 부담을 제안하고 변호인이 이에 동의하면 법원이 이를 수용하는 방식으로 이루어진다.

나아가 1980년대 후반 독일에서는 실체적 진실의 추구를 완화하려는 움직임이 있었다. 쉬네만(Bernd Schünemann)은, 합의 절차가 형사소송의 정의의 관념에 새로운 변화를 낳게 하였다고 말하면서, ① 재판절차에 의한 실체적 진실의 발견이라는 소송 목적에 있어 탈신비화, ② 실체 형법과 관련하여 추상적 정

---

16) 그러나 립케는 플리바게닝에서 실체적 진실의 발견은 부차적 목적이고, 플리바게닝이 몰두하는 것은 효과적인 사건 진행이라고 주장한다. Richard L. Lippke, *The Ethics of Plea Bargaining*, Oxford University Press, 2011, p.224.

17) 진실을 어떻게 이해하여야 하는가에 대하여는 다음과 같은 견해가 있다. ① 형사소송은 실제로 발생한 사실을 확인하는 것이므로 진실은 이른바 절대적 진실을 의미한다고 주장한다. ② 소송에 있어 수단의 제한을 전제로 사실 개념을 규범적·구성적 관점에서 파악한다. ①에 의하면 진실과 다른 사실(대부분은 타협적 해결)에 이르는 합의절차는 부정되고, ②에 의하면 합의에 이르는 절차는 그것이 규범적으로 공정한 것임을 조건으로 하여 진실에 이르는 절차로서 승인된다. Tsujimoto, norio, 刑事手續における取引(3), 近畿大學法學, 第59卷 第1号, 2011, p.8; 실체적 진실의 발견은 포기되어야 한다는 주장이 있다. 아울러 형사사법이 추구하는 진실은 소송 안에서 진실일 수 있을 뿐이라고 주장한다. 이상돈, 앞의 논문, 94~96면.

18) 이 규정의 목적은 무엇보다도 절차를 신속하게 종결하는 데 있다. 특히 경제범죄에 있어 절차의 복잡함을 피하는 데 큰 역할을 하고 있다. 김환수·문성도·박노섭 공역, 앞의 책, 160면.

의를 지향한 응보사상에서 합목적적 예방원리로의 근본적 이동, ③ 피의자·피고인의 자기결정권의 승인 그리고 형사절차의 목적으로서 규문적인 진실 발견에서 합의 형성에 의한 법적 평화의 회복으로의 대체 등 3가지 점을 지적하였다. 이를 계기로 정의의 관념과 진실 개념에 대한 새로운 논의가 시작되었다.

이에 따라 쉬탐프(Frauke Stamp)는 고전적인 진실관과 현대적인 진실관을 구별하고, 오늘날 진실 발견의 요구는 상대화하고 있다고 주장하였다. 그는 진실에 의한 정당화뿐만 아니라 규범적 정당화 또는 유효한 분쟁 해결에 의한 정당화도 있을 수 있다고 주장하면서 "형사절차가 실체법의 실현에만 봉사한다는 기능은 이미 의문임이 명확하게 되었다. 정의는 단지 진실의 사실관계 인정을 기초로 하여 실체법을 실현하는 것이 아니고, 고유의 절차적 정의의 의미에서도 문제가 된다. 즉 진실의 사실관계 탐구만이 올바른 재판에 이바지하는 것이 아니다. 특히 피의자·피고인을 보호하고, 권위적 규문에 대신하여 의사소통과 합의를 배려하는 공정한 절차도 올바른 재판에 이바지한다. 예방과 절차적 정의는 사정에 따라서는 실제로 발생한 것에 대한 정확한 인식이 없어도 가능하다"라고 말하였다.[19)]

또 로제나우(Henning Rosenau)는 "확실히 진실의 현상을 적절히 재구성하는 것은 독일 형사절차의 중요한 원칙이지만 그것에도 한계가 없는 것은 아니다. 형사소송법은 어떠한 희생을 치르더라도 진실을 추구해야 하는 것이 아니

19) Bernd Schünemann, Die Verständigung im Strafprozeβ: Wunderwaffe oder Bankrotterklärung der Verteidigung? NJW 1989, S. 1895, 1898; Frauke Stamp, Die Wahrheit im Strafverfahren: Eine Untersuchung zur prozessualen Wahrheit unter besonderer Berücksichtigung der Perspektive des erkennenden Gerichts in der Hauptverhandlung, 1998, S. 248, 268. 田口守一(たぐち·もりかず), 刑事訴訟の目的, 成文堂, 2010. pp.86~87에서 재인용; 바이겐트(T. Weigend)는 "현대 독일 형사절차의 특징은 효율화이다. 독일이 몰두하고 있는 것은 이미 정의를 칭송하는 것이 아니고, 효율적으로, 신속히, 그래서 적은 비용으로 형사사건을 처리하는 것이다"라고 주장한다. トーマス·ヴァイゲント, 池田公博(いけだ·きみひろ) 〈譯〉, ドイツにおける刑事手續の過去, 現在, そして未來(T. Weigend, Das Strafverfahren in Deutschland gestern, heute und morgen), 刑法雜誌, 第49卷, 第2,3合併号, 2010, p.312; 김환수·문성도·박노섭 공역, 앞의 책, 159면; 차용석, 형사소송법연구, 박영사, 1982, 7면. 실체적 진실주의의 바탕이 되는 절대주의·객관주의 철학이 적법절차의 기초가 되는 상대주의·절차주의에 양보해야 한다고 주장한다.

다. 왜냐하면 법적 평화의 기능으로서 이 원리를 절대시하는 것은 국가의 법질서에 있어 건설적이라고 말할 수 없기 때문이다. 실체적 진실에 가능한 한 접근한다는 목표는 절차에 관한 사법적 합법성이 위험에 드러나게 될 때 포기되는 것이다"라고 주장하였다.[20]

또한 바이히브로트(Weichbrodt)는 "형사소송의 목적과의 관계에서 절대적 진실 추구의 요청은 언제나 절대적인 것은 아니고, 다른 이익과의 조정으로부터 타협의 여지는 남아 있다. 실체적 진실의 발견은 법적 평온을 회복하기 위한 하나의 수단에 지나지 않고, 통상 그것은 중요한 것이기 때문에 함부로 바꿀 수는 없지만, 법적 평온을 회복하기 위한 다른 이익과의 관계에서 100% 진실 발견보다도 우선하여야 할 이익이 존재하는 경우 일정한 타협도 허용되는 것이다"라고 주장하였다.[21]

이 견해에 따르면 실제적 진실의 발견을 전제로 해도 합의(또는 협상) 절차에 의한 사건 처리가 부정되는 것은 아니다.

독일에서의 이와 같은 주장들은 실체적 진실의 발견 개념에 대한 변화된 입장을 보여준다. 다시 말하면 실체적 진실의 의미에 대한 상대성을 보여준다. 앞에서 본 바와 같이 미국의 플리바게닝은 당사자의 처분만을 고집하지 않는다. 마찬가지로 독일도 실체적 진실의 발견만을 고집하지 않는다. 그렇다면 당사자주의의 당사자 처분과 직권주의의 실체적 진실 발견은 서로 접근하고 있다. 다른 측면에서 보면 '실체적 진실 발견'의 상대성이 진행되고 있다.[22]

---

20) Henning Rosenau(飜譯 田口守一), ドイツ刑事手續における合意, 刑事法ジャーナル, Vol. 24, 2010, p.56. (Die Absprachen im deutschen Strafverfahren, in: Rosenau, H./Kim, S.(Hrsg), Straftheorie und Strafgerechtigkeit, Frankfurt a. M. 2010.)

21) Korinna Weichbrodt, Das Konsensprinzip strafprozessualer Absprachen, 2006, p.38, 75. Tsujimoto, norio, 앞의 논문(2011), pp.9~10에서 재인용.

22) 福島 至, 刑事司法と取引, 刑法雜誌, 第42卷 第3号, 2003, p.408; 한편 바이겐트는 플리바게닝의 근거는 오직 편의라고 주장하면서도 다음과 같이 말한다. "형사절차의 진정한 의미로서 생각되는 진실의 추구는 결코 붙잡힐 수 없는 다채로운 나비를 향한 붙잡기 어려운 추적이 아닌가. 우리는 지금까지 무엇이 실제로 발생하였는가를 알 수 있는 것인가? 진실을 발견하는 것에 대한 의문점에 대해 가장 단순하고 실질적인 답은 헛수고이다. 그러나 그 답을 성공적으로 찾을 수 없다고 해도 우리는 최선의 노력을 하여야 한다." Thomas

아울러 이와 관련하여 검토할 것이 진실의 개념이다. 미국의 형사사법제도는 사실로서의 진실이 아닌 법적인 진실을 수용하고 있다. 여기서 말하는 법적인 진실은 적법한 법적 절차에 따라 나타난 진실을 말한다. 그리고 법적인 진실은 일반적으로 배심에 의한 진실을 의미한다. 대부분의 미국인은 배심제도를 신뢰하기 때문에 배심이 최종적으로 어떤 내용의 진실을 말하더라도 이를 수용한다.

그러면 진실과 플리바게닝은 어떻게 설명되는가. 미국 법률가들은 일반적으로 교섭에 근거한 정의라는 개념으로 플리바게닝의 실체적 가치를 인정하고 있다. 그 이유는 다음과 같다. 첫째, 미국 법률가들은 사실과 법에 관하여 다툼이 없거나 그 다툼이 적을 때는 플리바게닝의 결과가 가장 정당한 실체적 결과라고 생각한다. 둘째, 미국 법률가들은 사실과 법에 관하여 중대한 다툼이 있을 때는 조정된 결과는 검사와 피고인 양 당사자가 위험(검사는 무죄, 피고인은 무거운 형의 선고)에 직면하지 않으므로 정당한 실체적 결과라고 생각한다. 예를 들면 미국의 검사는 그들이 유죄라고 믿고 있는 피고인들에 대한 유죄판결의 확보를 통해 정의를 구현하고 있다고 믿는다.

결국 미국 법률가들은 플리바게닝은 교섭에 근거한 정의의 한 형태이고, 적어도 재판 결과와 같은 정도로 적절한 실체적 결과를 낳는다고 생각한다.[23] 미국 법률가들의 이러한 생각은 우리가 이해하기 어려운 부분일 수도 있다. 그러나 미국 법률가들은 플리바게닝을 교섭에 의한 정의로 인식함으로써 플리바게닝과 실체적 진실의 조화를 유지한다. 요컨대 실체적 진실의 상대성, 교섭에 의한 정의는 플리바게닝과 실체적 진실의 발견과의 충돌을 완화하는 개념이다.

2. 무죄추정의 원칙과의 관계

다음으로 무죄추정의 원칙과의 관계이다. 그런데 이것은 플리바게닝에 대한 미국 연방대법원의 판결을 정확히 이해하면 해결될 수 있다. 1970년 미국 연

Weigend, 앞의 책, p.60.

23) Joseph Hoffmann, 長沼範良 번역, 앞의 논문, pp.180~182; Richard L. Lippke, 앞의 책, p.228.

방대법원은 브래디 사건에서 플리바게닝은 강력한 증거를 갖춘 사건에 대하여만 예정된 것이고, 죄가 없는 피고인을 포함한 모든 피고인이 유죄답변을 하도록 유인하기 위한 수단으로서 예정된 것은 아니라고 판시하였다.

또 연방대법원은 알포드 사건[North Carolina v. Alford, 400 U.S. 25(1970)][24]에서 협상 재판은 피고인에 대한 증거가 압도적이고 피고인의 계속된 무죄 주장을 쉽게 극복하기에 충분한 사건만을 위해 마련해 둔 것이라고 판시하였다. 따라서 원칙적으로 죄가 없는 피고인은 플리바게닝에서 제외된다. 그렇다면 무죄추정의 원칙은 문제가 되지 않는다.

나아가 판사는 협상을 통해 피고인이 유죄답변을 하면 유죄답변의 사실적 기초를 확인한다. 즉 판사는 피고인이 자유의사에 의해 자발적으로 유죄답변을 하였는지, 그리고 유죄답변에 대한 사실적 기초가 실제로 존재하는지를 확인한다. 따라서 이러한 판사의 확인절차는 죄가 없는 피고인의 유죄답변을 차단할 수 있는 안전장치이다. 다만 무죄추정의 원칙과 관련한 문제는, 미국의 검사는 종종 증거가 약한 사건에서 플리바게닝을 시도하고 있다는 사실이다.

---

24) 1963년 12월 2일 알포드는 노스캐롤라이나(North Carolina)주 법 하에서 사형범죄인 1급 살인죄로 기소되었다. 변호인은, 유죄에 대한 강력한 증거가 있고, 무죄를 주장할 증거가 없자, 알포드에게 유죄답변을 권고하면서 최종적인 결정을 알포드에게 맡겼다. 검사는 2급 살인죄의 범죄에 대한 유죄답변을 받아들이기로 합의하였고, 같은 달 10일 알포드는 축소된 범죄로 유죄답변을 하였다. 증인들의 증언 이후 알포드는 "나는 살인죄를 범하지 않았으나 유죄답변을 하였다. 왜냐하면 내가 유죄답변을 하지 않는다면 나는 사형의 위협에 직면해 있었기 때문이다"라고 진술하였다. 법원은 알포드에 대하여 2급 살인죄로 법정 최고형인 징역 30년을 선고하였다. 그 후 알포드는 주 법원에 유죄판결에 대한 비상구제절차를 청구하면서 자신의 유죄답변은 두려움과 강요의 산물이므로 무효라고 주장하였다. 주 법원은, 답변은 증거가 강력한 사건에서 유능한 변호인의 조력 하에 그 내용을 이해하고 알고 있는 상태에서 자발적으로 이루어졌다고 판결하였다. 알포드는 인신보호영장을 신청하였고, 1968년 항소법원은 알포드의 유죄답변이 비자발적으로 이루어졌다는 이유로 원심 판결을 파기하였다. 그러나 연방대법원은, "알포드가 1급 살인죄에 대한 재판과 2급 살인죄에 대한 유죄답변 사이의 선택에 직면하였을 때 합리적으로 후자를 선택하여 징역 30년의 형을 선택하였다. 또 증거의 측면에서 볼 때 무죄라는 그의 주장과 달리 유죄에 대한 강력한 증거들이 있다. 답변의 유효성은 의심될 수 없다"라고 판결하였다. Ronald Jay Allen and William J. Stuntz et al., *Comprehensive Criminal Procedure*, third edition, Wolters Kluwer, 2011, pp.1177~1181.

3. 책임원칙과의 관계

미국의 경우, 통상 장기형이 예상되는 피고인은 설령 그가 무죄를 받을 가능성이 거의 없어도 그 가능성이 전혀 없는 것은 아니므로 배심재판을 선택한다. 그래서 플리바게닝은 비교적 단기형을 선고받을 예정인 피고인들과 검사 사이에 이루어진다.[25] 이러한 피고인들은 대부분 유죄판결을 받고 무죄선고를 받을 가능성이 거의 없으므로, 경제적 부담과 재판에 따르는 평판 및 불안감을 수반하는 배심재판을 받을 권리를 행사하지 않는다. 그래서 검사와 피고인 사이의 플리바게닝은 주로 위와 같이 비교적 단기형이 예정된 사건에서 이루어진다. 이때 검사는 양형 감경에 대한 세부 지침에 따라 피고인과 협상을 한다. 물론 피고인도 그가 어느 정도의 형을 받을 것인지 인식하고 협상을 한다.[26]

한편 검사는 중죄 사건 중 가장 중대한 사건(살인, 강도 등)과 가장 중대하지 않은 사건(절도 등)의 경우 범죄의 중대성과 증거의 강도와 같은 법률적으로 관련된 요소에 의해 플리바게닝을 결정한다. 따라서 이러한 사건의 경우 검사는 재량권을 행사할 기회가 적으므로 피고인에게 지나치게 관대한 형을 제공할 수 없다. 왜냐하면, 일반적으로 이러한 사건에서 판사, 검사, 변호인은 표준적인 양형을 공유하고 있기 때문이다. 다만 중대성이 중간 수준(야간절도목적침입 등)인 중죄 사건의 경우 검사는 재량권에 따라 플리바게닝을 결정하는 경우가 많으므로 책임원칙이 손상될 수 있다.[27]

요컨대 미국의 검사가 모든 범죄에서 유죄답변을 한 피고인에게 지나치게 관대한 형을 제의하는 것은 아니다. 미국의 검사는 비교적 단기형이 예정된 사건의 경우 세부적인 양형 지침에 따라 플리바게닝을 결정하고, 또 중죄의 경우 일부 중대성이 중간 수준인 사건을 제외하고 기본적으로는 사안의 중대성과 증

25) Josh Bowers, "Punishing the Innocent", *University of Pennsylvania Law Review*, Vol. 156, No. 5, 2008, p.1122.

26) Joel Rosch, Trials and Plea Bargaining: Recent Findings and New Questions, 裁判と司法取引-最近の研究と新しい問題-(畑 博行 번역). 判例タイムズ, No. 511, 1984, p.26.

27) Jeremy D. Ball, "Is It a Prosecutor's World? Determinants of Count Bargaining Decisions", *Journal of Contemporary Criminal Justice*, Vol. 22, No. 3, 2006, pp.244~256.

거의 강도에 따라 플리바게닝을 결정한다. 따라서 이러한 사건들에 있어 플리바게닝이 책임원칙에 위반된다는 주장은 설득력이 떨어진다.28)

Ⅳ. 개인 의견

플리바게닝의 도입 필요성에 관하여 개인 의견을 피력하고자 한다.

1. 플리바게닝의 기원과 관련한 주장

미국에서 플리바게닝이 발생한 이유는 무엇보다 먼저 검사에 대한 증가하는 사건 수의 압력이었다. 영국에서도 플리바게닝이 발생한 이유는 재판의 법률가화와 법원의 사건 부담 증가였다. 또한 독일의 경우 플리바게닝은 복잡하거나 어려운 형사사건을 처리하기 위해, 그리고 사법자원을 절약하고 형사절차를 신속하게 하기 위해 발생하였다. 이탈리아, 프랑스, 대만도 각각 신속한 사건처리와 법원의 사건 부담 경감을 위해 플리바게닝과 유사한 제도를 도입하였다. 아울러 일본은 효율적인 수사를 위해 플리바게닝의 일종인 합의제도와 형사면책제도를 도입하기로 하였다. 결국 미국, 영국, 독일, 이탈리아, 프랑스, 대만이 플리바게닝 또는 이와 유사한 협상제도를 도입한 것은 형사사법제도의 효율성, 경제성, 신속성을 위해서다.

그러면 우리의 사법 현실은 어떠한가. 결론적으로 말하면, 우리나라의 검사에 대한 사건 수의 압력은 존재한다. 법무연수원이 발행한 2013년 범죄백서에 의하면 2012년 우리나라에서 발생한 전체 범죄 발생 건수는 1,944,906건으로 전년 대비 2.2% 증가하였고, 검거 건수는 1,496,304건으로 전년과 변동이 없었다. 지난 30년간 우리나라 전체 범죄의 발생은 1983년 786,553건에서 2012년 1,944,906건으로 147.3%가 증가하였다.29)

---

28) 다만, 일부 중대성이 중간 수준인 중죄 사건, 즉 검사가 재량권을 행사할 수 있는 사건이 책임원칙과 관련하여 문제가 될 수 있다.

29) 법무연수원, 범죄백서(2013), 2014, 43면, 175면.

이와 같은 사건의 증가는 검사에게 과중한 사건 처리의 압력을 가한다. 특히 2014년 9월 22일자 법률신문의 기사는 이러한 사실을 뒷받침한다. 이에 따르면 2012년 전국 검사 평균 1인당 하루 사건 처리 건수는 9.1건이고, 2013년(1월~8월)은 11.4건으로 검사가 하루에 처리해야 하는 사건 수가 매우 많음을 알 수 있다.[30] 이와 같은 사건의 폭주는 검찰에 과중한 업무 부담을 주고 있고, 그로 인해 신속한 재판이 위협받고 있다. 물론 증가하는 사건 수의 압력은 판사도 예외는 아니다.[31]

따라서 검사와 판사의 과중한 업무 부담을 줄이기 위해서는 미국의 플리바게닝과 같은 협상제도의 도입이 필요한 시점이다.[32]

2. 형사소송구조와 관련한 주장

플리바게닝은 미국과 영국 등 당사자주의를 취하고 있는 영미법계 국가에서 당사자의 처분권을 바탕으로 탄생하였다. 그러나 오늘날 독일, 프랑스, 이탈리아, 대만, 스페인, 일본 등 직권주의를 취하는 대륙법계 국가에서도 형사절차

---

30) 최근 5년간 검사 1인당 1일 사건 부담량을 보면, 2010년 9.48명, 2011년 8.59명, 2012년 9.04명, 2013년 8.94명, 2014년 8.69명으로 검사가 매일 처리해야 하는 사건 인원이 많음을 알 수 있다. 2015. 6. 1.자 대검찰청 자료.

31) 박경래·김용호·최성락·김수동·성우제·영남대학교 산학협력단(임혜준), 범죄 및 형사정책에 대한 법경제학적 접근(Ⅲ) : 비용편익분석을 중심으로. 경제·인문사회연구회 협동연구 총서 11-36-01 연구총서 11-21, 한국형사정책연구원, p.371; 오기두 판사는, 법원의 사건 부담 증가를 해결하기 위해서는 선택과 집중의 원리에 의해 간단한 사건은 신속히 처리하고 다투는 사건이나 중요한 사건은 정식의 공판절차에 의해 제대로 처리하는 제도가 반드시 마련되어야 한다고 주장한다. 이 주장에 따르면 법원의 사건 부담이 증가하고 있음을 알 수 있다. 오기두, 앞의 논문, 108면.

32) 이와 같은 취지의 주장이 있다. “2007년 개정 형사소송법에 편입된 공판중심주의적 법정심리절차를 구체적으로 실천함으로써, 법원의 재판업무 부담이 늘게 될 것으로 보이고, 이를 해소하려는 방안으로 적지 않은 인적·물적 기반의 확충이 필요하게 되었다. 또 검찰도 피의자나 피고인의 방어권이 강화됨에 따라 수사와 공소유지에 적지 않는 부담을 갖게 되었다. 이 문제는 검사나 법관의 수를 대폭으로 증원함으로써 해결할 수 있지만, 이러한 방식의 해결은 국가의 한정된 자원의 효율적 배분이라는 관점에서 볼 때 바람직스럽지 못하다. 협상제도의 도입 문제는 공판중심주의의 도입에 따른 형사사법의 비효율성을 해소하기 위한 것이라고 이해할 수 있다.” 조상제·김성룡·이진국·박미숙, 앞의 책, 61면.

의 효율성과 신속성을 달성하기 위해 협상제도를 도입하거나 도입 중이다. 따라서 플리바게닝의 도입은 형사소송구조와 직접적 관련성이 없게 되었다.

과거 우리 형사절차를 대륙법계의 직권주의로 이해하거나 대륙법계의 직권주의 사고에 사로잡혀 플리바게닝의 도입에 반대하는 견해가 있었으나 대륙법계 국가에서도 플리바게닝과 유사한 제도를 도입하고 있는 상황에서 이 견해는 더는 유지될 수 없게 되었다. 또한, 우리 형사소송법은 기본적으로 당사자주의 구조를 취하고 있고,[33] 특히 2007년 형사소송법 개정 이후 당사자주의를 더욱 강화하였으므로,[34] 위 견해는 유지될 수 없게 되었다. 결국 형사소송구조와 연결하여 플리바게닝의 도입 여부를 주장하는 견해는, 이제는 그 의미가 퇴색되었다고 말할 수 있다.

3. 형사절차의 보편성과 관련한 주장

형사절차에 협상제도를 도입하는 것은 보편적 현상이고 세계적 추세이다. 동서고금을 막론하고 형사절차를 단순화하려는 시도는 늘 있었다. 오늘날 형사사건에서 영미법계를 취하고 있는 국가는 물론 대륙법계를 취하고 있는 국가에서도 완전한 판결절차는 점점 쇠퇴하고 있다. 법치국가의 원칙을 최고의 가치로 여겼던 독일도 결국 협상제도를 도입하였다.

또한 '사안의 진상 규명과 적정한 형벌 법령의 적용·실현'을 형사소송법의 목적으로 삼고 있는 일본도 협상제도의 일종인 합의제도와 형사면책제도를 도입하였다. 이처럼 세계의 각 국가는 판결절차를 회피하거나 적어도 판결절차의 회피를 촉진하기 위한 절차로서, 유죄를 인정하는 피고인에게 관대한 형이나 보상을 제공하는 협상제도를 도입하고 있다. 따라서 우리도 이러한 세계적 추세를 눈여겨볼 필요가 있다.

---

33) 헌법재판소, 1995. 11. 30. 선고 92헌마44 결정; 한상훈, 형사소송의 구조와 검사, 피고인의 지위 - 당사자주의와 증거개시제도를 중심으로 -, 형사법연구, 제21권 제4호, 2009, 406면.

34) 김희균, 형사사법제도의 변천과 인권 - 당사자주의의 확립 -, 법과 사회, 2008, 245면.

4. 정의의 관념과 관련한 주장

플리바게닝은 형사사법의 효율적 관점에서 볼 때 정의의 관념에 반하지 않는다. 효율과 신속은 형사사법절차가 추구하는 가치 중 하나이고, 정의의 개념에 포함되는 개념이다. 더욱이 미국 연방 수정헌법은, 피고인은 신속한 재판을 받을 권리가 있다고 규정하고 있고, 우리 헌법도 모든 국민은 신속한 재판을 받을 권리를 가진다고 규정하고 있다. 플리바게닝은 형사절차를 거치지 않겠다는 것이 아니라 형사절차를 단순화시키겠다는 것이다. 법원이 유죄를 인정하는 피고인을 상대로 굳이 정식재판을 할 이유는 없다.

5. 실체적 진실과 관련한 주장

실체적 진실은 형사절차에서 점점 상대화되어 가고 있다.[35] 대표적인 예로서, 직권주의를 취하고 있는 대륙법계인 독일도 법으로 판결 협상제도를 도입함으로써 사실상 실체적 진실을 고집하고 있지 않다. 왜냐하면 전통적인 독일 형사소송법의 이념 및 구조와 맞지 않은 협상제도를 도입하였다는 것은, 독일 형사소송법이 상정하고 있는 기본적 소송 구상과 결별을 고한 것이기 때문이다.[36] 또 사안의 진상 규명을 형사소송법의 목적으로 규정한 일본도 협상제도인 합의제도와 형사면책제도의 도입을 결정함으로써 실체적 진실의 상대화에 접근하고 있다.

6. 무죄추정의 원칙과 관련한 주장

검사가 편의를 위해 죄가 없는 피고인에게 유죄답변을 강요할 여지는 있다. 그러나 이것은 검사의 권한을 제한함으로써 개선될 수 있다. 예를 들면 증

---

35) 조준현, 형사소송에 있어서 기소협상제도의 가능성과 한계, 저스티스 통권 제140호, 2014, 308면. 진실 발견은 형사사법절차에서 어느 정도 상대화될 수밖에 없는 현실, 수사기관의 업무 부담이 나날이 늘고 있는 상황 등을 놓고 협상 문제를 논의하여야 한다고 주장한다.

36) 손미숙, 독일 형사소송법의 최근 경향－협상에 관한 논의를 중심으로－, 한국형사소송법학회 발표문(미발행), 2014, 9면.

거가 약한 사건은 플리바게닝의 대상에서 제외하는 것이다.

또 다른 방안은 플리바게닝 절차에서 변호인의 참여를 필요적 요건으로 규정하는 것이다. 이렇게 되면 검사와 피고인이 실질적으로 대등한 위치에서 협상할 수 있으므로 검사가 피고인에게 유죄답변을 강요할 여지는 상당히 줄어들 것이다. 또 판사는 피고인이 자발적으로 유죄답변을 하였는지, 그리고 유죄답변에 대한 사실적 기초가 존재하는지를 실질적으로 확인함으로써 죄가 없는 피고인이 유죄답변을 하였는지를 확인할 수 있다.

7. 책임원칙과 관련한 주장

미국의 플리바게닝은 검사와 변호인 또는 피고인이 그들의 각 권리를 포기하는 방법으로 협상하는 것이다. 물론 협상이라는 용어가 '은밀한 거래'를 하는 것 같은 인상을 주는 것은 사실이지만, 플리바게닝은 은밀하게 이루어지는 것이 아니다. 일반적으로 검사는 사건의 경중이나 증거의 증명력 정도를 고려하여 피고인에게 제의할 협상의 내용을 결정한다. 특히 검사는 중죄 중에서 가장 중한 범죄나 가장 중하지 아니한 범죄에 대하여는 법률적으로 관련된 요소를 고려하여 플리바게닝을 하므로 검사가 재량권을 행사할 여지는 많지 않다. 또 검사는 사회의 이목을 끄는 사건이나 저명인사가 관련된 사건에서 상급자의 결재를 거쳐 플리바게닝을 결정한다. 나아가 검사는, 법원의 선고 형량 결정에 관한 법규 및 관련 판례법 등을 바탕으로 하여 마련된 '세부지침'에 따라 플리바게닝을 결정한다.[37] 따라서 검사가 피고인에게 지나치게 관대한 형을 제의하는 경우는 흔치 않다.

---

37) 박준영, 미국 각 주의 Plea Bargaining 실제 사례 연구, 「국외훈련검사연구논문집」 28(1), 법무연수원, 2013, 8면; 검사는 대중의 비판을 부를 수 있는 플리바게닝을 크게 반기지 않는다. 특히 사회적 관심사가 되는 사건에서 검사는 평판이 좋지 않은 피고인에게 친절하고 부드럽게 대우한다는 말을 듣고 싶어 하지 않는다. 켄들 코피, 권오창 옮김, 여론과 법, 정의의 다툼, 커뮤니케이션북스(주), 2013, 227면.

8. 유죄 인정에 대한 형의 감경 및 협조에 대한 보상과 관련한 주장

유죄 인정에 대한 형의 감경과 수사 협조에 대한 보상은 당연한 일이다. 이를 은밀한 거래라고 보는 것은 곤란하다. 또 피고인이 유죄를 인정하고 자신의 행동으로 인한 책임을 감수하려는 자발적 의사를 보여주는 것은, 선고형을 정함에 있어 참작하여야 할 양형 인자라고 말할 수 있다. 나아가 범죄를 인정하면서 반성하는 피고인과 범죄를 부인하면서 다투는 피고인을 각각 처우하면서 개전의 정, 사법비용의 절감 효과, 국가기관에의 협조의 정도 등을 비교하여 전자에게 형의 감경을 주는 것은 정의 관념에도 부합한다.[38] 따라서 유죄 인정이나 협조에 대한 보상을 꼭 부정적 시각에서 볼 필요는 없다.

9. 결 론

플리바게닝의 도입을 반대하는 주장은 경청할 만한 가치가 있다. 이 세상에 완벽한 제도는 없으므로 플리바게닝도 역시 완벽할 수 없다. 그래서 플리바게닝도 비판을 받는 것이다. 그러나 앞에서 본 바와 같이 플리바게닝의 도입을 반대하는 주장은 충분히 극복될 수 있다. 나아가 검찰의 투명한 절차가 이루어지고 피고인의 방어권이 충분히 보장된다면, 대륙법계 국가들이 이미 도입하였고 또 장점도 많은 협상제도를 무조건 반대할 것은 아니라고 생각한다. 특히 플리바게닝에 참여하는 판사·검사·변호인이 플리바게닝의 본래의 취지에 맞게 그 역할을 다하여 플리바게닝의 장점과 이익을 최대한 살리고 플리바게닝의 단점을 최소화한다면, 플리바게닝은 형사사법제도로서 도입할 만한 가치가 있는 제도이다. 이러한 관점에서 우리도 이제는 플리바게닝의 도입을 긍정적으로 검토할 때가 왔다고 생각한다.[39]

---

38) 안성수, 앞의 논문, 102~103면.

39) 사법협조자 형벌감면제도의 도입은 약 1.4배 또는 3배 정도 그 사회적 편익이 사회적 비용보다 앞선다는 주장이 있다. 박경래, 형사정책과 비용편익분석: 사법협조자 형벌감면제 사례를 중심으로, 한국형사정책연구원, 형사정책연구소식, 2012 여름, 12면; 박경래·김용호·최성락·김수동·성우제·영남대학교 산학협력단(임혜준), 앞의 책, 440면.

제 3 절 현행법상 도입 가능성에 대한 검토

Ⅰ. 문제 상황

우리 형사소송법에는 플리바게닝에 관한 규정이 없다. 다만 2010년 플리바게닝과 관련된 제도가 입법 예고된 적이 있다. 당시 법무부는 사법협조자 소추면제제도와 사법협조자 형벌감면제도를 입법 예고하였는데, 여기에서 사법협조자 소추면제제도는 조직범죄·부패범죄에서 범죄 규명을 위해 정범 또는 공범으로 하여금 형사재판절차에서 증언하게 하고, 그 대가로 이들에 대한 공소를 제기하지 아니하는 제도이고, 사법협조자 형벌감면제도는 위와 같은 범죄의 수사나 재판절차에서 범죄 규명 등에 이바지한 자에게 형을 감면하는 제도이다.

법무부가 위 제도를 입법하려고 한 주된 목적은 이들 범죄에 대하여 효과적으로 대응하기 위해서다. 대부분의 조직범죄 등은 은밀하게 이루어져 가담자 외에는 범죄의 직접적인 증거를 확보하는 것이 곤란하므로 국가가 내부가담자에게 소추면제 등 혜택을 부여하고 그로부터 진술을 확보함으로써 범죄를 효과적으로 규명하겠다는 것이다. 그러나 이와 같은 입법의 필요성에도 불구하고 이 제도는 입법되지 못하였다.

그러면 플리바게닝을 도입하기 위해서는 형사소송법의 개정이 필요한가. 아래에서는 현행 형사소송법 하에서 플리바게닝이 도입될 수 있는지의 여부를 검토한다.

Ⅱ. 현행 형사소송법과의 문제

1. 문제의 제기

현행 형사소송법 하에서 미국의 플리바게닝을 도입할 수 있는가와 관련하여 가장 문제가 되는 것은 사실 인정에 관한 원칙이다. 우리 형사소송법 제307

조는 "사실의 인정은 증거에 의하여야 하고, 범죄사실의 인정은 합리적인 의심이 없는 정도의 증명에 이르러야 한다"라고 규정한다. 그런데 플리바게닝의 경우 검사와 피고인이 기소된 범죄사실에 관하여 합의하면 법원은 합의 내용에 따라 피고인에게 유죄판결을 선고한다. 그러므로 플리바게닝은 우리 형사소송법이 규정한 사실 인정에 관한 원칙과 충돌할 수 있다. 다시 말하면 검사와 피고인의 합의에 근거하여 사실을 인정하는 것은 증거에 의하지 않은 사실을 인정하는 것이므로 우리 형사소송법이 규정하는 '증거재판주의'에 어긋날 수 있다. 또 플리바게닝은 증거의 증명력을 평가하지 않고 사실을 인정하기 때문에 이는 합리적인 의심이 없는 정도의 증명에 이른 경우에만 범죄사실을 인정하는 우리 형사소송법의 원칙에도 위반될 수 있다.

2. 미국의 플리바게닝 절차와의 차이점

미국 연방 형사소송규칙 제11조(b)(3)은, 법원은 유죄답변에 대한 판결에 들어가기 전 반드시 답변에 대한 사실적 기초가 있다는 것을 결정하여야 한다고 규정한다. 그리고 연방 법원과 대부분의 주 법원은 유죄답변의 합의를 받았을 때 이러한 사실적 기초를 확인한다. 그러므로 미국의 플리바게닝은 실제로 피고인이 기소된 범죄사실을 저질렀는가를 고려하지 않은 채 피고인이 범죄사실을 저질렀다는 당사자의 합의만을 기초로 하여 유죄판결을 선고하는 제도가 아니다. 그래서 이러한 점을 근거로 미국의 플리바게닝이 우리 형사소송법 제307조가 규정하는, 사실의 인정은 증거에 의하여야 한다는 원칙에 부합된다는 주장이 제기될 수 있다.

그러나 미국의 플리바게닝의 경우, 판사는 통상 피고인의 유죄답변이 자발적으로, 그리고 그 내용을 모두 이해하고 안 상태에서 이루어졌는가를 살펴보기 위해 사실적 기초를 확인하므로 판사가 사실적 기초를 확인하였다고 하여 반드시 유죄답변을 한 사실을 증거에 의하여 인정한 것이라고 말할 수는 없다. 따라서 미국의 플리바게닝은 우리 형사소송법 제307조가 규정하는, 사실의 인정은 증거에 의하여야 한다는 원칙에 배치된다. 더욱이 미국의 플리바게닝은 피고인이 유죄답변을 한 범죄사실이 합리적인 의심이 없는 정도의 증명에 이르렀음을 요구하는 것은 아니므로 이 점에서 미국의 플리바게닝은 우리 형사소송법 제307조가 규정하는 사실 인정에 관한 원칙, 즉 범죄사실의 인정은 합리적인 의심이 없는 정도의 증명에 이르러야 한다는 원칙과 충돌한다.[40]

3. 결 어

위에서 본 바와 같이 현행법상 미국의 플리바게닝은 우리 형사소송법이 규정하고 있는 증거재판주의와 모순되므로 도입될 수 없다. 다만 형사소송법 제247조의 기소편의주의를 토대로 플리바게닝과 같은 결과를 얻는 것은 가능할 것 같다. 그러나 기소편의주의에 의한 검사의 불기소처분은 검사와 피의자 사이의 합의가 아니므로 미국의 플리바게닝과 근본적으로 다르다. 따라서 우리나라에서 미국의 플리바게닝을 도입하려면 이를 규정할 새로운 법이 필요하다.

Ⅲ. 입법안

1. 전면 도입 방안

한정된 인적·물적 사법의 자원 속에서 검사와 판사의 과중한 사건 부담을 줄이고, 형사사법의 효율성과 신속성을 실현하기 위해 플리바게닝을 전면적으로 도입하는 방안이다.[41] 이 경우 미국의 연방 형사소송규칙 그리고 영국의 굿

---

40) 박준영, 앞의 논문, 27면.

41) 안성수, 앞의 논문, 121면. 이 방안에 의하면, 판사는 검사 또는 피고인이 유죄답변을 신청한 경우 공개 법정에서 유죄답변절차를 개시한다. 이때 판사는 피고인에게 공소사실에 대하여 부인할 수 있고, 정식재판을 받을 수 있는 권리, 변호인을 선임할 수 있는 권리, 불리한 증인에 대한 반대신문권, 공소사실의 요지, 법정 최저형·최고형 등을 고지하여야 한다. 판사는 유죄답변의 자발성과 사실적 기초를 확인하여야 한다. 이 방안은 미국 연방형사소송규칙의 규정과 비슷하다; 백기봉, Plea Bargaining 제도 도입을 위한 입법안 검토, Plea Bargaining 제도에 관한 연구, 대검찰청 검찰미래기획단, 2006, 195면, 205면. 유죄시인

이어 지침과 2003년 형사사법법이 모범이 될 것이다.

여기서 강조할 점은 다음과 같다. 첫째, 판사는 유죄답변의 사실적 기초를 실질적으로 확인하여야 한다. 둘째, 협상은 기본적으로 검사와 변호인 또는 피고인 간의 협상이므로 검사와 피고인의 대등한 지위가 보장되어야 한다. 이를 위해서는 유능한 변호인의 효과적인 변호가 필수이다. 셋째, 검사는 플리바게닝의 과정에서 언제든지 죄가 없는 피고인에게 유죄답변을 강요할 가능성이 있으므로 플리바게닝의 절차적 투명성이 보장되어야 한다. 이것은 무죄추정의 원칙과 조화를 이루기 위해서이다. 넷째, 피고인·범죄와 관련하여 형의 가중요소와 감경요소를 반영한 세부적인 양형 지침의 마련이 필요하다. 이와 같은 양형 지침을 마련하는 이유는 검사의 자의적 협상을 차단하고 책임원칙에 부합하기 위해서다.

그러나 플리바게닝에 대한 국민의 부정적 시각과 검찰에 대한 국민의 불신 등을 고려할 때, 전면 도입 방안이 시기상조(時機尙早)라면 아래와 같은 제한적 도입 방안이 검토될 수 있다.

2. 제한 도입 방안

플리바게닝을 제한적으로 도입하는 방안이다. 우리 형사소송법의 목적·이념인 실체적 진실의 발견과 아직까지도 남아 있는 직권주의 사고방식 등으로 인해 전면적 도입이 주저된다면 앞에서 본 외국의 입법례에 따라 제한적으로 도입하는 방안이다.

대륙법계 국가인 독일, 이탈리아, 프랑스가 제한적으로 미국의 플리바게닝을 받아들였으므로, 제한 도입 방안을 생각한다면 이들 국가의 법이 모범이 될 것이다. 이들 국가가 규정한 법을 보면 대체로 대륙법계의 전통을 가능한 한 살

협의 및 심판에 관한 절차법(안)이라는 특별법으로 플리바게닝의 도입을 주장한다. 이 법안은 유죄시인 협의 결과 검사가 형벌을 법원에 청구하고 그에 대한 법원에서의 심판절차를 전심 재판으로 간주하는 방안이다. 이 절차는 공소 제기 이전에 이루어지는 절차이고, 즉결심판절차와 유사한 단계에 플리바게닝 절차를 새로이 규정하는 것이다.

리면서 미국의 플리바게닝을 수용하였음을 알 수 있다. 즉 이들 국가는 미국의 플리바게닝을 무조건 받아들인 것이 아니라 그들의 법과 모순되지 않도록 잘 조화를 이루었음을 알 수 있다. 아래에서는 지금까지 우리나라에서 제시되었던 제한 도입 방안을 살펴본다.

첫째, 검사가 변호인이 참석한 가운데 피의자와 피의사실에 대한 협상을 한 후 피의자가 유죄 시인을 하면, 검사는 그러한 사실이 첨부된 공소장을 법원에 제출하고, 법원은 검사와 피고인 및 변호인을 출석시켜 그러한 사실과 유죄 시인의 자발성을 확인한 후에 공판절차 없이 바로 양형 절차로 가는 방안이다. 이 방안에 의하면 피고인의 자백 이외의 다른 증거가 없는 경우에는 자백의 보강법칙이 준수되어야 하고, 따라서 유죄 시인 이외의 다른 증거가 협상 과정의 확인절차에서 제시되어야 하며, 이에 대해 피고인이 증거로 함에 이의를 제기하지 않는다는 전제도 필요하다.[42] 이 방안은 플리바게닝의 시기를 공소 제기 전으로 제한하고 있다. 또 이 방안은 미국의 플리바게닝과 달리 자백의 보강 법칙을 추가로 요구하고 있어 피고인을 위한 안전장치를 마련하였다고 볼 수 있다.

둘째, 기소협상과 양형보장협상은 물론 다른 사건의 수사협조에 대한 협상도 허용하되, 기소 이전 단계에서 협상을 허용하자는 방안이다. 이 방안에 따르면 협상안이 도출되면 이것을 법원에 제출하여 심사를 받아야 한다. 또 검사만이 플리바게닝을 제안할 수 있고, 협상 시 변호인의 참여가 필수요건이다. 법원은 협상 과정에 개입하여서는 안 되고, 피해자는 심사절차에 출석하여 의견을 진술할 수 있다.[43] 이 방안은 플리바게닝의 시기에 제한을 두고 있다.

셋째, 법치국가의 틀 내에서 협상제도를 도입하자는 방안이다. 이 방안에 따르면, 검사는 공소 제기와 동시에 협상을 신청할 수 있다. 또 공판준비절차 담당 판사는 직권으로 협상에 부칠 수 있다. 협상의 여부는 법원의 재량 사항이고, 협상의 대상은 판결의 내용 및 그에 속하는 결정이다. 협상 담당 판사는 피

42) 류전철, 형사소송에서 유죄협상제도(Plea Bargaining)의 도입 가능성, 비교형사법연구, 제7권 제1호, 223면.

43) 유상민, 미국 유죄답변 협상의 활용실태와 도입 가능성, 국외훈련검사연구논문집(Ⅲ-1)-유죄협상-, 법무연수원, 2011, 223면.

고인에게 형의 상한과 하한을 고지할 수 있다. 협상의 구성요소는 자백이어야 한다. 또 협상에서 필요한 경우 피해자의 진술을 들을 수 있다. 이 방안에 의하면, 협상의 주재자는 법원이다. 또 이 방안은 유·무죄에 대한 협상을 인정하지 않는다. 또 대상 범죄는 선고형이 징역 1년 이하의 형인 가벼운 범죄로 제한한다. 다만 뇌물범죄 등 현실적 수사의 어려움이 있는 범죄의 경우 협상의 대상이 될 수 있다.[44]

넷째, 협상 대상 범죄를 피해자가 관여되지 않은, 피해자가 없는 범죄, 불가피하게 협상이 필요한 조직범죄로 제한하고, 협상 대상도 양형협상으로 한정하며, 피해자의 동의 규정, 피해자의 협의절차를 두는 방안이다.[45][46]

3. 검토 사항

첫째, 우리나라의 법원과 검찰에 사건의 증가에 따른 압력이 엄연히 존재하고 있는 사법 현실을 고려할 때, 둘째, 영미법계 국가는 물론 대륙법계 국가들도 형사사법의 효율성을 구현하기 위해 협상제도를 도입하고 있고 이러한 추세는 보편적 현상이 되고 있는 사실에 비추어 볼 때, 셋째, 형사절차의 효율성은 형사사법제도가 지향하는 목적이자 사법 개혁이 추구하는 이념 중 하나인 점을 생각할 때, 우리 형사절차에 플리바게닝을 도입할 필요는 있다고 생각한다. 플리바게닝을 도입할 필요가 있다면 그 다음 검토하여야 할 점은 전면적으로 미국의 플리바게닝을 도입할 것인지, 아니면 제한적으로 독일, 프랑스, 이탈리아, 대만의 플리바게닝을 도입할 것인지의 여부이다. 아래에서는 이와 관련한 몇 가지 점을 검토한 다음 입법안, 즉 제한 도입 방안을 제시하고자 한다.

---

44) 박정훈, 형사절차상 협상에 관한 연구, 고려대학교 대학원 박사학위논문, 2011, 201~212면.

45) 정도희, 피해자의 관점에서 유죄답변협상의 제한적 실현, 형사법연구, 제24권 제2호, 2012, pp.20~21; 한편 경제범죄, 마약범죄, 환경범죄, 조직범죄 등과 같이 소위 피해자가 없는 범죄나 화이트칼라 범죄와 같이 일정한 영역의 중대한 범죄에 한정해야 한다는 견해가 있다. 조상제·김성룡·이진국·박미숙, 앞의 책, 74면.

46) 자백감면제도를 신설하자는 주장이 있다. 이에 대하여는 안성수, 앞의 논문, 93~97면 참조.

가. 시기에 대한 검토

플리바게닝을 기소 이전 단계에서만 허용할 것인지, 아니면 기소 이후 판결 선고 이전 단계에서만 허용할 것인지, 아니면 기소 전후와 관계없이 형사절차 전 단계에서 허용할 것인지의 문제이다.[47] 플리바게닝의 종주국이라고 말할 수 있는 미국의 경우 원칙적으로 기소 이후 기소인부절차에서 플리바게닝을 한다. 독일, 이탈리아, 대만의 경우도 기소 이후에 플리바게닝을 허용한다. 그러나 프랑스의 플리바게닝인 '미리 유죄를 인정한 경우의 기소절차'는 기소 전에만 허용된다.

플리바게닝을 기소 이전 단계에서만 허용하자는 견해에 따르면, 우리 형사소송구조의 경우 기소 전 단계에서 충분한 증거 수집과 진실 규명을 하고, 형사사건의 90% 이상은 기소 전 단계에서 검사에 의해 충분히 수사되어 진실이 규명되므로 사건의 신속·효율적 처리를 도모하기 위해서는 실질적으로 사건 처리의 90% 이상이 이루어지는 수사단계에서 플리바게닝을 도입하여야 한다고 주장한다.[48]

그러나 기소 이전 단계에서만 플리바게닝이 허용되어야 한다는 주장에는 동의할 수 없다. 왜냐하면 검사가 피의자를 상대로 어떠한 범죄로 기소할 것인지를 결정하지 아니한 상태에서 피의자와의 협상을 허용한다면 검사는 적극적인 증거 수집 등 검사 본래의 업무를 소홀히 한 채 협상에 치우칠 염려가 있기 때문이다. 또 기소 이전 단계에서 플리바게닝을 허용한다면 검사는 협상 과정에서 피의자 또는 변호인에게 검사가 수집한 증거를 일부 개시할 수밖에 없는데 이것은 기소 이후 증거를 개시하도록 규정한 현행 형사소송법의 규정과 일치하지 않는다. 한편 앞에서 본 바와 같이 독일, 이탈리아, 대만은 기소 이후에 협상을 허용하고 있다. 따라서 플리바게닝은 검사의 공소 제기 이후에 허용하는 것이 타당하다고 생각한다.[49] 다만 형사절차의 효율성을 증대시키기 위해서

47) 백기봉, 앞의 논문, 182면.

48) 위의 논문, 182면.

49) 물론 그 시기는 제1심 변론 종결 전까지로 제한한다.

공소 제기 이후 제1회 공판기일 사이에 협상이 이루어지면 그 이후의 협상보다 더 많은 형의 감경을 받을 수 있도록 해야 할 것이다.

나. 주체에 대한 검토

검사가 플리바게닝의 개시 주체가 될 것인지 아니면 판사 또는 피고인이나 변호인이 그 주체가 될 것인지의 문제이다. 미국은 검사가 협상의 주체가 되어 변호인 또는 피고인과 협상을 한다. 프랑스와 대만도 검사가 주체가 되어 협상하고, 이탈리아는 검사가 피고인의 동의를 얻어 협상한다. 이에 반해 독일은 판사가 협상의 주체이다.

우리나라의 검사는 수사의 주재자이고, 또 공소권의 주체로서 공소사실을 입증하고 공소를 유지하는 공소 수행의 담당자이며 피고인과 대등한 지위에서 형사소송을 형성하고 법령의 정당한 적용을 청구하는 자이다.[50] 또 검사는 재판 시 구형을 할 수 있는 권한을 갖고 있다. 따라서 공소 수행과 구형의 권한을 가진 검사가 플리바게닝의 주체가 되어 협상을 개시하고 피고인과 협상을 하는 것이 타당하다.[51] 판사가 플리바게닝의 주체가 되는 것은 적절하지 않다. 왜냐하면 판사의 중립성이 훼손될 수 있기 때문이다.

한편 피고인 또는 변호인이 협상하겠다는 의사를 표시한 경우 이것을 어떻게 처리할 것인가가 문제이다. 이에 대하여는, 피고인 또는 변호인의 의사를 존중한다는 측면에서 이들이 검사에게 플리바게닝의 개시를 신청할 수 있다는 규정을 둘 필요가 있다.[52]

다. 대상 범죄에 대한 검토

플리바게닝의 대상 범죄에 제한을 두지 않을 것인지 아니면 일정한 제한을 둘 것인지의 문제이다. 미국은 플리바게닝의 대상 범죄를 제한하지 않는다. 영국과 독일도 대상 범죄를 제한하지 않는다. 이에 반해 이탈리아의 파테자멘토

---

50) 배종대·이상돈·정승환·이주원, 앞의 책, 55면.

51) 김봉주, 앞의 논문, 133면.

52) 백기봉, 앞의 논문, 183면.

는 5년 이하의 징역형으로 처벌할 수 있는 범죄로 제한하고 있고, 프랑스는 대상 범죄를 주형이 벌금 또는 5년 이하의 징역형에 해당하는 경죄로 제한한다. 대만도 사형, 무기징역, 하한이 3년 이상의 유기징역, 고등법원이 관할하는 제1심 사안 이외의 사건으로 제한한다.

미국의 경우 플리바게닝의 대상 범죄에 제한은 없지만, 일반적으로 미국의 검사가 살인 등 매우 중한 죄나 사회의 이목을 끄는 사건에서 피고인과 플리바게닝을 하는 경우는 흔치 않다. 왜냐하면 이러한 사건에서 검사가 플리바게닝을 하면 피고인에게 지나치게 가벼운 형을 제의하였다는 비난을 면치 못하기 때문이다. 독일의 경우도 판결 협상의 대상 범죄에 특별한 제한은 없지만, 사실상 판결 협상은 주로 경제·마약·조직범죄 등을 대상으로 이루어지고 있다. 한편 이탈리아, 프랑스, 대만은 플리바게닝의 대상 범죄를 법정형이 비교적 낮은 범죄로 제한하고 있는데 그 이유는 중죄의 경우 정식재판을 통해 적정한 형이 선고되어야 한다는 인식이 깔렸기 때문이다. 다시 말하면 만약 중죄가 협상의 대상이 된다면 형법의 입법 목적이 약해질 수 있다는 생각을 하고 있기 때문이다.

위 이탈리아, 프랑스, 대만의 입법례와 미국, 독일의 실무 사례에 비추어 볼 때 플리바게닝의 대상 범죄를 제한하는 것이 타당하다고 생각한다. 그래서 중죄는 플리바게닝의 대상 범죄에서 제외되어야 할 것이다. 여기서 중죄는 '사형, 무기 또는 단기 1년 이상의 징역 또는 금고에 해당하는 사건'을 말한다.[53]

중죄 사건을 플리바게닝의 대상 범죄에서 제외한 이유는 만약 중죄 사건을 플리바게닝의 대상 범죄에 포함하면 검사의 권한이 지나치게 커지게 되고, 그렇게 되면 재판은 판사가 하여야 한다는 원칙이 훼손될 염려가 있기 때문이다. 또 중죄 사건을 플리바게닝의 대상 범죄에 포함하면 검사가 유죄판결의 확보를 위해 지나치게 가벼운 형을 제의할 수 있어 책임원칙에 위반될 수 있기 때문이다.

---

53) 이 글에서는 중죄를 합의부가 심판하는 사건의 범죄로 규정하였다. 법원조직법 제32조 제1항 제3호에 의하면, "지방법원과 그 지원의 합의부는 사형, 무기 또는 단기 1년 이상의 징역 또는 금고에 해당하는 사건(다만, 3호 각 목의 사건은 제외)을 제1심으로 심판한다"라고 규정한다.

라. 협상 범위에 대한 검토

기소협상과 양형협상 모두를 허용할 것인지 아니면 양형협상만 허용할 것인지, 또 양형협상을 허용할 경우 양형보장협상과 양형권고협상 모두를 허용할 것인지 아니면 양형권고협상만 허용할 것인지의 문제이다. 미국과 영국은 기소협상과 양형협상을 모두 허용한다. 그러나 독일, 이탈리아, 프랑스, 대만의 플리바게닝은 양형협상만을 인정한다.

이에 대한 우리나라의 견해로는, 검사는 피의자의 자백을 이유로 입건되지 않은 나머지 사항에 대하여 불입건을 할 수 있고, 피의자가 자백하는 경우 일부 기소유예를 할 수 있으며, 또 피의자가 자백하는 경우 더욱 낮은 죄명과 적용법조를 적용할 수 있고, 나아가 자백을 구형에 반영할 수 있으므로 기소협상과 양형협상을 모두 허용하여야 한다고 주장한다.[54)]

또 다른 견해에 의하면, "플리바게닝을 통한 기소협상을 도입하는 것은 사실상 현재 관행에 비추어 보아 그리 큰 문제를 불러일으킬 소지는 없어 보인다. 이는 플리바게닝을 통한 양형협상에 있어서도 마찬가지이다. 우리나라 검사들이 자백한 피의자나 수사에 협조적인 피의자에 대하여 더욱 완화된 처분을 하는 것은 자연스러운 일이다. 플리바게닝을 통한 양형협상이나 기소협상을 도입하는 것은 과거부터 존재하여 왔고, 묵시적으로 인정된 관행을 공식절차로 제도화하는 것에 불과하다"라고 주장함으로써 기소협상과 양형협상을 모두 허용하여야 한다고 주장한다.[55)]

이에 반해 양형협상만을 허용하여야 한다는 주장이 있다. 즉 검사는 기소편의주의에 따라 기소재량권을 가지고 있으므로 플리바게닝에서 검사에게 기소 여부를 결정하는 권리를 부여할 필요는 없고, 따라서 기소 이전 단계에서의 협상이 아닌 재판 단계에서의 양형협상만 가능하도록 해야 할 것이라고 주장한다.[56)]

플리바게닝이 아직은 우리에게 생소한 제도이므로, 미국의 플리바게닝과

---

54) 김봉주, 앞의 논문, 136면.
55) 유상민, 앞의 논문, 156면.
56) 정도희, 앞의 논문, 19면.

같이 기소협상과 양형협상 모두를 허용하는 것은 무리라고 생각한다. 따라서 우선 양형권고협상만이 허용되어야 한다고 생각한다. 왜냐하면 기소협상을 허용하면 자칫 검사가 자의적으로 범죄를 축소하여 기소협상을 할 가능성이 있기 때문이다. 또 양형협상 중 양형보장협상을 허용하면 판사의 형 선고에 대한 권한을 침해할 우려가 있기 때문이다. 한편 양형권고협상을 도입하려면 그 전제로 촘촘한 양형기준이 마련되어야 할 것이다.

마. 변호인의 필요적 참여 여부에 대한 검토

프랑스는 플리바게닝에 변호인을 참여하도록 하고 있고, 대만도 변호인의 참여를 규정하고 있다. 미국 연방대법원은 플리바게닝에서 피고인은 효과적인 변호인의 조력을 받을 권리가 있다고 판결한 바 있다. 따라서 협상 시 검사와 피고인의 지위를 최대한 대등하게 하기 위하여, 또 적정하고 투명한 플리바게닝이 이루어지기 위하여 변호인의 참여는 필요적 요건으로 규정되어야 한다.

바. 증거개시에 대한 검토

검사와 피고인이 대등한 관계에서 협상하려면 검사는 그가 갖고 있는 증거를 피고인에게 보여 주어야 한다. 우리 형사소송법은 공소 제기 이후 증거개시제도를 도입하고 있다. 미국의 형사절차에서는 검사가 피고인에게 모든 증거를 개시할 것을 요구하지 않는다. 연방대법원도 루이즈 사건에서 같은 취지로 판결하였다.[57] 그러나 앞에서 살펴본 것처럼 미국의 검사는 플리바게닝을 하기 위해 정책적으로 변호인에게 정보와 증거에 대한 접근을 허용한다. 왜냐하면 이러한 비공식적 증거개시를 통해 변호인과 피고인으로 하여금 정확하게 유죄판결의 가능성을 평가하게 하고 플리바게닝을 할 수 있게 하기 위해서다.

우리나라의 경우 플리바게닝을 기소 이후의 단계에서 허용하자는 주장을 견지한다면, 피고인은 원칙적으로 증거개시제도에 의해 검사가 가진 증거를 볼

57) 연방대법원은, 헌법은 검사가 모든 유용한 증거를 피고인과 공유할 것을 필요로 하지 않는다고 판결하였다. 그래서 미국의 경우 형사사건의 증거개시제도는 피고인에게 피고인에 대한 사건에 관하여 완전히 알려 주도록 예정되어 있지 않다.

수 있다. 그러므로 변호인이나 피고인은 증거의 강도와 유죄판결의 가능성을 평가한 다음 플리바게닝을 할 수 있다.

사. 피해자와의 관계에 대한 검토

플리바게닝을 하는 과정에서 피해자를 어떤 방식으로 참여시킬 것인가의 문제이다. 미국에서는 플리바게닝을 통해 피고인에게 선고되는 형이 피해자의 권리를 무시하고 있다는 주장이 제기되고 있다. 그리고 그 해결방안으로서 피해자에게 답변합의를 거부할 수 있는 권한을 주는 방안, 피해자에게 답변합의에 대하여 그의 견해를 말할 수 있는 기회를 주는 방안, 검사가 답변합의에 들어가기 전 피해자와 협의를 하게 하는 방안 등이 논의되고 있다.

그런데 피해자에게 답변합의를 거부할 수 있는 권한을 주는 방안은 형사사건의 처리에 있어 사익이 공익보다 우위에 있게 된다는 비판을 받는다. 또 피해자에게 답변합의에 대하여 그의 견해를 말할 수 있는 기회를 주는 방안에 대하여는, 플리바게닝이 이미 형사절차에서 확립된 제도가 되었기 때문에 피해자가 의미 있는 의견을 낸다고 해도 판사는 합의의 거절을 주저할 것이라는 주장이 제기된다. 또한 검사가 답변합의에 들어가기 전 피해자와 협의를 하게 하는 방안에 대하여는, 일부 지역에서는 이 방안이 실무에서 비용이 많이 들고 효과적이지 않다는 이유로 도입하지 않고 있고, 또 그러한 규정을 둔다고 해도 검사가 엄격하게 위 규정을 준수할 것인지 명확하지 않다는 주장이 제기된다.

현재 미국의 20여 개 주에서는 검사가 답변합의에 들어가기 전 피해자와 협의를 하는 방안을 채택하고 있다.[58)]

플리바게닝이 사건을 효율적이고 신속하게 처리하는 제도이지만, 이와 같은 효율성과 신속성을 강조한 나머지 피해자의 권리를 무시하거나 피해자의 권리가 보장되지 않는다면 플리바게닝의 원활한 운용은 현실적으로 기대하기 어렵다. 그러므로 우리나라에서 플리바게닝을 도입하여 운용하기 위해서는 피해

58) Michael M. O'Hear, "Plea Bargaining and Victims: From Consultation to Guidelines", *Marquette Law Review*, Vol. 91, 2007, p.323. 미국의 주에서는 피해자가 플리바게닝에 참여할 기회를 가져야 한다는 원칙을 점점 더 받아들이는 추세이다.

자의 참여가 보장되어야 한다.[59] 그리고 그 방안으로 현재 미국의 여러 주에서 시행하고 있는 것처럼 검사가 답변합의에 들어가기 전 반드시 피해자와 협의를 하는 방안이 적절해 보인다.

아. 협상 철회 후 유죄 인정의 증거 사용에 대한 검토

플리바게닝이 철회된 경우 협상 과정에서 검사가 취득한 피고인의 유죄 인정을 증거로 사용할 수 있는지에 대한 검토이다.

미국의 경우, 연방 증거법 제410조(Federal Rule of Evidence 410)는 나중에 철회된 유죄답변, 불항쟁 답변, 위 유죄답변과 불항쟁 답변을 하면서 피고인이 한 진술, 결과적으로 피고인이 유죄답변을 하지 않았거나 나중에 유죄답변을 철회한 경우 검사와 답변 협의를 하는 과정에서 피고인이 검사에게 한 진술은 다른 민사사건이나 형사사건에서 피고인에게 불리한 증거로 사용할 수 없도록 규정하고 있다. 따라서 플리바게닝이 이루어지지 않아 정식 재판절차를 진행하거나 유죄답변을 하였다가 유죄답변이 철회되어 재판절차가 진행되는 경우 협상절차에서 행한 피고인의 진술은 증거능력이 없다.[60] 왜냐하면 만약 이를 유죄의 증거로 사용할 수 있다면 사실상 유죄답변을 철회하거나 번복하는 것은 의미가 없게 될 것이기 때문이다. 또한 이를 증거로 사용할 수 있게 된다면 피고인은 자신에게 불리한 진술을 한 것이 나중에 재판 과정에서 불리하게 사용될 수 있다는 것을 염려하면서 협상에 임해야 하므로 이러한 우려를 제거하여 자유롭게 협상에 임할 수 있도록 하기 위해서다.[61]

한편 독일의 경우, 판사가 협상 제안을 철회한 경우, 즉 협상이 결렬된 경우 피고인의 자백은 증거로 사용될 수 없도록 규정하고 있다.

그렇다면 플리바게닝이 철회된 경우 협상 과정에서 검사가 취득한 피고인의 유죄 인정 진술은 증거로 사용될 수 없도록 규정하여야 할 것이다.

---

59) 백기봉, 앞의 논문, 190면.

60) 최찬영, 앞의 논문, 119면; 아서 베스트, 형사법연구회 옮김, 미국 증거법, 도서출판 탐구사, 2009, 57면.

61) 안성수, 앞의 논문, 116면; 백기봉, 앞의 논문, 191면.

자. 항소 여부에 대한 검토

플리바게닝에 의한 형의 선고에 대하여 양형 부당의 이유로 검사나 피고인이 항소할 수 있는지에 대한 검토이다. 다시 말하면 합의된 형이 선고된 경우 이에 대하여 검사나 피고인이 양형 부당을 이유로 항소할 수 있는지의 문제이다. 미국의 경우 일반적으로 유죄답변 시 피고인은 양형에 대한 상소나 양형에 대하여 부차적으로 이의를 제기할 수 있는 권리를 포기하고, 이를 답변합의에 포함하고 있고, 판사는 피고인에 대한 조언과 질문 시 이를 확인한다.[62)]

이에 반해 독일의 경우 형사소송법 제35조 제3항은 당해 판결에 협상이 전제된 경우에는 당사자에게 어떠한 경우라도 자유로운 판단에 따라 상소 제기 여부를 결정할 수 있다는 것을 고지하도록 규정하고 있다. 또 제44조 제2항은, 법원에 의한 위 고지가 이루어지지 않은 경우에는 당해 상소기간 경과의 책임을 물을 수 없는 것으로 명시하고 있고, 제302조 제1항 제2문에는 "판결에 협상이 전제된 경우에는 상소 포기는 배제된다"라고 명시하여 협상이 전제된 사안의 경우에는 상소 포기가 불가능한 것으로 규정하고 있다.[63)]

플리바게닝에 의한 형의 선고에 대하여 당사자가 양형 부당의 이유로 항소할 수 있는지에 대한 문제는 플리바게닝이 추구하는 목표와 관련하여 해결하여야 할 문제라고 생각한다. 당사자가 형량에 관하여 합의하였고, 법원이 이를 인정하였음에도 추후 그에 관하여 양형 부당을 이유로 불복할 수 있도록 하는 것

62) 원칙적으로 유죄답변 또는 불항쟁 답변 이전에 피고인이 이미 적법성을 다투었던 압수·수색에 관한 사유, 합리적인 헌법적 사유 또는 소송절차의 적법성에 관한 사유를 제외한 기타 사유로서 피고인의 유죄답변이나 불항쟁 답변 이전에 발생한 사유들은, 피고인이 당해 답변 이후 항소이유로 주장할 수 없다. 예를 들면, 유죄 증거가 부족했음에도, 또는 적법하지 않은 증거 채택을 통해, 원심 법원이 유죄를 인정했다는 사유, 수사기관의 정보원을 공개해 달라는 피고인의 요청을 원심이 받아들이지 않았다는 사유, 피고인의 수사기관에서 한 자백이 비자발적이었으므로 이를 증거에서 배제해 달라는 사유, 수사기관에서의 용의자 라인업(Line-up)이 위법한 방식으로 진행되었으므로 그 결과를 증거에서 배제해 달라는 사유 등은 피고인의 유죄답변 이후에는 더는 주장할 수 없는 것에 해당한다. 박준영, 앞의 논문, 29면.

63) 조상제·김성룡·이진국·박미숙, 앞의 책, 50면.

은 플리바게닝의 취지를 몰각(沒却)하게 하는 것이므로 양형 부당을 이유로 하는 불복은 허용되지 않는 것이 타당하다.[64]

4. 입법안

위에서 검토한 사항을 토대로 다음과 같이 입법안,[65] 즉 제한 도입 방안을 제시한다.

【답변협상 절차】

① 법원은 검사가 답변협상을 신청한 경우 공개 법정에서 답변협상 절차를 개시하고, 다음의 사항을 피고인에게 고지하여야 한다.

1. 공소사실에 대하여 부인할 수 있고, 정식재판을 받을 수 있는 권리
2. 변호인을 선임할 수 있고, 필요하면 국선변호인의 선임을 신청할 수 있는 권리
3. 정식재판 시 피고인에게 불리한 증인에 대한 반대신문권, 진술을 강요받지 아니할 권리
4. 법원이 검사와 변호인이 맺은 답변협상에 의한 합의에 따라 피고인의 유죄답변을 받아들일 경우 위 권리들에 대한 피고인의 포기
5. 공소사실의 요지와 범죄의 구성요소, 범죄의 법적 성격
6. 법정 최저형, 법정 최고형, 몰수 등 부가형
7. 답변협상에 의한 답변을 할 경우 재판 없이 형이 선고된다는 사실
8. 법원은 답변협상에서 합의한 양형에 구속되지 않는다는 사실

② 법원은 변호인의 참여하에 답변협상 절차를 진행하여야 한다.

③ 답변협상의 대상 범죄는 "사형, 무기 또는 단기 1년 이상의 징역 또는 금고에 해당하는 사건" 이외의 사건에 한한다.

---

64) 백기봉, 앞의 논문, 194면.

65) 입법안에서는 '플리바게닝' 대신에 '답변협상'으로 기재한다; 플리바게닝에 관한 입법안으로는 안성수, 앞의 논문, 121면 및 김봉주, 앞의 논문, 150면을 참조.

④ 답변협상은 양형에 관한 협상에 한한다.

⑤ 검사는 피해자가 있는 사건에서 피고인과 답변협상에 들어가기 전 피해자와 답변협상에 관하여 협의를 하여야 한다.

⑥ 법원은 피고인이 자발적이고 의사능력이 있는 상태에서 그 내용을 이해하고 유죄답변을 하였는지 심사하여야 한다.

⑦ 법원은 피고인의 유죄답변을 뒷받침할 만한 사실적 기초가 있는지 심사하여야 하고, 사실적 기초가 없는 경우 유죄답변을 받아들여서는 아니 된다.

⑧ 검사와 피고인은 답변협상의 내용을 공개 법정에서 제출하여야 한다.

⑨ 법원은 답변협상의 합의 내용을 심리한 후 답변협상의 합의를 받아들이거나 거절할 수 있다.

⑩ 법원이 답변협상의 합의를 받아들이지 않을 때는 공개 법정에서 이를 고지하여야 한다.

⑪ 법원이 답변협상의 합의를 받아들인다는 결정을 하기 전에는 검사와 피고인은 답변협상을 철회할 수 있고, 법원이 답변협상의 합의를 받아들인다는 결정을 한 후 판결을 선고하기 전에는 법원이 특별한 사정이 있다고 인정한 때에만 검사와 피고인은 답변협상을 철회할 수 있다.

⑫ 법원이 형을 선고한 후에는 피고인이 이미 적법성을 다투었던 압수·수색에 관한 사유, 합리적인 헌법적 사유 또는 소송절차의 적법성에 관한 사유를 제외하고, 검사와 피고인은 양형이 부당하다는 이유로 항소할 수 없다.

⑬ 답변협상이 철회된 경우 철회된 유죄답변과 답변협상 과정에서의 피고인·변호인의 진술은 모든 형사절차와 다른 민사절차에서 피고인에게 불리한 증거로 사용될 수 없다.

⑭ 법원은 답변협상의 절차를 기록하여야 한다. 기록에는 판사가 피고인에게 제1항 제5호, 제6호, 제7호를 설명한 사실, 피고인은 자발적이고 그 내용을 이해하고 유죄답변을 한 사실을 포함하여야 한다.

제 6 장

맺음말

지금까지 미국의 플리바게닝의 개념과 기원, 미국에서 플리바게닝을 찬성하는 주장과 반대하는 주장, 현재 미국에서 논의 중인 플리바게닝의 개혁에 관한 쟁점, 그리고 우리나라에서의 플리바게닝의 도입에 관한 찬성과 반대 주장, 나아가 현행법 하에서의 플리바게닝의 도입 가능성과 도입 시 입법안에 대하여 살펴보았다.

오늘날 영국, 독일, 프랑스 등 세계 각국은 그 국가가 영미법계의 당사자주의를 채택하고 있든, 아니면 대륙법계의 직권주의를 채택하고 있든 그와 관계없이 형사사법의 효율성과 신속성을 달성하기 위해 형사절차에 협상제도를 도입하고 있다. 그 결과 대부분의 국가에서 복잡하고 완전한 재판절차는 쇠퇴하고 있고, 새로운 협상제도가 그 자리를 차지하고 있다. 물론 이들 국가의 협상제도와 미국의 플리바게닝 사이에는 명백한 차이가 있다. 또 이들 국가의 협상제도도 서로 많이 다르다. 그러나 형사사건의 결과는 일방적으로 법원에 의해 결정되지 않고 당사자 사이의 상호작용으로 결정된다는 점에서, 또 그 결과는 피고인이 기꺼이 받아들이겠다는 제재의 결정을 지향한다는 점에서 그 차이는 크지 않다.

이제 우리도 이러한 세계적 추세에 따라 우리 형사절차에 협상제도인 플리바게닝을 도입할 때가 왔다고 생각한다. 그렇지만 우리나라에는 아직도 플리바게닝의 도입에 대한 반대 의견이 남아 있고, 많은 국민도 이 제도를 달갑지 않게 생각하고 있다. 이 세상에 완벽한 제도는 존재하지 않는다. 모든 제도는 흠이 있게 마련이다. 그래서 하나의 제도를 도입하려고 할 때 그 제도에 대한 찬성과 반대는 늘 존재한다. 플리바게닝도 이와 마찬가지이다.

따라서 플리바게닝을 도입하기 위해서는 무엇보다 먼저 도입 필요성에 대한 국민적 공감대를 형성하는 것이 중요하다. 왜냐하면 많은 국민은 여전히 플리바게닝을 '은밀한 거래' 또는 '힘 있는 사람은 부당하게 관대한 처벌을 받거나 처벌을 면하고, 힘없는 사람은 상대적으로 불이익을 받는 제도'로 잘못 인식할 수 있기 때문이다. 아무리 플리바게닝이 장점이 많은 제도라고 해도 국민이 이를 잘못 이해하고 있다면 법으로써 이 제도를 도입하기는 어렵다. 법은 국가 운영과 사회 통합, 그리고 국가 구성원 사이의 소통을 위한 기본적 규범이기 때문이다. 다시 말하면 법은 국민과 동떨어져서는 아니 되고, 국민과 소통하여야 하기 때문이다. 따라서 플리바게닝의 도입 필요성에 대한 광범위한 국민적 공감대를 만드는 것이 중요하다.

예를 들면 현재 판사와 검사의 업무가 너무 과중하다는 사실, 법원과 검찰의 예산이 한정되어 있어 모든 사건을 시간과 비용이 드는 정식재판으로 처리하기가 곤란하다는 사실, 세계의 많은 선진국이 형사사법의 효율성을 위해 협상제도를 도입하고 있다는 사실, 협상제도를 도입하는 것은 세계적 추세이고 보편적 현상이라는 사실, 형사절차에서 실체적 진실의 발견이 중요하지만 그에 못지않게 신속한 재판도 중요하다는 사실, 협상은 검사와 범죄인 간의 거래가 아니라 제한된 자원 속에서 서로의 이익을 위한 행위라는 사실, 자백에 대한 양형 감경과 협조에 대한 보상은 동서고금을 막론하고 보편적 가치라는 사실 등에 관한 국민적 공감대나 합의의 형성이 필요하다.

특히 우리 형사절차와 관련하여 문제가 되는 것은 우리 헌법과 형사소송법 그리고 형법의 원칙인 무죄추정의 원칙, 실체적 진실의 발견 원칙, 책임원칙과의 관계이다. 왜냐하면 플리바게닝은 피고인이 범인이라는 것을 전제로 협상하는 것이므로 무죄추정의 원칙에 위반될 가능성이 있고, 또 플리바게닝은 당사자 사이의 협상이므로 소송의 실체에 관하여 객관적 진실을 발견하여 사안의 진상을 명백히 밝히는 실체적 진실의 발견 원칙을 위협할 수 있으며, 나아가 플리바게닝은 협상을 통해 피고인이 지나치게 가벼운 형벌을 받을 수 있으므로 책임원칙에 위반될 수 있다는 각각의 주장들이 제기될 수 있기 때문이다. 물론 플리바게닝도 형사절차이므로 형사절차를 지배하는 원칙, 즉 실체적 진실의 발견 원칙, 적법절차 원칙 등과의 관계 안에서 정당화되어야 함은 두말할 나위 없다. 그러나 앞에서 본 바와 같이 플리바게닝은 무죄추정의 원칙, 실체적 진실의 발견 원칙, 책임원칙과 모순되는 것이 아니므로 서로 조화를 이룰 수 있다고 생각한다.

다음으로 플리바게닝의 도입에 대한 국민적 공감대와 합의가 이루어졌다면, 우리 형사절차에 미국과 같은 전면적 플리바게닝을 도입할 것인가, 아니면 독일, 프랑스, 이탈리아, 대만과 같은 제한적 플리바게닝을 도입할 것인가가 문제이다.

형사사법제도의 절차적 효율성과 신속성을 먼저 생각한다면 미국의 플리바게닝을 도입하는 것이 맞을 수도 있다. 그러나 미국의 플리바게닝의 도입에 대하여는 신중히 생각할 필요가 있다. 왜냐하면 미국의 플리바게닝을 도입하려면 먼저 우리 형사절차의 틀을 완전히 바꿔야 하는데 플리바게닝 제도가 우리나라에서 성공적으로 이식될 것이라고 확신할 수 없는 상황에서 우리 형사절차의 틀을 근본적으로 뜯어고치는 일은 신중히 해야 하기 때문이다. 더욱이 플리바게닝이 무죄추정의 원칙, 실체적 진실의 발견 원칙, 책임원칙과 조화를 이룰 수 있다고 해도 그 밖에 법치주의 원칙, 직접주의 원칙, 공개주의 원칙 등 헌법과 형사소송법이 규정하는 모든 원칙과도 양립될 수 있는 것인지는 검토할 여지가 있기 때문이다.

따라서 미국의 플리바게닝을 전면적으로 도입한다는 것은 아무래도 시기상조(時機尙早)이다. 즉 우리 형사절차에 미국의 플리바게닝을 전면적으로 도입하는 것은 무리라고 생각한다. 특히 우리나라의 형사사법제도와 미국의 그것이 다른 점을 고려할 때 더욱 그러하다. 그렇다면 우리나라의 실정에 맞는 제한적 플리바게닝의 도입이 필요하다. 그래서 이 글에서는 플리바게닝 제도에 관한 입법안으로 협상의 범위를 양형권고협상으로 하고, 협상의 대상 범죄를 원칙적으로 합의부의 심판사건, 즉 '사형, 무기 또는 단기 1년 이상의 징역 또는 금고에 해당하는 사건' 이외의 사건으로 제한하였다. 이렇게 한 이유는 헌법상 권리인 피고인의 재판을 받을 권리와 헌법상 원칙인 무죄추정의 원칙 그리고 형법의 규범·입법 목적과 책임원칙, 형사소송법상의 실체적 진실의 발견 원칙과 조화를 이루기 위해서다.

이 글에서 제시한 플리바게닝에 관한 입법안은 하나의 시험적 시도에 불과하다. 그래서 우선 제한적으로 플리바게닝을 도입하여 시행할 것을 주장하였다. 장차 플리바게닝을 시행한 결과 그것이 우리의 형사사법제도로서 어느 정도 정착이 되면 그때 비로소 미국의 플리바게닝을 전면적으로 확대하여 시행할 수 있을 것이다. 그러므로 플리바게닝의 도입에 관한 논의는 여전히 현재진행형이다. 앞으로 우리 형사절차에 적합하고 이상적인 플리바게닝이 어떤 것인지를 찾으려는 노력이 필요하다. 왜냐하면 플리바게닝의 효율성과 신속성이라는 장점을 최대한 살리고 여기에 절차적 투명성을 보장한다면 플리바게닝은 분명 매력이 있는 형사사법제도이기 때문이다.

제 2 편

사법협조자 소추면제·
형벌감면제도의 원류(源流)

Ⅰ. 서 론

이 글은 법무부가 2010년 12월 20일 입법 예고하였으나 입법되지 못한 형사소송법 일부 개정 법률안 중 사법협조자 소추면제제도와 형법 일부 개정 법률안 중 사법협조자 형벌감면제도에 관한 글이다.[1)]

사법협조자 소추면제제도는 조직범죄, 부패범죄, 구조적 범죄에서 범죄 규명을 위해 정범 또는 공범으로 하여금 형사재판절차에서 증언을 하게 하고 그 대가로 이들에 대하여 공소를 제기하지 아니하는 제도를 말한다. 또 사법협조자 형벌감면제도는 위와 같은 범죄의 수사나 재판절차에서 범죄 규명, 범인의 검거 등에 기여한 자에게 형을 감경 또는 면제하는 제도를 말한다.

법무부가 위 제도를 입법하려고 한 주된 목적은 이들 범죄에 대하여 효과적으로 대응하기 위해서다. 즉 대부분의 조직범죄 등은 은밀하게 이루어져 가담자 외에는 범죄의 직접적인 증거를 확보하는 것이 곤란하므로 내부가담자에게 소추면제나 형벌감면이라는 혜택을 부여하고 그로부터 진술을 확보함으로써 범죄를 효과적으로 규명하겠다는 것이다. 물론 국가의 부담과 비용을 절약하겠다는 생각도 했을 것이다. 범죄를 다스리는 데 국가의 예산과 인력을 무제한으로 투입할 수 없기 때문이다. 그러나 이와 같은 입법의 필요성[2)]에도 불구하고 위 개정 법률안에 대하여 반대하는 의견[3)]도 있었다. 즉 수사 협조나 증언을 이유로 소추를 면제하거나 형벌을 감면하면 공범이 허위의 진술을 할 우려가 있다는 의견이 있었고, 또 검사에게 소추면제라는 권한을 과도하게 주면 검사가 수사 편의를 위해 남용할 수 있다는 의견도 있었다.

이러한 논란 속에 정부는 2011년 7월 12일 국무회의에서 위 제도의 명칭을

---

1) 이 글은 대검찰청이 발행하는 「형사법의 신동향」(통권 제40호, 2013. 9)의 『연구논문』에 게재된 글이다.

2) 이 제도의 도입에 대하여 찬성하는 논문으로는 김영기, "사법협조자 형벌감면제도에 대한 고찰", 「형사법의 신동향」, 통권 제23호(2009. 12), 376면 이하 참조.

3) 이 제도의 도입에 대하여 반대하는 취지의 논문으로는 홍기만, "영국의 면책조건부 증언취득제도", 「사법」, 13호(2010. 9), 66면 이하 참조.

내부증언자 불기소처분제도와 내부증언자 형벌감면제도로 변경하여 심의, 의결하였지만 국회에서 입법되지 못하였다. 위 제도에 대한 입법이 이루어지지 않자 이에 대한 논의는 다소 수그러진 것 같다. 그렇지만 개인적 견해로는, 이 제도에 대한 논의는 계속 이루어져야 한다고 생각한다. 왜냐하면 이 제도의 도입 필요성에 관한 주장은 경청할 만한 가치가 있다고 생각하기 때문이다. 그래서 이 글에서는 사법협조자 소추면제·형벌감면제도의 원형은 무엇이고 왜 탄생하였는지, 또 그것은 어떻게 운용되었으며 어떤 문제점을 가지고 있었는지 등을 알아보고자 한다. 그렇게 함으로써 사법협조자 소추면제·형벌감면제도에 대한 논의를 재음미하고자 한다.[4)]

II. 본 론

1. 사법협조자의 직계존속인 공범자증인(Approver)

사법협조자는 소추면제나 형의 감면을 조건으로 범인의 검거나 범죄 규명을 위해 수사나 재판절차에서 진술 또는 증언을 하는 자를 말한다. 유럽에서는 이를 왕의 증거(king's evidence) 또는 왕관증인(crown witness)이라고 하는데 영국에서는 슈퍼그래스(supergrass), 독일에서는 Kronzeuge, 프랑스에서는 repenti, 이탈리아에서는 pentito 또는 collaboratore della giustizia라고 부른다.

사법협조자는 1970년대에 유럽에서 법 제도로 등장하였는데 그 이유는 당시 발생한 테러리즘, 마약범죄, 조직범죄를 효과적으로 다루기 위해서였다. 즉 일반적인 수사방법으로는 점점 국제화·폐쇄화되어 가고 있는 조직범죄를 더

---

4) 이 글에서 소개하는 공범자증인(approver) 제도는 절도 등 범죄단의 해체라는 장점과 함께 허위의 사소(私訴) 제기라는 단점을 가지고 있었다. 그런데 공범자증인제도의 이러한 장점과 단점은 사법협조자 소추면제·형벌감면제도의 도입을 둘러싼 논쟁에서 찬성 측의 "조직범죄, 부패범죄, 구조적 범죄의 척결" 주장과 반대 측의 "사법협조자 진술의 허위 가능성" 주장으로 각 표현을 달리하여 거론되었다. 따라서 옛 제도인 공범자증인제도를 고찰함으로써 새로운 제도인 사법협조자 소추면제·형벌감면제도를 재음미할 필요가 있는 것이다.

이상 수사할 수 없게 되자 이들 중대 범죄에 대한 효과적인 수사를 위해 사법협조자로부터 범죄인이나 공범에 대한 진술을 확보하고 그 대가로 그에게 형사처벌상의 혜택을 주었다.[5)]

그러면 현재 유럽 여러 나라에서 시행하고 있는 사법협조자의 원형은 언제 등장하였고 어떠하였을까. 그 원형의 출현은 지금부터 약 900년 전인 중세시대로 거슬러 올라간다. 물론 원시시대에도 중죄를 범한 자가 자신의 범죄와 공범들에 대한 정보를 제공하고 그 대가로 형벌 감경을 받을 수 있는 제도가 있었다. 그러나 로마법은 이 제도를 도입하지 않았다. 그런데 12세기 중세시대 영국의 보통법(common law)에는 중죄를 범한 자가 국왕을 위해 국왕의 지원 하에 사법 관리(officer of justice)로 전향한 뒤 결투나 증언을 통해 공범자에게 유죄판결이 선고되도록 봉사하는 제도가 있었다.[6)] 영국에서는 이것을 어프루브먼트(Approvement, 공범자에 의한 자백과 고발)라고 하였는데 어프루브먼트는 반역죄(treason) 또는 중죄(felony)로 기소된 범죄인이 자신의 범행을 자백하고 공범자에 대하여 사소(私訴, appeal)를 제기하는 것이었다. 여기서 반역죄는 국왕의 살해를 꾀한 죄, 국왕에 대항하여 거병한 죄, 국왕의 적에게 가담한 죄였고, 중죄는 살인, 방화, 강간, 강도, 절도 등으로서 사형에 처하는 범죄였다. 이와 같이 공범자를 상대로 사소를 제기하여 공범자 전원이 유죄판결을 받으면 반역죄 또는 중죄 범죄인은 사형을 면하고 영구히 영국 밖으로 도망갈 수 있었다(abjure the realm). 그러나 사소가 제기된 공범자들 중 한 명이라도 유죄판결을 받지 못하면 반역죄 또는 중죄 범죄인은 즉시 교수형을 당했다. 여기서 공범자를 상대로 사소를 제기한 자를 King's Approver(probator regis, 국왕의 공범자증인)라고 불렀다.[7)]

---

5) Peter J. P. Tak, "Deals with Criminals: Supergrasses, Crown Witnesses and Pentiti", *European Journal of Crime, Criminal Law and Criminal Justice*, Vol. 5/1(1997), p.2.

6) Frederick C. Hamil, "The King's Approvers: A Chapter in the History of English Criminal Law", *Speculum*, Vol. 11. No. 2(Apr.,1936), p.238.

7) *Ibid.* at 238; 이 글에서는 Approver를 공범자증인(감형을 바라고 공범자의 범죄를 증언하는 사람)이라고 번역한다. 임홍근·이태희, 「법률영어사전」, 법문사, 2008, 136면 참조. 앞에서 Approvement를 '공범자에 의한 자백과 고발'로 번역하였는데 이 번역도 위 사전의 번

중세시대 영국의 국왕은 즉위식 때 왕국의 평화를 유지하고 범죄인을 처벌하겠다고 맹세하였다. 따라서 형사재판권은 영국 국왕의 권리였고, 치안유지는 국왕의 의무였다. 그런데 공범자증인이 중죄 범죄인 등을 상대로 사소를 제기함으로써 평화유지와 치안유지에 기여하였으므로 그를 '국왕을 위한' 공범자증인이라고 불렀다. 공범자증인은 범죄에 대한 직접적인 정보를 가지고 있었으므로 공범자를 처벌하는 데 매우 유익한 자였다. 그래서 어떤 경우에는 국왕이 치안유지를 위해 공범자증인의 사소 제기를 독려하기도 하였다. 공범자증인은 영국 왕 헨리1세 때에도 있었지만 공범자증인이라는 용어가 직접 나타나지 않았고, 헨리2세 때인 1156년에 비로소 공범자증인이라는 용어가 등장하였다.[8)]

헨리2세는 초기에 국왕의 권리뿐만 아니라 영국 백성의 권리를 보호하기 위하여 공범자증인을 이용하였다.[9)] 그는 두 가지의 형태로 공범자증인을 운용하였는데, 첫째는 일반 중죄인이 자신의 생명을 구하기 위해 공범자증인으로 전향하여 공범자를 상대로 사소를 제기하는 것이었고, 둘째는 특정 범위의 공범자증인이 국왕을 위해 특정 범죄를 처벌할 목적으로 공범자를 상대로 사소를 제기하는 것이었다. 특정 공범자증인의 대표적인 예가 위조공범자증인(forger approver)과 산림공범자증인(forest approver)이었는데 이들을 통해 통화위조범과 산림법 위반자를 처벌하였다.[10)]

공범자증인에 의한 사소 제기는 14세기 중반까지 상당히 많이 이루어졌고, 이 제도는 1470년까지 존속하였다. 그러나 15세기 말에 이르러 공범자증인은 서서히 '왕의 증거(King's Evidence)'로 대체되어 갔다.[11)] 그 후 1819년 어프루브먼트(Approvement)의 본질적 요소인 결투재판이 폐지되자 공범자증인제도도 사실상 폐지되었다. 여기서 결투재판에 대하여 간단하게 소개하면 지금의 시각으

역을 따른 것이다. Approver는 Approvement에서 나온 말인데 번역 내용이 일치하지 않는다. 통일된 번역이 필요하다고 생각한다.

8) Frederick C. Hamil, 앞의 논문, p.239.

9) Margaret H. Kerr, "Angevin Reform of the Appeal of Felony", *Law and History Review*, Vol. 13, No. 2(Autumn.1995), p.353.

10) *Ibid.* at 354, 355, 357.

11) Frederick C. Hamil, 앞의 논문, p.257.

로 보면 이해할 수 없지만 중세시대 영국에서는 고소인(소추를 하는 자)이 남자이고 노년이나 장애인이 아니면 자신의 고소를 입증하기 위하여 피고소인에게 결투재판을 신청하여야 했다. 결투재판은 범죄사실과는 관계없이 폭력에 의해 비합리적으로 했던 야만적인(barbarism) 재판이었다. 공범자증인에 의한 마지막 결투재판은 1456년에 있었다.[12)]

오늘날 우리가 말하는 '왕의 증거'는 중세시대 공범자증인의 직계비속(lineal descendant)이고, 공범자증인은 '왕의 증거'의 옛 것과 같은 것(the ancient equivalent)이다.[13)] 왜냐하면 공범자증인은 공범자를 상대로 사소를 제기하여 유죄판결을 받게 하고 그 대가로 영구히 국외로 도망가는 방법으로 생명을 구한 것처럼 '왕의 증거'는 공범자에 대한 증언을 하여 형사절차에 협력(co-operation)하고 그 보상(reward)으로 형의 감면 등 혜택을 받기 때문이다.[14)] 다만 차이점은, 공범자증인은 중죄로 기소된 다음 자신이 사소를 제기한 공범자 전원이 유죄판결을 받은 이후에 자신의 생명을 구하였던 자인 반면, 왕의 증거는 공판 전에 미리 치안판사로부터 불소추(non prosecution)의 승인을 받아 기소되지 아니한 상태에서 공범자에게 유죄가 선고되도록 최선의 노력(best efforts)을 다하였던 자라는 점이다.[15)]

2. 공범자증인의 탄생 배경

12세기 경 영국에서 반역죄나 중죄는 국왕의 평화를 침해한 죄로서 국왕의

12) Daniel Klerman, "Settlement and the Decline of Private Prosecution in Thirteenth-Century England", *Law and History Review*, Vol. 19, No. 1(Spring, 2001), pp.11, 12; M. J. Russell, "Ⅱ Trial By Battle and the Appeals of Felony", *The Journal of Legal History*, Vol. 1:2(1980), p.154.

13) Frederick C. Hamil, 앞의 논문, p.238; M. J. Russell, 위의 논문, p.149; John H. Langbein, "Shaping the Eighteenth-Century Criminal Trial: A View from the Ryder Sources", *The University of Chicago Law Review*, Vol. 50, No 1(Winter, 1983), p.91. Langbein은 왕의 증거는 소멸된 approvement와 유사한 것(analogy)이라고 말하였다.

14) Peter J. P. Tak, 앞의 논문, p.3.

15) John H. Langbein, 앞의 논문, p.92.

소송(pleas of the crown)이었다. 따라서 국왕 자신 또는 국왕재판권을 직접 수여받은 판사가 이들을 재판하였다. 반역죄나 중죄의 범죄인에 대한 소추는 사인소추(appeal, 私訴)와 대배심의 고발(presentment)에 의한 소추가 있었는데 어프루브먼트(Approvement)가 도입될 당시에는 대배심의 고발이 탄생되기 전이었으므로[16] 반역죄나 중죄의 범죄인은 현행범으로 체포되지 않는 한 사인에 의해 소추될 수밖에 없었다. 사소(appeal)는 영국 형사소송의 특징이었다. 사소는 피해 당사자나 피해자의 친족이 범죄인을 상대로 기소하는 것을 말하는데 영국에서는 중세시대부터 19세기 초까지 강간, 상해, 폭행 등 대부분의 범죄가 사인에 의해 소추되었다. 특히 12세기 대배심의 고발이 도입된 이후에도 살인과 절도를 제외한 대부분의 범죄는 사인에 의해 소추되었다. 19세기 중반에는 사인소추자가 대부분 경찰이었음에도 영국에서는 공소제도(public prosecution)를 영국 백성의 자유를 위협하는 것으로 인식하고 이를 받아들이지 않았고, 1985년도에 이르러 공소제도를 도입하였다.[17]

앞에서 본바와 같이 대배심의 고발이 등장하기 전에는 반역죄나 중죄 범죄인은 사인에 의해 소추될 수밖에 없었는데 당시 중죄 피해자들은 감히 중죄 범죄인을 상대로 사소를 제기하지 못하였고, 또 중죄 범죄인과 결투나 신판(ordeal, 神判)에 의한 재판을 원치 않았다.

여기서 잠깐 신판에 대하여 보면, 여자 그리고 결투하기에 적당하지 않은 남자에 의해 고소당한 자는 무죄를 입증하기 위하여 신판 재판을 받았다. 대표적인 것이 냉수(cold water)신판과 열철(hot iron)신판이었는데 냉수신판은 피고소인을 묶어 자루에 넣은 다음 강에 던져 자루가 가라앉는가 아니면 뜨는가를 보고 판단하는 재판이었다. 열철신판은 불에 탄 철을 쥐게 하거나 밟게 한 다음 그 상처를 보고 판단하는 재판이었다. 신판은 신이 하는 재판이므로 사건에 관

16) Frederick C. Hamil, 앞의 논문, p.239; Daniel Klerman, 앞의 논문, p.5. 앵글로색슨 왕은 1000년경 법을 통해 지역에서 선출된 지도적 귀족 12명이 그 지역의 범죄혐의자를 고발하고 체포하도록 요구하였다. 이것이 대배심 고발의 기원이었는데 헨리2세 후반인 1166년 클라랜던 조례(Assize of Clarendon)에 의해 비로소 전형적인 형사절차의 일부가 되었다.

17) Daniel Klerman, 앞의 논문, pp.7, 8.

한 진실을 규명하지 않았다. 신판은 1215년에 폐지되었다.[18]

다시 본문으로 돌아와 보면, 피해자가 사소를 제기하지 않았던 이유는 결투재판을 두려워했고, 또 중죄 범죄인과 결투재판을 하여 패배하면 구금 또는 벌금형을 받았기 때문이다.[19] 그 결과 많은 중죄 범죄인이 범죄를 범하고도 사소의 제기가 없어 처벌을 받지 않았다. 이처럼 반역죄나 중죄 범죄인에 대한 사소의 제기가 이루어지지 않자 국왕은 국왕의 평화를 침해한 자들을 처벌하기 위하여 공범자증인제도를 도입한 것이다.[20]

공범자증인은 은폐될 수 있었던 공범자를 상대로 사소를 제기하였다. 또 공범자증인은 매우 넓은 지역을 대상으로 사소를 제기하였다. 예컨대 1316년에서 1327년 사이에 공범자증인에 의해 사소가 제기된 공범자들은 요크셔의 북쪽 끝에서 햄프셔의 남쪽 끝에 걸쳐 최소한 9개의 주에서 검거되었다. 이러한 공범자증인의 사소 제기는 절도단, 강도단, 살인집단 등 전문적인 범죄단체를 해체하는 데 효과적이었다.[21]

국왕은 공범자증인을 통해 조직화된 범죄인을 효과적으로 검거하고 처벌함으로써 국왕의 평화를 유지할 수 있었다. 이런 이유 때문에 공범자증인은 1166년 대배심의 고발이 제도화되어 상당 부분 사소의 제기를 대체하였음에도 불구하고 계속 활동할 수 있었다.

3. 반역죄나 중죄 범죄인이 공범자증인으로 전향한 동기

반역죄나 중죄 범죄인이 공범자증인으로 전향한(turning) 동기는 무엇이었을까. 공범자증인이 국왕에게 공범자에 대한 범죄정보를 제공한 이유는 자신의 목숨을 구하기 위해서였다. 따라서 국왕은 공범자증인에게 그의 목숨을 구해

18) Frederick C. Hamil, 앞의 논문, p.245; Daniel Klerman, 앞의 논문, p.12.

19) Frederick C. Hamil, 앞의 논문, p.239; Daniel Klerman, 앞의 논문, p.13.

20) Frederick C. Hamil, 앞의 논문, p.239.

21) A. J. Musson, "Turning King's Evidence: The Prosecution of Crime in Late Medieval England", *Oxford Journal of Legal Studies*, Vol. 19(Autumn, 1999), p.474; Frederick C. Hamil, 앞의 논문, p.239.

주겠다는 의지를 보여 주어야 했다.[22]

상술하면, 반역죄나 중죄 범죄인이 공범자증인으로 전향한 동기는 두 가지였다. 첫째는 절차적 지연이었다.[23] 절차적 지연은 공범자증인이 도주할 수 있는 가능성을 주었다. 둘째는 자유 그 자체에 대한 기대였다. 그러나 이 자유는 공범자증인이 사소를 제기한 공범자 전원에게 유죄판결이 선고되어야 보장될 수 있었다.

먼저 공범자증인은 즉시 열리는 재판을 피할 수 있어 시간적으로 여유를 가질 수 있었다. 왜냐하면 중죄 범죄인이 공범자증인으로 전향하면 코로나(Coroner, 국왕의 소송을 담당하는 자)는 공범자증인으로부터 범죄에 대한 자백을 받아야 했는데 그렇게 하려면 시간이 필요했기 때문이다. 또 셰리프(Sheriff, 주의 장관이자 국왕의 관리)와 그 직원들은 공범자증인의 사소 제기에 의해 지명된 공범자들, 즉 피소추자들을 검거하여 판사에게 인도하여야 했는데 이 절차도 역시 시간을 필요로 하였기 때문이다. 이런 이유로 공범자증인은 더 많은 시간을 확보하기 위해 상당히 먼 곳에 있는 사람을 상대로 사소를 제기하였다.[24] 또한 절차적 연기는 가공의 인물에 대한 사소 제기에 의해 이루어지기도 하였다.[25] 아울러 공범자증인은 법정에 출석한 배심원을 기피할 수 있는 권리를 주장함으로써 재판을 지연시켰다. 절차적 지연의 대표적 사례는 공범자증인 윌리엄 로즈(William Rose)였다. 그는 1389년에 공범자증인으로 전향한 뒤 적어도 53명의 공범자를 절도와 강도 등 중죄로 사소를 제기하였다. 이에 따라 피소추자들에 대한 절차는 수회에 걸쳐 계속 반복되었고 그 결과 로즈(Rose)는 오랫동안 사형의 집행을 면할 수 있었다. 그러나 1396년 피소추자 중 한 명이 무죄로 석방됨으로써 로즈는 교수형을 당했다. 로즈는 공범자증인으로 전향한 뒤 8년을 더 살았다.

22) A. J. Musson, 위의 논문, p.471.

23) J. B. Post, "The Evidential Value of Approvers' Appeals: The Case of William Rose, 1389", *Law and History Review*, Vol. 3, No. 1(Spring. 1985) p.93; Jens Rörkasten, "Some problems of the evidence of fourteenth century approvers", *The Journal of Legal History*, 5:3(1984), p.15; A. J. Musson, 앞의 논문, p.472.

24) A. J. Musson, 앞의 논문, p.472.

25) J. B. Post, 앞의 논문, p.93.

공범자증인이 되면 얻을 수 있는 또 다른 이점은 결투재판을 통해 공범자들에 대한 유죄판결을 기대할 수 있었다는 것이다. 12세기 경 결투재판은 중죄범죄인을 상대로 제기한 사소 절차에서 그 입증방법으로 많이 선호되었고 이것은 공범자증인의 사소 제기에도 허용되었다. 14세기에 이르러 결투재판은 구시대의 유물로 인식되기도 하였으나 국왕을 위한 공범자증인에게는 예외적으로 허용되었다. 결투재판은 언제나 물리적 힘의 시험장이었기 때문에 여기에는 신판(ordeal)의 자취가 남아 있었다. 따라서 13, 14세기에 공범자증인은 그들의 진술을 선례나 판례보다는 낙천관(optimism)에 두고 결투재판에 임하였던 것으로 보인다.[26)]

이러한 매력에도 불구하고 13세기 초 결투재판은 공범자증인 사건에서 전형적인 모습은 아니었던 것 같다. 그 이유는 1220년 배심재판이 정착되자 결투재판보다는 배심재판을 더 선호하였고, 또 결투재판에 대한 종교적, 사법적 비난이 있었기 때문이었다. 그러나 실제 이유는 결투재판에 대한 두려움 때문이었다. 결투재판은 결투가 좋은 기회라고 자만하고 있는 자, 신체적으로 힘이 좋아 싸움을 한 경험이 있는 자, 상대방을 정복할 수 있는 힘을 가지고 있는 자들의 요청에 의해 이루어졌다. 공범자증인이 이러한 결투재판에서 성공하면 그는 보상으로 영구히 국외로 추방되거나 은사를 받아 자신의 생명을 구하였다.[27)] 이러한 영구 국외 추방이나 은사가 중죄 범죄인이 공범자증인으로 전향한 중요한 동기였다.

4. 국왕이 공범자증인을 이용한 이유

그러면 국왕은 공범자증인을 이용함으로써 어떤 이점을 얻었을까?

14세기 초기 영국 국왕은 범죄 단속을 강화하였다. 그리고 그 일환으로 공범자증인을 독려하였다. 1299년부터 1349년까지 잉글랜드 동부 노어포크 주의

26) *Ibid.* at 93, 94, 95.

27) A. J. Musson, 앞의 논문, p.473.

미결수석방재판기록(Norfolk Gaol Delivery Rolls)에 의하면, 1310년부터 1314년까지의 공범자증인이 사소를 제기한 자는 34명이었는데 그 수는 1315년부터 1319년까지 258명, 1320년부터 1324년까지는 420명으로 급증하였다. 공범자증인도 1310년부터 1314년까지 9명이었으나 1315년부터 1319년까지는 37명, 1320년부터 1324년까지는 54명으로 증가하였다.[28)]

연 도	공범자증인	공범자증인이 사소한 자
1299~1304	3	65
1305~1309	15	74
1310~1314	9	34
1315~1319	37	258
1320~1324	54	420
1325~1329	40	214
1330~1334	14	173
1335~1339	7	39
1340~1344	3	51
1345~1349	11	232
총 합계	193	1,560

위 표에 의하면 193명의 공범자증인이 1,560명의 공범자를 배반하였음을 알 수 있다.[29)] 그리고 1,560명은 실제로 체포된 자를 의미하므로 사소 제기를 당한 공범자는 이보다 더 많았을 것으로 보인다. 위와 같은 공범자증인의 사소 제기는 지방의 치안 유지에 어느 정도 기여하였음을 의미한다.[30)]

28) *Ibid.* at 475.

29) 공범자를 배반하여 자유를 얻은 공범자증인은 그의 옛 동료들로부터 살해되어 오랫동안 자유를 누리지 못했다. A. J. Musson, 앞의 논문, p.474 참조.

30) *Ibid.* at 475; Jens Rörkasten은 피소추자 상당수가 체포되었다는 것은 형사법 내에서 공범자증인의 중요성을 증명하는 것이고, 공범자증인의 사소 제기는 공중질서 확립을 위한 가치 있는 원천이라고 주장하였다. Jens Rörkasten, 앞의 논문, pp.17, 20 참조.

그 후 영국 국왕은 1381년 농민전쟁을 진압하는 수단으로, 그리고 헨리4세(1399~1413)의 재임 초기에는 반역죄와 선동죄를 단속하기 위한 수단으로 공범자증인을 적극 이용하였다. 또 헨리5세 때에는 전쟁으로 인한 통화 부족으로 통화위조범죄가 빈발하자 1417년부터 통화위조범인을 효과적으로 단속하기 위하여 공범자증인을 고용하였다.[31)]

한편 앞에서 언급한 윌리엄 로즈(William Rose)의 사례는 국왕이 왜 공범자증인을 고용하였는지를 극명하게 보여주는 예이다. 로즈는 자신의 공범자를 밀고하는 진짜 중죄 범죄인이었고, 따라서 그로부터 증언을 듣는 것은 범죄인을 찾고 소추하는 데 있어 적절하고 효과적인 절차였음을 잘 보여주고 있다.[32)] 요컨대 국왕은 공범자증인의 사소 제기를 독려함으로써 중죄 범죄인과 정치적 범죄인 등을 처벌할 수 있었고, 이를 통해 국왕의 평화를 유지하고 공중질서를 확립할 수 있었다.[33)]

공범자증인이 유죄판결을 이끌어 내지 못하였을 때 그는 교수형을 당했다. 비록 피소추자들이 배심에 의해 유죄판결을 받거나 결투재판에서 지더라도 피소추자에 대한 낮은 비율의 유죄 선고는 공범자증인이 자주 교수형을 당했음을 의미하였다. 앞에서 언급한 노어포크 주의 미결수석방재판기록에 의하면 1325년부터 1329년 사이에 98명이 유죄판결을 받았는데 같은 기간에 유죄판결을 받은 자의 41%인 40명의 공범자증인이 교수형을 당했다. 이처럼 국왕은 유죄판결을 받은 피소추자뿐만 아니라 자신의 임무를 모두 완수하지 못한 공범자증인도 함께 제거함으로써 법과 질서를 유지할 수 있었다. 따라서 공범자증인제도는 국왕의 입장에서 보면 무법으로부터의 도전을 격퇴시키는 효과적인 시스템이었지만 공범자증인의 입장에서 보면 그는 이 시스템의 패배자이자 희생자였다.[34)]

31) A. J. Musson, 앞의 논문, p.476.

32) J. B. Post, 앞의 논문, p.98.

33) 개인적 견해로는, 영국 국왕이 공범자증인을 이용한 이유는 사법협조자 소추면제·형벌감면제도의 도입에 대하여 찬성하는 사람들이 근거로 들고 있는 '조직범죄, 부패범죄, 구조적 범죄의 척결'과 일맥상통한다고 생각한다. 왜냐하면 앞에서 언급하였듯이 공범자증인제도는 절도단, 강도단, 살인집단 등 전문적인 범죄단체를 해체하는 데 효과적이었기 때문이다.

34) A. J. Musson, 앞의 논문, pp.477, 479.

5. 공범자증인의 사소 제기 절차

가. 반역죄나 중죄 범죄인을 공범자증인으로 허용하는 것은 국왕의 특권이었다. 공범자증인에 대한 심리는 순회법원 판사에 의해 이루어졌다. 공범자증인으로 전향하기(to turn approver)를 원하는 자는 먼저 순회법원 판사(itinerant justices) 또는 왕좌법원 판사(King's Bench) 앞에서 기소된 자신의 모든 범죄를 자백하여야 했고, 또 자신의 공범자들을 상대로 사소를 제기하여(make appeals) 그 스스로 공범자들이 유죄판결을 받도록 해야 했다. 반역죄나 중죄 범죄인이 자신의 범죄를 자백하겠다는 의지는 공범자증인으로 전향하는 절차의 중심이었다. 이것은 자백을 종교적 의무이자 영혼의 짐을 덜어 주는 것으로 보는 교회의 견해를 자연스럽게 확장해 주는 역할을 했다.[35]

국왕의 판사들은 반역죄나 중죄 범죄인에 대한 평결이 내려지기 전이라면 언제라도 기소된 반역죄나 중죄 범죄인을 공범자증인으로 전향시킬 것인지에 관한 결정권한을 가지고 있었다. 공범자증인과 관련한 국왕의 권리는 엄격히 보장되었다. 따라서 반역죄나 중죄 범죄인을 공범자증인으로 받아들일 것인지에 관하여 아무런 권한이 없는 주(county)의 법원 또는 판사가 공범자증인의 사소 제기를 접수하면 주와 법원은 벌금에 처해졌고(amerced), 판사는 견책되었다. 예컨대 헌드레드 법원(hundred court, 백호촌 법원)이 공범자증인을 받아들이고 결투를 하게 한 사례에서 헌드레드는 벌금을 선고받았다.[36]

법원은 자백한 공범자증인을 코로나에게 인도하였고 코로나는 공범자증인으로부터 자백과 사소 제기를 받았다. 이어 판사는 국왕에게 공범자증인에 관한 영장(writ of approvement)을 청구하였다. 이때 공범자증인은 국왕의 감옥으로 보내져 구금되었다. 그러면 셰리프는 국왕으로부터 공범자증인이 사소를 제기한 모든 피소추자(공범자)를 즉시 검거하여 법원으로 동행하라는 명령을 받았다. 피소추자들이 보석보증인을 세우지 못하면 공범자증인처럼 감옥에 구금되었다. 이 때 피소추자들이 평판이 좋고 보석보증인을 세울 수 있으면 피소추자

---

35) *Ibid.* at 469.

36) Frederick C. Hamil, p.240; M. J. Russell, 앞의 논문, p.148.

들은 판사가 다시 법정에 올 때까지 석방되었다. 이 보석보증인들은 피소추자가 소환에 불응하면 보석보증인 자신들의 재산이 몰수될 것을 조건으로 하여 보증을 하였다. 피소추자가 도망가면 보증인들은 보통 ½마르크의 벌금을 내야 했다. 도망간 피소추자들은 공범자증인과 대면하기 전이든, 후든 관계없이 검거되었을 때에는 원칙적으로 보석으로 석방될 수 없었고 감옥에 수용되었다. 피소추자들이 도망가 검거되지 않으면 법상실자(outlawed)가 되었다.[37]

나. 모든 사람이 공범자증인이 되는 것은 아니었다. 여자, 어린이, 70세 이상의 남자 혹은 신체불구자, 또는 결투를 할 수 없는 자들은 배제되었다. 또 영구히 영국 밖으로 도망가겠다고 서약한 자(abjured the realm), 법상실자, 혹은 중죄로 유죄판결을 받은 자도 제외되었다. 그리고 전에 성직자의 특권(benefit of clergy)[38]을 요구하였던 자도 제외되었다.[39]

여기서 말하는 성직자 특권은 캔터베리 대주교인 베킷(Becket)이 국왕과의 투쟁 끝에 얻어진 권리로서 국왕의 법에 의해 만들어진 교회에 대한 재판권의 양보였다. 중세시대 때 중죄 범죄인인 피고인(피소추자)이 법정에서 성직자임을 주장하고, 교회가 이 주장을 승인하면 법원은 피고인을 석방하여 교회법원에 인도하였다. 당시 교회법원은 사형을 선고하지 않았으므로 교회법원으로 인도한다는 것은 곧 피고인이 사형을 면한다는 것을 의미하였다. 피고인은 이 특권을 한 번만 사용할 수 있었고, 이 특권에 의해 석방된 피고인은 엄지손가락에 낙인이 찍혔다.

다. 공범자증인은 자신의 공범자를 상대로 사소를 제기하였다. 12세기에는 공범자증인이 한 명의 공범자를 상대로 사소를 제기하였다. 그러나 시간이 갈수록 공범자증인은 여러 명을 상대로 사소를 제기하도록 요구받았다. 공범자증인이 사소를 제기하는 최소한의 인원은 5명이었으나 공범자증인에 관한 영장은 판사가 공범자증인에게 더 많은 사람을 상대로 사소를 제기하도록 설득할 것을

37) Frederick C. Hamil, 앞의 논문, pp.240, 241.
38) John H. Langbein, 앞의 논문, p.37.
39) Frederick C. Hamil, 앞의 논문, pp.239, 240.

요구하였다. 윌리엄 스몰우드(William Smallwood)는 1219년과 1220년에 17명의 공범자를 상대로 사소를 제기한 후 첫째 상대방과 결투재판을 하여 이겼으나 두 번째 상대방에게 져 결국 교수형을 당했다.[40)]

라. 보통법(Common law)에 의하면 공범자증인은 자신이 기소된 주(county) 밖의 사람을 상대로 사소를 제기하면 순회법원 판사는 절차를 진행할 수 없었다. 왜냐하면 코로나는 다른 주에 있는 셰리프에게 피소추자(공범자)를 체포하라는 명령을 할 수 없었기 때문이다. 그래서 헨리3세 이전에는 공범자증인은 다른 주에 살고 있는 피소추자들을 상대로 사소를 제기하려면 그곳으로 가야 했다. 그 후 보통법의 실무는 변경되어 이러한 경우 사건기록을 왕좌법원으로 보낸 뒤 피소추자들에 대한 영장을 여러 사람의 셰리프에게 발부하고, 이에 따라 피소추자와 공범자증인을 모두 뉴게이트 감옥(Newgate gaol) 또는 웨스트민스터(Westminster)의 판사 앞에 데리고 왔다.[41)]

1300년 이후에는 순회법원 판사(justices of Assize)나 미결수석방재판 판사(Gaol Delivery)는 공범자증인이 수감되어 있는 감옥에 도착하면 피소추자들이 살고 있는 여러 주의 셰리프들에게, 피소추자들이 판사 앞에 출석하여 답변하도록 피소추자들을 검거하여 감옥으로 동행하라는 영장을 교부하였다. 아울러 배심재판을 요구하는 자들을 위해 배심원 소환영장을 셰리프에게 교부하였다. 공범자증인이 수감되어 있는 곳의 셰리프와 간수는 이와 같은 형태로 검거되어 데리고 온 피소추자들을 인수하여 관리하여야 했다.[42)]

마. 피소추자가 판사 앞에 출석하면 공범자증인은 일정한 형식에 따라 피소추자에 대한 자신의 고소(accusation)를 반복하여 진술해야 했고 결투로 고소를 입증하겠다고 제의하여야 했다. 만약 공범자증인이 피소추자를 알지 못하면 그의 사소 제기는 실패한 것으로 종결되었다. 왜냐하면 이 경우 공범자증인과

---

40) M. J. Russell, 앞의 논문, p.153.

41) Frederick C. Hamil, 앞의 논문, p.241.

42) *Ibid.* at 242.

피소추자가 공범관계가 아닌 것으로 추정되었기 때문이다. 공범자증인의 사소 제기에 대하여는 이의(exception)가 허용되었다. 사소 제기가 형식과 방식을 갖추지 않았다는 이유로 또는 공범자증인이 자신의 진술을 변경하였다는 이유로 이의를 주장할 수 있었다. 이러한 이의 주장 절차는 예비 질문에서 이루어졌고, 피소추자의 이의가 받아들여지면 사소 제기는 더 이상 유지될 수 없었고 피소추자는 유죄 혹은 무죄에 관하여 대답할 필요가 없었다.

예컨대 1221년에는 공범자증인이 어떤 범죄에서 피소추자의 동료임을 진술하지 않았다는 이유로 피소추자가 이의를 주장한 사례가 있었고, 1226년에는 공범자증인이 피소추자와 동료로 있었던 기간을 변경하고 절취한 물건을 설명하지 않았다는 이유로 이의를 주장한 사례가 있었다. 또 공범자증인이 절취한 말의 색깔에 대하여 진술을 변경하였다는 이유로 이의를 주장하기도 하였다. 이러한 이의는 배심에 의해 모두 받아들여졌고, 공범자증인은 교수형을 당했다. 이때 피소추자는 보석보증인에 의해 석방되거나 그들에게 붙여진 혐의에 대한 국왕의 소송(king's suit)에서 죄상인부절차(arraigned)가 이루어질 때까지 감옥에 수감되었다.[43)]

이의의 대부분은 공범자증인에 대한 것으로서 공범자증인이 영구히 국외로 도망가겠다고 선서했던 자이거나, 다른 중죄로 법상실자가 된 자 또는 성직자의 특권을 한번 사용하였으나 죄를 씻어내지 않았거나 무죄의 증명을 하지 않았던 자 혹은 평결에 의해 유죄판결을 받았던 자에 해당한다는 주장이었다. 또한 공범자증인의 연령, 성별이나 공범자증인이 결투를 할 수 없는 사정을 주장하기도 하였다. 그러나 배심재판이 정착될 때까지 피소추자가 주장할 수 있었던 가장 중요하고 일반적인 이의는 주민의 연대보증 하에 자신은 충실한 사람이었고, 또 자신을 위해 보증을 세워 줄 수 있는 영주가 있다는 주장이었다. 이 이의 주장은 지역주민의 심문에 의해 결정되었는데 만약 심문(inquest) 과정에서 이러한 주장이 진실로 확인되면 피소추자는 보석보증인 또는 읍 주민(township)이나 십호조(tithing, 十戸組)의 보증 하에 석방되었다. 그리고 공범자

43) *Ibid.* at 243.

증인은 교수형을 당했다. 그러나 피소추자가 악인으로 판명되거나 혹은 범죄혐의에 대하여 의심을 받으면 직접적인 부인에 의해 다툴 수 있었고, 또한 결투를 제의할 수도 있었다.

그런데 1220년경부터 배심재판이 점점 일반적인 재판이 됨에 따라 이러한 이의들은 자주 주장되지 않았고, 13세기 말에 이르러 피소추자들은 일반적으로 유죄 혹은 무죄에 관한 평결을 위해 배심재판을 요구하거나 결투를 제의하였다. 배심재판이 신청되면 배심원들은 양측 주장의 신빙성을 고려하였고, 피소추자에 대한 호평을 뒤집는 다른 증거가 제출되지 않는 한 피소추자는 무죄를 선고받았다.44)

바. 피소추자가 이의를 주장하지 않거나 앞에서 본 바와 같이 피소추자가 악인으로 판명되면 결투재판(judgement of battle)으로 결정된다. 그러면 공범자증인과 피소추자는 정해진 날에 들판으로 나온다. 물론 판사도 들판에 나온다. 결투는 공개된 상태에서 진행된다. 공범자증인과 피소추인은 방패 그리고 뾰족한 뿔이나 철이 달린 곤봉으로 무장한다. 1455년부터 1456년까지의 공범자증인의 결투에서 곤봉은 길이가 3피트였고 거칠게 깎은 물푸레나무로 만들어졌으며 끝은 숫양의 뿔처럼 날카로웠다. 공범자증인은 국왕으로부터 무기와 전투복을 제공받았다. 공범자증인의 머리는 칼 등으로 밀어졌다. 양측은 모두 가죽옷을 입었다.45)

보통의 결투에서는 피소추자가 먼저 들판으로 입장하였다. 그리고 손으로 공범자증인을 붙잡고 자신에 대한 고소(accusation)를 한 마디 한 마디 부인하였다. 공범자증인은 자신의 고소를 반복하였고 그것은 진실이라고 맹세하였다. 이 절차가 끝나면 곧바로 결투가 시작되었다. 결투는 한 사람이 죽든가 아니면 항복할 때까지 진행되었다. 피소추자가 지면 그는 교수형을 당했다. 그러면 그날 공범자증인이 또 다른 피소추자(공범자)와 결투하여야 할 날이 지정되었고, 공범자증인은 그가 사소를 제기한 모든 피소추자들과 결투재판을 할 때까지 계속

44) *Ibid.* at 243, 244.
45) *Ibid.* at 245.

위와 같은 절차를 밟았다.[46]

이렇게 모든 결투에서 승리한 공범자증인은 모든 피소추자에 대한 유죄를 증명하였으므로 국왕과의 약속대로 자신의 생명과 신체의 안전을 보장받았다. 그래서 공범자증인은 코로나 앞에서 자신의 범죄를 인정한 다음 영구히 국외로 도망간다는 서약을 하거나 아니면 남은 삶을 감옥에서 보내야 했다. 이에 반하여 공범자증인이 결투에서 지면 상대방은 보석으로 석방되었다.

그러나 공범자증인의 사소는, 재판을 기다리고 있는 사람들에 대하여 계속 진행되었다. 공범자증인이 살해되면 승리자와 재판을 기다리고 있는 피소추자들은, 다른 사람이 그들에 대하여 비난하기를 원하였을 경우에 순회법원 판사가 심문하러 올 때까지 보석보증인을 세우고 석방되었다. 이 마지막 죄상인부절차(arraignment)는 공범자증인의 사소 제기에 의해 발생한 혐의를 밝히기 위한 국왕의 소송(king's suit)이었다. 이 절차는 공범자증인이 살해되었다든지, 교수형을 당했다든지, 감옥에서 죽었다든지, 도망갔다든지, 또는 제기된 사소를 취소하였다든지 하는 경우였다. 이 때 피소추자가 다른 곳에서 기소를 당하지 않았다거나 다른 범죄로 혐의를 받고 있지 않다면 그들은 마침내 보석보증인을 세우고 석방되었다. 이 경우 보석보증인을 세우지 못한 피소추자들은 그들에게 붙여진 혐의 때문에 영구히 외국으로 도망가겠다는 서약을 하거나 영원히 감옥에 구금되었다.[47]

6. 공범자증인제도와 관련한 몇 가지 사항

가. 공범자증인에 대한 사형집행면제 가능성과 관련

공범자증인은 결코 성공할 수 없었다는 주장이 있으나 몇몇 기록에 의하면 공범자증인에 의해 사소가 제기된 피소추자(공범자)들이 유죄를 선고받은 이후 공범자증인이 영구히 국외로 도망간 사례를 발견할 수 있다. 예를 들면 5명이

---

46) *Ibid.* at 246.

47) Frederick C. Hamil, 앞의 논문, p.246; M. J. Russell, 앞의 논문, p.150.

유죄판결을 받은 경우, 또는 7명의 절도범이 교수형을 당한 경우에 공범자증인은 사형의 집행을 면하였다. 이들 공범자증인은 국외로 도망가거나 감옥에서 남은 삶을 살았다. 또 여섯 번의 결투에서 승리함으로써 여섯 명의 공범자를 제거시킨 공범자증인도 사형의 집행을 면하였다.[48)]

나. 공범자증인의 유급 정보제공자 해당과 관련

영국 국왕은 중죄 범죄인을 공범자증인으로 고용하고 그에게 급료를 지급하였다. 램지(Ramsay)는 영국 국왕이 유죄판결을 확실히 보장받기 위해 전국 곳곳을 돌아다닌 정보제공자와 전문 검객을 공범자증인으로 고용하였다고 주장하면서 헨리2세 때 외국인 무술사범으로부터 무기 사용에 대한 훈련을 받았던 공범자증인 에버라드(Everard)를 그 예로 들었다. 또 헨리2세 때 무기 사용에 대한 교육을 받았던 공범자증인 로버트 페레그리누스(Robert Peregrinus)와 허비(Hervey), 그리고 무술사범으로부터 훈련을 받았던 공범자증인 윌리엄(William), 권투사의 지도를 받았던 8명의 공범자증인들을 그 예로 들었다. 넬슨(Neilson)도 램지(Ramsay)와 동일한 결론을 내렸는데 그 근거로 공범자증인이 비정상적으로 형사소추를 계속 반복하였다는 것, 공범자증인에게 많은 급료를 지급하였다는 것, 그리고 결투를 위해 공범자증인이 자신의 몸을 잘 단련시켰다는 것을 들었다.[49)]

모든 공범자증인은 국왕으로부터 급료로 하루에 1페니를 받았다. 15세기경 공범자증인은 약 3년 동안 하루에 1½펜스를 받았고, 결투에서 이겼을 때에는 하루에 2펜스를 받기로 예정되어 있었다.[50)] 공범자증인은 무기도 지급받았다. 한편, 1177년에는 공범자증인 중에 기사가 된 자가 있었다. 그는 공범자증인으로서 높은 평가를 받은 국왕의 봉사자였기 때문에 그 보상으로 기사 계급을 받았다.[51)] 1166년에는 계약직 공범자증인을 고용하기 시작하였다. 이들은 위조범과

48) Frederick C. Hamil, 앞의 논문, p.247.

49) *Ibid.* at 247, 248.

50) Margaret H. Kerr, 앞의 논문, p.356; Frederick C. Hamil, 앞의 논문, p.238.

51) Margaret H. Kerr, 앞의 논문, p.357.

산림법 위반자를 처벌하기 위해 특별히 고용되었는데 그 중 일부는 싸움을 잘 하는 기사 계급에서 선발되었다. 이들은 1년부터 7년까지 일하였고, 하루에 1페니를 받았다.[52] 요컨대 공범자증인은 국왕이 고용한 유급 사법관리(officer of justice)였다.

다. 공범자증인으로의 전향 강요와 관련

헨리2세 때 세리프와 간수들은 금품을 갈취하기 위하여 공범자증인으로 하여금 무고한 사람들을 상대로 사소를 제기하게 하는 사례가 빈번하게 발생하였다.[53]

셰리프와 간수는 중죄로 기소되어 감옥에 수용된 범죄인들로 하여금 공범자증인으로 전향하게 하고 무고한 사람들을 소추하도록 고문을 하였다. 예를 들면, 어떤 공범자증인은 재판에서 자신은 셰리프 등의 협박 또는 학대 때문에 또는 형을 경감하여 주겠다는 제의 때문에 허위의 사소를 제기하였다고 진술하였고, 또 다른 공범자증인은 자신들의 손과 발에 의해 매달린 후 셰리프의 부하에 의해 공범자증인으로 전향하라는 강요를 받았다고 주장하였으며, 또 어떤 공범자증인은 자신이 제기한 사소를 취소한 뒤 법정에 출석하여 진술하기를 3일 동안 밤낮을 가리지 않고 음식물 없이 감옥에서 벗겨진 채로 계속 학대를 당하였고 셰리프와 그 부하에 의해 고문을 받아 자신이 무엇을 말하였는지 모른다고 하였다. 또 다른 공범자증인은 법정에서 사소를 취소한 다음 자신이 사소를 제기할 때에는 고문 등에 의해 제정신이 아니었다고 진술하였다.[54] 그런데 이와 같은 고문에 의해 어떤 중죄인이 공범자증인으로 전향하여 무고한 사람들을 상대로 사소를 제기하면 그 무고한 사람들은 구속되어 학대를 받았고, 무고한 사람들은 구속 상태에서 벗어나기 위해 셰리프와 간수에게 보석금으로 상당

---

52) *Ibid.* at 359.

53) Paddy Hillyard and Janie Percy-Smith, "Converting Terrorists; The Use of Supergrasses in Northern Ireland", *Journal of Law and Society*, Vol. 11, No. 3(winter, 1984), p.336; Frederick C. Hamil, 앞의 논문, p.248; J. B. Post, 앞의 논문, p.93; Jens Rörkasten, 앞의 논문, p.14.

54) A. J. Musson, 앞의 논문, p.470.

한 금액을 지불하여야 했다. 이것이 가능했던 이유는 당시 셰리프는 대법관청(chancery)의 영장 없이 보석으로 피소추자를 석방할 수 있는 자유재량권을 가지고 있었기 때문이다.[55)]

공범자증인은 보통 몇 년 동안 수감되어 있었고 그 기간에 셰리프 등의 강요에 의해 돈 많은 사람들을 상대로 사소를 제기하였다. 이에 따라 영국 백성들은 공범자증인과 공범자증인의 악덕 관리자, 즉 셰리프와 간수들을 두려움의 대상으로 보았다. 공범자증인이 실제로 사소를 제기하였는지 아니면 제기하지 않았는지, 그리고 그것이 자의에 의해 이루어진 것인지 아니면 강요에 의해 이루어진 것인지를 불문하고 이러한 사소의 제기는 피해자들로 하여금 고문과 지하 감옥에서 벗어나기 위해 내키지 않는 금품을 지불하게 하였다. 당시에는 아무리 건장한 사람이라도 감옥에서 하루 밤을 보낸다는 것은 견디기 힘든 일이었으므로 이들은 금품을 제공할 수밖에 없었다. 그리고 이 경우 공범자증인이 피소추자를 알아보지 못한다거나 또는 공범자증인이 사소를 제기한 사실을 부인한다거나 또는 피소추자들이 배심재판에서 무죄 평결을 받는다거나 하는 것들은 거의 문제가 되지 않았다. 왜냐하면 금품을 갈취하려고 하는 자들의 목적은 순회법원 판사가 재판하러 오기 전에 금품을 갈취하고 이미 제기한 사소를 취소하게 하거나 피해자를 석방하였기 때문이다.[56)]

그런데 1274년도 심문조항 제26조는 "감옥 안에서 공범자증인을 관리하고 있고 무엇인가를 얻을 목적으로 그들로 하여금 정직하고 무고한 사람을 고소하게 한 자, 그리고 유죄의 사람을 고소하는 것을 방해하는 자들에 관하여" 심문하도록 규정하고 있었다. 따라서 이 조항에 따라 고소가 있으면 헌드레드 배심(juries of the hundreds)에 의해 위 사항에 대한 심문이 이루어졌다.[57)]

이에 대한 사례를 보면, 데번(Devon)주의 셰리프 로저(Roger)는 존 르 블락(John le Blak)이라는 공범자증인을 관리하고 있었다. 이 공범자증인은 몇몇 사

55) Frederick C. Hamil, 앞의 논문, p.249. 셰리프의 보석에 관한 자유재량권은 셰리프의 직권남용을 불러일으켰고, 이것이 공범자증인제도의 해악이 되었다.

56) *Ibid.* at 249.

57) *Ibid.* at 249.

람을 상대로 사소를 제기하였고, 피소추자들은 손발이 묶인 채 지하 감옥에 수감되자 많은 금액의 돈을 지불하고 석방되었다. 링컨(Lincoln)시의 셰리프는 피소추자에게 돈을 요구하였고 그가 거절하자 그를 고문하여 죽였다. 또 다른 사람은 셰리프 대리로부터 12마르크를 지급하라고 강요받았으나 그가 공범자증인 앞에 출석하였을 때 공범자증인은 그를 알아보지 못하였다. 요크(York)시의 셰리프와 간수의 금품 갈취 사례는 많았다. 어떤 셰리프는 13명의 정직한 사람들로부터 40실링을 갈취하였고, 또 요크성의 어떤 간수는 공범자증인의 사소 제기를 빙자하여 여러 사람들을 협박하고 금품을 갈취하였다. 또 다른 예를 들면, 휴고 카니펙스(Hugo Carnifex)는 상당한 재력가로서 노섬벌랜드(Northumberland)주에서 첫 번째 가는 금품 갈취의 대상이었다. 그런데 그가 공범자증인에 의해 허위로 사소를 제기당하고 수감되자 셰리프 카룬(Charun)은 두 번에 걸쳐 그에게 보석보증금 5파운드를 지불하라고 강요하였다. 그 뒤를 이은 셰리프 햄프턴(Hampton)은 카니펙스(Carnifex)에게 공범자증인 맷펜(Matfen)으로부터 사소 제기를 당하였다고 말하면서 10파운드를 지불하라고 강요하였다. 그 후 이 셰리프는 카니펙스(Carnifex)에게 공범자증인 버턴(Burton)으로부터 사소 제기를 당하였다고 말하고 미결수석방재판 판사(justices of gaol delivery)가 올 때까지 석방의 대가로 8마르크를 지급하라고 강요하였다. 마침내 판사가 왔을 때 공범자증인은 카니펙스(Carnifex)에 대한 사소 제기를 부인하였다. 이들 셰리프는, 공범자증인이 무고한 사람을 상대로 강제로 사소를 제기하도록 공범자증인을 구금한 혐의로 고소되었다.[58)]

위에서 본 공범자증인제도의 오용 또는 남용의 사례는 다음과 같이 요약할 수 있다. 첫째, 재판기간 중 공범자증인이 사소를 취소한 뒤 자신은 무고한 사람 혹은 그가 모르는 사람을 상대로 사소를 제기하도록 강요받았다고 진술한 경우, 둘째, 배심심리 중에 중죄 범죄인이 공범자증인으로 전향하도록 강요받았다고 진술한 경우, 셋째, 감옥 직원이 죄수였던 자에게 공범자증인의 사소 제기가 있었다고 허위로 말한 경우, 넷째, 피소추자가 감옥 직원에게 뇌물을 공여한

58) *Ibid.* at 250.

이후에 석방된 경우 등이다.[59)]

라. 공범자증인제도의 오용·남용에 대한 대응방안과 관련

1311년에는 공범자증인의 오용·남용을 막을 수 있는 법률이 선포되었다. 즉 공범자증인이 사소를 제기할 수 있는 기간을 공범자증인이 된 이후 3일 이내로 제한하였다.[60)]

셰리프는 자신들이 원한다면 언제든지 무고한 사람을 상대로 사소를 제기하도록 공범자증인을 계속 구금하여 관리하였는데 이러한 관행을 금지한 것이다. 또 명성이 좋은 피소추자는 미결수석방재판 판사가 올 때까지 보석금 없이 조건부 석방영장(mainprise)에 의해 석방되었다. 이 법률의 서문에는 이 규정을 둔 이유를 다음과 같이 밝혔다. “많은 죄수들이 자신의 생명을 구하기 위하여 그리고 그들이 구금되어 있는 감옥의 셰리프나 간수의 압력과 고통에 의해 공범자증인으로 전향한다. 그리고 셰리프 등은 공범자증인으로 하여금 가장 부유한 사람들과 명성이 좋은 사람들을 상대로 사소를 제기하도록 하여 이들을 불결한 감옥에 구금하고 그들로부터 내키지 않는 몸값을 받는다. 그러나 그로 인해 국왕은 그 어떠한 이익도 얻을 수 없다.”[61)]

1327년에는 위와 같은 죄를 범한 자에 대하여 조사와 처벌을 할 수 있는 법률을 제정함으로써 악습을 제거하였다. 왕좌법원 판사, 민사법원 판사, 순회법원 판사, 미결수석방재판 판사는 셰리프, 간수, 죄수 관리인에 대하여 영장 없이 이 법에 따라 셰리프 등이 죄수들을 괴롭혔는지, 또는 죄수들로 하여금 공범자증인으로 전향하도록 강요하거나 전향하도록 어떤 원인을 주었는지, 그리고 정직하고 무고한 사람들을 상대로 사소를 제기하게 하였는지, 피소추자로부터 석방에 대한 대가로 몸값을 받을 의도가 있었는지 등을 신문하도록 규정하였다. 또 1340년에는 죄수들을 고문하여 공범자증인으로 전향하도록 강요한 간수를 감독하는 법률이 제정되었다. 판사는 간수를 상대로 그 혐의를 조사하였고 만

59) Jens Rörkasten, 앞의 논문, p.15.

60) M. J. Russell, 앞의 논문, p.150.

61) Frederick C. Hamil, 앞의 논문, p.250; M. J. Russell, 앞의 논문, p.153.

약 혐의가 인정되면 간수를 고발하였다. 만약 유죄로 판결되면 간수는 교수형이나 신체절단형(life and member)을 당했다.[62]

마. 공범자증인의 사소 취소와 공범자증인의 신뢰와 관련

공범자증인이 사소를 취소하여 교수형을 당하는 것은 일반적인 일이었다. 예를 들면, 양을 절도하였다는 혐의로 어떤 사람을 사소한 공범자증인은 결투가 지정된 날 이전에 사소를 취소하였고 그 결과 교수형을 당했다. 사소 취소는 공범자를 배신한 것이 부끄러웠기 때문에 이루어진 경우가 종종 있었다. 그러나 그 이유보다는 오히려 결투재판에 대한 두려움 때문에, 그리고 간수의 강요에 의하거나 또는 절차적 지연을 위해 무고한 자를 사소하였기 때문에 사소를 취소하였다.[63]

이런 이유로 사소 취소는 종종 공범자증인이 법정이나 또는 결투 전 피소추자를 직접 만났을 때 이루어졌다. 사소 취소는 공범자증인에 대한 신뢰를 떨어뜨렸다. 예컨대 뢰카스텐(Rörkasten)은 1307년부터 1330년까지 대략 1,310명의 공범자증인 중 482명이 조기에 사소를 취소하였다고 말하면서 이러한 사소 취소는 공범자증인의 신뢰에 의문을 가지게 하는 하나의 이유라고 주장하였다.[64]

바. 공범자증인의 신뢰 결여와 피소추자에 대한 무죄선고와 관련

공범자증인 사건과 관련한 중요한 의문은 피소추자에 대한 높은 비율의 무죄신고가 보여주고 있는 것처럼 피소추자는 언제나 무죄였는가라는 점이었다.

---

62) Frederick C. Hamil, 앞의 논문, p.251; A. J. Musson, 앞의 논문, p.471.

63) 공범자증인의 허위의 사소 제기는 위증으로 이어졌고, 그 결과 1500년 경 공범자증인제도는 위증을 조장하는 제도가 되어 더 이상 이용되지 않았다. 물론 일부 허위의 사소 제기와 위증은 공범자증인이 자신의 생명을 구하거나 연장하기 위한 한 방편이었다. George C. Harris, "Testimony for Sale: The Law and Ethics of Snitches and Experts", *Pepperdine Law Review*, Vol. 28:1, 2000, p.14. 개인적 견해로는, 공범자증인의 허위의 사소 제기와 위증은 사법협조자 소추면제·형벌감면제도의 도입에 대하여 반대하는 사람들의 근거인 "사법협조자 진술의 허위 가능성에 대한 우려 또는 진술의 신빙성 문제"와 일맥상통한다고 생각한다. 따라서 사법협조자 소추면제·형벌감면제도의 도입에 대하여 논의할 때 이 점을 충분히 검토하여야 할 것이다.

64) Jens Rörkasten, 앞의 논문, pp.15, 17.

배심원들은 중죄를 자백한 공범자증인을 거의 신뢰하지 않았다.[65]

비록 그가 국왕의 공범자증인이라고 해도 배심원은 그들을 믿지 않았다. 따라서 공범자증인의 사소가 일반적으로 신뢰를 받지 못하였다는 사실과 많은 피소추자들이 무죄선고를 받고 석방되었다는 사실은 이상한 일이 아니었다.[66]

1299년에서 1349년 사이에 노퍽(Norfolk)의 공범자증인에 의해 사소가 제기된 자 중 98%가 무죄선고로 석방되었다. 그러나 배심원들이 피소추자에게 무죄를 선고한 것은 단지 공범자증인에 대한 신뢰 결여 때문만은 아니었다. 사소의 제기에 의한 범죄 혐의를 증명한다는 것이 매우 어려웠고, 또 피소추자의 이웃 사람들인 배심원에 의한 배심재판이 진행되었기 때문이기도 하였다. 이러한 높은 비율의 무죄선고는 사소의 내용이 의심스러웠다는 것을 정당화시키는 것도 아니었고, 공범자증인의 사소의 제기가 남용 또는 오용되고 있음을 증명하는 것도 아니었다. 오히려 이것은 공범자증인에 대한 낮은 평가, 그리고 이 제도의 남용 또는 오용에 대한 백성들의 관심을 반영하고 있는 것이었다.[67]

사. 공범자증인의 무고한 사람에 대한 사소 제기와 관련

일부 공범자증인은 자신의 이익을 위해 돈을 벌 생각으로 무고한 사람을 상대로 금품을 갈취하려고 하였다. 1388년 미카엘 트로피스트(Michael Tropist)라는 사람은 뉴게이트 감옥에 있는 공범자증인에게 접근하여, 만약 공범자증인이 부유한 장물범의 공모자를 상대로 사소를 제기하겠다고 협박하면 1.5마르크를 주겠다고 제의하였다. 이에 따라 공범자증인은 그를 협박하였으나 위 장물범의 공모자는 이에 굴하지 않고 코로나 앞에 출석하여 공범자증인의 진술을 요청하였다. 그러자 공범자증인은 미카엘 트로피스트의 제의에 의해 그를 협박하였다

65) *Ibid.* at 16.

66) J. B. Post, 앞의 논문, p.94.

67) Jens Rörkasten, 앞의 논문, p.16; A. J. Musson, 앞의 논문, p.478; 자포자기의 중죄 범죄인이 허위의 사소를 제기함으로 인해 발생한 해악은 진범의 발견과 유죄 선고라는 이 제도의 공적 이익보다 훨씬 더 컸다. 또 앞에서 언급하였듯이 감옥의 간수는 자신들의 이익을 위하여 종종 죄인들에게 무고한 자에 대한 사소의 제기를 강요하였는데 이것이 허위의 사소 제기를 초래하는 원인이 되었다. 결국 이러한 해악으로 인해 공범자증인제도는 더 이상 이용되지 않았다. George C. Harris, 앞의 논문, p.14.

고 시인하였다. 미카엘 트로피스트는 배심원에 의해 유죄판결을 받았고 3일 동안 매일 한 시간씩 머리와 양손에 칼(pillory)을 찬 후에 1년간 뉴게이트 감옥에 구금되었다.

그 후 위 공범자증인과 감옥 동료인 로버트 펠톤(Robert Feltone)은 장식업자를 상대로 위와 같은 범죄를 시도하였으나 역시 실패했다. 협박에 놀란 장식업자는 공범자증인이 요구한 대로 몇 벌의 의류를 준 다음 코로나와 함께 뉴게이트 감옥에 출석하였다. 그러자 공범자증인은 자신의 사기행위를 인정하였다. 펠톤(Feltone)은 범죄사실을 부인하였으나 배심원은 그에게 유죄판결을 선고하였다. 그런데 위 두 사례에서 주목할 점은 공범자증인에 대한 처벌은 없었다는 점이다.[68]

아. 공범자증인의 결투재판 악용과 관련

영국은 공범자증인을 이용함으로써 결투의 결과에 관계없이 중죄 범죄인을 계속 제거할 수 있었다. 그런데 13세기에 들어서면서 배심재판이 많이 이용되었고 사인에 의한 소추는 쇠퇴하게 되었으며 그 결과 결투재판은 점차 이용되지 않았다.

그러나 결투재판은 공범자증인의 결투로서 계속 남아 있었다. 그 이유는 공범자증인에 의해 소추된 자는 누구라도 자신의 신체로 방어할 권리를 가지고 있었고 이 경우 공범자증인은 피소추자의 결투재판 제의를 거절할 수 없었기 때문이다. 또 배심재판에서 무죄 선고를 받을 수 없다는 것을 알고 있는 피소추자는 결투재판의 기회를 이용하려고 하였기 때문이다. 그러나 여기에도 오용과 남용은 있었다. 즉 신체를 단련한 중죄 범죄자는 공범자증인이 되어 몸이 약한 무고한 사람들을 허위로 사소를 제기하고 그들과 불평등한 결투재판을 하여 교수형에서 벗어날 수 있었다. 악명 높은 중죄인인 소매치기 범죄인들은 자신의 생명을 보호하기 위하여 종종 공범자증인이 되기도 하였다.[69]

---

68) Frederick C. Hamil, 앞의 논문, pp.251, 252.

69) *Ibid.* at 255; M. J. Russell, 앞의 논문, p.149.

자. 공범자증인과 피소추자에 대한 은사 남용과 관련

공범자증인과 피소추자가 모두 형을 면할 수 있는 방법은 국왕의 은사(pardon)를 받는 것이었다. 그런데 중세시대 영국에서는 은사가 너무 자유분방하게 허용되어 남용되었고, 그에 따라 많은 범죄인들이 형벌에서 벗어났다.

특히 많은 사람들이 법원에 영향력을 행사할 수 있는 자의 주선으로 은사를 받았다. 어떤 피소추인은 캔터베리(Canterbury) 부주교의 주선으로 은사를 받았다. 백년전쟁(1337~1453) 중에는 일년 동안 국왕의 군대에서 자신의 비용으로 군복무를 한 자들에게 일반 은사가 내려졌다. 공범자증인에 의해 소추된 많은 자들이 위와 같은 방식으로 은사를 보장받았다. 1380년 공범자증인에 의해 강도죄로 소추된 어떤 사람은 공범자증인이 사소를 취소하였고, 그가 기소되지 않은 채 뉴게이트(Newgate)에서 오랫동안 수감되어 있었다는 이유로 은사를 받았다. 또 공범자증인이 사망한 이후거나 공범자증인이 자신이 제기한 소추가 허위라고 자백하였을 때에는 도망갔다가 돌아온 피소추자들에 대하여도 종종 은사가 인정되었다.

그러나 몇몇 은사는 아무런 이유 없이 인정되었는데 이 경우에는 아마도 금품의 지급이나 유력자의 영향 때문에 그렇게 되었던 것 같다. 공범자증인은 분명 일반 은사의 대상이 아니었다. 그러나 공범자증인에 관한 영장의 조건이 완수되지 못하였음에도 특별한 이유로 공범자증인에 대한 은사가 승인된 적도 있다. 이런 은사를 받은 공범자증인은 자신의 임무를 모두 완수한 통상의 공범자증인과 달리 영구히 국외로 도망가겠다는 서약을 할 필요가 없었다.[70)]

7. 공범자증인에서 '왕의 증거'로 변천

공범자증인에 의한 사소 제기는 14세기 중반까지 일반적인 관행이었다.[71)]

그러나 15세기 말 어프루브먼트(Approvement)는 사실상 소멸된 것으로 보

70) Frederick C. Hamil, 앞의 논문, pp.252, 253.
71) M. J. Russell, 앞의 논문, p.154.

인다. 1468년 영국 하원이, 치안판사에게 공범자증인의 자백과 사소를 청취할 수 있는 권한을 주어야 한다는 취지의 청원을 한 것으로 보아 그 때까지 어프루브먼트(Approvement)는 활발하게 운용되었던 것 같다. 그러나 이러한 활발한 운용은 계속되지 못하였다.72)

그리고 '왕의 증거(King's Evidence)'가 그 자리를 대신 차지하기 시작했다. 어프루브먼트(Approvement)의 공범자증인이 왕의 증거로 변천한 것은 다음과 같은 이유 때문이다.73)

첫째, 결투재판의 쇠퇴이다. 결투재판은 공범자증인의 결투를 제외하고 오랫동안 구시대의 유물로 사용되지 않았다. 둘째, 공범자증인에 대한 은사의 확대이다. 공범자증인이 성공적으로 소추를 완수하였을 때 그는 영구히 국외로 도망가겠다는 서약(Abjuration)을 하는 대신에 은사(pardon)를 받았다. 게다가 공범자증인들은 자신들의 사소를 완전하게 완수하지 못한 경우에도 자유롭게 은사를 받았다. 공범자증인은 자신의 생명을 구하기 위하여 점점 더 국왕의 관용에 의지하고 있었다. 그 결과 기소된 중죄 범죄인은 어프루브먼트(Approvement)라는 낙후된 절차 대신 공범자들에 대한 증언을 제공한 뒤 법원의 관용을 기다리게 되었다. 만약 증언이 형사사건에서 꼭 필요한 본질적인 것이라고 생각되면 관용은 받아들여졌다.74)

왕의 증거로 전향한 범죄인은 은사에 대하여 그 어떤 법적 권리를 가지고 있지 않았다. 그러나 은사는 관습적으로 인정되었다. 맨스필드(Mansfield) 판사는 러드 사건(1775년 Rex v. Rudd)에서 "왕의 증거는, 공범들이 진실에 관한 완전하고 공정한 자백을 하여 왕국을 위한 증거로 받아들여지고 그 증거가 범죄인에 대한 유죄판결의 선고에 사용되는 하나의 관행이다. 왕의 증거는 권리로

72) Frederick C. Hamil, 앞의 논문, p.257; George C. Harris는 이 제도가 17세기에 소멸되었다고 주장하면서 이 제도가 대략 1500년부터 사용되지 않았다는 주장도 함께 소개하였다. George C. Harris, 앞의 논문, p.14.

73) Frederick C. Hamil, 앞의 논문, p.257. 그 외에 앞에서 언급하였듯이 공범자증인의 허위의 사소 제기와 위증도 공범자증인제도가 소멸하는 데에 하나의 원인이 되었다.

74) Frederick C. Hamil, 앞의 논문, p.257.

서 은사를 받을 자격이 없으나 그들에 대한 소추를 중지하는 것이 관행이다. 그리고 왕의 증거들은 국왕의 자비에 추천될 형평법상의 자격(equitable title)을 갖는다"고 말하였다.[75)]

8. 오늘날의 '왕의 증거'

오늘날 유럽의 많은 나라들은 테러리즘 등 중대 범죄에 대응하기 위한 법적 수단으로 '왕의 증거'를 도입하여 시행하고 있다. 대표적인 예로, 영국은 2005년 중대조직범죄 및 경찰법(Serious Organised Crime and Police)에서 '왕의 증거(Queen's Evidence)'를 도입하여 시행하고 있다. 또 이탈리아는 1978년 정치인 알도 모로(Aldo Moro)의 납치 사건 이후 공범이 그들 자신을 다른 공범과 단절하여 피해자의 석방을 확보하는 데 노력한 경우 형사상 실질적인 감경을 주는 제도를 시행하였다.[76)]

한편 미국은 플리바게닝(Plea Bargaining)의 개념 중에 왕의 증거를 도입하여 시행하고 있다. 미국 연방검사교본에는 검사가 공공의 이익을 위하여 피의자의 협조가 필요할 때에는 협조의 대가로 불기소 합의(non-prosecution agreement)를 할 수 있다고 규정하고 있다. 또 미국 양형위원회 규정과 미국 연방양형가이드라인 규정에 의하면 피고인이 다른 사람에 대한 수사나 소추에 협조하였을 경우 검사가 그 사유로 감형을 위한 양형 일탈 신청을 하면 법원은 가이드라인에서 양형을 일탈할 수 있도록 규정하고 있다.[77)]

---

75) *Ibid.* at 257, 258; John H. Langbein, 앞의 논문, p.93; George C. Harris, 앞의 논문, p.14. 그러나 '왕의 증거'의 핵심은 은사(pardon)가 아닌 치안판사의 불소추(non prosecution) 처분이었다. 왕의 증거가 된 범죄인 대부분은 치안판사로부터 불소추 처분을 받았다. 따라서 은사가 문제가 된 것은 불소추 처분 약속이 지켜지지 않았던 예외적인 사건의 경우였다. 러드(Rudd) 사건의 판결에도 불구하고, 치안판사는 사실상 실무에서 불소추 처분에 관한 통제권한을 가지고 있었다. John H. Langbein, 앞의 논문, pp.93, 94, 96. 참조.

76) Tim Owen QC, Alex Bailin et al, *The Serious Organised Crime and Police Act 2005*, Oxford University Press, 2005, p.45; Paddy Hillyard and Janie Percy-Smith, 앞의 논문, p.341; Peter J. P. Tak, 앞의 논문, p.4.

77) 안성수, 「형사소송법 - 쟁점과 미래 -」, 박영사, 2009, 494면; 미국 양형위원회의 통계에 의

Ⅲ. 결 론

지금까지 사법협조자의 원류인 공범자증인제도의 개념과 탄생 배경, 중죄 범죄인이 공범자증인으로 전향한 동기, 국왕이 공범자증인을 이용한 이유, 공범자증인제도의 절차, 그리고 공범자증인제도의 남용과 공범자증인제도의 쇠퇴 등을 살펴보았다. 공범자증인제도가 지금으로부터 약 900년 전 영국에서 탄생한 제도로서 시간적으로나 공간적으로 볼 때 낯선 제도인 것은 틀림이 없지만 그래도 우리에게 시사(示唆)하는 점이 있다고 생각한다.

먼저, 영국을 비롯한 유럽의 여러 나라는 공범자증인제도의 기본 요소인 '협조와 보상'을 보편적 개념으로 받아들이고 있는 것 같다. 왜냐하면 이 제도가 영국에서 약 300년간 존속하였고 그 이후 오늘날까지도 자신의 직계비속인 '왕의 증거'로 계속 살아 있기 때문이다. 따라서 '협조와 보상'이라는 개념을 부정적인 시각으로 볼 필요는 없을 것 같다.

다음, 이 제도가 중죄 범죄단을 해체하는 데 기여하였다는 것이다. 그것은 국왕은 물론 백성들에게도 유익한 것이었다. 지금도 국민에게 해악을 끼치는 범죄조직을 처벌하는 것은 국가의 임무이다. 범죄로부터 국민을 지키는 것은 예나 지금이나 다른 것이 없다.

그러나 이 제도는 오용과 남용이라는 중대한 약점을 가지고 있었다. 공범자증인은 이기주의에 집착한 나머지 자신의 생명을 위해 무고한 자를 상대로 허위의 소추를 제기하였고, 또 셰리프 등 관리는 자신의 이익을 얻기 위해 권한을 남용하여 중죄 범죄인으로 하여금 공범자증인으로 전향하게 한 뒤 허위의 소추를 제기하게 하고 금품을 갈취하였다. 게다가 공범자증인은 배신자로 지목되어 신뢰를 받지 못하였고, 그 결과 공범자증인에 의해 소추된 많은 공범자들이 무죄를 선고받았다.

이 제도가 가지고 있는 이러한 장점과 폐단은 2011년에 입법을 추진하였던

하면, 1996년도 피고인 5명 중 1명은 실질적인 협조를 제공함으로써 형의 감경을 받았다. George C. Harris, 앞의 논문, p.18 참조.

사법협조자 소추면제·형벌감면제도에도 일부 해당된다고 생각한다. 그렇기 때문에 옛 것인 공범자증인제도를 거울삼아 사법협조자 소추면제·형벌감면제도를 재음미할 필요가 있는 것이다.

제 3 편

북아일랜드(Northern Ireland)의 사법협조자(Supergrass)에 대한 소고(小考)

Ⅰ. 서 론

이 글은 사법협조자 소추면제제도 및 사법협조자 형벌감면제도에 관한 글이다.[1]

법무부는 2010년 형사소송법 및 형법의 일부 개정 법률안으로 이 제도를 입법 예고하였다. 우여곡절 끝에 국무회의에서 심의, 의결되었으나 입법되지는 못하였다. 주지하는 바와 같이 사법협조자 소추면제제도는 검사가 강력·마약·부패·테러범죄 등 조직범죄를 규명하기 위해 범죄인의 진술이 필요할 때 그 범죄인의 진술을 조건으로 공소를 제기하지 아니하는 제도이고, 사법협조자 형벌감면제도는 여러 사람이 관련된 범죄의 형사절차에서 범죄인이 그 범죄에 대하여 진술함으로써 범죄 규명 등에 기여한 때에 그 형을 감면하는 제도이다.

법무부가 이 제도를 입법 예고한 목적은 위 범죄에 대하여 효과적이고 능률적으로 대응하기 위해서이다. 즉 통상 위 범죄는 은밀하게 이루어져 내부가담자 외에는 범죄에 대한 직접적인 증거를 확보하는 것이 곤란하므로 내부가담자에게 소추면제 또는 형벌감면이라는 혜택을 주고 그로부터 진술을 확보함으로써 범죄를 효과적으로 규명하겠다는 것이다.[2]

그러나 이러한 필요성에도 불구하고 위 제도의 도입에 대하여 반대하는 의견이 있었다. 공범이 소추면제나 형벌감면을 받기 위해 허위의 진술을 할 우려

---

1) 이 글은 대한변호사협회가 발행하는 「人權과 正義」(제439호, 2014. 2)의 『실무노트』에 게재된 글이다.

2) 이 제도의 도입에 대하여 찬성하는 논문으로는 김영기, “사법협조자 형벌감면제도에 대한 고찰”, 「형사법의 신동향」, 통권 제23호, 대검찰청, 2009. 12, 376면; 변필건, “사법협조자의 형벌감면제도의 절차적 투명성 확보에 관한 비교법적 고찰”, 「월간 법조」, 2009. 7, 252면; 최성진, “사법협조자 형벌감면제도에 관한 소고”, 「부산대학교 법학연구」, 2010. 5, 283면; 신태훈, “사법협조자 형벌감면제도에 관한 고찰”, 「법과 정책」, 제16집 제1호, 2010. 2, 102면; 양진호, “독일의 형벌감면부 진술제도에 관한 고찰”, 「국외훈련검사 연구논문집(Ⅱ)」, 제26집, 2011, 222면 참조. 위 각 논문은 이 제도의 도입 필요성에 대한 주요 논거로서 ① 테러범죄, 조직범죄, 부패범죄, 기업범죄 등을 척결하기 위한 효과적인 수단인 점, ② 진술증거의 확보가 점점 어려워지고 있는 수사 현실에서 새로운 방식의 진술 증거 확보 방안이 필요하다는 점을 들고 있다.

가 있고, 검사는 수사 편의를 위해 이 제도를 남용할 수 있다는 것이었다.[3)]

장차 이 제도가 도입될 것인지의 여부는 지금으로서는 알 수 없으나 개인적 견해로는 이 제도에 대한 논의는 계속 하여야 한다고 생각한다. 왜냐하면 이 제도의 도입 필요성에 관한 논거는 여전히 경청할 만한 가치가 있기 때문이다.

그래서 이 글에서는 1980년대 북아일랜드(Northern Ireland)에서 테러리스트를 처벌하기 위해 사용하였던 사법협조자, 즉 슈퍼그래스(Supergrass) 재판 사례를 소개하고자 한다.

슈퍼그래스(Supergrass)는, 사전에 따르면 대규모 밀고자 또는 정보제공자를 말하고, 보통은 가벼운 처벌을 받기 위해 다수의 다른 범죄자들을 경찰에 밀고하는 범죄자를 말한다. 북아일랜드의 슈퍼그래스 재판 사례는 당시 영국과 북아일랜드의 국민들로부터 많은 비판을 받았다. 또 영국 정부가 사법협조자에 대한 소추면제 및 형의 감경 등을 규정한 2005년 중대조직범죄 및 경찰법(The Serious Organised Crime and Police Act 2005)을 제정할 때 영국 인권기관은 위 법 제정의 반대 논거로 북아일랜드의 슈퍼그래스 재판 사례를 제시하기도 하였다. 따라서 북아일랜드의 슈퍼그래스 재판 사례는, 사법협조자 소추면제·형벌감면 제도의 도입 여부를 논의하는 우리에게 시사하는 점이 있다.

아래에서는 먼저 유럽과 미국에 있어 사법협조자의 개념과 역사적 변천과정을 살펴보고, 북아일랜드에서 슈퍼그래스를 도입하게 된 배경, 슈퍼그래스를 도입함으로써 얻은 이익과 드러난 문제점을 본 다음 우리의 사법협조자 소추면제·형벌감면제도에 대한 논의, 특히 사법협조자 소추면제·형벌감면제도가 강

---

3) 이 제도의 도입에 대하여 반대하는 취지의 논문으로는 홍기만, “영국의 면책조건부 증언 취득제도”, 「사법」 제13호, 사법연구지원재단, 2010, 66면; 윤동호, “현행 수사구조 하에서 사법협조자 면책제도의 도입 적정성 연구”, 「2011년 경찰청 용역연구과제」, 1면 참조. 위 각 논문은 이 제도의 도입 반대에 대한 주요 논거로서, 본문의 내용 외에 ① 소추면제 또는 형벌감면을 조건으로 진술을 함으로써 혜택을 받는 공범과 처벌받는 공범 사이의 차별대우로 인한 헌법상 평등원칙의 침해 및 책임주의 원칙의 침해, ② 혜택을 조건으로 진술거부권을 포기하게 함으로써 진술거부권의 침해, ③ 소추면제 또는 형벌감면의 효과는 검사의 기소유예, 판사의 형 감경 등 지금의 제도 하에서도 가능, ④ 사법협조자에 대한 소추면제 등은 국민 및 피해자의 법 감정에 반함 등을 들고 있다.

력·마약·부패·테러범죄 등 조직범죄 등에 대한 효과적이고 능률적인 대응 방안인지, 또 이 제도에는 공범이 소추면제나 형벌감면을 받기 위해 허위의 진술을 할 우려가 있는지 등을 재음미하고자 한다.

II. 본 론

1. 사법협조자의 개념

가. 유 럽

1970년대 말부터 유럽의 많은 국가들은 테러리즘, 마약범죄, 조직범죄 등 중대범죄에 적극 대처하기 위해 범죄인과 거래를 하였다. 즉 범죄인은 테러리즘 등 중대범죄와 관련하여 자신의 공범자에게 불리한 증언을 하는 증인의 역할을 하고 그 대가로 국가로부터 관대한 처분의 약속을 받았다.[4)]

여기서 수사나 재판에 협조한 범죄인을 왕의 증거(King's Evidence) 또는 왕관증인(Crown witness)이라고 불렀는데 영국[5)]에서는 슈퍼그래스(supergrass)라고 불렀다. 왕의 증거는 보상에 대한 대가로 자신의 공범자를 배반한 자이다.[6)] 따라서 왕의 증거는 국제적이고 폐쇄적인 구조 때문에 통상의 수사방법에 의해서는 범죄활동에 관한 조사를 할 수 없는 범죄조직의 범죄를 규명하는 데 매우 효과적인 수단이다. 왜냐하면 왕의 증거는 조직의 구성원이었기 때문에 누구보다도 범죄조직을 잘 알고 있고, 그 조직이 사용한 범죄수단에 대하여도 잘 알고 있기 때문이다. 따라서 왕의 증거는 수사기관이 범죄조직을 분석하고, 그 수괴의 기소에 필요한 증거를 수집하는 데 도움을 준다.[7)]

---

4) Peter J. P. Tak, "Deals with Criminals: Supergrasses, Crown Witnesses and Pentiti", *European Journal of Crime, Criminal Law and Criminal Justice*, Vol. 5/1, Max-Planck Institute, 1997, p.2.

5) 영국은 잉글랜드, 웨일즈, 스코틀랜드, 북아일랜드의 연합왕국(United Kingdom)이나 이 글에서 영국 또는 English는 특별한 표시가 없는 한 잉글랜드와 웨일즈를 말한다.

6) Tim Owen QC, Alex Bailin, Julian B. Knowles, Alison MacDonald, Matthew Ryder, Debbie Sayers and Hugh Tomlinson QC, *The Serious Organised Crime and Police Act 2005*, Oxford University Press, 2005, p.46.

북아일랜드에서는 1981년부터 1986년까지 왕의 증거, 즉 슈퍼그래스가 테러리스트에 대한 재판에서 중요한 역할을 하였다. 슈퍼그래스는 자신의 재판에서 관대한 처분을 받는 대가로 자신의 공범자들에 대한 진술을 제공하였다. 당시 북아일랜드에는 왕의 증거에 대한 법률 규정이 없었다. 그러나 관습법에 따라 북아일랜드 검찰총장은 슈퍼그래스에게 소추면제 또는 형의 감경이나 조기 석방을 보증할 수 있었다.[8)]

이탈리아는 1978년 정치인 알도 모로(Aldo Moro)의 납치 사건 이후 테러리스트의 활동에 대처하기 위하여 왕의 증거 제도를 도입하였다. 즉 테러리스트인 공범들이 스스로 다른 공범자들로부터 이탈한 다음 피해자의 석방을 확보하기 위해 노력하였을 때 실질적으로 형을 감경하였다. 이어 계속된 입법을 통해 공범이 스스로 자신의 동료로부터 이탈한 다음 그들이 계속적으로 범죄활동을 못하도록 노력하거나 또는 경찰이나 사법당국이 공범자의 신원을 확인하고 체포에 필요한 중요한 증거를 수집하는 데 실질적으로 협조하면 형을 상당히 감경할 수 있도록 규정하였다.[9)]

프랑스는 테러리즘과 무정부 상태가 장기간 있었음에도 1986년에 이르러 중대하고 극렬한 폭력사범을 처리하기 위해 반테러리스트법을 만들었다. 그리고 1986년에는 형법전 제463-1조, 제463-2조에, 이어 1994년에는 제422-1조와

---

7) Peter J. P. Tak, 앞의 논문, p.2.

8) *Ibid.* p.6; 한편 영국(United Kingdom)은 국제적인 범죄조직을 척결하고 조직의 수괴를 처벌하기 위하여 2005년에 중대조직범죄 및 경찰법(The Serious Organised Crime and Police Act 2005)을 제정하였는데, 이 법에는 그동안 관습법으로 인정되었던 왕의 증거에 관한 규정이 포함되었다. 이 법은, 정부가 조직범죄에 적극 대응하기 위해 제일 먼저 해야 할 일은 범죄 수사와 소추에 협조하는 자에게 소추면제 등 협조에 대한 동기를 부여하는 것이라는 점을 배경으로 하여 제정되었다. Tim Owen QC, Alex Bailin, Julian B. Knowles, Alison MacDonald, Matthew Ryder, Debbie Sayers and Hugh Tomlinson QC, 앞의 책, p.47.

9) Paddy Hillyard and Janie Percy-Smith, "Converting Terrorists: The Use of Supergrasses in Northern Ireland", *Journal of Law and Society*, Vol. 11, No. 3, 1984, p.341. 한편 이러한 왕의 증거 제도를 도입함으로써 테러리스트 조직인 붉은 여단(Red Brigades) 소속 수백 명의 조직원들이 사법협조자로 자수하였고, 그 결과 이탈리아 정부는 붉은 여단을 와해시킬 수 있었다. 확실히 이 점은 왕의 증거, 즉 사법협조자 소추면제·형벌감면제도의 장점이라고 말할 수 있다.

제422-2조에 왕의 증거 규정을 도입하였다. 이 규정은 본질적으로 스스로 테러리스트 활동에서 물러난 자와 회개한 자를 위한 특별규정이었다. 위 제422-1조에 의하면, 테러 행위에 실패한 범죄인이 관계기관에 통보하여 폭력행위를 예방하고 공범자들의 신원 확인에 기여하였을 때 형벌을 받지 않을 수 있었다. 또 제422-2조는 테러리스트의 폭력행위와 관련하여 그가 관계기관에 통보함으로써 사망 또는 중대한 상해의 결과를 방지하는 데 도움을 주고 공범자들의 신원을 확인하는 데 단서를 제공한 경우 형을 감경 받을 수 있었다.[10)]

나. 미 국

미국에서는 사법협조자를 속어로 스니치(Snitch)라고 하는데, 이는 왕의 증거로 전향한 정보제공자를 의미한다.[11)] 미국에서는 일반적으로 증언에 대한 대가로 증인에게 무엇인가를 지불하는 것은 비윤리적이고 불법적인 것이라고 생각하고 있지만, 정부가 소추에 협조한 증인에게 소추면제 또는 소추범죄사실의 축소나 형의 감경 또는 현찰 지불 등 보상을 하는 것은 예외로 인정되고 있다.[12)]

그리고 이러한 예외는 미국 전 지역의 법정에서 매일 일어나는 일이다. 그 예로 1990년부터 1996년까지의 미국 양형위원회의 연구에 따르면 연방 피고인 5명 중 1명은 정부에 사건에 관한 실질적 협조(substantial assistance)를 제공하고 그 대가로 형의 감경을 받았다.[13)] 그런데 형사사건에서 실질적 협조를 하고 보상을 받은 증인의 증언은 종종 오판을 초래하였다.[14)]

미국의 형사재판제도에서는 실질적 협조를 한 증인에게 보상하는 것을 정

10) Peter J. P. Tak, 앞의 논문, p.8; 한편 독일의 왕의 증거에 대하여는 김영기, 앞의 논문, 408면; 양진호, 앞의 논문, 222면 참조. 독일의 경우 1970년대 초 테러 조직인 적군파를 척결하기 위하여 왕의 증거 제도의 도입에 대한 논의를 시작하였으나, 최초 왕의 증거 제도는 마약법에서 도입되었다.

11) Ian Weinstein, "Regulating the Market for Snitches", *Buffalo Law Review*, Vol. 47, 1999, p.563.

12) George C. Harris, "Testimony for Sale: The Law and Ethics of Snitches and Experts", *Pepperdine Law Review*, Vol. 28:1, 2000, p.1.

13) Ian Weinstein, 앞의 논문, p.564.

14) George C. Harris, 앞의 논문, p.2.

당하고 필요한 것으로 받아들이고 있다. 즉 형사사건에서 검찰 측 증인의 증언을 얻기 위한 보상인 관대한 처분은 필요악이라고 생각한다. 왜냐하면 이러한 증언이 없으면 수사기관이 범죄인의 범죄행위에 대한 직접적인 진술을 수집할 수 없고, 또 죄가 있는 대부분의 피고인을 처벌할 수 없기 때문이다.[15)]

물론 정부에 협조한 증인에게 보상을 하는 것에 대하여 반대하는 의견[16)]도 있었으나 미국 연방 판례법은 실질적 협조에 대한 보상을 인정하고 있다. 특히 더욱 엄격한 연방 양형기준으로 인해, 많은 피고인들은 형을 감경받기 위한 수단으로서 실질적 협조를 제의하고 있고, 검사도 언제나 피고인들의 실질적 협조를 환영하고 있다.[17)]

2. 사법협조자의 탄생과 변천

가. 사법협조자의 직계존속인 공범자증인(Approver)

형사사건에서 정부에 협조한 증인에게 보상을 주는 관용의 기원은 중세시대 영국의 '어프루브먼트(Approvement)'와 뒤이어 등장한 '왕의 증거'에 있다.[18)]

12세기 중세시대 영국의 보통법(English Common law)에는 중죄를 범한 자가 형벌을 감경 받을 목적으로 국왕의 지원 하에 사법 관리로 전향한 뒤 국왕을 위하여 결투나 증언을 통해 공범자에게 유죄판결이 선고되도록 근무하는 제도

---

15) *Ibid.* at 3.

16) 1998년 미국 연방 항소심 합의부는, 협조하고 있는 증인의 증언은 증인에게 관대한 처분을 하겠다는 정부의 약속이 연방 뇌물규정을 위반하였기 때문에 허용될 수 없다고 판시하였다[United States v. Singleton, 144F.3d 1343, 1358(10th Cir. 1998)]. George C. Harris, 앞의 논문, p.3.

17) Ian Weinstein, 앞의 논문, p.563; 사법협조자는 미국 형사재판제도의 주요한 지탱물이고, 지금 현재 협조는 더욱 더 널리 사용되고 있다. Michael A. Simons, "Retribution for Rats: Cooperation, Punishment, and Atonement", *Vanderbilt Law Review*, Vol. 56, 2003, p.2. 특히 미국은, 반약물남용법(Anti-Drug Abuse Act of 1986)에서 마약밀매범 등 일부 범죄에 대한 필요적 최저형을 규정하고 있고, 한편 판사는 검사의 청구에 의해 피고인의 수사 협조를 반영하여 필요적 최저형 이하로 형을 선고할 수 있도록 규정하고 있으므로, 이 각 규정이 피의자 또는 피고인에게 수사 협조에 대한 강력한 동기를 제공한다.

18) George C. Harris, 앞의 논문, p.13.

가 있었다.[19] 영국에서는 이것을 어프루브먼트(Approvement, 공범자에 의한 자백과 고발)[20]라고 하였는데 어프루브먼트(Approvement)는 반역죄 또는 중죄로 기소된 범죄인이 자신의 범행을 자백하고 공범자에 대하여 사소(私訴, appeal)를 제기하는 것이었다. 그 결과 공범자 전원이 유죄판결을 받으면 그 범죄인은 사형을 면하고 영구히 영국 밖으로 도망갈 수 있었다. 그러나 사소가 제기된 공범자들 중 한 명이라도 유죄판결을 받지 못하면 그 범죄인은 즉시 교수형을 당했다. 여기서 공범자를 상대로 사소를 제기한 자를 공범자증인이라고 불렀다. 공범자증인은 국왕에 의해 유지되었고, 국왕을 위해 공범자들의 범죄를 증명하여야 했다.[21]

중죄 범죄인은 자신의 생명을 구하기 위하여 공범자를 배반하고 공범자증인으로 전향하였다. 이에 반해 국왕은 공범자증인의 사소 제기를 통해 절도단, 강도단, 살인집단 등 전문적인 범죄단체를 해체함으로써 국왕의 평화를 유지할 수 있었다.[22]

공범자증인에 의한 사소 제기는 14세기 중반까지 일반적인 관행이었으나 15세기 말 사실상 소멸되었다. 그리고 '왕의 증거'가 그 자리를 대신 차지하기 시작했다.[23]

나. 영국에서의 왕의 증거

18세기 중반 영국은 범죄집단에 의한 강도와 절도 등 집단범죄가 빈발하자 이에 대한 대처 방안으로 범죄집단 중 한 명 또는 그 이상의 범죄인을 왕의 증거로 사용하였다.[24]

---

19) Frederick C. Hamil, "The King's Approvers: A Chapter in the History of English Criminal Law" *Speculum*, Vol. 11. No. 2, 1936, p.238.

20) 임홍근/이태희, 「법률영어사전」, 법문사, 2008, 136면.

21) Frederick C. Hamil, 앞의 논문, p.238; Approver를 공범자증인(감형을 바라고 공범자의 범죄를 증언하는 사람)으로 번역한 것은 앞의 법률영어사전의 번역을 따른 것이다.

22) Frederick C. Hamil, 앞의 논문, p.239.

23) *Ibid.* at 257.

24) John H. Langbein, "Shaping the Eighteenth-Century Criminal Trial; A View from the Ryder Sources", *The University of Chicago Law Review*, Vol. 50, No. 1, 1983, p.84.

사법 당국이 범죄집단 중 한 명을 왕의 증거로 받아들인 목적은 첫째, 그로 하여금 범죄집단에 속한 범죄인의 신원과 범죄집단의 숨은 장소를 확인하게 하여 이들을 체포하고, 둘째, 그를 통해 범죄집단의 범죄인들을 법정에 세울 수 있는 증거를 확보하기 위함이었다.[25)]

그 당시 작동하였던 왕의 증거는 법적 근거가 없었으나 그 합법성을 앞에서 언급한 어프루브먼트(Approvement)에서 찾았다. 왕의 증거에서 결정적 절차는 재판 전 단계로서 치안판사가 왕의 증거에게 불소추(non prosecution)를 승인하는 때였다. 왕의 증거는 처음부터 끝까지 기소되지 않았다. 그러나 왕의 증거는 자신의 동료인 공범자가 유죄판결을 받도록 최선의 노력을 다할 책임을 졌다. 왕의 증거가 정상적으로 작동될 수 있도록 한 것은 특정한 사건에서 치안판사의 불소추 약속이 존중되어야 한다는 치안판사와 왕의 증거 사이의 상호 인식이었다.[26)]

비록 영국 법원이 1775년 러드 사건(Rex v. Rudd)에서 왕의 증거가 은사의 권리를 받을 자격이 없고, 다만 국왕의 자비를 위한 추천에 대한 형평법상의 자격(equitable title)을 가지고 있을 뿐이며, 또 치안판사는 범죄인을 사면할 권한이 없고 그를 왕의 증거로 승인할 권한이 없다고 결정하였지만 실무에서는 사실상 치안판사가 소추면제를 승인할 권한을 가지고 왕의 증거를 받아들였다.[27)]

한편 범죄집단의 범죄인이 왕의 증거로 전향한 동기는 사형에 대한 공포 때문이었다. 결코 자신의 범죄에 대한 후회나 양심의 가책 때문이 아니었다.[28)]

3. 북아일랜드에 있어 사법협조자의 등장

가. 사법협조자인 슈퍼그래스(Supergrass)의 등장

1981년 11월 북아일랜드 왕립얼스터경찰(Royal Ulster Constabulary: RUC)은

---

25) *Ibid.* at 85.

26) *Ibid.* at 92.

27) *Ibid.* at 94.

28) *Ibid.* at 85.

북벨패스트(North Belfast)에 있는 가톨릭 영지에서 크리스토퍼 블랙(Christopher Black)을 체포하였다. 1982년 12월 벨패스트 형사법원에서 재판이 시작되었는데 38명의 피고인이 서로 다른 45건의 폭행사건으로부터 기인한 184개의 서로 다른 혐의로 기소되었다(이른바 블랙 재판). 블랙(Black)은 체포 후 조사를 받는 과정에서 경찰에 협조하기로 동의한 다음 중요한 증거를 제공하였고, 대부분의 사건에서 피고인들에 대한 유일한 증거였다. 블랙 재판은 550명의 증인의 증언을 청취한 다음 9개월 후에 끝났다. 이 재판에서 피고인 35명이 유죄판결을 선고받았는데 그중 4명은 무기징역형을 선고받았다.[29] 블랙 재판은, 대부분의 피고인들에 대한 유일한 증거가 그 피고인들과 공범이었던 블랙이 제공한 증거였다는 점에서, 그리고 블랙 재판을 시작으로 이와 같은 재판이 계속 이어졌다는 점에서 중요성을 갖게 되었다.[30] 수사 당국은 이러한 증거를 제공한 사람을 '전향한 테러리스트(converted terrorist)'라고 불렀다. 그러나 가장 널리 사용된 용어는 '슈퍼그래스(Supergrass)'였다. 여기서 슈퍼그래스라 함은 다수의 범죄계획에 참여하고, 경찰에 그 범죄계획에 관한 정보를 제공할 뿐만 아니라 법정에서 자신의 공범자로 혐의를 받고 있는 많은 피고인들에 대한 증거를 제공하기로 동의한 자를 말하였다.[31]

나. 슈퍼그래스의 사용에 대한 철학적 근거

아일랜드(Ireland)와 영국(England)에서 많은 법률가들이 슈퍼그래스의 사용에 대한 정당성을 주장하였는데 그중 가장 영향력이 있는 자는 제레미 벤담(Jeremy Bentham)이었다. 그는 "더 큰 행복(greater good)"이라는 이익에서 공범자증인(supergrass)에 대한 보상지급의 정책을 지지하였다.[32]

특히 벤담은, 슈퍼그래스(supergrass)의 사용 관행이 배신과 충성을 야기한

29) Paddy Hillyard and Janie Percy-Smith, 앞의 논문, p.335.

30) *Ibid.* at 335.

31) David Bonner,"Combating Terrorism:Supergrass Trials in Northern Ireland", *The Modern Law Review*, Vol. 51, No. 1, 1988, p.23.

32) Paddy Hillyard and Janie Percy-Smith, 앞의 논문, p.338.

다면서 공범자증인에 대한 보상을 비난한 베카리아(Beccaria)의 주장에 반대하였다. 그 이유는 범죄집단에 있어 배신과 충성은 의미가 없기 때문이라는 것이었다. 사실 벤담은 범죄인들 사이의 충성심이나 신뢰의 연결을 부수는 것이 바로 공공의 이익(public interest)이라고 말하였다.[33]

또 로턴(Lawton) 판사는 손 사건(R. v. Thorne)에서 "재판 비용은 반드시 균형이 잡힌 관점에서 보아야 한다. 중요한 것은 무례하고 위험하고 교활한 강도집단을 사회에서 제거하는 것이다"라고 말하여 슈퍼그래스에 대한 공리주의적 정당성을 말했다.[34]

사법 당국은, 자백한 범죄인들이 자유롭게 석방되고 또한 이들이 더욱더 관대한 처벌을 받는 것에 대해 염려를 하였음에도 불구하고 이러한 공공 편의와 공공 행복이라는 공리적 관념은 북아일랜드에서 슈퍼그래스의 사용에 대한 정당성을 제공하였다.[35]

다. 20세기 북아일랜드에 있어 슈퍼그래스 전략의 탄생 배경

(1) 테러 조직의 활동과 배심 없는 '디플록(Diplock)' 재판의 등장

1969년부터 북아일랜드에서 신교도와 가톨릭교도 간의 갈등과 무력충돌이 계속 발생하자 1972년 영국(United Kingdom) 정부는 일반적인 체포절차와 배심재판을 통해서는 결코 이러한 고도의 테러 폭력을 처리할 수 없다는 생각에 이르게 되었다.[36]

그래서 영국 정부는 1972년 디플록(Lord Diplock)을 의장으로 한 디플록(Diplock)위원회를 설치하고 북아일랜드에서 테러리스트 조직을 더욱 효과적으로 처리하기 위해 어떤 형태의 재판운영방안을 도입하여야 하는지를 연구하였다. 북아일랜드는 이미 1971년 테러 조직을 해체하기 위해 재판 없는 억류제도

---

33) *Ibid.* at 338.

34) Steven C. Greer, "Supergrasses and the Legal system in Britain and Northern Ireland", *The Law Quarterly Review*, Vol. 102, 1986, p.227.

35) Paddy Hillyard and Janie Percy-Smith, 앞의 논문, p.338.

36) David Bonner, 앞의 논문, p.24.

(internment)를 도입하였다. 그러나 억류제도는 공안 측면이나 정치적 측면에서 비참한 결과를 초래했다. 억류제도는 충분한 검토 없이 계획되었고, 미숙한 방법으로 집행되었다. 또 무고한 많은 사람들이 체포되어 억류되었다. 그 결과 억류제도의 도입 이후 오히려 폭력은 더욱더 증가하였다.[37)]

결국 영국 정부는 억류제도를 대체할 다른 제도를 모색하기 위하여 디플록위원회를 설치하게 된 것이다. 디플록위원회는 1972년에 발간한 보고서를 통해 범죄혐의를 받고 있는 준군사조직원들의 유죄선고를 용이하게 하기 위한 여러 가지 방안을 건의하였다. 그중 가장 중요한 건의는 테러리스트 범죄에 대한 배심재판의 정지였다. 그 이유는 테러리스트 범죄에 대한 배심재판을 신뢰할 수 없다고 보았기 때문이다. 즉 첫째, 북아일랜드에서 세력이 있는 신교도 배심원들은 당파심이 강한 평결을 내릴 위험이 있다는 것이었다. 신교도 측인 충성주의파 피고인들은 신교도 배심원들의 도움으로 정도에 벗어난 그릇된 무죄판결을 선고받을 수 있는 위험이 있다는 것이었다. 둘째, 배심원들은 준군사적인 테러 조직의 조직원으로부터 협박을 받을 위험이 있다는 것이었다. 그리고 이와 같이 협박을 받은 배심원은 나쁜 배심원이라는 것이었다.[38)]

디플록위원회의 위 건의에 따라 영국 정부는 1973년 Northern Ireland Emergency Provisions Act 제2조 제1항에 테러리스트 범죄(a scheduled offence)로 소추된 사건의 재판은 배심 없는 법정에서 심리하도록 규정하였다.[39)] 따라

37) Paddy Hillyard and Janie Percy-Smith, 앞의 논문, p.339.; David Bonner, 앞의 논문, p.28; Kieran McEvoy, "What Did the Lawyers Do During the 'War'? Neutrality, Conflict and the Culture of Quietism", *The Modern Law Review*, 74(3), 2011, p.361.

38) David Bonner, 앞의 논문, p.25; Kieran McEvoy, 앞의 논문, p.364; John D. Jackson and Sean Doran, "Conventional Trials in Unconventional Times: The Diplock Court Experience", *Criminal Law Forum*, Vol. 4, No. 3., 1993, p.505.

39) Kieran McEvoy, 앞의 논문, p.364; 테러리스트 범죄(scheduled offence)는 Northern Ireland Emergency Provisions Act 별표1 일람표의 범죄로서, 비상 상황과 관련하여 범한 중대범죄, 즉 살인, 상해 그리고 특히 금지된 조직의 조직원과 같은 분쟁에 더욱 더 관련된 범죄 등을 말한다. John D. Jackson, Katie Quinn, and Tom O'Malley, "The Jury System in contemporary Ireland; in the shadow of a troubled past", *Law and Contemporary Problems*, Vol. 62, No. 2, 1999, p.222.

서 테러리스트 범죄에 대한 재판은 이른바 '디플록(Diplock)' 재판이라는 이름으로 배심 없이 단독판사에 의해 심리되었다.[40] 디플록(Diplock) 재판은 북아일랜드 벨패스트(Belfast) 형사법원의 중심이 되었다. 그러나 디플록 재판은 많은 비판을 받았다. 기포드(Gifford)는 디플록 재판 절차에서 배심이 없다는 것은 슈퍼그래스 시스템의 주요한 결점이었고, 북아일랜드의 사법부와 법률시스템에 대한 국민의 신뢰를 침식하였다고 주장하였다.[41]

(2) 자백에 대한 증거능력 인정의 완화

보통법 하에서는, 자백이 임의로 취득되었다는 사실을 소추기관이 입증할 수 있을 때에만 그 자백이 피고인에 대한 증거로서 허용될 수 있었다. 그래서 북아일랜드 법원은 연장된 구금기간 중 피의자 신문을 통해 수집된 진술증거를 배제하였다. 왜냐하면 이 경우 피의자는 임의성이 없는 강요된 상태에서 자백을 하였을 가능성이 많다고 보았기 때문이다. 그런데 1978년 Northern Ireland Emergency Provision Act 제8항(1973년의 위 법 제6항)은, 피고인이 테러리스트 범죄에 있어 자백을 배제시키려면 그 자백이 고문 또는 학대에 의해 수집되었음을 입증할 수 있는 일견의 증거(*prima facie*)를 반드시 제시하도록 규정하였다.[42]

만약 피고인의 위 주장이 성공적으로 이루어지면 소추 당국은 판사에게 피고인의 진술이 고문 또는 학대에 의해 수집된 것이 아니었다거나 또는 만약 고문 등과 같은 사실이 있었다면 그것은 자백을 유인하기 위해 사용되지 않았다거나 자백이 학대 등의 결과로서 취득된 것이 아니었다는 사실을 합리적 의문의 여지가 없을 정도로 입증하여야 할 책임을 졌다. 이 규정을 둔 법률적 목적은 확대된 체포 및 조사 권한의 결과인 자백을 뒤이어 개정될 재판에서 증거로 인정될 수 있음을 선언하기 위해서였다.[43]

---

40) David Bonner, 앞의 논문, p.27.

41) Kieran McEvoy, 앞의 논문, p.367; 그러나 북아일랜드에서의 상황이 배심재판을 작동할 수 없게 만들 때 배심재판 자체의 폐지가 불공정하다고 주장하는 사람들은 거의 없었다. John D. Jackson, Katie Quinn, and Tom O'Malley, 앞의 논문, p.222.

42) Steven C. Greer, 앞의 논문, p.233.; David Bonner, 앞의 논문, p.26.

43) Steven C. Greer, 앞의 논문, p.233.

요컨대 위 규정에 의해 테러리스트 범죄에 대한 재판에서 피고인의 자백은 더욱 쉽게 받아들여질 수 있게 되었다. 왜냐하면 종전 보통법 하에서 자백에 대한 임의성 심사는 자백을 증거로 인정하는 것을 과도하게 금지하였기 때문이다. 그 결과 다른 법원에서는 받아들일 수 없는 자백이 테러리스트 범죄 재판에서는 받아들여질 수 있게 되었고, 이러한 증거는 유죄를 선고하는 데 이용되었다. 실제로 디플록재판은 피고인에 대한 유일한 또는 주요 증거인 자백증거에 많이 의존하였다.[44)]

(3) 슈퍼그래스 전략의 도입

1973년 디플록위원회의 건의에 따라 테러리스트 범죄에 대한 디플록재판이 도입되었다. 이에 따라 형사소추의 수단으로서 테러리스트를 형사상 범죄인으로 취급하는 '범죄인에 대한 유죄(criminalization)'가 주요 정책이 되었다. 그리고 유죄선고를 확보하기 위한 효과적인 수단으로서 슈퍼그래스를 증거로 사용하는 슈퍼그래스 전략이 채택되었다.[45)][46)]

1970년대 재판에서 슈퍼그래스가 증거로 사용된 적은 많지 않았다. 그러나 1980년대 초부터 중반까지 준군사조직의 혐의자들에 대한 대규모의 재판에서 슈퍼그래스 전략은 적극 사용되었다. 그리고 초기 유죄율은 매우 높았다. 예컨대, 처음 3건(이른바 Bennett, Black, McGrady 사건)의 재판에서 64명의 피고인 중 88퍼센트가 유죄선고의 판결을 받았다.[47)]

---

44) David Bonner, 앞의 논문, p.27: John D. Jackson and Sean Doran, 앞의 논문, p.506.

45) David Bonner, 앞의 논문, p.29; John D. Jackson and Sean Doran, 앞의 논문, p.507.

46) 북아일랜드가 슈퍼그래스(supergrass) 전략을 채택하게 된 배경은 우리나라에서의 사법협조자 소추면제·형벌감면제도 도입 여부와 관련하여 한 가지 고려할 점을 제공한다. 즉 북아일랜드는 수년간 계속된 종교 간 갈등과 무력충돌, 그리고 고도의 테러 폭력을 처리하기 위하여 비상수단으로서 위 전략을 채택하였다. 이탈리아도 테러리스트 조직인 붉은 여단을 와해시키기 위해 왕의 증거, 즉 사법협조자를 도입하였고, 독일은 1970년대 테러리스트 조직인 적군파에 대응하고자 왕의 증거 제도에 대한 도입을 논의하기 시작하였다. 따라서 우리나라에서 사법협조자 소추면제·형벌감면제도를 도입하기 위해서는 이 제도를 도입하지 않으면 안 될 사회적 배경, 즉 테러 조직의 활동 등 이 제도에서 언급한 각종 조직범죄가 만연하여 국가와 사회를 위해 더 이상 방치해서는 안 될 배경이 있어야 한다.

47) Kieran McEvoy, 앞의 논문, p.366.

4. 북아일랜드에 있어 슈퍼그래스 전략의 전개 과정

가. 슈퍼그래스에 대한 개요

1981년 블랙(Black) 재판 이후 많은 사람들이 슈퍼그래스가 되었다. 최소한 27명의 범죄인이 자신들의 옛날 동료들을 상대로 증거를 제공하겠다고 동의하였다.[48] 대부분의 슈퍼그래스는 체포된 이후 조사를 받는 동안에 고용되었다.[49] 슈퍼그래스 중 한 명은 여자였다. 슈퍼그래스들은 주로 20대 또는 30대였고, 현직 또는 전직 준군사조직의 조직원이었다.[50] 슈퍼그래스 중 20명은 공화주의자와 관련이 있었다. 그중 15명은 Provision IRA(아일랜드공화국군)와 관련이 있었고, 5명은 INLA(아일랜드민족해방군)와 관련이 있었다.[51] 충성주의자(Loyalist) 7명 중 5명은 UVF(얼스터의용군)와 관련이 있었고, 2명은 UDA(얼스터방위협회)와 관련이 있었다.[52] 슈퍼그래스로 전향한 자 중 10명만이 자신들의 증거에 의해 소추된 사람들의 재판이 모두 끝날 때까지 슈퍼그래스로 남아 있었다.[53] 슈퍼그래스로 전향한 자 중 15명은 자신의 진술을 취소하였다. 그중 12명은 공화주의자였고, 3명은 충성주의자였다. 이들이 취소한 이유는 일부는 공화주의자 그룹이 제공한 은사의 이익 때문이었고, 일부는 충성주의자 준군사조직이 슈퍼그래스의 가족을 협박하였기 때문이었다.[54]

---

48) David Bonner, 앞의 논문, p.29.

49) Paddy Hillyard and Janie Percy-Smith, 앞의 논문, p.342.

50) David Bonner, 앞의 논문, p.29; 그런데 Supergrass에 관한 통계는 일치하지 않는다. Paddy Hillyard and Janie Percy-Smith, 앞의 논문, p.342; Kieran McEvoy, 앞의 논문, p.366; Peter J. P. Tak, 앞의 논문, p.6.

51) IRA와 INLA는 가톨릭교도를 지지하는 비밀군대였다. 북아일랜드에서 신교도와 가톨릭교도는 정치적·종교적 갈등으로 대립하였다. 신교도가 북아일랜드의 의회를 지배하고 있었기 때문에 가톨릭교도는 정치적·경제적으로 불리한 처지에 있었다. 1960년대에 들어서 가톨릭교도에 대한 심각한 탄압과 차별행위는 결국 시위의 원인이 되었다. 신교도와 가톨릭교도 간의 갈등과 무장투쟁은 2007년 신교도와 가톨릭교도의 공동정부가 출범함으로써 막을 내렸다. 한일동, 「아일랜드」, 동인, 2008, 115~124면.

52) UVF와 UDA는 신교도를 지지하는 비밀군대였다.

53) David Bonner, 앞의 논문, p.30.

54) *Ibid.* at 30; Peter J. P. Tak, 앞의 논문, p.6.

슈퍼그래스가 어떤 사람이었는지를 보자.

슈퍼그래스인 블랙(Black)은 위험하고 무자비한 테러리스트였다.[55] 블랙은 1975년 IRA에 가입한 다음 그해 12월에 강도미수죄로 체포되어 징역 10년을 선고받고 5년을 복역한 뒤 1980년 12월 석방되었다. 그는 곧바로 IRA에 다시 가입한 뒤 1981년 내내 폭력 사건에서 주요한 역할을 하면서 테러리스트 활동을 하였다.[56]

슈퍼그래스인 그림리(Grimley)는 가택침입죄, 고의 손상죄, 절도죄를 포함한 많은 범죄 전력을 가지고 있었고, 자살을 시도한 후 정신병원에 입원한 전력이 있었다. 슈퍼그래스인 베넷(Bennett)은 UVF에서 활동하였던 자로서, 무례하고 수단이 좋은 노련한 범죄인이었다. 베넷은 1972년 총기, 탄약, 화약 소지죄로 구속되었다가 보석으로 석방되었고, 1974년 대량의 화기·화약소지죄로 징역 12년을 선고받고 1980년 석방된 뒤 1982년 5월 무장강도죄로 체포되었다.[57]

슈퍼그래스인 맥그래디(McGrady)는 유스(Youth)라고 부르는 조직에 가입한 후 종교적 경험을 한 의지가 약하고 감동받기 쉬운 사람이었다. 맥그래디는 영국과 북아일랜드에서 나타난 슈퍼그래스 중 유일하게 스스로 경찰에 출석하여 자신의 범행을 자백하였다. 그는 자신의 남동생을 비롯한 일부 사람들이 자신이 책임져야 할 범죄에 대하여 부당하게 유죄를 선고받았다고 주장하였다.[58] 슈퍼그래스인 커크패트릭(Kirkpatrick)은 영국의 첫 번째 슈퍼그래스인 버티 스몰스(Bertie Smalls)의 과거를 완전히 무색하게 할 정도의 과거를 가지고 있었다. 커크패트릭은 5개의 살인죄와 다른 범죄로 합계 922년의 동시집행의 징역형을 선고받았다.[59]

위와 같은 슈퍼그래스의 부정적 특성은 슈퍼그래스 전략에 대한 논쟁을 일으켰다.

---

55) Paddy Hillyard and Janie Percy-Smith, 앞의 논문, p.343.

56) Steven C. Greer, 앞의 논문, p.237.

57) *Ibid.* at 235.

58) *Ibid.* at 238.

59) Paddy Hillyard and Janie Percy-Smith, 앞의 논문, p.343.

나. 슈퍼그래스가 출현한 이유

슈퍼그래스로 전향하고자 하는 자는 장기간의 징역형 선고가 확실한 상황하에서 경찰에 의해 검거된 자이다. 슈퍼그래스로 전향하려고 하는 대부분의 사람들은 소추면제를 얻기 위해서 또는 선고형의 감경이나 사면에 의한 조기석방에 대한 기대를 얻기 위해서, 또는 돈이나 자신과 자신의 가족에 대한 재정적 지원과 보호 그리고 안전한 환경에서의 새로운 인생과 직업에 대한 기대 등을 얻기 위해서 협조하겠다고 나타난다. 그러나 대부분의 사람들이 슈퍼그래스가 되고자 하는 가장 강력한 동기는 장기간의 수감을 피하려는 열망이라고 말할 수 있다.

블랙 사건에서 켈리(Kelly) 판사는 "슈퍼그래스가 되려고 한 이유는 징역형을 면하기 위해서였다"고 말했다. 또 베넷 사건의 판사도 "베넷은 교도소 방에서 장기간의 시간을 보내고 싶지 않았기 때문에 왕의 증거로 전향하는 길을 선택하였다는 것이 나의 확고한 견해이다"라고 말했다.[60]

요컨대 슈퍼그래스로 전향하기 위한 중요한 동기는 대부분 이기주의 또는 자기보존에 있었다.[61]

경찰은 슈퍼그래스를 전향한 테러리스트(converted terrorists)라고 불렀다. 이렇게 불렀던 이유는 전향한 테러리스트들이 자신들의 활동 방식이 잘못되었음을 깨닫고 경찰로부터 어떠한 압력도 받지 않고 임의로 진술하였음을 보여주고 싶었기 때문이다.[62] 그러나 북아일랜드에서 출현한 슈퍼그래스 중 잘못을 깨닫고 전향한 테러리스트는 앞에서 언급한 맥그래디 한 명뿐이었다.[63]

슈퍼그래스의 출현에는 경찰도 한 몫을 하였다. 경찰은 사실상 범죄인을 상대로 슈퍼그래스로 전향하도록 권유하였다. 예컨대 더못 월시(Dermot Walsh)는, 경찰에서 조사를 받았으나 소추되지 아니한 사람들 중 35퍼센트는 경찰로

60) *Ibid.* at 345; Steven C. Greer, 앞의 논문, p.236.

61) David Bonner, 앞의 논문, p.31.

62) *Ibid.* at 30.

63) Paddy Hillyard and Janie Percy-Smith, 앞의 논문, p.345.

부터 정보를 제공하라는 압력을 받았다고 말하였다.[64] 또 법정에서의 슈퍼그래스의 진술과 그 후에 진술을 취소한 슈퍼그래스의 진술에 의하면 경찰이 범죄인을 상대로 슈퍼그래스로의 전향을 독려한 사실을 뒷받침하고 있다.[65] 물론 이때 경찰이 제의하였던 보상은 돈이나 새로운 직업 또는 안전한 다른 곳에서의 새로운 인생과 새로운 신분 보장 등이었으나 가장 강력한 보상은 그들이 저지른 범죄에 대한 소추면제였다.[66]

참고로, 영국의 슈퍼그래스는 1972년 처음 등장하였다. 1972년 12월 버티 스몰스[Derek Creighton(일명 Bertie) Smalls]는 런던 등지의 은행 강도죄로 혐의를 받고 있는 강도집단의 중요한 조직원으로 체포되었다. 그는 경찰에서 자신을 석방하면 공범자의 이름을 대겠다고 제의하였고 검찰총장은 스몰스에 대한 소추면제를 승인하였다. 1973년 7월 스몰스는 중대범죄로 소추되어 법정에 출석하였으나 소추 쪽이 증거를 제출하지 않음으로써 스몰스는 석방되었다. 곧이어 스몰스는 25명의 피고인이 관련된 3개의 재판에서 소추 측의 주요 증인으로 나왔다.[67] 1심 재판 결과 피고인들은 항소하였고, 항소심[R. v. Turner(1975).66Cr. App.R.67]은 처음으로 슈퍼그래스의 증언에 의해 다수의 피고인을 소추하는 실무 관행을 인정하였다.[68]

이어 법원은 손 사건 「R. v. Thorne[(1978)66Cr.App.R.6]」에서 터너(Turner) 사건의 판결과 같이 소추 수단으로서 슈퍼그래스의 사용을 인정하였다.[69]

손 사건의 내용을 보면, 슈퍼그래스인 오마호니(O'Mahoney)는 1974년 6월에 체포된 뒤 3개월 후 법원에 출석하여 13개의 무장강도를 비롯한 102개의 범죄사실을 인정하였다. 위 재판에서 증인인 2명의 경찰관들은 오마호니에게 우호적으로 증언을 하였고, 또 법원에 대하여 오마호니가 많은 정보를 제공하였

64) *Ibid.* at 343.

65) Paddy Hillyard and Janie Percy-Smith, 앞의 논문, p.343; Steven C. Greer, 앞의 논문, p.199.

66) Paddy Hillyard and Janie Percy-Smith, 앞의 논문, p.343.

67) Steven C. Greer, 앞의 논문, p.222.

68) *Ibid.* at 223.

69) *Ibid.* at 227.

음을 확신시켰다. 판사는 오마호니의 협조에 대한 가치를 받아들인 다음 원래 오마호니의 전과에 의하면 적어도 징역 15년을 선고할 수 있었음에도 불구하고 그에게 징역 5년을 선고하였다. 그 후 1975년 여름부터 1976년 여름 사이에 오마호니는 일련의 사건에서 소추 측 증인으로 나왔다. 1심 재판 결과 피고인들은 항소하였고, 항소심은 일부 피고인에 대하여 1심의 유죄선고를 지지하고 소추 수단으로서 슈퍼그래스의 사용을 인정하였다.[70)]

다. 슈퍼그래스 전략에 있어 경찰과 소추기관(검찰)의 역할

북아일랜드에서 테러리스트 범죄와 관련한 경찰의 역할은 테러리스트 혐의자를 검거하고 혐의자를 상대로 증거를 수집하는 것이다.[71)] 또 경찰은 슈퍼그래스가 주요 증인으로서 역할을 다할 수 있도록 유지하고 도와주는 일을 한다.

한편 북아일랜드 검찰총장은 경찰에 의해 선택된 혐의에 대하여 소추할 권한을 가지고 있다. 북아일랜드 검찰총장은 법무장관의 감독과 일반적인 지시 하에 슈퍼그래스에 근거한 형사절차를 진행할 것인지에 관한 결정과 슈퍼그래스에게 소추면제를 승인할 것인지에 관한 결정을 한다. 검찰총장은 사건 자체의 사실적 측면과 위험한 범죄인이 자신의 범죄에 관하여 형사재판을 면하게 해서는 아니 된다는 공공이익(public interest)의 측면에서 사건의 진행 여부를 결정한다. 그런데 검찰총장이 소추면제의 승인에 관한 권한을 가지고 있지만 실무상 이것이 가능한지는 의문스럽다. 왜냐하면 경찰이 슈퍼그래스의 행동에 관한 모든 정보를 가지고 있고, 슈퍼그래스의 잠재력을 평가할 수 있기 때문이다.[72)]

검찰총장이 소추면제에 대한 승인 여부를 결정할 때 고려하여야 할 일반적 기준으로는 첫째, 정의의 이익(the interests of justice) 안에서 혐의자를 피고인보다는 국가를 위한 증인으로 확보하는 것이 더 가치가 있는지의 여부, 둘째, 공공안전의 이익(the interests of public safety and security) 안에서 범죄인의 활동에 대한 특징과 범위에 관한 정보를 얻는 것이 개인으로서 유죄판결을 확보하는

---

70) *Ibid.* at 226.

71) David Bonner, 앞의 논문, p.36.

72) Paddy Hillyard and Janie Percy-Smith, 앞의 논문, p.345.

것보다 훨씬 더 중요한지의 여부, 셋째, 소추면제의 제의 없이 모든 정보를 얻을 수 있을 것 같지 않은지의 여부, 그리고 모든 소추가 면제 제의가 제공된 사람에 대하여 제기될 수 있을 것 같지 않은지의 여부[73] 등이 있다.[74]

일단 소추면제가 승인되면 그 소추면제는 오직 슈퍼그래스가 폭로한 범죄에 관해서만 그리고 슈퍼그래스가 제공한 진실한 진술에 관해서만 제한적으로 효력이 있다. 따라서 슈퍼그래스는 자신이 폭로하지 않았던 범죄에 관하여 소추될 수 있다. 또 슈퍼그래스가 허위의 진술을 하거나 잘못된 진술을 한 것으로 판명되면 그 점에 관하여 소추될 수 있다.[75]

슈퍼그래스가 소추면제를 받았다는 사실은 법정과 피고인에게 공개된다. 법무장관은 증인과 소추 당국 간에 그 어떠한 거래나 협상은 없다고 공식적으로 발표하나 이 발표는 소추면제가 재판에서의 유죄선고를 조건으로 한 것이 아님을 의미한다고 보아야 할 것이다. 따라서 슈퍼그래스가 공범자에 대한 유죄의 증명을 못하였더라도 소추면제는 효력을 잃지 않는다.[76]

여기서 한 가지 중요한 것은 영국(England)에서는 1975년 로턴(Lawton) 사건 판결(R. v. Turner) 이래 1984년까지 소추면제가 승인되지 않았다는 것이다. 이에 반해 북아일랜드에서는 15명에 대하여 소추면제가 승인되었는데 이와 같이 소추면제가 많이 승인된 것은 슈퍼그래스로의 전향을 위한 강력한 보상이 필요했던 북아일랜드의 특수한 상황을 반영한다고 말할 수 있다.[77]

---

73) *Ibid.* at 345; David Bonner, 앞의 논문, p.38.

74) 이러한 기준은 이 제도의 도입을 반대하는 쪽에서 주장하는 논거, 즉 검사가 수사 편의를 위해 이 제도를 남용할 수 있다는 주장과 관련하여 시사하는 바가 크다. 즉 북아일랜드의 경우 검사가 제한 없이, 그리고 일정한 기준 없이, 언제든지 사법협조자를 정하고 그에게 소추면제를 주었던 것은 아니었음을 알 수 있다. 이러한 입장은 미국도 마찬가지이다. 미국의 경우 현재 검사는 공공의 이익을 위하여, 피의자의 협조가 필요하고, 협조를 구할 수 있는 다른 방법이 없거나 효과적이지 않을 때 감독권자의 승인을 받아 협조의 대가로 불기소 합의(non-prosecution agreement)를 할 수 있도록 규정하고 있다. 이와 같이 불기소 합의는 최소한으로 제한하고 있다. 따라서 우리나라에서 사법협조자 소추면제·형벌감면 제도를 도입할 경우, 이러한 엄격한 기준을 마련할 필요가 있다.

75) David Bonner, 앞의 논문, p.38.

76) *Ibid.* at 38.

77) Paddy Hillyard and Janie Percy-Smith, 앞의 논문, p.345.

한편 소추면제의 승인에는 다음과 같은 한계가 있었다. 예컨대 공범자에 대하여 적대적인 자로서, 실제로 살인을 실행한 살인자들, 총의 방아쇠를 당긴 자들에게는 소추면제가 승인되지 않았다. 이는 경험법칙으로서 적용되었다.[78)]

또 소추면제가 항상 승인되는 것은 아니었다. 1988년까지 북아일랜드 검찰총장은 9건을 승인하지 않았다.[79)] 북아일랜드의 실무는 슈퍼그래스가 증거를 제공하기 전에 재판에 회부되어 형을 선고받는다. 이것은 슈퍼그래스가 증거를 제공한 동기가 그가 증거를 제공하지 않으면 받을 형보다 감경된 형의 선고를 받을 것을 기대한 것이 아님을 의미한다.[80)]

라. 슈퍼그래스에 대한 준비

슈퍼그래스전략의 성공은 슈퍼그래스에 대한 준비에 달려 있다. 이 준비의 본질은 슈퍼그래스가 증거를 제공하도록 계속 유지하는 것이다. 일반적으로 준비기간은 1년에서 2년이다. 소추면제를 받은 슈퍼그래스는 그들의 가족과 함께 계속 보호된다. 이미 형을 복역하고 있는 사람들은 벨패스트(Belfast)에 있는 크럼린 로드(Crumlin Road) 교도소의 특별구역에 수용된다.[81)]

경찰은 슈퍼그래스로부터 수년전에 있었던 수백 개의 서로 다른 사건에 관한 정보를 수집하는 것이 쉬운 일이 아님을 알고 있다. 이를 극복하기 위해 경찰은 슈퍼그래스의 진술에 개입하게 된다. 그 결과 대부분의 슈퍼그래스는 경찰이 지시한 방법으로 진술을 한다. 예컨대 슈퍼그래스로 전향한 다음 진술을 취소한 맥컨키(McConkey)는 법정에서 경찰이 자신에게 IRA의 협의자에게 불리하게 증언할 IRA 협의자의 목록을 주었다고 진술하였다. 또 그림리(Grimley)는 재판에서 경찰이 자신에게 피고인석에 있는 사람들이 테러리스트 활동에 연루되도록 피고인의 이름을 적어 주었다고 진술하였다.

슈퍼그래스를 보호하기 위해 구금하는 것은 두 가지의 목적 때문이다. 첫

78) Paddy Hillyard and Janie Percy-Smith, 앞의 논문, p. 345.; David Bonner, 앞의 논문, p.39.
79) David Bonner, 앞의 논문, p.39.
80) *Ibid.* at 39.
81) Paddy Hillyard and Janie Percy-Smith, 앞의 논문, p.345.

째는, 슈퍼그래스가 재정적·심리적·감정적으로 경찰에 완전히 의존하는 관계를 정립하기 위해서이다. 예를 들면 블랙 재판에서 경찰과 블랙은 보통의 경우 매우 친밀한 사적인 관계에서만 볼 수 있었던 친밀감을 공유하였다. 둘째는, 슈퍼그래스를 상대로 한 진술 취소의 설득으로부터 차단시키기 위해서이다.[82)]

슈퍼그래스를 보호하기 위한 구금의 실태는 다음과 같다. 슈퍼그래스인 숀 말론(Sean Mallon)과 그의 여자친구 패트리샤 휴즈(Patricia Hughes)는 자신의 진술을 취소한 다음 기자회견에서 "우리들은 신문을 위해 고프 막사(Gough Barracks)로 인도된 다음 경찰에 의해 뱅거(Bangor)로 갔다. 2주 후 두 명의 RUC 형사와 함께 비행기로 길퍼드 서리(Guildford Surrey)에 있는 경찰연수센터로 갔다. 우리들은 전화를 할 수 없었다. 우리들에게 온 편지는 형사가 읽어 주었다. 우리들은 경찰로부터 돈을 받았고 소비한 내용을 기록하였다. 한번은 프랑스로 당일치기 여행을 간 적이 있었고 한번은 며칠 동안 콘월(Cornwall)에서 지냈다"[83)]고 말했다.

마. 슈퍼그래스 전략의 이익과 위험

슈퍼그래스의 증언은 값을 매길 수 없을 만큼 가치가 있다.[84)] 왜냐하면 일반적으로 테러 집단의 공범은 협박과 두려움 때문에 슈퍼그래스로 전향하거나 증인으로 나서지 않으며, 또 테러 집단의 조직원들은 수사기관에서 경찰의 신문을 이겨내는 방법, 즉 묵비권의 행사가 최선의 방어라는 방법을 훈련받으므로 수사기관이 이들로부터 진술을 확보하는 것이 매우 어렵기 때문이다.

이러한 상황에서 슈퍼그래스의 증언은 폭력적이고 비밀스러운 범죄조직을 수사와 재판을 통해 세상에 드러나게 하니 값을 매길 수 없는 것이다. 슈퍼그래스의 증언은 테러 집단 내부자의 증거이다. 그는 누가 무엇을 했는지 알 수 있는 위치에 있는 자이다. 아울러 그는 테러리스트의 조직과 활동에 관여한 자 등 조직 내의 주요 인물을 정확하게 지적할 수 있는 자이다. 따라서 슈퍼그래스는

---

82) *Ibid.* at 347.

83) *Ibid.* at 348.

84) David Bonner, 앞의 논문, p.31.

자신의 진술에 의해 테러리스트의 조직과 활동에 관여한 자들로 하여금 형사재판을 거쳐 유죄 선고를 받게 할 수 있는 자이다. 결국 이러한 슈퍼그래스의 역할에 의해 북아일랜드에서의 정치폭력 사건은 감소하였다. 또 수사기관은 슈퍼그래스로부터 수집한 정보를 통해 준군사조직이 숨겨둔 무기와 폭발물을 발견하기도 하였다.[85)]

아울러 슈퍼그래스를 통해 이전에는 장기간 수사와 재판을 피해 갔던 조직의 후원자들이 재판을 받고 수감되었고, 그 결과 후원자들의 테러리즘에 관한 운동을 막을 수 있었다.[86)]

그렇다면 슈퍼그래스 전략은 성공하였는가. 먼저 재판이 끝난 10개 공판에서 슈퍼그래스의 일부 또는 전부의 증거에 의한 피고인의 유죄율은 약 55%였다. 재판에서 유죄의 선고를 받은 대부분의 피고인은 매우 중대한 범죄로 징역형을 선고받았다.

블랙(Black) 재판에서 35명의 피고인이 유죄선고를 받았는데 그 중 4명이 살인죄로 무기징역형을 선고받았고, 5명은 15년 또는 그 보다 많은 형을, 1명은 12년을, 10명은 5년 이상을 각 선고받았다. 맥그래디(McGrady) 재판에서 7명의 피고인이 유죄선고를 받았다. 1명은 무기징역형을 선고받았고, 또 다른 1명은 12년을, 4명은 5년 또는 그 이상을 각 선고받았다. 커크패트릭(Kirkpatrick) 재판에서 26명이 징역형(유죄선고는 27명)을 선고받았다. 10명은 무기징역형을 선고받았고, 2명은 20년, 7명은 15년, 1명은 14년, 3명은 12년을 그리고 1명은 10년, 다른 2명은 각각 8년과 7년을 선고받았다.[87)]

북벨페스트(North Belfast)의 IRA의 활동은 블랙(Black) 재판에서의 유죄선고로 인해 심각하게 위축되었다고 보도되었다. UVF와 INLA도 슈퍼그래스 전략에 의해 매우 심한 타격을 받았다.[88)] 나아가 북아일랜드 경찰의 1983년 정례보고에 의하면, 슈퍼그래스에 의해 제공된 증거와 정보는 흉악한 폭력범죄인들을

85) *Ibid.* at 32.
86) Edgar Graham, “A Vital Weapon in the Anti-Terrorist Arsenal”, *Fortnight*, October, 1983, p.10.
87) David Bonner, 앞의 논문, p.32.
88) *Ibid.* at 32.

사회로부터 제거하는 데 크게 기여하였고, 북아일랜드의 공화주의자 테러리스트와 충성주의자 테러리스트의 조직과 활동 등에도 중대한 타격을 주었다.[89)]

위와 같이 슈퍼그래스 전략으로 인해 얻은 이점이 있는 반면, 슈퍼그래스 전략을 지지하는 자들도 이 전략에는 경찰이 공들인 공범(슈퍼그래스)증거의 위험, 즉 공범증거의 신용 또는 신뢰에 문제가 있음을 인식하고 있다. 물론 이러한 위험은 경찰로부터 독립된 소추 당국이 증거에 대한 세심한 평가를 함으로써 적절히 대처할 수 있다고 말한다. 즉 공개된 법정의 독립한 판사 앞에서 최고의 변호인에 의한 신문과 반대신문을 통해 슈퍼그래스의 진술에 대하여 완전한 심사를 할 수 있고, 이러한 심사를 거쳐 슈퍼그래스의 신용성을 평가함으로써 슈퍼그래스의 위험을 극복할 수 있다고 주장한다. 또 판사는 판결에 유죄의 이유를 기재하여야 하는데, 피고인은 판결에 불복하여 항소할 수 있고, 이 항소를 통해 판결이유를 다시 심사할 수 있기 때문에 위 위험을 극복할 수 있다고 말한다.[90)]

그러나 이러한 주장에도 불구하고 소추를 위해 슈퍼그래스를 하나의 무기로 사용하는 것에 대한 반대 의견이 많았다. 특히 북아일랜드의 소추·재판·항소제도가 의심스러운 증거에 의해 무고한 사람들이 유죄선고를 받을 수 있는 위험을 극복할 수 있는 적합한 제도인지에 관한 우려들이 많이 제기되었다.

먼저 슈퍼그래스의 옛 동료들에 대한 혐의를 슈퍼그래스의 진술에 근거한다는 것은 본질적인 위험이 있다는 것이다. 잭슨(Jackson)은 "공범(슈퍼그래스)은 부정직하게 진술할 위험이 있다. 공범들은 종종 부정행위에 관한 범죄 전력을 가지고 있는 사람들이다. 그는 검찰과 사이에, 그가 자백한 범죄에 대하여 소추면제를 받은 대가로, 또는 보석이나 관대한 형의 선고를 받는 대가로, 또는 돈이나 보호의 대가로 각각 다른 사람들에 대하여 불리한 증언을 하겠다고 거래

89) Paddy Hillyard and Janie Percy-Smith, 앞의 논문, p.352; 전에는 테러리스트 범죄 등 조직범죄에 관여한 조직원들이 묵비권을 행사함으로써 경찰은 이들을 석방하여야 하였으나 슈퍼그래스(supergrass)를 사용함으로써 이들을 처벌할 수 있었다. Edgar Graham, 앞의 논문, p.10.

90) David Bonner, 앞의 논문, p.33.

하고, 증거를 제공할 수 있다. 공범은 범죄에 연루된 가담 정도를 낮추기 위해 자기 잇속만 차리는 행위로서 왕의 증거로 전향할 수 있는 위험이 있다. 또 공범은 적에 대한 옛 원한을 풀기 위하여 이 기회를 이용할 수 있는 위험이 있다" 고 말하였다.

다음으로, 슈퍼그래스 전략에는 공범(슈퍼그래스)의 진술이 틀릴 수 있다는 위험이 있다는 것이다. 즉 공범이 수년 전에 있었던 많은 범죄와 그 범죄에 연루된 많은 개인들의 이름을 지명할 때 공범들의 진술이 정확하지 않을 위험이 있다는 것이다. 더욱 문제가 되는 것은 슈퍼그래스가 체포된 시점과 그가 지명한 사람들이 체포된 시점 사이, 또 슈퍼그래스가 체포된 시점과 피고인들이 재판을 받는 사이가 길어질수록 슈퍼그래스의 진술은 정확하지 않을 가능성이 더욱 높다는 것이다. 그런데 이러한 지체로부터 발생하는 위험은 다른 곳에 있다. 이 기간 중에 경찰은 자신들이 의도하고 싶은 대로 슈퍼그래스를 완전히 지도하고 훈련시킬 수 있고, 그 결과 재판에서 슈퍼그래스의 진술이 마치 진실인 것처럼 보이게 함으로써 보강증거가 없을 때 종종 진실의 힘을 평가하여야 하는 판사로 하여금 증거에 대하여 오해를 하게 할 수 있다.[91)]

지금까지 슈퍼그래스 전략의 이익과 위험에 대하여 보았는데 이러한 슈퍼그래스 전략의 이익과 위험은 사법협조자 소추면제·형벌감면제도의 도입에 관해 논의 중인 우리에게 시사하는 점이 많다. 먼저, 슈퍼그래스 전략의 이익이 제시하는 시사점을 보면, 경찰과 검찰은 슈퍼그래스로 전향한 자들의 진술이 없었더라면 결코 수집할 수 없었던 테러리스트 조직에 관한 고급정보를 획득할 수 있었다. 그 결과 경찰과 검찰은 슈퍼그래스의 진술을 통해 효과적으로 테러조직의 수괴 등 주요 인물을 검거할 수 있었다. 또 경찰과 검찰은 슈퍼그래스를 통해 상당수의 테러리스트와 그 후원자들을 검거함으로써 북아일랜드 시민의 생명과 재산 그리고 공공안전을 위협하였던 테러리스트 조직을 와해시킬 수 있었다. 요컨대 슈퍼그래스는 많은 수의 범죄인이 연관된 북아일랜드의 테러리스트 조직을 척결하는 데 결정적 역할을 하였다. 이러한 슈퍼그래스 전략의 이익

91) *Ibid.* at 34.

은, 중세시대 영국이 반역죄 등 중죄 범죄인들을 처벌하기 위해 도입하였던 공범자증인(approver)의 장점 또는 역할, 그리고 18세기 중반 영국이 강도와 절도 등 집단범죄를 처벌하기 위해 사용하였던 왕의 증거 제도의 장점 또는 역할과 거의 동일함을 알 수 있다. 따라서 우리나라에서 사법협조자 소추면제·형벌감면제도의 도입에 찬성하는 쪽의 도입 필요성에 대한 논거, 즉 은밀하게 이루어지는 강력·마약·부패·테러 범죄에 대한 직접적인 증거를 확보하기 위해 내부가담자에게 소추면제 또는 형벌감면이라는 혜택을 주고 그로부터 진술을 확보함으로써 범죄를 효과적으로 규명할 필요가 있다는 논거는 슈퍼그래스 전략에서 나타난 결과에 비추어 볼 때 타당하다고 말할 수 있다.

다음, 슈퍼그래스 전략의 위험이 제시하는 시사점을 보면, 역시 공범의 진술에 대한 신빙성이 문제가 된다. 앞에서 본 바와 같이 슈퍼그래스 전략에는 북아일랜드의 테러리스트 조직을 와해시킨 긍정적인 측면이 있는 반면, 그 뒤안길에는 슈퍼그래스의 진술에 의해 기소된 테러리스트 중 45%가 무죄를 선고받았다는 부정적인 측면이 엄연히 존재하고 있음을 알 수 있다. 이는 일부 슈퍼그래스의 진술이 신빙성이 없음을 의미한다. 결국 경찰과 검찰은 신빙성이 없는 슈퍼그래스의 진술에 의해 무고(無辜)한 자를 범죄인으로 검거한 것이다. 슈퍼그래스 전략의 폐해라고 말할 수 있다. 그리고 이러한 폐해가 바로 북아일랜드와 영국의 국민들, 그리고 인권단체가 슈퍼그래스 전략을 비난했던 가장 큰 이유이기도 하다. 사법협조자는 범죄인이기 때문에 자신의 범죄를 가볍게 하기 위하여 다른 공범에게 책임을 전가할 수 있다. 또 사법협조자는 자신의 사적 감정 때문에 무고(無辜)한 자를 범죄인으로 지목할 수 있다.

이처럼 사법협조자는 처벌에 관한 혜택을 받기 위해 허위의 진술을 할 가능성이 상존한다. 북아일랜드에서 보여준 슈퍼그래스 전략의 이러한 위험은 사법협조자 소추면제·형벌감면제도의 도입을 반대하는 쪽의 논거, 즉 공범이 소추면제나 형벌감면을 받기 위해 허위의 진술을 할 우려가 있다는 논거가 타당함을 보여주고 있다. 따라서 사법협조자 소추면제·형벌감면제도에 대한 도입을 논의할 때 이러한 폐해를 차단할 수 있는 대책이 충분히 검토되어야 할 것이다.

바. 슈퍼그래스 전략에 대한 재판 과정에서의 논점

슈퍼그래스 전략과 관련한 재판 과정에서의 논점은 첫째, 슈퍼그래스의 증거능력 인정 여부, 둘째, 보강되지 아니한 슈퍼그래스 증거에 대한 문제점이다.

첫째, 공범(슈퍼그래스)은 공식적으로 증거능력이 있는 증인으로 간주된다. 공범에게 소추면제의 약속 또는 형의 감경 등 그 무엇을 주든지 간에 공범은 증인으로 인정된다.92) 영국의 보통법은 보상에 대한 기대에 의해 왕의 증거로 전향하도록 권유받은 공범들은 증거능력이 있는 증인으로 간주되었다.93)

둘째, 슈퍼그래스 재판에서 논쟁이 되는 것은 보강증거가 없는 증거에 근거한 유죄판결의 선고이다.94) 예컨대 슈퍼그래스인 베넷(Bennett) 사건에서 14개의 유죄선고 중 5개만이 보강증거가 있었는데95) 이것이 정당한 판결인가의 문제이다. 잉글랜드, 웨일즈, 북아일랜드의 법률은 형사재판에서 배심에게 공범의 증언에 의해 유죄를 결정할 수 있는 권한을 주었다. 이와 함께 19세기 이후 잉글랜드, 웨일즈, 북아일랜드에서는 판사가 배심원들에게 그들이 보강증거가 없는 공범의 증거에 의해 유죄의 평결을 할 수 있더라도 그렇게 하는 것은 위험하다는 것을 주의시키는 것이 관례가 되었다.96)

그리고 1954년 사이먼즈(Simonds)는 데이비스 사건 「Davies v. D.P.P.[(1954) A.C.378,399.]」에서 그때까지 관례 중 하나였던 "판사가 배심에게 주의시키는 규칙"은 법률의 규칙이 되었다고 단언하였다.97) 영국(English) 법의 공식적 입장은 "보강증거가 없는 공범 증거는 법에서 인정할 수 있다. 그러나 공범이 소추를 위하여 증거를 제공하였을 때 비록 배심이 공범의 증거에 의해 유죄선고를 할 수 있더라도 판사는 공범의 증거가 보강되지 않는다면 유죄선고를 하는 것은 위험하다는 것을 배심에게 주의시켜야 한다. 판사가 배심에게 이러한 주의를

92) Paddy Hillyard and Janie Percy-Smith, 앞의 논문, p.348.
93) Steven C. Greer, 앞의 논문, p.200.
94) Paddy Hillyard and Janie Percy-Smith, 앞의 논문, p.349.
95) *Ibid.* at 350.
96) Steven C. Greer, 앞의 논문, p.200.
97) *Ibid.* at 201.

하지 않았을 때에는 충분한 보강증거가 있더라도 그 유죄 선고는 파기될 것이다"[98]는 것이다.

그러나 여기서 유의하여야 할 점은 영국(English) 법정에서는 12명의 배심원들이 위 위험성에 대한 주의를 듣기 때문에 보강증거의 문제에 관한 서로 다른 입장을 가질 수 있는 기회가 있는 반면, 북아일랜드에서는 배심이 없는 판사 한 사람이 이 쟁점에 대하여 스스로 결정하여야 한다는 점이다.[99] 왜냐하면 앞에서 언급하였듯이 테러리스트 범죄를 심리하는 디플록(Diplock) 재판은 배심이 없는 재판이기 때문이다.

5. 슈퍼그래스 전략에 대한 평가

가. 슈퍼그래스 전략에 따른 재판 결과

재판은 배심이 없는 단독판사의 개정에 의해 심리되었다. 1986년까지 10개의 재판이 끝났다. 재판에 관여한 판사는 보강증거가 없는 유죄선고의 위험에 대하여 스스로 충분히 주의시켰다. 그 결과 판사는 슈퍼그래스의 사용은 소추를 위한 정책이 될 수 있을지언정 유죄를 위한 정책은 될 수 없음을 강조하였다.

판사들은 반대신문절차를 통해 경찰의 슈퍼그래스에 대한 훈련의 위험을 인식하고 있음을 보여 주었다. 또 판사들은 슈퍼그래스가 이미 형을 선고받았으므로 슈퍼그래스의 마음속에 딴 속셈이 없다는 주장에 대하여도 동의하지 않았다. 그리고 판사들은 슈퍼그래스의 증언을 판단력 없이 무조건 받아들이지 않았다.[100]

판사들은 5개의 재판에서 슈퍼그래스의 증거를 모두 기각하고 피고인들에 대하여 무죄를 선고하였다. 또 판사들은 2개의 재판에서 슈퍼그래스의 증거를 일부 기각하였고, 3개의 재판에서 슈퍼그래스의 증언을 받아들여 베넷(Bennett) 재판에서 피고인 14명, 블랙(Black) 재판에서 피고인 35명, 커크패트릭(Kirkpatrick)

98) Paddy Hillyard and Janie Percy-Smith, 앞의 논문, p.350.

99) *Ibid.* at 350.

100) David Bonner, 앞의 논문, p.43.

재판에서 피고인 27명에 대하여 유죄선고를 하였다. 1986년까지 227명의 피고인이 재판을 받았고, 그 중 120명이 유죄선고를 받았다. 유죄선고를 받은 자 중 93명만이 슈퍼그래스의 전부 또는 일부 증언에 의해 유죄선고를 받았다. 93명의 유죄선고를 받은 자 중 68명은 보강증거가 없는 슈퍼그래스의 증거에 의해 유죄가 선고되었다.[101)]

나. 법원의 슈퍼그래스 개인에 대한 평가

상소심이 슈퍼그래스의 증언이 지나치게 높게 평가되었음을 확인하였음에도 법원은 일부 슈퍼그래스를 유능한 증인으로 인정하였다.[102)]

그 결과 초기 슈퍼그래스인 베넷(Bennett), 블랙(Black), 맥그래디(McGrady) 사건에서 소추는 성공하였다. 그러나 그 이후 사건에서 판사들은 슈퍼그래스의 증언에 대하여 점점 비판적인 입장을 취하게 되었다. 특히 주요한 소추 쪽 증인의 신용성이 정밀조사의 대상에 올려졌다.[103)]

예를 들면, 슈퍼그래스인 그림리(Jackie Grimley)는 정신병력을 가지고 있는 40세의 상습범이었는데 7명의 피고인이 오로지 그림리의 증거에 의해 소추되었다. 이 사건에 대하여 깁슨(Gibson) 판사는 7명에 대한 혐의를 배척하고 무죄를 선고하였다. 깁슨 판사는 그림리의 증거에 관하여 완전히 믿을 수 없었다고 말했다. 왜냐하면 그림리가 법원과 경찰 양쪽에 제공한 정보는 반쪽만의 진실과 거짓의 혼합체였기 때문이었다. 또 그림리는 40개의 전과를 가지고 있었고, 어릴 때부터 거짓과 사기의 인생을 살았다고 말했다.

깁슨 판사는 그림리가 어떻게 하여 크레이개번(Craigavon)에 있는 RUC 특별지부의 정보제공자(informer)가 되었는지에 대한 세 가지의 모순된 변형을 밝혔다. 처음 그림리는 경찰이 자신을 신페인주의당(Sinn Fein colour party. Sinn Fein은 1905년경 아일랜드의 완전 독립을 위해 일어난 아일랜드 독립당을 말한다)의 조직원이었다는 혐의로 기소하겠다고 협박하여 정보제공자가 되었다고 말하였

101) *Ibid.* at 43; Peter J. P. Tak, 앞의 논문, p.6.
102) David Bonner, 앞의 논문, p.39.
103) Kieran McEvoy, 앞의 논문, p.366.

다. 그러나 이것이 거짓으로 판명되자 그림리는 성폭력으로 기소될 것이라는 두려움 때문에 정보제공자가 되었다고 말했다. 그러나 이것도 사실이 아님이 밝혀지자 그는 노골적으로 돈 때문에 정보를 건넸다고 말하였다. 깁슨 판사는, 그림리는 반대신문을 할 때 진실과 관계없이 순간에 따라 자신의 증언을 바꾸었다고 말했다.[104]

다. 슈퍼그래스 전략에 따른 법원의 재판에 대한 평가

이는 하나의 재판에서 다수의 피고인을 재판한 것에 대한 평가이다. 슈퍼그래스가 등장하는 사건은 통상 범죄사실이 1970년대까지 거슬러 올라가는 테러리스트의 사건이다. 또 많은 피고인들이 테러리스트 범죄와 관련한 혐의로 재판을 받는다. 그런데 많은 피고인들이 많은 혐의로 하나의 재판에서 함께 재판을 받는 이유는 이들 피고인들이 특정한 슈퍼그래스의 진술에 의해 소추되었다는 사실 때문이다.

블랙 재판에서 피고인은 38명이었다. 알렌(Allen)과 길모어(Gilmour) 재판에서 피고인은 각각 35명이었고, 커크패트릭(Kirkpatrick) 재판에서 피고인은 27명이었다. 기포드(Gifford)는 이러한 현상은 "교도소로 떼를 지어 가는 사람들에 대한 구경거리를 제공하고, 정의라는 이름으로는 가치가 없는 것이다"라고 주장하였다. 잭슨(Jackson)은 그런 재판들은 많은 피고인들을 가능한 한 하나의 절차에서 유죄선고를 하기 위해 고안된 "구경거리 재판"이라고 경고하였다.[105] 조지 베이커(George Baker)는 많은 피고인과 많은 범죄혐의가 있는 재판에 대하여 의문을 제기하고, 하나의 재판에 피고인의 수를 20명으로 제한할 것을 제의하였다.[106] 사실 독립적이고 고결한 한 사람이 장기간 재판을 하면서 다수의 피고인들의 다수의 혐의에 관한 증언에 직면하였을 때 과연 재판을 올바르게 할 수 있을까라는 의문이 들 수 있다. 물론 경험이 많은 판사는 배심이 있는 것보다 배심이 없는 재판에서 피고인들과 관련한 쟁점과 증거를 더 잘 분리하고 평가

---

104) David Bonner, 앞의 논문, p.40.

105) *Ibid.* at 44.

106) Paddy Hillyard and Janie Percy-Smith, 앞의 논문, p.349; David Bonner, 앞의 논문, p.44.

할 수 있다는 점을 인정한다고 해도 의문은 여전히 남는다. 분명한 것은 죄가 있는 자에 대한 유죄선고와 무고한 사람에 대한 무죄 석방이라는 훌륭한 재판은 더욱 더 작은 재판에서 나온다는 것이다.[107)]

6. 슈퍼그래스 전략의 쇠퇴

북아일랜드에서는 1986년경 슈퍼그래스 전략이 거의 사라지게 되었다. 이렇게 된 이유 중 가장 설득력이 있는 설명은 1983년 11월 맥그래디(McGrady) 재판 이후 슈퍼그래스 사건을 심리하는 판사들이 슈퍼그래스의 증언에 대하여 비판적인 입장을 취하기 시작하였다는 것이다.

예를 들면, 초창기 슈퍼그래스 사건이었던 베넷(Bennett), 블랙(Black), 맥그래디(McGrady) 재판에서는 유죄율이 매우 높았다. 그러나 그 뒤 7개 재판에서는 유죄율이 42퍼센트였고, 이 42퍼센트의 대부분은 커크패트릭(Kirkpatrick)의 평결 덕분에 나온 수치였다. 커크패트릭(Kirkpatrick)을 제외한 나머지 6개의 재판에서 유죄율은 29퍼센트였다.[108)]

그 다음으로 제기되는 설명은 1983년 11월 이후 수사 당국이 공범을 슈퍼그래스로 전향시키는데 실패하였다는 것이다. 이에 따라 법정에서 슈퍼그래스가 나타나는 것을 더 이상 볼 수 없게 되었다.[109)]

마지막으로 슈퍼그래스 전략에 대한 대다수 국민의 저항이 있었다는 것이다. 즉 슈퍼그래스 전략에 대한 이익이 크지 않고 슈퍼그래스 증거가 받아들여지지 않자 슈퍼그래스 전략은 일상적인 유죄의 확보 수단으로 끝나게 되었다.[110)]

한편 영국(English)에서는 1970년대 런던 지역에서 은행 강도 등 중대한 조직범죄가 급격히 증가하자 이에 직접 대응하기 위하여 슈퍼그래스를 사용하였는데 1980년대에 이르러 슈퍼그래스의 사용은 점점 쇠퇴하기 시작하였다. 그

107) David Bonner, 앞의 논문, p.44.

108) Steven C. Greer, 앞의 논문, p.240.

109) *Ibid.* at p.241.

110) Peter J. P. Tak, 앞의 논문, p.6.

이유는 첫째, 무장 은행 강도에서 불법마약으로 범죄의 형태를 바꾸는 것을 촉진하기 위해 전문적 범죄인들은 정보제공자(supergrass)의 밀고가 없도록 잘 공개되지 않는, 그리고 유대관계가 더욱 긴밀한 조직을 구성하였기 때문이고, 둘째, 배신자에 대한 응징이 사망이나 중상해 등 더욱 더 잔인하게 되었기 때문이며, 셋째, 배심원들이 슈퍼그래스의 증거에 대하여 더욱 더 신뢰하지 않았기 때문이다.[111)]

III. 결 론

지금까지 유럽과 미국에서의 사법협조자의 개념과 역사적 변천 과정, 그리고 북아일랜드에서 시행하였던 슈퍼그래스 전략과 이 전략을 통해 얻은 이익과 드러난 문제점 등을 살펴보았다.

북아일랜드의 슈퍼그래스 전략이 우리에게 다소 낯설 수 있다. 그러나 분명 우리에게 시사하는 점이 있다고 생각한다.

첫째, 슈퍼그래스 전략은 오늘날 유럽과 미국 등 많은 국가에서 형사사법제도로 도입하고 있는 '사법협조와 보상'이라는 시스템에 의해 시행되었다는 점이다. 물론 영국에서는 오래전부터 관습으로 '사법협조와 보상' 시스템을 시행하였고 최근에는 성문법에 도입하였다. 또 독일과 이탈리아, 프랑스에서도 이 시스템을 도입하고 있다. 따라서 "사법협조와 보상"이라는 것을 꼭 부정적 시각으로 바라볼 필요는 없을 것 같다. 이와 관련하여 일부에서는 '사법협조와 보상'을 '사법거래'로 보는 시각이 있으나 보상을 '정의의 이익과 공익'을 위해 제한적으로 사용한다면 이러한 시각은 불식될 수 있다고 본다. 한편, 여기서 우리가 유념하여야 할 점은 사법협조자 소추면제·형벌감면제도는 수사기관이 다른 통상의 수사방법으로는 조직범죄 등에 관한 진술이나 증거를 확보할 수 없을 때

---

111) Steven Greer, "Towards a sociological model of the police informant", *The British Journal of Sociology*, Vol. 46, No. 3, 1995, p.520. 그러나 앞에서 언급하였듯이 영국은 2005년 중대조직범죄 및 경찰법을 제정하면서 사법협조자 소추면제, 형의 감경제도를 도입하였다.

비로소 예외적으로 사용되어야 한다는 점이다. 이 점은 이 제도의 도입과 관련하여 논의될 때 반드시 검토되어야 할 논점이라고 생각한다.

둘째, 북아일랜드의 슈퍼그래스 전략은 테러리스트 등 조직범죄를 척결하는 데 기여하였다는 점이다. 즉 슈퍼그래스 전략을 도입함으로써 테러리스트 조직의 많은 조직원들이 유죄선고를 받고 수감되었고, 그 결과 테러리스트 조직에 큰 타격을 주었다. 아울러 살인 등 정치적 폭력사건도 감소하였다. 결국 슈퍼그래스전략은 중세 시대 '공범자증인제도'와 18세기 '왕의 증거' 제도와 마찬가지로 조직범죄를 척결하는 데 큰 역할을 하였다. 이 점은 우리의 사법협조자 소추면제·형벌감면제도를 찬성하는 쪽에서 드는 논거인 조직범죄 등에 대한 능률적 대응과 일맥상통한다고 본다. 특히 이탈리아의 경우, 사법협조자를 통해 붉은 여단을 와해시킨 것만 보더라도 확실히 사법협조자 소추면제·형벌감면제도가 효과적이고 능률적인 수사방법인 것은 틀림이 없어 보인다. 그러나 여기서 주의해야 할 점은 사법협조자에 대한 소추면제나 형벌감경으로 인해 불가피하게 국가형벌권이 희생된다는 점이다. 따라서 앞으로 이 제도의 도입에 대하여 논의할 때 이러한 점이 고려되어야 할 것이다.

셋째, 북아일랜드의 슈퍼그래스 전략이 테러리스트 조직의 와해에 기여하였다는 장점을 가지고 있음에도 불구하고, 북아일랜드의 슈퍼그래스 전략은 1980년대 중반 이후에는 거의 사용되지 않았다는 점이다. 이는 슈퍼그래스에 대한 비판적 시각과 관련이 있다. 1980년대 초기에는 슈퍼그래스 전략이 성공한 것처럼 보였으나 1980년대 중반에 들어서자 법원은 자신의 이익만을 챙기는 슈퍼그래스의 진술, 특히 보강증거가 없는 슈퍼그래스의 진술을 점점 신뢰하지 않았고, 이에 따라 슈퍼그래스 증거에 의한 유죄율은 급격히 떨어졌다. 결국 슈퍼그래스 전략에 의해 기소된 피고인 중 약 45%가 무죄 선고를 받았는데 이러한 사실은 슈퍼그래스의 진술에 문제가 많았음을 보여주는 대목이다. 이는 우리의 사법협조자 소추면제·형벌감면제도를 반대하는 쪽에서 드는 논거인 공범의 허위 진술의 가능성과 일맥상통한다고 본다. 따라서 장차 이 제도에 대한 도입 여부를 논의할 때에는 공범이 언제든지 허위의 진술을 할 수 있다는 점을 염두에 두고 과연 이를 차단할 수 있는 방안이 있는지 검토할 필요가 있다.

넷째, 북아일랜드는 심각한 테러리스트 범죄를 척결하기 위해 배심재판을 정지하고 자백의 증거능력 인정을 완화하는 등 비상 제도를 도입하였다는 점이다. 그리고 이러한 비상 제도에 대하여 북아일랜드의 대부분의 법률가들은 북아일랜드의 정치적, 종교적 상황을 인식하고 의문을 제기하지 않았다는 점이다. 여기에는 당시 빈발하였던 고도의 정치폭력을 척결하기 위해서라면 그에 맞는 법 제도를 마련해야 한다는 사고방식이 깔려 있었기 때문이다. 따라서 이는 우리의 사법협조자 소추면제·형벌감면제도를 찬성하는 쪽에서 드는 논거인 수사 환경의 변화, 즉 증거 확보가 점점 더 어려워지고 있는 수사 현실에 대응한 새로운 제도의 도입과 관련이 있다고 본다.

다섯째, 슈퍼그래스 전략의 도입 배경에는 북아일랜드에서 발생한 종교 간 갈등과 무력충돌이 있었다는 점이다. 즉 통상의 형사소송절차로는 이러한 충돌을 해결할 수 없었던 특별한 사정이 있었다. 따라서 우리가 사법협조자 소추면제·형벌감면제도의 도입에 관하여 논의할 때에는 이 제도를 도입하여야 할 배경이나 특별한 사정이 있는지를 고려하여야 한다. 그래서 그러한 배경이나 특별한 사정이 있을 때 이 제도에 관한 도입 여부를 논의할 수 있을 것이다. 그리고 이러한 특별한 사정이나 배경을 통해 이 제도의 도입에 대한 국민적 합의 또는 공감대를 얻을 수 있을 것이다.

북아일랜드의 슈퍼그래스 전략은 여러 가지 장점과 특징을 보여줌은 물론 그와 함께 문제점도 드러냈다. 이러한 장점과 문제점은 장차 사법협조자 소추면제·형벌감면제도의 도입에 관한 우리의 논의에 분명히 도움을 줄 것이라고 생각한다. 이러한 관점에서 북아일랜드의 슈퍼그래스의 재판 사례를 거울삼아 사법협조자 소추면제·형벌감면제도를 재음미할 필요가 있는 것이다.

제 4 편

일본에서의 수사·공판협력형 협의·합의제도(搜査·公判協力型 協議·合意制度)와 형사면책제도(刑事免責制度) 도입에 관한 소고(小考)

Ⅰ. 서 론

최근 언론 보도에 따르면 검찰이 이른바 플리바게닝(plea bargaining, 답변협상)이라고 하는 「내부증언자 형사면책제도」의 도입을 신중히 검토하고 있다고 한다.[1)2)]

이에 따르면 「내부증언자 형사면책제도」는 조직폭력이나 기업 부패처럼 조직적인 범죄에 가담한 내부자가 자백이나 증언을 할 경우 형사책임을 줄여 주는 제도인데 최근 수사 여건이 갈수록 열악해지고 있는 반면, 범죄는 다양화·첨단화하고 있으므로 조직범죄 등에 효과적으로 대처하기 위해 이 제도의 도입이 필요한 상황에 이르렀다고 한다.

언론에서 보도한 「내부증언자 형사면책제도」가 구체적으로 어떠한 것인지 지금으로서는 단정하기 어렵지만 위 보도에서는 2011년 정부가 국회에 제출하였으나 입법이 무산된 형법·형사소송법 개정안을 언급한 것으로 보아 「내부증언자 형사면책제도」는 2011년 정부가 심의·의결한 내부증언자 형벌감면·소추면제제도, 즉 범죄 규명에 필요한 증언을 한 내부증언자에게 형을 감면하거나 소추를 면제하는 제도와 거의 비슷한 제도인 것 같다.

왜냐하면 그때도 정부는 조직범죄나 부패범죄와 같이 은밀하게 이루어지는 범죄의 경우 이들 범죄에 대한 직접증거를 찾기 어려우므로 내부증언자의 진술이 수사에 절대적인 영향을 미치고, 따라서 이러한 범죄에 대한 수사와 재판에서 범죄 규명이나 범인 체포에 기여한 내부증언자들에게 형을 감면하거나 소추를 면제하는 제도가 필요하다고 말하였기 때문이다.[3)]

---

1) 이 글은 대검찰청이 발행하는 「형사법의 신동향」(통권 제51호, 2016. 6)의 『실무자료』에 게재된 글이다.

2) 검찰, '유죄협상' 플리바게닝 도입 재검토, 2016. 4. 26, ⓒ 매일경제 & mk.co.kr; 검찰 '플리바게닝' 도입 재검토 … 논란 예고, 2016. 4. 26, ⓒ 세계일보 & Segye.com.

3) "사법협조자 형벌 감면, 한국도 도입해야", 대검, 제1회 형사법아카데미, 2023. 4. 3, 법률신문 5면(거악 척결을 위해 검찰 수사나 재판에 협력한 뇌물·조직범죄 공범 등에게 면책·감면 혜택이 주어지도록 법에 명시하자는 주장이 나왔다. 영미법계에서 플리바게닝으로 통칭되는 사법협조자 면책제도를 대륙법계 국가들이 자신들의 실정에 맞게 도입 중인 추

한편 일본 정부는 2015년 봄 국회에 수사·공판협력형 협의·합의제도(捜査·公判協力型 協議·合意制度)와 형사면책제도(刑事免責制度) 등을 포함한 형사사법 개혁 관련 법안을 제출하였다.

여기에서 수사·공판협력형 협의·합의제도는 수사·기소·공판을 포함한 형사사건의 처리절차에서 피의자·피고인이 타인의 범죄사실을 규명하는 데 협력하고 그에 대한 대가로 검사로부터 일정한 은전을 받는 피의자·피고인과 검사 사이의 협의와 합의를 하는 제도이다.

또 형사면책제도는 공범 등 일부의 자에게 형사책임을 묻지 않기로 하고 그가 갖고 있는 자기부죄거부특권(自己負罪拒否特權)을 상실하게 한 뒤 강제로 진술을 하게 하여 다른 사람에 대한 유죄의 증거로 사용하는 제도이다.

수사·공판협력형 협의·합의제도와 형사면책제도는 타인의 범죄사실을 규명하기 위해 진술을 확보하려는 제도라는 점에서 공통점을 갖고 있다.

아무튼 2015년 여름 수사·공판협력형 협의·합의제도와 형사면책제도 등을 포함한 형사사법개혁 관련 법안이 일본 중의원에서 통과되었다. 그러나 참의원에서는 심의시간을 확보하지 못해 보류되었다. 그 후 2016년 4월 참의원은 위 법안에 대한 심의를 다시 시작하였고, 앞으로 곧 위 형사사법개혁 관련 법안이 통과될 것으로 예상된다.[4)]

일본이 도입하려고 하는 수사·공판협력형 협의·합의제도는 2011년 우리 정부가 국회에 제출한 내부증언자 형벌감면제도·소추면제제도 그리고 지금 우리 검찰이 검토 중인 「내부증언자 형사면책제도」와 매우 비슷하다. 따라서 일본에서 수사·공판협력형 협의·합의제도와 형사면책제도의 도입을 둘러싼 논의 상황을 살펴보는 것은 의의가 있다. 왜냐하면 일본에서의 논의 상황이 장차 우리가 「내부증언자 형사면책제도」를 도입할지 여부에 대한 논의를 시작할 때 참고가 될 수 있기 때문이다.

아래에서는 일본이 수사·공판협력형 협의·합의제도와 형사면책제도를 도

세를 고려해, 한국형 면책제도를 고민하자는 것이다).

4) 이 제도는 2016. 5. 24. 법률 제54호로 형사소송법에 도입되었고, 2018. 6. 1. 시행되었다.

입하게 된 배경, 이 제도의 도입에 대한 찬반(贊反) 의견과 문제점, 그리고 이 제도에 관한 일본 법무부 법제심의회의 법안을 정리해 본다.

II. 본 론

1. 2010년 일본의 형사사법제도 개혁에 대한 배경과 경위

가. 일본 검찰의 불상사(不祥事)와 형사사법제도 개혁

2001년 6월 사법제도개혁심의회의 의견서가 공포되었다. 이 의견서에는 형사사법제도에 관한 몇 가지의 개혁 제언이 있었고, 이 개혁 제언에 따라 2004년 "재판원이 참가하는 형사재판에 관한 법률"이 제정되어 중대한 형사사건의 공판에 재판원의 참가를 인정하는 제도가 도입되었다. 또 2004년 형사소송법의 일부를 개정하여 피의자에 대한 국선변호제도가 도입되고, 이와 함께 공판 전 정리절차가 새로이 규정되고, 증거개시가 확충되었다. 아울러 위 의견서에 따라 즉결재판절차가 새로이 도입되었다. 이처럼 중요한 개혁이 잇달았으나 수사기관의 조사에 대한 녹음·녹화제도는 장래의 검토 과제로 되는 등 오판방지(誤判防止)라는 관점에서는 여러 가지 불만이 남아 있었다.[5)]

그 후 일본의 형사사법제도 개혁은 일본 검찰의 불상사로 인해 시작되었다.

2010년 9월 무라키 아츠코(村木厚子) 전 후생노동성 국장에 대한 우편부정사건[6)]이 무죄로 확정되었다. 게다가 위 사건을 처리한 오오사카지방검찰청 특

---

5) 白取祐司(시라토리 유우지), "法制審特別部會は課題に答えたか?", 法律時報, 通卷 1077号(2014年 86卷 10号), 日本評論社, p.4; 三井 誠(미츠이 마코토)·河原俊也(카와하라 토시야)·上野友慈(우에노 유우지)·岡 愼一(오카 신이치) 編, 刑事訴訟法, 日本評論社, 2011, pp.7~8; 安富 潔(야스토미 키요시), 刑事訴訟法講義 第3版, 慶應義塾大學出版會株式會社, 2014, p.438.

6) 이 사건의 발단은 장애인용 저가요금 우편제도를 단체R회가 악용하여 통상요금보다 낮은 요금으로 영리목적을 위해 광고우편물(direct mail)을 발송하였다는 우편법 위반 혐의에 대한 발각이었다. 오오사카지방검찰청 특별수사부는 이 사건에 정치인, 후생노동성의 간부도 관여하였다고 생각하고 장애인단체를 증명하는 공적 증명서를 위조한 A(증명서 발행부서의 계장)와 함께 A에게 지시하여 허위 내용의 공적 증명서를 작성하게 한 A의 상사

별수사부 주임검사의 증거인멸행위와 그 상사였던 특별수사부 부장검사 및 부부장검사의 범인은닉행위가 만천하에 드러나는 등 검찰 내 전대미문(前代未聞)의 불상사가 일어났다.[7)]

그러자 법무부는 2010년 10월「검찰의 바람직한 모습에 대한 검토회의」(檢察の在り方檢討會議)를 발족하고, 2011년 3월「검찰의 거듭남을 향하여(검찰의 바람직한 모습에 대한 검토회의의 제언)」(檢察の再生に向けて, 檢察の在り方檢討會議提言)가 공표되었다. 여기에는 검찰의 사명·역할과 검사의 윤리 등 개혁적 제언과 함께 검찰의 바람직한 수사·공판의 모습에 관한 제언도 있었다.[8)]

그런데 검찰의 바람직한 수사·공판의 모습 중에는「새로운 형사사법제도의 구축을 위한 검토의 필요성」이 강조되어, "조사 및 진술조서에 과도하게 의존한 수사·공판의 모습을 발본적으로 다시 평가하고, 제도로서의 조사의 가시화(可視化)를 포함한 새로운 형사사법제도를 구축하기 위하여 국민의 목소리와 관계기관을 포함한 전문가의 식견을 반영하면서 충분한 검토의 자리를 마련하고 검토를 시작하여야 한다"라는 제언이 있었다.[9)]

나. 법제심의회의「신시대의 형사사법제도특별부회」설치

2011년 6월 법무부장관은「검찰의 바람직한 모습에 대한 검토회의의 제언」을 수용하고 법제심의회에 자문 제92호를 선포하였다. 자문 제92호는 "최근 형사절차를 둘러싼 모든 사정에 비추어 시대에 다가선 새로운 형사사법제도를 구

무라키 아츠코를 체포하여 기소하였다. 재판에서 검사가 제출한 진술조서의 대부분이 각하되었고, A를 포함한 관계자의 증인신문에서는 무라키 아츠코를 범인으로 하기 위해 진술이 강요되었던 사실이 밝혀졌다. 白取, 위의 논문, p.5.

7) 神 洋明(진 히로아키), "刑事司法制度改革の經過と展望", 自由と正義, Vol. 65(2014년 11월호), 日本辯護士連合會, p.9; 그 외 형사사법의 불상사로 가고시마현 시부시(志布志) 사건이 있다[이 사건에서 경찰은 장시간의 강압적·위압적 수사를 통해 허위의 자백을 강요하였다.]; 安岡崇志(야스오카 타카시), "雪とハマナスと-特別部會に明治から未來を見た", 法律時報, 通卷 1077号(2014年 86卷 10号), 日本評論社, p. 14; 特輯 冤罪事件(下), 志布志國賠訴訟 判決全文と解說, 判例時報, No. 2262(平成 27年 9月 1日号), 判例時報社, p.232.

8) 神, 위의 논문, p.9; 白取, 앞의 논문, p.5.

9) 神, 위의 논문, p.9.

축하기 위하여 조사 및 진술조서에 과도하게 의존한 수사·공판의 모습에 대한 재검토, 피의자의 조사상황을 녹음·녹화의 방법에 의해 기록하는 제도의 도입 등 바람직한 형사실체법과 절차법의 정비에 관하여 의견을 듣고 싶다"라고 말하였다. 위 자문을 받은 법제심의회는 「신시대의 형사사법제도특별부회」를 설치하였다.[10]

위 특별부회는 26명의 위원(형사법 연구자 7명, 법조 3자 및 경찰 등 형사실무가 12명, 피해자단체·노동단체·경제계·매스미디어 등 각계 유식자 7명)과 14명의 간사(형사법 연구자와 형사실무가) 합계 40명으로 구성되었다. 통상 법제심의회부회의 위원과 간사는 법무부, 법원, 검찰청, 일본변호사연합회, 경찰청의 각 관계자와 형사법학자로 구성된다. 그러나 특별부회는 「검찰의 바람직한 모습에 대한 검토회의의 제언」에서 언급한 것처럼 국민의 의견도 반영되어야 한다는 취지에 따라 국민을 대표하는 각계의 유식자(有識者) 7명[11]을 위원으로 참여시켰다.[12] 다시 말하면, 위 자문의 경위와 내용에 따라 형사사법제도 전반의 바람직한 모습에 관한 조사·심의가 필요하고, 또한 전문적 견해뿐만 아니라 광범위한 국민의 소리를 반영한 조사·심의가 기대되므로 이를 반영하였다.[13]

다. 특별부회의 기본 구상

특별부회는 2013년 1월 법무부장관의 자문에 대한 보고를 위해 심의하고 검토하여야 할 항목으로서 「시대에 다가선 새로운 형사사법제도의 기본 구상」을 완성하였다. 기본 구상은 새로운 형사사법제도가 갖추어야 할 모습으로서, ① 「적정한 절차에 따라 사안의 규명과 형벌법령의 적정·신속한 적용 그리고

10) 神, 위의 논문, p.9; 吉川 崇(킥카와 타카시), "法制審議會における審議の經過と概要", 論究ジュリスト, No. 12(2015년 冬号), 有斐閣, p.47; 葛野尋之(쿠즈노 히로유키), "被疑者取調べ適正化の現在-その位置と課題", 法律時報, 通卷 1063号(2013年 85卷 9号), 日本評論社, p.56.

11) 이 중에는 村木厚子(무라키 아츠코, 위원으로 있을 당시에는 후생노동성 사무차관), 周防正行(스오 마사유키, 영화감독), 安岡崇志(야스오카 다카시, 전 일본경제신문 논설위원) 등이 있다.

12) 神, 앞의 논문, p.9.

13) 吉川, 앞의 논문, p.47.

이것과 일체를 이루는 것으로서의 오판 방지라는 역할을 완수하는 데 만전을 기하고, 피의자·피고인, 피해자를 비롯한 사건관계자와 일반 국민이 각각 그들의 입장에서도 납득할 수 있는 국민의 건전한 사회상식에 입각한 제도」, ②「가능한 한 내용 등이 명확하고 국민들도 알기 쉬운 제도」를 내용으로 하였다. 그리고 이러한 기본 구상을 실현하기 위해 제도 구축에 합당한 2개의 검토 지침이 제시되었다.[14)]

첫째, 「조사에 대한 과도한 의존을 개혁하고 증거수집 수단을 적정화·다양화하기 위한 방책」으로서, ① 조사에 대한 녹음·녹화제도의 도입, ② 형의 감면제도, 협의·합의제도 및 형사면책제도의 도입, ③ 통신감청의 합리화·효율화, ④ 피의자·피고인의 신체 구속에 대한 바람직한 모습, ⑤ 변호인의 조력 충실화를 심의 대상으로 하였다.[15)]

둘째, 「진술조서에 대한 과도한 의존을 개혁하여 보다 충실한 공판심리를 실현하기 위한 방책」으로서 ① 증거개시제도의 확충, ② 범죄피해자 등과 증인을 지원·보호하기 위한 방책의 확충, ③ 공판정에 현출되는 증거가 진정한 것임을 담보하기 위한 방책 등, ④ 자백사건을 간이·신속하게 처리하기 위한 바람직한 절차 등을 심의 대상으로 하였다.[16)]

라. 사무당국시안과 최종 보고안

기본 구상이 확정된 후 2013년 3월부터 2014년 1월까지 기본 구상에 근거한 구체적 작업을 한 결과 2014년 4월 최초의 원안인 「사무당국시안」이 나왔

---

14) 吉川, 위의 논문, p.48; 葛野, 앞의 논문, p.56; 葛野尋之, "刑事手續の構造改革-その理念と課題", 法律時報, 通巻 1062号(2013年 85巻 8号), 日本評論社, p.5.

15) 神, 앞의 논문, p. 10; 吉川, 위의 논문, p.48; 椎橋隆幸(시이바시 타카유키), "證據收集方法の多様化の意義", 刑事法ジャーナル, Vol. 43(2015), 成文堂, pp.8~9; 榎本雅記(에노모토 마사키), "新たな捜査方法-供述や客觀的證據の廣範圍な收集", 季刊 刑事弁護, 第75号(2013), pp.29, 32; 그러나 법제심특별부회가 규문적인 피의자 조사에 대하여 메스를 대지 않고 새로운 수사수법을 도입한 것에 대하여는 비판적 견해가 있다. 豊崎七繪(토요사키 나나에), "身體拘束と取調べ-法制審特別部會「基本構想」の思想と論理", 法律時報, 通巻 1062号(2013年 85巻 8号), 日本評論社, p.15.

16) 神, 앞의 논문, p.10; 吉川, 앞의 논문, p.48.

다.[17] 그리고 위 사무당국시안에 대한 심의를 거친 다음 2014년 6월 23일 사무당국시안의 개정판이 나왔고, 이어 2014년 7월 최종 보고안인「새로운 형사사법제도의 구축에 관한 조사심의의 결과(안)」[개정판, 요강(골자)]이 제출되었다.[18] 법제심의회 총회는 2014년 9월 위 개정판을 승인하였고, 이어 법무부장관에게 보고하였다.[19]

아래에서는「새로운 형사사법제도의 구축에 관한 조사심의의 결과(안)」[개정판, 요강(골자)]에서 규정하고 있는 수사·공판협력형 협의·합의제도 및 형사면책제도를 소개한다.[20]

2. 협의·합의제도

가. 개념과 제도 도입의 필요성

이번에 일본이 도입하는 협의·합의제도는 수사·기소·공판을 포함한 형사사건의 처리절차에서 피의자·피고인의 협력과 그에 대한 국가기관(검사)으로부터의 일정한 은전의 부여와 관련하여 피의자·피고인과 국가기관(검사)이 협의하고, 그것에 근거하여 합의하는 제도이다.[21]

다시 말하면, 수사·공판협력형 협의·합의제도는 검사가 갖고 있는 기소재량권을 배경으로 검사와 피의자·피고인 및 변호인이 사건 처리와 증거 수집 방법에 관하여 협의하고 피의자·피고인에 의한 기소 협력과 교환으로 검사가 일

17) 神, 앞의 논문, p.11; 한편 형사법연구자는 수사·공판협력형 협의·합의제도와 형사면책제도의 도입에 대하여 부정적 견해를 제시하였다.「新時代の刑事司法制度」に對する刑事法學者の意見, 季刊 刑事弁護, 第76号(2013), pp.187~189; 부정적 견해를 제시한 공동연구가 있다. 水谷規男(미즈타니 노리오), 司法取引に關する總合的研究, 刑法雜誌, 第54巻 第1号, 有斐閣, 2014, p.93.

18) 神, 앞의 논문, pp.12~13; 秋田眞志(아키타 마사시), "新制度によって豫想される刑事弁護の変化ととるべき對應", 自由と正義, Vol. 65(2014년 11월호), p.23.

19) 神, 앞의 논문, p.14.

20) 수사·공판협력형 협의·합의제도 및 형사면책제도를 규정한 일본 형사소송법 규정에 관하여는 이 글 말미에 새로이 추가하였다.

21) 川出敏裕(카와이데 토시히로), "協議·合意制度および刑事免責制度", 論究 ジュリスト, No. 12(2015년 冬号), 有斐閣, p.66.

정의 관대한 처분을 할 것을 합의하는 제도이다. 피의자·피고인이 진술하는 기소 협력의 주요한 것은 조사와 증인 신문 시 「진실의 진술」을 하는 것이고, 검사가 부여하는 은전의 내용은 불기소처분, 공소취소, 소인의 축소·철회, 즉결재판 신청과 약식명령 청구, 구형의 감경 등이다.[22)]

물론 협의·합의제도에는 피의자·피고인이 스스로의 범죄사실을 인정하는 것에 대한 대가로 국가기관(검사)이 은전을 부여하는 자기부죄형(自己負罪型)과 피의자·피고인이 공범자 등 타인의 범죄사실에 대한 수사나 기소에 협력하는 것에 대한 대가로 국가기관(검사)이 은전을 부여하는 수사·공판협력형이 있으나 이번에 일본은 수사·공판협력형 협의·합의제도만 도입하기로 하였다.[23)]

수사·공판협력형 협의·합의제도는 미국에서 널리 실시되고 있는 수사협력형 플리바게닝을 참고하여 설계되었다. 미국에서는 공범사건이나 조직범죄를 수사할 때 범행 관여의 정도가 낮은 자에게 처벌에 관한 이익을 주고 진술 등 협력을 이끌어 내어 주범이나 상위자에 대한 기소의 수단으로서 수사·공판협력형 협의·합의제도와 같은 플리바게닝이 상당한 위력을 발휘하고 있다.[24)]

이 제도는 기능상 피의자·피고인의 기소 협력과 검사의 관대한 처분과의 협상이지만, 법적 구조는 피의자·피고인 그리고 검사가 사건 처리와 증거 수집의 방법에 관하여 협의·합의하고, 상호 합의에 따라 행동하는 것이다. 기소 협력에 응하는 것은 원래 피의자·피고인의 자유이고, 검사도 본래 권한에 포함되어 있는 권한을 행사하는 것에 지나지 않는다. 그러나 피의자·피고인 그리고 검사는 명확한 협의와 합의에 따라 행동을 실행한다는 점에서 특색이 있다.[25)]

수사·공판협력형 협의·합의제도는 진술을 얻는 것과 교환으로 피의자·피고인에 대한 처벌을 단념하거나 완화한다는 점에서 형사면책제도와 공통의 성

---

22) 宇川春彦(우카와 하루히코), "供述證據の收集を容易にするための手段", 法律時報, 通卷 1077号(2014年 86卷 10号), 日本評論社, p.22.

23) 川出, 앞의 논문, p.66.

24) 宇川, 앞의 논문, p.22; 그러나 특별부회는 플리바게닝, 즉 협상이나 거래[取引]를 명시적으로 인정하는 제도를 제언하지 않았다. 또 플리바게닝인 "司法取引"이라는 용어는 사용되지 않고, "협의·합의"라는 용어가 사용되었다. 水谷, 앞의 논문, p.89.

25) 宇川, 앞의 논문, p.22.

질을 갖고 있다. 그러나 수사·공판협력형 협의·합의제도는 어디까지나 진술을 하도록 동기를 부여하는 수단에 그치고, 이를 검토한 다음 진술을 할지 여부는 피의자·피고인의 판단에 위임되어 있는 반면 형사면책제도는 증인에게 면책을 주고 일방적으로 증언 명령을 한다는 점에서 다르다.[26)]

한편 범죄사실의 규명과 관련한 진술을 하는 것에 대하여 소극적 태도를 취하는 이유는 여러 가지가 있으므로 진술을 하도록 동기 부여를 꾀하는 것은 그것 자체가 곤란하다. 따라서 이러한 사정을 제거하기에 충분하고도 상응하는 조치가 필요하다. 즉 범죄사실의 규명과 관련한 진술을 얻으려면 그 진술을 곤란하게 하는 사정을 제거할 필요가 있다. 이번 특별부회에서는 진술을 향한 동기부여를 적정한 것으로 하면서 진술을 효과적으로 획득할 수 있는 수단의 도입이 검토되었고, 여기에서 수사·공판협력형 협의·합의제도와 형사면책제도가 채택되었다.[27)]

또한 최근 사회정세나 국민의식의 변화 등에 따라 진술증거의 수집이 곤란하게 되었고, 조사에 대한 과도한 의존을 개혁하고 보다 쉽게 진술증거를 수집할 수 있는 제도가 필요하다는 이유로 수사·공판협력형 협의·합의제도와 형사면책제도의 도입 필요성은 인정되었다.[28)]

나. 논의 상황

특별부회에서는 이 제도의 도입 여부와 제도 설계 등에 관하여 격렬한 논의가 있었다. 이들 논의 중에는 제도 시행 후의 운영에 있어 관계자가 유의·배려하여야 할 점 등도 있다. 아래에서는 그동안 논의되었던 찬반 의견 등을 소개한다.

(1) 제도 도입에 반대하거나 염려를 표시한 의견

㉮ 피의자 등이 은전을 받을 것을 기대하고 진실에 반하여 타인에게 형사

26) 池田公博(이케다 키미히로), "供述證據の獲得手法-協議および合意, 刑の減免と刑事免責", 法學敎室, No. 398(2013. 11), p.13.

27) 池田, 위의 논문, pp.12~13.

28) 榎本, 앞의 논문, pp.30~31.

책임을 미룰 위험이 크다. ㉯ 변호인의 관여를 필요적 요건으로 하더라도 그것은 피의자 등의 이익을 지키기 위해서 관여하는 것이고, 그 범죄 규명의 대상이 되는 타인의 권리 보호에는 도움이 되지 않는다. ㉰ 이 제도를 도입하려면 조사의 전 과정이 녹음·녹화되어야 하고, 변호인이 참여하여야 하며, 일정한 증거가 개시되어야 한다. ㉱ 약식명령·즉결재판의 청구나 구형에 관한 합의를 하더라도 법원은 이에 구속되지 않기 때문에 이러한 합의가 얼마나 실효성이 있는지 의문이다.

㉲ 피의자 등이 기소가 합의 위반이라면서 공소기각을 요청하거나, 검사가 피의자 등의 합의 위반을 이유로 은전을 주지 않는 경우 합의 위반의 사실 유무가 다투어지는데 이때 법원이 합의 위반의 사실 유무를 심리하는 것은 매우 어렵다. ㉳ 이 제도는 피의자 등에게 「억지 덕」을 허용하고, 또 수사가 휘둘러져 결과적으로 목표 대상에 대한 유죄를 확보하지 못할 염려가 있고, 더욱이 합의에 근거한 진술을 형 감경의 평가 근거로 삼을 경우 실제 진행 중인 타인의 범죄사실에 대한 수사상황이 명백하게 될 수밖에 없어 경찰 수사에 지장을 줄 수 있다. ㉴ 협력내용이 기재된 합의서면이나 합의에 의해 얻어진 진술조서 등이 공개되면 폭력단범죄에서는 피의자 등이 보복을 당할 우려가 있다. 이를 위해 증인보호프로그램도 함께 정비할 필요가 있다.[29)]

(2) 제도 도입에 찬성하거나 제도 도입 시 유의하여야 할 점을 지적한 의견

㉮ 이 제도는 조사에 과도하게 의존하지 않는 진술증거의 획득수법, 즉 신시대의 형사사법제도의 구축이라는 관점에서 생각하여야 한다. ㉯ 최근 조사에 의한 진술증거의 수집이 더욱 곤란하게 되었다. 특히 조직적인 배경이 있는 범죄나 밀행성이 높은 범죄에서는 진술증거의 수집이 현저히 곤란한데, 협의·합의제도는 이러한 범죄수사에 있어 형사면책제도와 비교하여 볼 때 필요성·유

---

29) 太田 茂(오오타 시게루), "「捜査·公判協力型協議·合意制度及び刑事免責制度」の意義と課題", 刑事法ジャーナル, Vol. 43(2015), 成文堂, p.15; 이 제도를 시행하기 위해서는 검사의 범죄사실에 관한 증거개시가 필요하다는 주장이 있다. 山口直也(야마구치 나오야), "取調べによらない供述證據收集手段の立法課題", 法律時報, 通巻 1062号(2013年 85巻 8号), 日本評論社, p.19.

용성이 더 높다.

㉰ 미국에서 플리바게닝에 의한 수사협력·공판증언은 범죄 적발에 필요한 수단이고, 일본에서도 자진 신고자 감면제도(leniency)[30]가 꽤 효과를 올리고 있다. 이제 다양한 수사 방법을 이용한 역동적인 수사가 필요한 시대가 되었고, 이 제도는 새로운 시대의 형사사법제도의 상징으로 파악할 수 있는 제도이다. ㉱ 자기부죄형(自己負罪型) 협의·합의제도는 피해자를 비롯한 국민의 이해를 얻기 어려워 문제가 있지만, 수사·공판협력형 협의·합의제도는 공범자 일부 등의 진술을 통해 은밀한 공범사건이나 조직적 배경이 있는 사건을 규명하는 데 기여할 수 있으므로 피해자를 비롯한 국민의 이해를 얻을 수 있다. 따라서 이 제도를 도입하여야 한다.[31]

(3) 제도 도입의 반대의견에 대한 반론 등

㉮ 검사의 은전에 대한 대가로 이루어지는 진술이 허위나 무고한 자를 범죄에 연루시킬 위험이 높다는 주장은 의문이다. 이 제도는 진실의 진술을 하도록 동기를 부여하는 제도이고, 검사와 피의자 등 양쪽 모두에게 동기 부여를 주는 제도이다. ㉯ 협의·합의에는 변호인이 필요적으로 관여하고, 특히 피의자 등의 진술에 대한 신용성이 인정될 수 있는 경우에만, 즉 피의자 등의 진술에 따라 타인에 대한 유죄판결을 얻을 고도의 가능성이 있는 경우에만 합의하므로 무고한 자를 범죄에 연루시킬 위험은 배제되어 있다. ㉰ 합의 성립 후에 합의에 근거하여 얻어진 진술이 허위로 판명되면 검사는 합의에서 이탈할 수 있기 때문에 허위의 진술을 한 피의자 등에게는 은전이 부여되지 않고, 또 타인의 범죄에 관하여 허위의 진술을 하는 경우 그에 대한 처벌 규정이 있으므로 무고한 자가 범죄에 연루되는 위험은 방지된다.

㉱ 합의에 의해 얻어진 증거가 재판에서 사용될 수 있을 때에는 합의서면 등이 범죄 규명 대상인 타인에게도 개시되고, 합의의 존재 및 내용을 근거로 한

30) 木目田 裕(키매다 히로시)·平尾 覺(히라오 카쿠), "日本版司法取引が企業活動に与える影響", 商事法務, 通巻 2052号(2014. 12. 5), p.32.

31) 太田, 앞의 논문, p.15.

철저한 반대신문이 그의 변호인·피고인으로부터 행하여지며, 법원도 신중하게 진술의 신용성을 음미한다. 따라서 무고한 자가 범죄에 연루되는 위험은 방지된다. ㉮ 검사의 약식명령 등 청구나 구형 의견이 법원을 구속하지 않는다고 해도 법원은 통상 검사의 청구나 의견을 충분히 고려하고, 검사는 그러한 사실을 피의자 등에게 충분히 이해시킨 다음 합의를 하기 때문에 이 제도의 필요성·유용성은 부정되지 않는다. ㉯ 합의 위반에 관한 법원의 판단이 용이하지 않고, 재판절차가 중대하게 된다는 염려에 관하여는, 합의서면의 기재내용만으로 곧바로 위반 여부가 판단될 수 있는 경우도 상당히 많다. 또 검사가 피의자 등의 합의 위반을 이유로 합의에서 이탈하는 경우에도 합의에 위반한 사실을 뒷받침하는 수사결과를 제시함으로써 법원이 과중한 부담 없이 판단할 수 있다. 그리고 실제로 합의 위반을 둘러싼 다툼이 생긴다는 것은 예상하기 어렵다.[32)]

(4) 반대나 염려를 검토한 다음 제도의 구체적 구축에 관한 의견

㉮ 어떤 제도도 만능은 없고, 각각의 제도를 정비하여 필요하고 효과가 있는 부분에 따라 구분하여 쓰거나 조합하여 사용하면 된다. ㉯ 범죄에는 범인이 이해득실을 계산하여 범하는 범죄와 그렇지 않고 격정에 의해 범하는 범죄가 있는데 협의·합의제도는 전자에 적합한 제도이다. ㉰ 협의·합의제도는 특별배임 등 회사 관련 범죄에서, 중심인물 밑에서 일을 하는 대부분의 하위에 있는 자를 불기소하고 중심인물의 범죄를 규명하는 데 필요한 제도이다. ㉱ 범죄의 세계화라는 관점에서 새로운 시대에 맞는 형사사법의 구상과 관련하여 볼 때 협상 사법제도는 적극적으로 도입할 필요가 있다. 다만 도입의 전제로서 조사가 가시화(可視化)되고 변호인이 선임될 수 있는 조치가 필요하다.

㉮ 여러 가지 우려를 해소하기 위해서는 이 제도의 대상을 유용성이 높다고 생각할 수 있는 범죄, 즉 조직적인 배경을 갖고 있는 범죄나 밀행성이 높은 범죄로 제한하고, 피해자가 있는 일정의 범죄를 제외할 수 있다. ㉯ 우선 경제적 이익을 노리고 한, 기업이 관여한 범죄나 경제범죄를 대상으로 하여 도입하

32) 太田, 위의 논문, p.16.

고, 형사사법 전체에 줄 영향도 생각하면서 단계적으로 나아가는 것이 적당하다. ㉦ 일본의 플리바게닝[司法取引]은 회사 관련 범죄에서 불가결한 것이지만, 살인 등 중죄의 경우, 검사가 피해자를 무시하고 구형을 낮게 하는 대신에 진술을 요구하는 것은 피해자나 국민의 지지를 얻기 힘들다. 피해자가 사망한 범죄나 중상을 입은 범죄는 대상에서 제외하는 것이 바람직하다. ㉧ 경찰이 당사자적인 입장에서 관여하는 것은 제1차 수사기관으로서의 역할을 완수하는 것이다.[33]

다. 법제심의회가 법무부 장관에게 보고한 「요강(要綱)(骨子)」

법제심의회가 법무부 장관에게 보고한 「요강(要綱)(骨子)」은 <참고자료>와 같다《法制審議會新時代の刑事司法制度特別部會 第30回 會議配布資料, 新たな刑事司法制度の構築についての調査審議の結果(案)[改訂版], p.3》.[34]

라. 협의·합의 내용

합의에 근거하여 피의자·피고인이 행할 것으로 예상되는 것은 타인의 범죄사실에 관하여 ① 수사기관의 수사 시 진실을 진술하는 것, ② 증인신문 시 진실을 진술하는 것, ③ 수사기관에 대하여 증거물을 제공하는 것이다. 이에 대하여 검사가 합의할 수 있는 행위는 ① 공소를 제기하지 않는 것, ② 특정의 소인(訴因) 및 적용법조에 의해 공소를 제기하거나 이를 유지하는 것, ③ 공소를 취소하는 것, ④ 특정의 소인 또는 적용법조의 변경을 청구하는 것, ⑤ 즉결재판절차[卽決裁判手續][35]를 신청하는 것, ⑥ 약식명령[36]을 청구하는 것, ⑦ 특정

---

33) 太田, 위의 논문, pp.16~17.

34) 大澤 裕(오사와 유타카), 上野友慈(우에노 유지), 小野正典(오노 마사노리) 외, "「新たな刑事司法制度」の構築に向けて-法制審議會答申の檢討, 座談會", 論究 ジュリスト, No. 12(2015년 冬号), 有斐閣, p.19; 安富, 앞의 책, p.440; http://www.moj.go.jp/content/000125177.pdf; 각의결정(閣議決定)된 법안은 합의이탈사유가 구체화되었다는 점에서 법무부 장관에게 보고한 것과 다르지만 실질적 내용에는 변함이 없다. 伊藤 睦(이토 무츠미), "搜查·公判協力型協議·合意制度", 季刊 刑事弁護, 第82号(2015), p.80.

35) 이 절차는 다툼이 없는 명백하고, 경미한 사건에 관하여 공소 제기 후 가능한 한 빠른 시기에 공판기일을 열고 간이한 방법에 의한 증거 조사를 한 다음 원칙적으로 즉일 판결을

형을 구형하는 것이다.[37]

그런데 ⑤, ⑥에 대하여는 법원이 즉결재판절차 신청과 약식명령 청구가 상당하지 않다고 인정하는 경우가 있을 수 있고, 또 ⑦에 대하여는 구형이 법원을 구속하는 것이 아니기 때문에 각각 의문을 제기하는 견해도 있다.[38]

그러나 즉결재판절차 신청이나 약식명령 청구가 상당하지 않은 것으로서 인정되는 경우는 드물고, 선고형이 구형을 넘는 사례도 적으므로 위 주장은 타당하지 않다. 또 설령 그와 같은 결과가 발생할 수 있다고 해도 그것을 전제로 하여 양 당사자가 협의와 합의하는 것을 부정할 수 있는 이유가 될 수 없다.[39]

여기에서 구형에 대한 합의에 대하여 부연하면, 검사의 구형은 공익의 대표자로서의 의견으로서, 양형 판단에 참고가 되고, 실제로 판결의 대부분은 구형 이하로 선고되고 있다. 구형을 하는 검사가 굳이 합의에 근거하여 일정의 형을 경감한다는 의견을 진술하고, 그 근거로서 피의자·피고인의 협력이 타인의 범죄 규명에 기여하였다는 것을 구체적으로 주장하는 경우, 법원이 이와 같은 검사의 의견을 고려하지 않는 경우가 자주 발생할 것이라고 생각해야 할 이유는 없다. 따라서 구형에 대한 합의를 인정하고 있는 이 제도는 합리적인 것이다.[40]

마. 대상 범죄

처음 초안에는 대상 범죄를 특별히 한정하지 않았으나 요강(골자)에는 일정의 재정경제관계범죄[41] 및 약물총기범죄(특정범죄라고 부른다)로 한정하였다.

선고하는 제도로서, 법원은 그 사건이 즉결재판절차에 의하는 것이 상당하지 않다고 인정할 때에는 즉결재판절차에 의한 재판을 할 수 없다(형사소송법 제350조의2, 제350조의8). 三井 외, 앞의 책, pp.523, 528.

36) 약식명령은 검사의 청구에 의해 간이법원이 그 관할에 속하는 사건에 관하여 공판절차에 의하지 아니하고 공판 전에 행하는 재판(100만 엔 이하의 벌금 또는 과료 사건)으로서, 그 사건이 약식명령을 하는 것이 상당하지 않다고 사료할 때는 통상의 규정에 따라 심판을 하지 않으면 안 된다(형사소송법 제461조, 제463조). 三井 외, 앞의 책, pp.616~617.

37) 川出, 앞의 논문, p.66; 太田, 앞의 논문, p.17.

38) 川出, 위의 논문, p.67; 宇川, 앞의 논문, p.26.

39) 川出, 위의 논문, p.67.

40) 宇川, 앞의 논문, p.27.

41) 뇌물수수[贈收賄], 사기, 횡령, 조직범죄처벌법상의 돈세탁, 탈세, 독점금지법 위반, 금융상

이것은 본 제도가 유효하게 기능할 것이 예상되는 범죄를 대상으로 한다는 의도에 따른 것이다. 즉 특정범죄는 피고인이 계산할 수 있는 범죄이기 때문에 협의·합의제도가 효과적인 수사수법이 될 수 있다.

한편 살인·강간 등 생명과 신체에 대한 죄는 대상 범죄에 포함되지 않는다. 그 이유는 이러한 범죄에서 제3자의 범죄사실을 규명하는 데 협력하는 것과 교환으로 피의자·피고인의 형벌을 감경한다는 것은 피해자의 입장에서 볼 때 이해하기 어렵기 때문이다. 결국 생명과 신체에 대한 죄에 관하여는 진실에 합당한 처벌을 요청하는 피해자의 감정을 배려하여 대상에서 제외하였다. 이처럼 대상 범죄는 정책적 관점에서 제한하였다. 이는 지금까지 없었던 새로운 제도를 도입하는 것이기 때문에 우선 이견이 적은 것부터 시작하는 것이 바람직하다는 의도에 따른 것이다. 따라서 대상 범죄에 관하여는 이후 이 제도를 운영한 다음 검토되어야 할 것이다.[42)]

바. 주 체

협의·합의는 검사와 피의자·피고인 및 변호인 사이에서 이루어진다. 검사, 피의자·피고인 어느 쪽도 협의를 신청할 수 있다. 협의에 있어 주고받음은 통상 검사와 변호인 사이에 이루어질 것으로 예상되고, 최종적인 합의의 성립에는 변호인의 동의가 필요하다.[43)]

또 검사가 취급하는 사건의 대부분은 경찰이 송치한 사건이므로 일정한 범위에서 경찰이 협의에 관여하는 것을 인정하고 있다.[44)]

먼저, 검사가 경찰로부터 송치된 사건과 경찰이 실제로 수사하고 있는 사건의 피의자와 협의를 하려고 할 때에는 미리 경찰과 협의하여야 한다. 이렇게 한 이유는 경찰이 사건 처리의 바람직한 방향에 관심을 갖고 있다는 사실뿐만

품거래법위반[金融商品取引法違反] 등이다. 太田, 위 논문, p.17.

42) 川出, 위의 논문, p.67; 椎橋, 앞의 논문, p.10; 사형 또는 무기징역·금고에 해당하는 죄도 대상 범죄에서 제외된다. 또 재판원제도 대상 사건 등도 제외된다. 宇川, 앞의 논문, p.23; 大澤 외, 앞의 좌담회, p.23.

43) 宇川, 앞의 논문, p.23.

44) 川出, 앞의 논문, p.67.

아니라 실제로 수사 중인 사건에 관하여 협의가 시작된다면 수사에 직접적인 영향을 미칠 수 있다는 고려에 근거한 것이다.

다음으로, 협의·합의에 근거하여 피의자·피고인이 진실 규명에 협력하는 타인의 범죄사실과 관련하여 경찰이 실제로 수사를 하고 있는 경우에는, 경찰이 그 협력에 근거하여 사실을 규명해 가는 데 적합한 입장에 있기 때문에, 필요하다면 검사는 협의 시 진술 요청 등의 행위를 경찰에게 지시할 수 있다. 이 경우 경찰은 검사로부터 권한을 위임받아 합의 내용에 대한 검사의 제안을 피의자·피고인 및 변호인에게 제시할 수 있다.

이처럼 경찰이 협의에 관여할 수 있도록 명문으로 규정한 것은 협의·합의제도를 갖고 있는 다른 나라에서는 볼 수 없는 일본의 독자적인 것이다. 이것은 경찰이 제1차 수사기관인 점을 반영한 것이라고 말할 수 있다.[45] 즉 경찰이 협의에 관여할 수 있도록 한 것은, 협의·합의는 그 상대방, 내용, 시기에 따라서 관련 사건이나 공범자의 수사에 영향을 미칠 가능성이 있는 사실, 일본에서는 형사사건의 대부분이 사법경찰관 송치 사건인 사실 등을 고려한 것이다.[46]

사. 진술 청취 절차와 합의의 성립

은전 부여를 검토하는 전제로서 검사는 피의자·피고인이 갖고 있는 정보의 내용을 알고 있다는 사실과 함께 진술 태도, 신용성 등을 음미할 필요가 있다. 그렇기 때문에 협의 과정에서 본인으로부터의 진술 청취가 행하여진다. 피의자·피고인이 청취에 응할 것인지 여부는 자유이고, 이때 묵비권 고지도 이루어진다. 그러나 진술을 하지 않을 상대방과 협의를 계속할 의미는 없기 때문에 실제상 협의가 진행되는 것은 본인이 청취에 응하는 경우에 한정된다. 또한 청취에는 통상 변호인의 동석이 예상된다. 검사가 피의자·피고인과의 사이에 부당한 밀약이나 담합을 하였다는 의심을 받지 않기 위해서는 변호인이 동석할 필요가 있다.

검사는 보강수사와 보충수사를 하여 진술내용의 진정성을 음미한 다음 신

45) 川出, 위의 논문, p.67; 大澤 외, 앞의 좌담회, p.24.
46) 宇川, 앞의 논문, p.27.

용할 수 있다고 생각하면 증거로서의 필요성, 피의자·피고인의 유책성의 정도, 일반적인 정상 등을 감안하여 은전 부여의 당부(當否) 및 내용을 검토해 변호인과 교섭한다. 피의자·피고인과 변호인 사이에도 이해득실에 관한 상담·검토가 행하여지고 최종적으로 조건이 타협될 수 있으면 합의에 이른다. 합의는 서면으로 하는데 검사, 피의자·피고인, 변호인이 연서(連署)한 서면에 내용을 명백히 하여 행한다. 그리고 이 서면을 합의서면이라고 부른다.[47]

한편 여기에서 유의할 점은 협의를 거친 다음 합의를 할 것인지 아니면 하지 않을 것인지는 최종적으로는 기소 측, 즉 검사의 판단에 맡겨져 있다는 것이다. 진술 내용의 신용성이나 증거로서의 필요성, 협력자의 책임 등을 감안한 다음 처분·양형에 관하여 검토하는 것 자체가 검사의 재량권 범위라고 말할 수 있기 때문이다. 그래서 검토한 결과 검사가 협력자에게 은전을 주지 않고 책임에 합당한 통상의 기소를 하여도 부당하다고 말할 수 없다.[48]

아. 합의 후의 증거수집

합의가 성립한 경우, 그에 따라 진술조서의 작성, 증인신문 등의 절차가 행하여진다. 합의에 근거한 조사는 1회로 한정되는 것은 아니고, 수사나 공판의 진행 상황과 필요에 따라 반복될 수 있다.[49]

자. 합의서면의 개시(開示)

합의가 성립한 경우 검사는 피의자·피고인 자신의 공판에서도, 그리고 당해 진술을 증거로 하여 기소된 제3자의 공판에서도 합의서면에 대한 증거조사를 청구할 의무가 있다. 검사가 청구하는 증거이기 때문에 당연히 증거개시의 대상이 된다.[50]

47) 宇川, 위의 논문, p.23.
48) 伊藤, 앞의 논문, p.78.
49) 宇川, 앞의 논문, p.23.
50) 宇川, 위의 논문, p.23; 太田, 위 논문, pp.17~18.

차. 피의자·피고인의 재판절차

피의자·피고인이 합의를 이행하면 검사는 합의에 따라 소인 변경, 관대한 구형 등의 약속을 이행하고, 피의자·피고인에 대한 재판절차는 그것을 전제로 진행한다. 당해 절차에서는 합의에 근거하여 작성된 진술조서가 조사될 것이고, 피고인에 대한 질문도 합의 존재를 전제로 한다. 이 경우 약속에 의한 자백의 임의성이 법리상 문제가 될 수 있으나 사건 처리에 관한 협의의 일환으로서 검사가 조건을 명시하고 본인이 그 이해득실에 관하여 변호인과 협의한 다음 의사결정을 한 경우이므로 그 자백은 임의로 한 것이라고 말할 수 있다.[51]

카. 제3자의 재판절차

제3자에 대한 관계에서는 합의에 근거하여 작성된 진술조서 내지 피의자·피고인의 증인신문이 청구되고 합의서면도 증거로 청구된다. 제3자가 진술내용을 다투는 경우 조서는 부동의로 되어 증인신문이 행하여지고, 진술 내용·합의 내용·진술 동기를 포함하여 반대신문이 행하여진다. 그 다음에 법원은 다른 증거 등을 고려하여 진술의 신용성을 판단한다.[52]

타. 합의로부터의 이탈 등

합의의 상대방 당사자가 합의에 위반한 때, 그 외 일정한 경우에는 합의의 당사자는 그 합의로부터 이탈할 수 있다. 검사가 불기소의 합의에 위반하여 공소를 제기한 경우에는 판결로서 그 공소를 기각하지 않으면 안 되고, 합의에 위반하는 소인 변경을 청구한 경우에는 그 청구는 각하된다. 검사가 합의에 위반한 경우에는 협의에 있어 진술자가 한 진술 및 그 합의에 근거하여 얻어진 증거는 사용할 수 없다. 한편 합의가 성립하지 않았을 때에는 협의에 있어 얻어진 진술은 증거로 할 수 없다.[53]

---

51) 宇川, 위의 논문, p.24; 川出敏裕(카와이데 토시히로), "司法取引と刑事訴訟法の諸原則", 刑法雑誌, 第50巻 第3号, 有斐閣, 2011, pp.344~345.

52) 宇川, 앞의 논문, p.24.

53) 太田, 앞의 논문, p.18.

파. 합의의 당사자인 피의자 등에 의한 허위 진술 등의 처벌

합의를 한 자가 그 합의에 반하여 타인의 범죄사실에 관하여 허위의 진술을 하거나 또는 위변조의 증거를 제출한 때에는 5년 이하의 징역에 처한다.[54]

하. 제도 도입의 당부(當否)

수사·공판협력형 협의·합의제도는 타인의 범죄사실을 규명하기 위하여 진술하는 것과 교환으로 은전의 부여를 받은 것이기 때문에 피의자·피고인이 은전을 얻기 위하여 범죄와 관계가 없는 타인을 범죄에 끌어들이기도 하고, 그 역할을 과장하여 진술하기도 하는 등 허위의 진술을 할 위험이 있다는 지적이 제기되고 있다. 특별부회도 이와 같은 허위의 진술을 할 위험이 있다는 이유로 이 제도의 도입에 반대하는 의견이 있었다.[55]

다시 말하면, 이 제도의 위험성은 피의자·피고인이 진실을 진술한다고 합의를 하였음에도 불구하고 불기소 등 당장의 이익을 위해 검사에게 영합하고 수사 측이 좋아하는 허위의 진술을 할 가능성이 있다는 점이다. 허위 진술에 대하여는 5년 이하의 징역형에 처한다는 것이 진실을 진술할 충분한 담보가 될지 여부는 확실하지 않다. 또 합의에는 변호인의 동의가 필요한 것으로 되어 있으나 변호인에게 수사 측으로부터 충분한 정보제공이나 증거개시가 이루어진다는 보장이 없다. 그러므로 피의자·피고인의 진술이 어디까지 신용성이 있는지 의문이다.[56]

확실히 공범자의 진술에는 일반적으로 범죄와 관련이 없는 타인을 끌어들일 위험이 있고, 은전의 부여와 교환으로 진술을 하면 그 위험은 더 높아질 것이다. 그래서 수사기관은 합의에 근거한 진술에 관하여 충분한 보강수사를 하여야 한다.

한편 요강(골자)에는 허위의 진술을 방지할 몇 개의 조치를 두고 있다. 첫

54) 太田, 위의 논문, p.18.
55) 川出, 앞의 논문, p.68; 白取, 앞의 논문, p.7; 山口, 앞의 논문, p.20.
56) 白取, 앞의 논문, p.7; 伊藤, 앞의 논문, p.79.

째, 합의를 한 피의자·피고인이 수사기관에 대하여 허위의 진술을 할 경우 이를 처벌하는 규정(징역 5년 이하의 처벌)을 두고 있다. 둘째, 절차상의 담보로서 협의·합의에 따른 타인의 형사사건 공판에서 증인신문이 이루어지는 경우 합의서면의 조사가 이루어져 합의의 존재와 내용이 사전에 명확하게 될 수 있다는 점이다. 이때 합의서면에 근거한 반대신문이 이루어지고, 법원은 이러한 반대신문을 통해 증인의 증언에 대한 신용성을 신중히 판단할 수 있게 된다. 아울러 협의·합의에 변호인이 반드시 관여하는 것도 허위 진술을 방지하는 데 일정한 역할을 할 것이다.[57]

3. 형사면책제도

가. 개념과 제도 도입의 필요성

형사면책제도는 이른바 파생사용면책(派生使用免責, 증인신문을 할 때 증언 및 증언에 근거하여 얻어진 증거를 원칙적으로 당해 증인에게 불이익한 증거로 사용할 수 없다는 의미의 면책)을 부여하는 것에 따라 증인의 자기부죄거부특권(自己負罪拒否特權)을 소멸하게 하고 증언을 강제하는 제도이다.[58]

즉 형사면책제도는 공범 등의 일부의 자에 관하여 형사책임을 묻지 않는 것으로 하고, 자기부죄거부특권을 상실하게 한 다음 진술을 강제하여 그 진술을 다른 사람에 대한 유죄 입증의 증거로 사용하는 제도이다.[59]

협의·합의제도와 형사면책제도는 타인의 범죄사실을 규명하기 위하여 진술을 얻는 것을 목적으로 하는 제도라는 점에서 공통점을 갖고 있다. 협의·합의제도는 법원의 관여 없이 이루어져 유연한 운용이 가능하기 때문에 이에 따라 처리할 수 있다면 이를 먼저 이용하는 것이 당연하다. 그러나 협의·합의제도는 대상 범죄가 한정되어 있다. 또 협의·합의제도의 대상 범죄에 해당하는 사건이라고 해도 피의자·피고인이 협의에 응하지 않는 경우도 있을 수 있다.

57) 川出, 앞의 논문, p.68.
58) 太田, 앞의 논문, p.18; 宇川, 앞의 논문, p.27.
59) 椎橋, 앞의 논문, p.11; 榎本, 앞의 논문, p.31.

그와 같은 사건에서 바로 형사면책이 이용되는 것이다.[60] 따라서 새로운 진술 증거를 수집할 수 있는 수단을 늘린다는 의미에서 형사면책제도의 도입 필요성은 인정할 수 있다.[61]

더욱이 증인·참고인의 진술을 얻는 것이 점점 어려워지고 있는 요즈음 실체적 진실의 발견이 곤란한 공범 사건에 있어 기소할 가치가 낮은 공범자, 즉 역할이 작은 공범자에게 형사면책을 부여하고 그의 진술을 기소 가치가 높은 공범자, 즉 사건의 중심적 역할을 완수한 공범자에게 불이익한 증거로 사용하는 것은 나름대로의 합리적 제도라고 말할 수 있다.[62] 그리고 이 형사면책제도는 미국의 형사면책제도(미국법전 제18편 6002, 6003조)와 매우 닮은 구조로 되어 있다.[63]

나. 기본 구조

형사면책제도의 기본 구조는 행위면책이 아닌 파생사용면책을 부여하는 것이다. 이러한 구조는 헌법상 자기부죄거부특권을 소멸하게 하기 위해서는 진술과 그것에서 유래하는 증거를 사용할 수 없게 하면 충분하다는 점, 또 파생사용면책은 대상자가 구체적인 진술을 하면 할수록 면책의 범위가 확대되므로 진술을 유인하는 작용을 함은 물론 유효한 진술을 쉽게 얻을 수 있게 한다는 점 등의 사고에 근거한다.[64]

형사면책이 청구된다는 것은 증인신문의 개시 전과 개시 후의 두 가지가 있지만 어느 경우도 검사는 '관계하는 범죄의 경중 및 정상, 당해 사항에 관한 증언의 중요성, 그 외 사정을 고려하여 필요할 때'에 청구한다. 이 제도는 파생사용면책의 형태를 취하고 있으나 사실상 대상자를 기소하는 것은 곤란하다.

---

60) 石田倫識(이시다 토모노부), "刑事免責制度", 季刊 刑事弁護, 第82号(2015), p.81.

61) 川出, 앞의 논문, p.69; 椎橋, 앞의 논문, p.11.

62) 椎橋, 앞의 논문, p.11.; 大澤 외, 앞의 좌담회, p.24.

63) 宇川, 앞의 논문, p.28; 三井 誠(미츠이 마코토), "刑事免責(1)". 法學教室, No. 225(1999. 6.), 有斐閣, p.118; 酒巻 匡(사카마키 타다시), "刑事免責(訴追免除)制度について-供述强制制度の立法論的考察-", ジュリスト, No. 1148(1999. 1), 有斐閣, p.246.

64) 川出, 앞의 논문, p.70.

그래서 검사는 형사면책제도를 이용할 필요성과 상당성이 있는지 여부를 판단하게 된다. 그런 의미에서 이 제도는 검사가 갖고 있는 기소재량권 행사의 일환이라고도 말할 수 있다. 따라서 그 당부(當否)를 법원이 판단하는 것은 곤란하다. 검사의 청구에 대하여 법원은 형식적 요건이 충족되어 있는지 여부만을 판단하는 것도 그 때문이다.[65)]

다. 논의 상황

(1) 제도 도입에 반대하거나 비판한 의견

도입에 반대하는 의견의 중심에는 협의·합의제도와 같이 무고한 자의 범죄 연루에 대한 위험을 지적하는 것이었는데 그 외에도 다음과 같은 비판이 지적되었다.

㉮ 미국에서는 배심원이 면책을 받은 증언의 신용성을 낮게 보는 경향이 있고, 형사면책제도를 실시한 건수도 감소하고 있으므로 일본에서 이 제도를 도입할 필요가 있는지 의문이다.

㉯ 면책은 검사의 청구와 법원의 결정에 의한 일방적인 것이므로 제도에 내재하는 협상 요소는 없다고 하지만 제도를 이용하여 면책을 주는 과정에서 협상 요소는 있기 마련이다. 증언의 전 단계에서 어떠한 증언을 할 것인가에 관하여 검사와 협의하고 그런 다음에 면책을 준 다음 증언을 강제로 하게 하는 것이기 때문에 여기에는 구조적 위험이 잠재하고 있다.

㉰ 조직으로부터 보복을 받지 않도록 실효적인 보호조치를 갖추지 않은 채 면책제도만을 먼저 실시하는 것은 신중한 검토가 필요하다.

㉱ 제1회 공판기일전의 증인신문에 이 제도를 도입하는 것은 변호인의 참여권이 없어 유효한 반대신문이 이루어질 수 없으므로 반대한다.[66)]

---

65) 川出, 위의 논문, p.70.

66) 太田, 앞의 논문, p.18; 白取, 앞의 논문, p.7; 石田, 앞의 논문, p.84; 山口, 앞의 논문, p.21.

(2) 제도 도입을 요구하거나 제도 도입을 전제로 하여 유의하여야 할 점을 말한 의견[67)]

㉮ 형사면책에 협상 요소가 있다는 오해가 있으나 기본적으로 협상과 전혀 다른 제도이고, 검사의 청구를 받은 법원이 일방적으로 진실의 증언을 할 것을 명령하는 제도이며, 법제도로서 협상 요소는 없다.

㉯ 미국에서 면책제도를 사용하는 정도가 감소하고 있는 것은 시간이 상당히 걸리기 때문이고, 면책증언의 신용성이 낮다는 것은 어색한 주장이다.[68)]

㉰ 록히드 사건[69)]과 같이 면책을 주고 재판의 증거로 사용하는 제도는 형사재판의 실현에 있어 불리한 것이 아니고 장점만 있다.

㉱ 재정경제 사건이나 회사범죄 등에 있어 면책을 받은 자는 증언거절권을 박탈당하고 증언을 거절하면 처벌을 받게 되므로 피의자인 회사의 상사 등에게 불이익한 진술을 하더라도 변명할 수 있고, 따라서 면책을 받은 자는 진실을 진술할 가능성이 많다. 그런 의미에서 형사면책제도는 일본에서도 도입될 수 있다.

㉲ 형사면책제도는 충실한 공판심리를 실현하기 위해서도 상당히 유효한 제도이다. 또 진술증거의 수집방법을 다양화·적정화하는 관점에서도 제1회 공판기일 전에도 활용할 수 있기를 바란다.

㉳ 대상자는 파생사용면책이 되기 때문에 특단의 불이익한 효과가 발생하지 않고, 그렇기 때문에 변호인의 관여가 필요적인 것은 아니다.

㉴ 요건의 심사가 용이하지 않다는 염려에 관하여는, 청구가 있을 때 법원은 절차에 적법성이 있으면 증언명령을 내리면 되므로 문제가 없다.

㉵ 법원의 직권에 의한 면책은 인정할 수 없는 것으로 하는 것이 좋다.

㉶ 형사면책제도와 협의·합의제도에는 증인보호제도가 필요하다.

라. 법제심의회가 법무부 장관에게 보고한 「요강(要綱)(骨子)」

법제심의회가 법무부 장관에게 보고한 「요강(要綱)(骨子)」은 <참고자료>

67) 太田, 앞의 논문, pp.18~19.

68) 椎橋, 위의 논문, p.11.

69) 三井 誠(미츠이 마코토), 判例教材 刑事訴訟法, 東京大學出版會, 2015, p.603.

와 같다《法制審議會新時代の刑事司法制度特別部會 第30回 會議配布資料, 新たな刑事司法制度の構築についての調査審議の結果(案)[改訂版], p.4》.[70)]

마. 내 용

형사면책제도는 협의·합의제도와 달리 대상 범죄를 제한하지 않는다. 또한 변호인의 관여도 필요적 요건이 아니다.[71)]

협의·합의제도는 대상이 특정범죄로 제한되기 때문에 대상 범죄 이외의 범죄는 형사면책제도를 활용할 것으로 예상된다.[72)]

면책 부여의 전제로서 증언을 요구하는 필요성과 책임 추궁에 대한 단념이라는 두 가지를 저울질하는 것이 필요하지만, 그것은 실질적으로는 기소에 관한 판단이기 때문에 검사가 필요하다고 인정하여 청구한 경우 법원은 형식적 요건만을 심사하고 면책결정을 한다. 변호인의 청구 또는 법원의 직권에 의한 면책 결정은 할 수 없다.[73)]

형사면책제도의 내용과 관련하여 마지막까지 논쟁이 있었던 것은 제1회 공판기일 전의 증인신문에 관하여도 형사면책제도의 대상으로 할 것인지 여부였다. 제1회 공판기일 전에 형사면책을 이용하는 사례로서는, 예컨대 수사단계에서 범행에 대한 관여의 정도가 낮고 기소할 정도는 아닌 피의자를 대상으로 하여 수사의 대상으로 되어 있는 타인의 범행에 대한 관여에 관하여 증언하게 하고 그것을 토대로 수사를 진행하여 가는 경우 등이 있을 수 있다. 그러나 제1회 공판기일 전의 증인신문에서는 피고인과 변호인의 참여권이 보장되지 않는다는 등의 강력한 반대의견으로 요강(골자)에는 포함되지 않았다.[74)]

---

70) 大澤 외, 앞의 좌담회, p.24; 각의결정(閣議決定)된 법안은 법무부 장관에게 보고한 것과 동일하다. 石田, 앞의 논문, p.84.

71) 太田, 앞의 논문, p.19.

72) 大澤 외, 앞의 좌담회, p.24; 山下幸夫(야마시타 유키오), "捜査·公判協力型協議·合意制度と刑事免責制度の課題", 刑事法ジャーナル, Vol. 43(2015), 成文堂, p.29.

73) 宇川, 앞의 논문, p.28.

74) 川出, 앞의 논문, p.71; 大澤 외, 앞의 좌담회, p.25.

바. 제도 도입의 당부(當否)

형사면책제도에 대하여는, 본래 처벌되어야 할 자가 공범관계에 있는 타인의 기소, 입증에 도움이 되는 증언을 한다고 하여 처벌을 면하는 것이 공정한 것인지, 또 그 증언에 의해 타인이 처벌되고 증언을 한 그 사람은 처벌을 면하는 것이 공정한 것인지가 문제가 된다.[75]

첫째, 타인의 범죄사실을 규명하는 데 협력한 사실은 지금도 양형상 유리한 사정으로서 고려하고 있는데 이러한 양형상의 고려 자체가 공정함에 반한다고 말할 수 없다. 둘째, 예를 들면 형사면책을 이용하지 않은 경우에는 보다 무거운 책임을 져야 할 조직의 상위자가 처벌될 수 없고 하위자만이 처벌되는데 이것은 공정하지 않다. 또 범행에 관여한 자 중 일부만이 처벌되는 것 자체가 공정함에 반하는 것은 아니다.[76] 따라서 형사면책제도가 공정한 제도가 아니라는 주장은 설득력이 없다.

Ⅲ. 결 론

우리가 다른 나라의 법이나 제도를 살펴보는 가장 큰 이유는 보다 좋은 법을 만들기 위해서다.

일본에서의 수사·공판협력형 협의·합의제도와 형사면책제도의 도입에 대한 논의 상황은 지금 우리 검찰이 검토 중인 「내부증언자 형사면책제도」의 도입 여부에 참고가 될 것이다. 그러나 일본에서의 논의 상황 중 일부는 우리에게 적용될 수 없는 부분이 있다.

예컨대 일본이 수사·공판협력형 협의·합의제도와 형사면책제도 등 형사사법개혁 관련 법안을 도입하게 된 배경은 우리와는 관련이 없을 것 같다. 또 수사·공판협력형 협의·합의제도에 있어 경찰이 관여하는 부분도 역시 우리에

75) 川出, 앞의 논문, p.69.
76) 川出, 위의 논문, p.69.

게는 받아들이기 어렵다. 다만 증거수집방법을 다양화하고, 용이하게 하기 위해 수사·공판협력형 협의·합의제도와 형사면책제도를 도입하려고 한다는 사실은 우리가 눈여겨볼 만한 대목이다.

아울러 법전문가 외에 법률 문외한(門外漢)이 이번 특별부회 위원으로 참가하여 형사사법개혁 관련 법안에 관하여 논의·검토하였다는 사실도 우리가 주목해야 할 부분이다.

앞으로 우리 검찰이 검토 중인 「내부증언자 형사면책제도」의 도입에 관한 논의가 본격적으로 시작될 때 이 실무 자료가 조금이나마 도움이 되기를 바란다.

참고자료

1. 수사·공판협력형 협의·합의제도의 도입

[합의·협의의 절차]

○ 검사는 필요하다고 인정할 때에는 피의자·피고인과의 사이에 피의자·피고인이 타인의 범죄사실을 규명하기 위하여 진실의 진술, 그 외의 행위를 한다는 취지와 그 행위가 행하여지는 경우에는 검사가 피의사건·피고사건에 관하여 불기소처분, 특정의 구형, 그 외 행위를 하는 취지를 합의할 수 있는 것으로 한다. 합의를 할 때에는 변호인의 동의가 없으면 안 되는 것으로 한다.

○ 이 제도의 대상 범죄는 일정한 재정경제관계범죄와 약물총기범죄로 한다.

○ 합의를 하기 위해 필요한 협의는, 원칙적으로 검사와 피의자·피고인 및 변호인 사이에 하는 것으로 한다.

○ 검사는 송치사건 등의 피의자와 사이에 협의를 하려고 할 때에는 사전에 사법경찰관과 협의하지 않으면 안 되는 것으로 한다. 검사는 타인의 범죄사실에 관하여 수사를 위해 필요하다고 인정할 때에는 협의에 있어 필요한 행위를 사법경찰관으로 하여금 하게 할 수 있는 것으로 한다.

[합의와 관련한 공판절차의 특칙]

○ 피고사건에 관하여 합의가 있을 때 또는 합의에 근거하여 얻어진 증거가 타인의 형사사건의 증거가 될 때에는 검사는 합의에 관한 서면의 조사를 청구하지 않으면 안 되는 것으로 하고, 그 후에 합의의 당사자가 합의로부터 이탈한 때에는 이탈서면에 관하여도 동일하게 한다.

[합의 위반의 경우 취급]

○ 합의 당사자는 상대방 당사자가 합의에 위반한 때, 그 외 일정한 경우에는 합의로부터 이탈할 수 있는 것으로 한다.

○ 검사가 합의에 위반하여 공소권을 행사한 때에는 법원은 판결로 공소기각을 하지 않으면 안 되는 것으로 한다. 검사가 합의에 위반한 때에는 협의에 있어 피의자·피고인이 한 타인의 범죄사실을 규명하기 위한 진술과 합의에 근거하여 얻어진 증거는, 원칙적으로 이것들을 증거로 할 수 없는 것으로 한다.

[합의가 성립하지 않았을 경우에 있어 증거의 사용 제한]

○ 합의가 성립하지 않았을 때에는 피의자·피고인이 협의에 있어 한 타인의 범죄사실을 규명하기 위한 진술은 원칙적으로 이것을 증거로 할 수 없는 것으로 한다.

[합의 당사자인 피의자·피고인에 의한 허위진술 등 처벌]

○ 합의를 한 자가 그 합의에 관련한 타인의 범죄사실에 관하여 합의에 관련한 행위를 하여야 할 경우 수사기관에 대하여 허위의 진술을 하거나 또는 위조·변조의 증거를 제출한 때에는 5년 이하의 징역에 처하는 것으로 한다.

2. 형사면책제도의 도입

[증인을 신문하는 경우에 있어 면책 결정]

○ 검사는 증인신문의 청구에 대하여 필요하다고 인정할 때에는, 법원에 대하여 당해 증인신문을 다음에 내세우는 조건에 의해 행하는 것을 청구할 수 있는 것으로 한다.
  ① 그 증인신문에 의해 얻어진 진술과 이것에 유래하는 증거는 원칙적으로 당해 증인에게 불이익한 증거로 할 수 없다는 것
  ② 그 증인신문에 있어서는 자기가 형사기소 또는 유죄판결을 받을 염려가 있는 증언을 거부할 수 없다는 것

○ 위 청구를 받은 때에는 법원은 신문사항에 증인이 형사기소 또는 유죄판결을 받을 염려가 있는 사항이 포함되지 않는다고 명백히 인정되는 경우를 제외하고 증인신문을 위 ①과 ②의 조건에 의해 행한다는 취지의 결정(이하 면책결정이라고 한다)을 하는 것으로 한다.

[증인신문의 개시 후에 있어 면책 결정]

○ 검사는 증인이 형사기소 또는 유죄판결을 받을 염려가 있는 것을 이유로 하여 증언을 거절한 경우에 필요하다고 인정할 때에는 법원에 대하여 면책결정의 청구를 할 수 있는 것으로 한다.

○ 위 청구를 받은 때에는 법원은 증인이 형사기소 또는 유죄판결을 받을 염려가 있는 것을 이유로 하여 증언을 거절하지 않는다고 명백히 인정되는 경우를 제외하고 면책결정을 하는 것으로 한다.

일본 형사소송법 규정

1. 수사·공판협력형 협의·합의제도[1)]

제4장 증거수집 등의 협력 및 소추에 관한 합의

제1절 합의 및 협의의 절차

[합의의 내용, 대상 범죄]

제350조의2 검찰관은, 특정범죄와 관련된 사건의 피의자 또는 피고인이 특정범죄와 관련된 타인의 형사사건(이하 「타인의 형사사건」이라고 말한다)에 관하여, 하나 또는 둘 이상의 제1호에 열거하는 행위를 하는 것에 의해 얻어질 수 있는 증거의 중요성, 관계된 범죄의 경중(輕重) 및 정상(情狀), 그 관계된 범죄의 관련성의 정도, 그 밖에 사정을 고려하여, 필요하다고 인정할 때에는, 피의자 또는 피고인과의 사이에 피의자 또는 피고인이 그 타인의 형사사건에 관하여 하나 또는 둘 이상의 제1호에 열거하는 행위를 하고, 동시에 검찰관이 피의자 또는 피고인의 그 사건에 관하여 하나 또는 둘 이상의 제2호에 열거하는 행위를 할 것을 내용으로 하는 합의를 할 수 있다.

1. 다음에 열거하는 행위
   가. 제198조 제1항 또는 제223조 제1항의 규정에 의한, 검찰관, 검찰사무관 또는 사법경찰직원의 조사 시 진실의 진술을 하는 것.
   나. 증인으로서 심문을 받을 경우에 진실의 진술을 하는 것.
   다. 검찰관, 검찰사무관 또는 사법경찰직원에 의한 증거의 수집에 관하여, 증거의 제출 그 밖의 필요한 협력을 하는 것(가, 나에 열거한 것을 제외한다)
2. 다음에 열거하는 행위
   가. 공소를 제기하지 않는 것.
   나. 공소를 취소하는 것.

---

1) 일본 형사소송법 규정은 「형사법의 신동향」(통권 제51호, 2016. 6)의 『실무자료』에 게재되지 않았던 부분이다. 이번에 새로이 추가한 것이다. 이 부분은 형사소송법 제2편 제1심 중 제4장에 규정되어 있다. 제1절은 합의 및 협의의 절차, 제2절은 공판절차의 특례, 제3절은 합의의 종료, 제4절은 합의 이행의 확보로 규정되어 있다. 三井 誠·河原俊也·上野友慈·岡 愼一 編, 第3版 刑事訴訟法, 別冊 法學セミナ no. 253, 日本評論社, 2018, p.571. 이하 각 주는 이 책에서 인용하였다.

다. 특정한 소인(訴因) 및 벌조(罰條)에 의해 공소를 제기하거나, 이를 유지하는 것.

라. 특정한 소인이나 벌조의 추가나 철회 또는 특정한 소인이나 벌조로의 변경을 청구하는 것.

마. 제293조 제1항의 규정에 의한 의견을 진술할 때, 피고인에게 특정의 형을 선고하여야 한다는 취지의 의견을 진술하는 것.

바. 즉결재판절차의 신청을 하는 것.

사. 약식명령의 청구를 하는 것.

② 전항에서 규정하는「특정범죄」는, 다음에 열거하는 죄(사형 또는 무기징역이나 금고에 해당하는 것을 제외한다)를 말한다.

1. 형법 제96조부터 제96조의6까지나 제155조의 죄, 같은 조의 예에 의해 처단하여야 하는 죄, 같은 법 제157조의 죄, 같은 법 제158조의 죄(같은 법 제155조의 죄, 같은 조의 예에 의해 처단하여야 하는 죄 또는 같은 법 제157조 제1항이나 제2항의 죄와 관련하는 것에 한한다) 또는 같은 법 제159조부터 제163조의5까지, 제197조부터 제197조의4까지, 제198조, 제246조부터 제250조까지나 제252조부터 제254조까지의 죄[2)]
2. 조직적인 범죄의 처벌 및 범죄수익의 규제 등에 관한 법률(平成 11년 법률 제136호. 이하「조직적 범죄처벌법」이라고 말한다) 제3조 제1항 제1호부터 제4호까지, 제13호나 제14호에 열거하는 죄와 관련된 같은 조의 죄, 같은 항 제13호나 제14호에 열거하는 죄와 관련된 같은 조의 죄의 미수죄 또는 조직적 범죄처벌법 제10조나 제11조의 죄
3. 앞의 2호에 열거하는 것 외에, 조세에 관한 법률, 사적 독점의 금지 및 공정거래의 확보에 관한 법률(昭和 22년 법률 제54호) 또는 금융상품거래법(昭和 23년 법률 제25호)의 죄 그 밖의 재정경제관계범죄로서 정령(政令)에서 정하는 것
4. 다음에 열거하는 법률의 죄

가. 폭발물단속벌칙(明治 17년 太政官 布告 제32호)

나. 대마단속법(昭和 23년 법률 제124호)

다. 각성제단속법(昭和 26년 법률 제252호)

라. 마약 및 향정신약단속법(昭和 28년 법률 제14호)

마. 무기등제조법(昭和 28년 법률 제145호)

---

2) 1, 2, 3호가 재정경제범죄이다. 앞의 책, p.577: 합의제도를 이용하기 위해서는 피의자·피고인의 사건과 타인의 형사사건의 쌍방이 대상 범죄여야 한다. 앞의 책, p.578.

바. 아편법(昭和 29년 법률 제71호)

사. 총포도검류소지등단속법(昭和 33년 법률 제6호)

아. 국제적인 협력 하에 규제 약물과 관련된 부정행위를 조장하는 행위 등의 방지를 도모하기 위한 마약 및 향정신약단속법 등의 특례 등에 관한 법률(平成 3년 법률 제94호)[3]

5. 형법 제103조, 제104조나 제105조의2의 죄 또는 조직적 범죄처벌법 제7조의 죄(같은 조 제1항 제1호부터 제3호까지 열거하는 자와 관련된 것에 한한다)나 조직적 범죄처벌법 제7조의2의 죄(모두 앞의 각호에 열거하는 자와 관련된 죄를 본범으로 하는 것에 한한다)[4]

③ 제1항의 합의에는, 피의자나 피고인이 하는 같은 항 제1호에 열거하는 행위 또는 검찰관이 하는 같은 항 제2호에 열거하는 행위에 부수(付隨)하는 사항 그 밖의 합의의 목적을 달성하기 위해 필요한 사항을 그 내용으로서 포함할 수 있다.

[변호인의 동의, 합의내용서면]

제350조의3 전조 제1항의 합의를 하려면, 변호인의 동의가 없으면 안 된다.

② 전조 제1항의 합의는 검찰관, 피의자나 피고인 및 변호인이 연서(連署)한 서면에 의해 그 내용을 분명히 하여 하는 것으로 한다.

[합의를 위한 협의]

제350조의4 제350조의2 제1항의 합의를 하기 위해 필요한 협의는, 검찰관과 피의자 또는 피고인 및 변호인 사이에 하는 것으로 한다. 단, 피의자 또는 피고인 및 변호인에게 이의가 없을 때에는, 협의의 일부를 변호인만과의 사이에 할 수 있다.

[협의에서 피의자·피고인의 진술[供述]]

제350조의5 전조의 협의에서, 검찰관은 피의자 또는 피고인에 대하여 타인의 형사사건에 관하여 진술을 요구할 수 있다. 이 경우, 제198조 제2항의 규정을 준용한다.

② 피의자 또는 피고인이 전조의 협의에서 한 진술은, 제350조의2 제1항의 합의가 성립하지 않은 때에는 이를 증거로 할 수 없다.

③ 전항의 규정은, 피의자 또는 피고인이 그 협의에서 한 행위가 형법 제103조(범인은닉죄), 제104조(증거인멸죄)나 제172조(허위고소죄)의 죄 또는 조직적 범죄처

3) 약물총기범죄이다.

4) 1, 2, 3, 4호를 본범으로 하는 형사사법작용을 해하는 죄이다.

벌법 제7조 제1항 제1호나 제2호에 열거하는 자와 관련된 같은 조의 죄(조직적인 범죄은닉등·증거인멸 등)에 해당하는 경우, 이들 죄와 관련된 사건에서 사용할 때에는, 이를 적용하지 않는다.

[사법경찰원과의 협의 등]
제350조의6 검찰관은, 사법경찰원이 송치하거나 송부한 사건 또는 사법경찰원이 실제로 수사하고 있다고 인정하는 사건에 관하여, 그 피의자와의 사이에 제350조의4의 협의를 하고자 할 때에는, 사전에 사법경찰관과 협의를 하지 않으면 안 된다.
② 검찰관은, 제350조의4의 협의와 관련된 타인의 형사사건에 관하여 사법경찰원이 실제로 수사하고 있다는 것과 그 밖의 사정을 고려하여, 그 타인의 형사사건의 수사를 위해 필요하다고 인정할 때에는 전조 제1항의 규정에 의해 진술을 요구하는 것과 그 밖의 그 협의에서 필요한 행위를 사법경찰원으로 하여금 하게 할 수 있다. 이 경우에, 사법경찰원은 검찰관의 개별적 수권의 범위 내에서 검찰관이 제350조의2 제1항의 합의 내용으로 할 것을 제안하는, 같은 항 제2호에 열거하는 행위의 내용을 제시할 수 있다.

제2절 공판절차의 특례

[합의내용서면 등의 증거조사 청구의 의무-합의를 한 피고인의 사건]
제350조의7 검찰관은, 피의자와의 사이에 한 제350조의2 제1항의 합의가 있는 경우에, 그 합의와 관련된 피의자의 사건에 관하여 공소를 제기한 때에는, 제291조의 절차가 종료한 후(사건이 공판 전 정리절차에 부쳐진 경우에는 그때 후) 지체 없이 증거로서 제350조의3 제2항의 서면(이하 「합의내용서면」이라고 말한다)의 조사를 청구하지 않으면 안 된다. 피고사건에 관하여 공소 제기 후에 피고인과의 사이에 제350조의2 제1항의 합의를 한 때에도 동일한 것으로 한다.
② 전항의 규정에 의해 합의내용서면의 조사를 청구하는 경우, 그 합의의 당사자가 제350조의10 제2항의 규정에 의해 그 합의로부터 이탈한다는 취지의 고지를 하고 있는 때에는, 검찰관은 합해서 같은 항의 서면의 조사를 청구하지 않으면 안 된다.
③ 제1항의 규정에 의해 합의내용서면의 조사를 청구한 후에, 그 합의의 당사자가 제350조의10 제2항의 규정에 따라 그 합의로부터 이탈한다는 취지의 고지를 한 때에는, 검찰관은 지체 없이 같은 항의 서면의 조사를 청구하지 않으면 안 된다.[5)]

[동전(同前)-타인의 사건]

제350조의8 피고인 이외의 자의 진술녹취서 등에 있어, 그 자가 제350조의2 제1항의 합의에 근거하여 작성한 것 또는 같은 항의 합의에 근거하여 된 진술을 녹취하거나 기록한 것에 관하여, 검찰관, 피고인이나 변호인이 조사를 청구하거나, 또는 재판소가 직권으로 이를 조사하는 것으로 한 때에는, 검찰관은 지체 없이 합의내용서면의 조사를 청구하지 않으면 안 된다. 이 경우에, 전조 제2항 및 제3항의 규정을 준용한다.[6]

[동전(同前)-타인의 사건]

제350조의9 검찰관, 피고인이나 변호인이 증인심문을 청구하거나, 또는 재판소가 직권으로 증인심문을 하는 것으로 한 경우에, 그 증인으로 되어야 하는 자와의 사이에 그 증인심문에 관하여 한 제350조의2 제1항의 합의가 있는 때에는, 검찰관은 지체 없이 합의내용서면의 조사를 청구하지 않으면 안 된다. 이 경우에, 제350조의7 제3항의 규정을 준용한다.[7]

제3절 합의의 종료

[합의로부터의 이탈]

제350조의10 다음 각 호에 열거하는 사유가 있는 때에는, 그 각 호에서 정하는 자는, 제350조의2 제1항의 합의로부터 이탈할 수 있다.

1. 제350조의2 제1항의 합의의 당사자가 그 합의에 위반한 때 : 그 상대방
2. 다음에 열거하는 사유 : 피고인
   가. 검찰관이 제350조의2 제1항 제2호 라와 관련된 같은 항의 합의에 근거하여 소인 또는 벌조(罰條)의 추가, 철회 또는 변경을 청구한 경우에, 재판소가 이를 허락하지 않았을 때.
   나. 검찰관이 제350조의2 제1항 제2호 마와 관련된 같은 항의 합의에 근거하여,

---

5) 이 규정은, 합의를 한 피고인의 공판에 있어, 합의내용서면 등의 조사청구 의무에 관하여 규정한 것이다.

6) 이 규정은, 합의에 근거한 진술녹취서 등이 증거로서 사용되는 타인의 형사피고사건에 있어, 검찰관의 합의내용서면 등의 조사청구 의무에 관하여 규정한 것이다.

7) 이 규정은, 합의에 근거하여 증언이 이루어지는 타인의 형사 피고사건에서 검찰관의 합의내용서면 등의 조사청구 의무에 관하여 규정한 것이다.

제293조 제1항의 규정에 의한 의견 진술시 피고인에게 특정한 형을 선고하여야 한다는 취지의 의견을 진술한 사건에 관하여, 재판소가 그 형보다 더 무거운 형의 선고를 한 때.

다. 검찰관이 제350조의2 제1항 제2호 바와 관련된 같은 항의 합의에 근거하여 즉결재판절차의 신청을 한 사건에 관하여, 재판소가 이를 각하하는 결정(제350조의22 제3호 또는 제4호에 열거하는 경우에 해당하는 것을 이유로 하는 것에 한한다)을 하거나, 또는 제350조의25 제1항 제3호나 제4호에 해당하는 것(같은 호에 관하여는, 피고인이 기소장에 기재된 소인에 관하여 유죄라는 취지의 진술과 상반하거나 실질적으로 다른 진술을 한 것에 의해 같은 호에 해당하는 경우를 제외한다)이 되었다는 것을 이유로 하여 제350조의22의 결정을 취소한 때.

라. 검찰관이 제350조의2 제1항 제2호 사와 관련된 같은 항의 합의에 근거하여 약식명령의 청구를 한 사건에 관하여, 재판소가 제463조 제1항이나 제2항의 규정에 의해 통상의 규정에 따르는 심판을 하는 것으로 하거나, 또는 검찰관이 제465조 제1항의 규정에 따라 정식재판의 청구를 한 때.

3. 다음에 열거하는 사유 : 검찰관

가. 피의자 또는 피고인이 제350조의4의 협의에서 한 타인의 형사사건에 관한 진술의 내용이 진실이 아닌 것이 분명하게 된 때.

나. 제1호에 열거하는 것 외에 피의자 또는 피고인이 제350조의2 제1항의 합의에 근거하여 한 진술의 내용이 진실이 아니거나 또는 피의자나 피고인이 같은 항의 합의에 근거하여 제출한 증거가 위조 또는 변조된 것이 분명하게 된 때.

② 전항의 규정에 의한 이탈은, 그 이유를 기재한 서면에 의해, 그 이탈과 관련된 합의의 상대방에게 하고, 그 합의로부터 이탈한다는 취지의 고지를 하여 행하는 것으로 한다.

[검찰심사회의 의결에 의한 합의의 실효]

제350조의11 검찰관이 제350조의2 제1항 제2호 가와 관련된 같은 항의 합의에 근거하여 공소를 제기하지 않는 처분을 한 사건에 관하여, 검찰심사회법 제39조의5 제1항 제1호나 제2호의 의결 또는 같은 법 제41조의6 제1항의 기소의결이 있는 때에는 당해 합의는 그 효력을 잃는다.

[합의의 실효와 피고인의 진술 등의 증거능력]

제350조의12 전조의 경우에는 그 의결과 관련된 사건에 관하여 공소가 제기된 때에도, 피고인이 제350조의4의 협의에서 한 진술 및 그 합의에 근거하여 한 피고인의 행위에 의해 얻어진 증거 및 이것들에 근거하여 얻어진 증거는 당해 피고인의 형사사건에서 이를 증거로 할 수 없다.

② 전항의 규정은, 다음에 열거하는 경우에는 이를 적용하지 않는다.

1. 전조에서 규정하는 의결 전에 피고인이 한 행위가 그 합의에 위반하는 것이었다는 점이 분명하게 되거나 또는 제350조의10 제1항 제3호 가 또는 나에 열거하는 사유에 해당하는 것이 된 때.
2. 피고인이 그 합의에 근거하는 것으로 하여 한 행위 또는 그 협의에서 한 행위가 제350조의15 제1항의 죄(허위진술의 죄), 형법 제103조(범인은닉 등 죄), 제104조(증거인멸 등 죄), 제169조(위증죄)나 제172조의 죄(허위고소 등 죄) 또는 조직적 범죄처벌법 제7조 제1항 제1호나 제2호에 열거하는 자와 관련된 같은 조의 죄에 해당하는 경우에[8] 이들 죄와 관련된 사건에서 사용할 때.
3. 증거로 하는 것에 관하여 피고인에게 이의가 없을 때.

제4절 합의 이행의 확보

[검찰관의 합의 위반과 공소기각·소인변경 불허가]

제350조의13 검찰관이 제350조의2 제1항 제2호 가부터 라까지, 바 또는 사와 관련된 같은 항의 합의(같은 호 다와 관련된 것에 관하여는, 특정의 소인 및 벌조에 의해 공소를 제기한다는 취지의 것에 한한다)에 위반하여 공소를 제기하고, 공소를 취소하지 않고, 다른 소인 및 벌조에 의해 공소를 제기하고, 소인이나 벌조의 추가, 철회나 변경을 청구하는 것이 없거나, 다른 소인이나 벌조의 추가나 철회나 다른 소인이나 벌조로의 변경을 청구하여 공소를 유지하고, 또는 즉결재판절차의 신청이나 약식명령의 청구를 동시에 하는 것이 없이 공소를 제기한 때에는, 판결에서 그 공소를 기각하지 않으면 안 된다.[9]

---

8) 조직적 범죄처벌법 제7조에서 규정하는 범인은닉, 증거인멸 등 죄의 가중(加重) 유형에 해당하는 경우이다.

9) 요컨대, 검찰관이 불기소 합의에 위반하여 공소를 제기한 때, 검찰관이 공소취소 합의에 위반하여 공소를 취소하지 않은 때, 검찰관이 특정 소인으로의 기소 합의에 위반하여 다

② 검찰관이 제350조의2 제1항 제2호 다와 관련된 같은 항의 합의(특정의 소인 및 벌조에 의해 공소를 유지한다는 취지의 것에 한한다)에 위반하여 소인 또는 벌조의 추가 또는 변경을 청구한 때에는, 재판소는 제312조 제1항의 규정에도 불구하고, 이를 허용해서는 안 된다.

[검찰관의 합의 위반과 피고인의 진술 등의 증거능력]

제350조의14 검찰관이 제350조의2 제1항의 합의에 위반한 때에는, 피고인이 제350조의4의 협의에서 한 진술 및 그 합의에 근거하여 한 피고인의 행위에 의해 얻어진 증거는 이를 증거로 할 수 없다.

② 전항의 규정은, 그 피고인의 형사사건의 증거로 하는 것에 관하여 그 피고인이 이의가 없는 경우 및 그 피고인 이외의 자의 형사사건의 증거로 하는 것에 관하여 그 자에게 이의가 없는 경우에는 이를 적용하지 않는다.

[허위의 진술 등과 형벌]

제350조의15 제350조의2 제1항의 합의에 위반하여, 검찰관, 검찰사무관 또는 사법경찰직원에 대하여, 허위의 진술을 하거나 또는 위조나 변조의 증거를 제출한 자는 5년 이하의 징역에 처한다.

② 전항의 죄를 범한 자가 그 합의와 관련된 타인의 형사사건의 재판이 확정하기 전에 있고, 동시에 그 합의와 관련된 자기의 형사사건의 재판이 확정하기 전에 자백한 때에는 그 형을 감경하거나 또는 면제할 수 있다.

2. 형사면책제도

[증인심문 개시 전의 형사면책 청구]

제157조의2 검찰관은, 증인이 형사소추를 받거나 또는 유죄판결을 받을 염려가 있는 사건에 관하여 그 심문을 예정하고 있는 경우에, 그 사항에 관하여 증언의 중요성, 관계된 범죄의 경중(輕重) 및 정상(情狀) 그 외 사정을 고려하여, 필요하다고 인정할 때에는 미리 재판소에 대하여 그 증인심문을 다음에 열거하는 조건에 의해 할 것을 청구할 수 있다.

른 소인·조항에 의해 공소를 제기한 때, 검찰관이 소인변경청구 합의에 위반하여 소인·조항의 추가, 철회나 변경을 청구하지 않고, 또는 다른 소인·조항의 추가나 철회를 청구하거나 또는 다른 소인·조항으로의 변경을 청구하여 공소를 유지한 때, 검찰관이 즉결재판청구 합의 또는 약식명령청구 합의에 위반하여 공소를 제기한 때가 여기에 해당한다.

심문에 응하여 한 진술 및 이에 근거하여 얻어진 증거는, 증인이 그 증인심문에서 한 행위가 제161조(선서·증언거절) 또는 형법 제169조의 죄(위증죄)에 해당하는 경우에 그 행위와 관련된 이들 죄와 관련된 사건에서 사용하는 때를 제외하고, 증인의 형사사건에서 이를 증인에게 불이익한 증거로 할 수 없다는 것.

제146조의 규정에 불구하고, 자기가 형사소추를 받거나 또는 유죄판결을 받을 염려가 있는 증언을 거부할 수 없다는 것.

② 재판소는, 전항의 청구를 받은 때에는, 그 증인에게 심문하여야 할 사항에 증인이 형사소추를 받거나 또는 유죄판결을 받을 염려가 있는 사항이 포함되지 않는다고 분명하게 인정되는 경우를 제외하고, 그 증인심문을 같은 항 각 호에 열거하는 조건에 의해 한다는 취지의 결정을 하는 것으로 한다.

[증인심문 개시 후의 형사면책 청구]

제157조의3 검찰관은 증인이 형사소추를 받거나 또는 유죄판결을 받을 염려가 있는 사항에 관하여 증언을 거부하였다고 인정하는 경우에, 그 사항에 관하여 증언의 중요성, 관계된 범죄의 경중 및 정상 그 외 사정을 고려하여 필요하다고 인정할 때에는, 재판소에 대하여 그 이후의 증인심문을 전조 제1항 각호에 열거하는 조건에 의해 할 것을 청구할 수 있다.

② 재판소는, 전항의 청구를 받은 때에는, 그 증인이 증언을 거부하고 있지 않는다고 인정되는 경우 또는 그 증인에게 심문하여야 할 사항에 증인이 형사소추를 받거나 유죄판결을 받을 염려가 있는 사항이 포함되지 않는다고 분명하게 인정되는 경우를 제외하고, 그 이후의 그 증인심문을 전조 제1항 각호에 열거하는 조건에 의해 한다는 취지의 결정을 하는 것으로 한다.

후기(後記)

환갑(還甲)이 지나서 이 조그만 책이 발간된 것을, 저는 매우 기쁘게 생각합니다. 비록 이 책이 잘 읽혀질 것이라고는 생각하지 않지만, 그래도 저는 마음이 뿌듯합니다.

먼저 이 글을 쓰는 데 묵묵히 응원한 아내 '정구오'에게 이 자리를 빌려 감사의 마음을 전합니다.

또 여기에 실린 박사학위논문과 그 밖의 논문 등을 쓸 때 여러 가지 자료를 찾아주고 도움을 준 사랑하는 우리 딸 '수정이', 아들 '수찬이'에게도 고마움을 전합니다.

아울러 2015년 더운 여름날, 부족한 저의 박사학위논문을 꼼꼼히 살펴보고, 아낌없는 지도와 조언을 하신 고려대학교 이주원 교수님께 진심으로 감사를 드립니다. 교수님의 건강과 행복을 기원합니다.

박사학위논문을 제출한 뒤 8년이 지나 다시 논문을 보니 한편으로는 부끄럽기도 하고, 다른 한편으로는 "좀 더 잘 썼더라면 …" 하는 아쉬움이 많이 남습니다. 아마도 이러한 생각은 어쩔 수 없나 봅니다.

아무튼 저는 박사학위논문에 대한 개정판(改訂版)을 쓴다는 마음으로 일부 잘못되거나 적절하지 않은 부분을 고치고 뺐고, 일부 부족한 부분을 보완하였습니다. 또 최근에 발표된 글도 일부 반영을 하였습니다.

그러나 제가 이렇게 했다고 하더라도 잘못되거나 부족한 부분은 여전히 남아 있을 것입니다. 선생님과 동료, 후배의 가감(加減) 없는 비평(批評)과 충고(忠

告)를 바랍니다.

마지막으로, 이 책이 나오기까지 여러모로 고생하신 모든 선생님께 진심으로 머리를 숙여 감사를 드립니다. 고맙습니다.

2023년 6월

양재동 산자락 사무실에서

송암(松巖) 박종순(朴鍾淳) 올림

찾아보기

[ㄱ]

가혹한 형의 위협 127
갈취 245
강력한 보상 275
강력한 증거 195
강요 106, 189
강요된 자백 59, 139
강요의 산물 60
강제적 요소 93
개혁 108
거래 77
검사에 의한 기소 13
검사의 게으름 75
검사의 동맹자 81
검사의 위협 91
검사의 자유재량 권한 41
검사의 재량 남용 190
검사의 재량권 20, 93, 103
검찰 측 증인 99
검찰의 양보 15
결투 227
결투재판 228, 240
경제범죄 304
경제성 8, 143, 197
경죄 174
경죄 사건 172
경죄재판으로의 회부 173
경찰 활동 63
경찰과 협의 307
경찰의 재조직 69
계급 제도적 측면 38
계급제도적이 아닌 형사사법제도 42
계약자치의 원칙 93
계획성이 없는 살인 78
계획적 살인 78
고문법 57
고소 238
고자질 133
고전적인 배심재판 141
공개 157
공개재판을 받을 권리 110
공개재판의 침해 155
공공 편의와 공공 행복 266
공공안전의 이익 274
공공의 이익 88, 266, 274
공공편의와 공공행복 133

공리적 계산법 132
공리적 사고 133
공리주의 125
공리주의적 정당성 266
공범의 자백 189
공범의 증언 101, 282
공범의 허위 진술 288
공범자에 의한 자백과 고발 227
공범자증인 226
공범자증인의 사소 제기 235
공범자증인의 신뢰 247
공범자증인의 허위의 사소 제기 247
공범자증인제도의 오용 245
공범자증인제도의 해악 244
공범증거의 신용 279
공범증인면책제도 181
공소권의 주체 210
공소제도 230
공소취소 47, 78, 300
공정감 181
공정성 16
공정한 결과 98
공징한 재판 118
공중질서를 확립 235
공판준비절차 184
공판중심주의 166, 198
공평 정의와의 부합 178
공화주의자 71
과중한 업무 부담 18
과학적 증거의 발달 63
관계하는 범죄의 경중 및 정상 313
관대한 처벌 94
관대한 처분 72, 259, 300
관대한 형의 선고 51
관용 251
관용의 약속 88
관할법원 결정 전 답변 146
광범위한 권한 34
교도소 밀고자 135
교섭에 근거한 정의 194
교환의 대상 103
구금 기간 16
구두주의 166
구조적 변화 70
구조적 힘 107
구형의 감경 300
국가의 증인 47
국민의 저항 286
국민적 공감대 220
국민적 합의 289
국선변호인의 자격 미달 75
국왕의 공범자증인 227
국왕의 소송 229, 239
국왕의 은사 250
국왕의 평화를 유지 235
굿이어 사건 144
권리 포기 201
권리의 박탈 35
극명한 형의 차이 162
근대 증거법 76
급료 242
기부 35
기소 중지 80
기소 협력 299

기소 협상 77
기소된 것보다 덜 중한 범죄의 유죄답변 51
기소면제 47
기소법정주의 156, 166
기소유예 73
기소인부절차 13, 185, 209
기소재량 147
기소재량권 212, 299
기소재량권 행사 314
기소편의주의 205, 212
기소협상 28, 143, 163
기업이 관여한 범죄 304

[ㄴ]

나쁜 조언 121
남용 186
내부가담자 186, 257
내부자의 증거 277
내부증언자 293
내부증언자 불기소처분제도 226
내부증언자 형벌감면제도 226
내부증언자 형벌감면제도·소추면제제도 294
내부증언자 형사면책제도 293
뇌물죄 100
능률 97

[ㄷ]

다빌라 사건 32
다양화·적정화 315
단순화 200
단축재판 165
답변 보상 127
답변 제도 90
답변 합의 24, 27
답변에 대한 사실적 기초 204
답변제도 114
답변제의 123
답변합의 214
답변합의 절차 182
답변협상 법원 53
답변협상제도 3, 19
당사자 사이의 교환 적정성 4
당사자 사이의 합의 165
당사자 자치의 원칙 99
당사자 평등주의 166
당사자의 자기결정권 43
당사자의 참여 157
당사자의 처분권 183, 185, 198
당사자의 청구에 따른 형의 적용 165
당사자주의 20, 37, 165, 176, 183, 198
당사자주의 절차 172
당해 사항에 관한 증언의 중요성 313
대가 90
대규모 밀고자 258
대륙법계 37, 183
대륙법계의 영미법계화 186
대배심에 의한 기소 13
대배심의 고발 230
대상 범죄 210
대체수단 95
더 작은 범죄에 대한 유죄답변 69
데이비스 사건 282

도구주의 74
두려움과 강요의 산물 195

[ㄹ]
램파트 스캔들 125
러드 사건 251, 264
로턴(Lawton) 사건 275
루이즈(Ruiz) 판결 91
링컨 터널 96

[ㅁ]
망의 결합 74
맥거번 사건 83
맥맨 사건 116
메간 칸카 106
면책결정 316
명예상실 16
모범규칙 100
무거운 사건 압력 75
무고(無辜)한 사람 58, 281
무죄 문제 101
무죄답변 13
무죄의 위험부담 154
무죄추정의 원칙 56, 156, 170, 194, 220
묵비권 고지 308
묵비권의 행사 277
묵시적인 유죄협상 188
문제해결법원 95
미리 유죄를 인정한 경우의 기소절차 171
밀고 235
밀고자 132
밀행성이 높은 범죄 304

[ㅂ]
바니 굴딩 사건 78
반보상 100
반역죄 230, 263
반역죄(treason) 또는 중죄(felony)로 기소된 범죄인 227
반즈 판결 119
방어권 198
배반 135, 234
배분적 정의 109
배신자에 대한 응징 287
배심 39
배심 없는 법정 267
배심원 자격에 대한 예비심문 59
배심재판 233
배심재판을 받을 권리 15, 110, 184
배심재판의 복잡화와 장기화 85
배심재판의 정지 267
배심재판의 황금시대 63
배심제도의 원활한 운영 188
배심제도의 폐지 49
버티 스몰스 273
범죄 수사와 소추에 협조하는 자 260
범죄 억제 16
범죄 연루 314
범죄사실의 규명 301
범죄억제 효과 106
범죄에 상응한 처벌 102
범죄예방 68

범죄의 정치화 69
범죄의 중대성 196
범죄의 증가 47
범죄인과 거래 259
범죄조직의 범죄를 규명 259
법 감정 189
법관으로부터 재판을 받을 권리 189
법률 개혁 72
법률 문외한 318
법상실자 237
법원의 부족 48
법원의 사건 부담 경감 197
법원의 사건 부담 증가 197
법원의 심사 169
법원의 재량 사항 207
법의 지배 72
법적 평온 193
법적인 진실 194
법치국가 원칙 157, 163
법치국가 형사소송의 몰락 160
법치주의 155, 165
변동할 수 있는 유죄 104
변호사 행동 모범규칙 100
변호인을 선임할 수 있는 권리 59
변호인의 동의 307
변호인의 재정적 동기 75
변호인의 조력 26
변호인의 조력을 받을 권리 177
변호인의 참여 201, 207
변호인의 참여권 316
변호인의 필요적 참여 213
변호인의 효과적인 변호 206
보강수사 311
보강증거가 없는 슈퍼그래스의 증거 284
보류 82
보복 302
보복의 위협 132
보상 56, 78, 132, 202, 229, 261
보통법 7, 70, 227, 262
보통법의 관용 71
보편적 경멸의 별명 135
보편적 현상 199
보호관찰제도 82
보호조치 314
복수 16
복잡한 범죄의 증가 152
본질적인 위험 279
부당한 처벌 102
부커 사건 22
분쟁 해결의 제도 43
불공정 110
불기소 제도 49
불기소처분 300
불기소합의 28, 136, 252, 275
불법 134
불소추 229, 264
불충분한 자금 18
불평등 94
불평등한 결투재판 249
불항쟁 답변 13, 73
불확실 93
브래디 사건 26, 46
브래디(Brady) 판결 87

블랙 재판 265
비공식적 증거개시 213
비공식적인 협상 149, 154
비교불법 134
비능률 105
비례적 상호 관계 151
비밀로 하는 법 운영 49
비용 145
비전문가 64, 76
빠디야 판결 119

[ㅅ]
사건 부담 187
사건 부담 증가 141
사건 수의 압력 197
사건 압력 79, 85, 128
사건 처리와 증거 수집의 방법 300
사건보류(on-file)의 플리바게닝 83
사건보류제도 82
사건의 경중 201
사건의 관리 11
사건의 신속한 처리 166
사건의 효율적 처리 128
사면 71, 73, 272
사법 관리 227
사법 당국에 대한 불신 189
사법 운용의 본질적 요소 17
사법 자원의 부족 153
사법자원의 효율적 활용 177
사법적 고문제도 57
사법정의 189
사법정책 183
사법협조와 보상 287
사법협조자 226, 258
사법협조자 소추면제·형벌감면제도 186
사법협조자 소추면제제도 225, 257
사법협조자 진술의 허위 가능성 247
사법협조자 형벌감면제도 225, 257
사소 227, 263
사소를 제기 236
사실 인정 203
사실적 기초 24, 191, 206
사실적 기초의 존재 178
사안의 진상 규명 199
사용면책(use immunity) 31
사인소추 230
사형 또는 무기징역·금고에 해당하는 죄 307
사형사건 78
사형에 대한 공포 264
사회개혁 68
사회계층의 반영 18
사회복귀 88, 153
사회의 이목을 끄는 사건 201
사회적 비용 202
사회적 유대 71
사회적 충돌 72
사회적 통제 74
사회적 편익 202
산토벨로(Santobello) 판결 89
상대성 193
상습범죄자법 90
상호 의존 92

상호 이익 88, 92
새로운 수사기법 181
생명과 신체의 안전 241
서면기록 172
선고형의 감경 272
선고형의 범위 159
선출직 공무원의 지배 75
선출직 판사 68
선택가능범죄 146
선택과 집중의 원리 198
성공한 협상 154
성직자의 특권 237
세부적인 양형 지침 206
셰리프 232
셰리프 등의 강요 244
셰리프의 직권남용 244
소송 철회 73
소송 취하 80
소송결과에 대한 예측 가능성 8
소송경제 160, 174
소인 77
소인의 축소·철회 300
소추 측의 주요 증인 273
소추를 위한 정책 283
소추면제 260, 272
소추면제(immunity)의 승인 73
소추에 협조한 증인 261
속도와 경제 97
속이는 게임 103
속죄 132
손 사건 266
손실에 관한 인식 96
손실의 위험 93
손해 117, 121
수사 편의 186, 225
수사 협조 21, 202
수사 환경의 변화 289
수사·공판협력형 협의·합의제도 294
수사에 협조하는 증인 95
수사의 효율성 186
수사협력형 플리바게닝 300
순회법원 판사 236
슈퍼그래스 258, 259
슈퍼그래스 전략 269
슈퍼그래스의 부정적 특성 271
슈퍼그래스의 신용성 279
스트릭런드(Strickland) 판결 116
시험적 시도 222
신뢰할 수 없는 증거 135
신빙성 281
신속 200
신속성 99, 197, 205, 221
신속한 사건 처리 160, 197
신속한 재판 183, 187, 220
신속한 재판을 받을 권리 200
신속한 형사절차 3
신용성 309
신판 57, 230
실질적 보상 134
실질적 협조 31, 131, 261
실체적 진실을 조사할 의무 151
실체적 진실의 발견 161, 183, 187, 190, 206, 313
실체적 진실의 발견 원칙 220

실체적 진실의 상대성 194
실체적 진실의 상대화 200
심리적 편견 107
싱글턴 사건 99
싱글턴(Singleton) 신청 101

[ㅇ]

아일랜드공화국군 270
아일랜드민족해방군 270
안전장치 120
알포드 사건 129, 195
야만적인 재판 229
약물총기범죄 306
약식 92
약식기소범죄 146
약식명령 절차 150
약식명령 청구 300
양보 77
양형 감경의 법정화 145
양형 일탈 신청 252
양형 협상 81
양형개혁법 21
양형권고협상 29, 213, 222
양형보장협상 29
양형에 대한 양보 80
양형의 불공정 108
양형의 확실성 19
양형지침 21, 23
양형협상 28, 143
어프루브먼트 262
얼스터방위협회 270
얼스터의용군 270
엄격한 처벌 제도 80
업무수행의 불충분성 117
엔론(Enron) 재판 137
연방 증거법 제410조 215
연방 형사소송규칙 제11조 24
영구 국외 추방 233
영미법계 37, 183
예방원리 192
예비심리 절차 170
예비심문절차 185
예상된 재판의 결과 107
예속적인 당사자 153
옛 연방주의자 71
오용과 남용 253
오판 261
올드 베일리 59, 138
와해 280
완전한 판결절차 199
왕관증인 226, 259
왕립형사법원의 관할 140
왕의 증거 226, 228, 251, 259, 262
왕좌법원 판사 236
왜곡된 조언 102
왜곡된 협상 108
우편이용 및 전신수단에 의한 사기 법률 33
워릭셜 사건 139
위경죄 사건 172
위스키(Whiskey) 사건 45
위축 278
위험 93
위협 105

유급 사법관리 243
유연성 95, 99, 103
유죄 시인 207
유죄 인정 202
유죄답변 13
유죄답변의 문화 106
유죄답변의 자발성 25, 139
유죄답변협상 77
유죄답변협상제도 19
유죄시인 협의 및 심판에 관한 절차법(안) 205
유죄판결 236
유죄판결의 가능성 214
유죄판결의 공정성 121
유죄판결의 확보 103
윤리규정 100
융통성이 있는 규칙 97
융합 44, 176, 182
은사 233
은사의 확대 251
은전 294
은전의 부여 299
응보 153
응분의 처벌 134
의견서 제출 184
이기주의 272
이의신청 60
이익 99
인과응보 125
일반 형사법원 65
일시적 양보 70
임의성 162
입증 부담 188

[ㅈ]

자금·시간의 제한 109
자기결정권 192
자기보존 272
자기부죄거부특권 17, 30, 163, 294, 312
자백 60, 150, 159, 208, 236
자백감면절차 187
자백감면제도 208
자백에 대한 양형 감경 220
자백에 대한 증거능력 인정의 완화 268
자백의 보강법칙 207
자백의 정확성 163
자원의 효율적 사용 68
자유 103, 232
자유재량적 제도 97
자유협상 방식 160
자치 94
장기간의 구금의 위협 94
재앙 102
재정경제관계범죄 306
재정적 지원과 보호 272
재판 전 활동 76
재판 처벌 126
재판업무 부담 198
재판에 대한 대체수단 76
재판의 공정성과 정확성 76
재판의 그림자 모델 107
재판의 목표 155

재판의 법률가화 141, 197
재판의 불확실성 154
재판의 장기화 148
저렴한 비용 98
적극적 항변 증거 91
적법절차 91, 110, 119, 125, 168
적법절차 혁명 88
적법절차의 권리 102
적법절차의 보장 185
적법절차의 원칙 163
적정한 형 211
적정한 형벌 법령의 적용·실현 199
적합한 사건 159
전문가주의 75
전문적인 범죄단체 231
전문화 75
전문화된 경찰 63
전향 227, 231, 264, 272
전향한 테러리스트 265
절차 비용 96
절차적 권리의 포기 169, 170
절차적 정의 192
절차적 지연 232
절차적 투명성 206, 222
절차적 효율성 221
절차중지 149, 191
접목 171, 178
정규직 검사 63
정규직의 전문가 76
정보의 제공 189
정보제공자 258, 284
정부의 보상 99
정식기소범죄 146
정식재판 54
정식재판(배심재판)을 받을 권리 53
정언명령 133
정의 101, 103
정의와 경제 97
정의의 관념 110
정의의 원칙 188
정의의 이익 274
정치·경제의 변화 64
정치적 불안정 72
정치적 안정 71
제1심 구두변론종결 전 177
제1차 수사기관 308
제1회 공판기일 전 316
제레미 벤담 265
제로섬게임 16
제한적 플리바게닝의 도입 221
조건부 석방영장 246
조세프 리드 사건 82
조언 26
조직범죄 226, 259
조직범죄를 적결 288
조직범죄처벌법 33
조직의 상위자 317
조직적인 배경을 갖고 있는 범죄 304
종교법원의 훈계 73
좋은 거래 96
죄가 있는 피고인들의 수단 125
죄상인부절차 239
죄책승인절차 182
주고받기 105

주류법 77
주민의 연대보증 239
주홍 글씨 처벌 36
중대 사기사건과 관련한 답변 논의 146
중대한 타격 279
중심인물 304
중재합의 173
중죄 211, 230, 263
중죄 범죄단을 해체 253
중죄 사건 172
즉결재판 신청 300
증거가 강력한 사건 129
증거가 약한 사건 62, 108, 129, 195
증거개시제도 96, 185, 213
증거능력 215
증거능력이 있는 증인 282
증거로서의 필요성 309
증거물을 제공 305
증거배제법칙 59
증거수집방법을 다양화 318
증거의 강도 108, 196, 214
증거의 왕 60
증거의 증명력 정도 201
증거재판주의 204
증언 227
증언거절권 315
증언명령 315
증언에 대한 신용성 312
증언을 강제하는 제도 312
증인보호제도 315
증인보호프로그램 302
증인의 보호 143
증인의 신용성 284
지방분권화 74
지방의 정치적 세력 74
지방화 74
지연작전 96
직권주의 37, 148, 165, 176, 183
직권주의 사고방식 206
직권주의 절차 172
직업판사 39
직접주의 156
진술 청취 308
진술을 향한 동기부여 301
진술의 신용성 310
진술증거의 획득수법 302
진실을 발견하여야 할 의무 161
진실의 발견 163
진실의 진술 300
집단범죄 263

[ㅊ]

창조성 95, 99
책임과 처벌의 비례성 157
책임원칙 151, 162, 220
책임을 전가 281
처벌의 차이 104
철회 77
최초 합리적인 기회 142
출입국관리업무 119
충성 132
치안 유지 228, 234
치안판사 264
치안판사법원 65

치안판사법원의 관할 140

[ㅋ]

커체벌 사건 25
코로나 232

[ㅌ]

타인의 범죄사실을 규명 294, 311, 312
타협 47, 94, 99, 193
탄핵 증거 91
탈신비화 191
태미니파 67
터너 사건 145
테러리스트 271
테러리스트 범죄 267
테러리스트 조직을 척결 280
테러리스트의 사건 285
토론과 협상 56
툴리아 스캔들 126
특별한 관용 132
특별한 플리바게닝 35
특정범죄 306

[ㅍ]

파레토 개선 94
파생사용면책 312
파웰 사건 116
파테자멘토 168
파트 타임의 비전문가 76
판결 협상 158
판결 협상의 주체 164
판결협상 절차 148
판사 중심의 직권주의 164
판사의 양형 암시 144
판사의 어리석음 75
판사의 재량 권한 80
판사의 중립성 144, 210
판사의 협상권한 158
편리 또는 나태 60
편리와 효율 19
편의 156, 193
평화의 회복 192
폐지 102
포지티브섬게임 16
표준적인 양형 196
퓨리턴 73
프라이와 쿠퍼 사건 90, 113
프라이와 쿠퍼(Frye & Cooper) 판결 120
프로세디멘토 아브레비아도 182
플리바게닝 절차의 공정성 5
플리바게닝의 금지 110
플리바게닝의 도입 202
플리바게닝의 무죄 문제 126
플리바게닝의 붙박이 131
플리바게닝의 압도적인 중요성 122
플리바게닝의 원활한 운용 214
플리바게닝의 합헌성 87
플리바게닝의 효율성 88
플리바게닝이 일반적인 형사사법의 절차 122
피의자·피고인의 협력 299
피의자신문과 수사과정에서의 투명성 185

피해자가 사망한 범죄 305
피해자가 없는 범죄 208
피해자와 협의 214
피해자의 감정 307
피해자의 권리 106
피해자의 동의 규정 208
필요적 사형 처벌 79
필요적 종신형 79
필요적 최저형 21, 121, 131

[ㅎ]
하나의 재판 110
하스 사건 190
하위자 317
하향 일탈 131
한정된 인적·물적 자원 187
합리적 의심이 없는 정도의 증명 102, 204
합리적인 능력 117
합의로부터 이탈 310
합의부의 심판사건 211, 222
합의서면 309
합의서면에 대한 증거조사 309
합의절차 19
합의제도 179, 197
항소 포기 152
해방된 자원 94
허위의 사소 243
허위의 진술 225, 259, 311
허위의 진술을 할 위험 311
헌법적 권리 105, 122
헤이즈(Hayes) 판결 90
헤일 138
협력 229, 294
협력자의 책임 309
협박 156
협박과 두려움 277
협상 14, 49, 77, 100, 148, 186, 196, 300
협상 사법제도 304
협상 수단 92
협상 요소 314
협상거래 185
협상의 공정성 121
협상의 제한 148
협상의 주체 210
협상재판 152, 157, 195
협상절차 177
협상제도 161
협의 307
협의·합의 300
협조 97, 100, 188, 252, 260
협조에 대한 보상 131, 220
협조와 보상 253
협조한 증인에 대한 보상 133
형벌에 관한 비례성의 원칙 143
형사 기소 사건 수의 압력 46
형사면책제도 179, 197, 294
형사법의 현저한 증가 47
형사사건의 적체 165
형사사건의 증가 148
형사사법 개혁 179
형사사법 운용의 본질적 구성요소 89
형사사법 현실의 변화 153

형사사법의 비효율성 198
형사사법의 현실 6, 184
형사사법의 효율성 165, 205, 220
형사사법제도의 효율성 197
형사재판권 228
형사재판의 전문화와 법률가화 85
형사절차의 공정성 181
형사절차의 법률가화 77
형사절차의 복잡성 61, 76
형사절차의 주체 43
형사절차의 화해 154
형사절차의 효율성 183
형사책임 294, 301
형사화해 173
형식적 유죄의 인정 162
형의 감경 154, 160, 202, 260
형평법상의 자격 252, 264
화이트칼라 범죄 189
효과적인 변호인의 도움을 받을 권리 115, 119, 213
효과적인 사법 운용의 필요성 146
효과적인 수사 227
효율 200
효율과 실질 187
효율성 11, 94, 98, 99, 109, 168, 182
효율의 부속물 125
효율적인 수사 197
효율적인 재판 진행 185
효율적인 형사사법의 운용 183
효율적인 형사사법의 확립 7
흥정 94
힐(Hill) 판결 118

[기타]

1급 살인죄 79
2003년 형사사법법 142
2005년 중대조직범죄 및 경찰법 252, 258
2급 살인죄 79
2명의 증인의 원칙 58
2분의 1의 증명 58

[저자 약력]

박 종 순

- 1961년 충남 예산읍 간양리에서 태어났습니다.
- 1974년 서울 시흥초등학교(61회), 1977년 서울 강서중학교(6회), 1980년 서울 관악고등학교(4회)를 졸업하였습니다.
- 1985년 고려대학교 법학과를 졸업하였습니다.
- 1984년 제26회 사법시험에 합격하고, 1987년 사법연수원(제16기)을 수료하였습니다.
- 1990년부터 2005년까지 검사, 부부장검사, 부장검사를 역임하였습니다.
- 2001년 일본 케이오대학(慶應義塾大學)에서 검사 해외연수를 하였습니다.
- 2005년부터 2023년 현재까지 변호사로 활동하고 있습니다.
- 2011년부터 2012년까지 서울지방변호사회 제2부회장(선출직)으로 일하였습니다.
- 2010년 고려대학교에서 형사소송법으로 법학석사학위를 받았고, 2015년 고려대학교에서 같은 법으로 법학박사학위를 받았습니다.
- 제51, 52회 사법시험 제3차 시험위원, 제10회 변호사시험 시험위원으로 각각 위촉되었습니다.
- 2007년부터 2008년까지 법무부 법조직역 제도개선 특별분과위원회 위원으로 위촉되었습니다.
- 2009년부터 2012년까지 언론중재위원회 중재위원으로 위촉되었습니다.
- 2014년부터 2016년까지 서울특별시 공익변호사단으로 위촉되었습니다.
- 2015년부터 2017년까지 서울특별시 중구선거관리위원회 위원으로 위촉되었습니다.
- 2017년부터 2020년까지 법무부 공증인징계위원회 위원으로 위촉되었습니다.
- 2018년부터 2023년 현재까지 국토교통부 중앙공동주택관리분쟁조정위원회 위원장으로 일하고 있습니다.
- 2023년 3월 26일부터 대한공증인협회 협회장(임기 3년)으로 일하고 있습니다.

플리바게닝

초판발행 2023년 7월 30일

지은이 박종순
펴낸이 김중용

편 집 심성보·김인숙

펴낸곳 도서출판 정독
경기도 고양시 일산서구 하이파크로 113, 102-204
등록 제406-2014-000093호
전 화 031)924-7203 팩 스 02)718-8554
홈페이지 www.jeongdok.co.kr 이메일 admin@jeongdok.co.kr
ISBN 979-11-6858-139-5 93360

정 가 30,000원